LETTRES ET OPUSCULES

INÉDITS

DU COMTE

JOSEPH DE MAISTRE.

Tous les exemplaires non revêtus de la signature ci-dessous seront réputés contrefaits.

AVIS IMPORTANT.

L'éditeur de cet ouvrage se réserve le droit de le traduire ou de le faire traduire en toutes les langues. Il poursuivra, en vertu des lois, décrets et traités internationaux, toutes contrefaçons ou toutes traductions faites au mépris de son droit.

Le dépôt légal a été fait à Paris, au Ministère de la police générale, dans le cours du mois de juin 1853, et toutes les formalités prescrites par les traités, seront remplies dans les divers États avec lesquels la France a conclu des conventions littéraires.

Paris. — Typographie de Firmin Didot frères, rue Jacob, 56.

LETTRES ET OPUSCULES
INÉDITS

DU COMTE

JOSEPH DE MAISTRE,

PRÉCÉDÉS D'UNE

NOTICE BIOGRAPHIQUE

PAR SON FILS

LE COMTE RODOLPHE DE MAISTRE.

Deuxième édition,
REVUE, CORRIGÉE ET AUGMENTÉE.

𝔗ome premier.

PARIS,
A. VATON, LIBRAIRE-ÉDITEUR,
RUE DU BAC, N° 50.
CHEZ CHARPENTIER, RUE DE LILLE, 17.

1853.

NOTICE BIOGRAPHIQUE

DE

M. LE COMTE JOSEPH DE MAISTRE.

Le comte Joseph-Marie de Maistre naquit à Chambéry en 1754 : son père, le comte François-Xavier, était président du sénat de Savoie et conservateur des apanages des princes (1). Le comte de Maistre était l'aîné de dix enfants : cinq filles et cinq garçons, dont trois ont suivi la carrière des armes; un entra dans les ordres, tandis que celui dont nous écrivons la notice biographique suivit l'état de son père dans la magistrature; il s'adonna à l'étude dès sa plus tendre enfance, avec un goût marqué, sous la direction des révérends pères jésuites, pour lesquels il a toujours conservé la plus reconnaissante affection et la plus haute estime.

Son père jouissait d'une réputation très-grande dans la magistrature de Savoie; à sa mort le sénat crut devoir annoncer au roi la perte qu'il venait de faire par un message solennel, auquel Sa Majesté répondit par un billet royal de condoléance, comme dans une calamité publique. Le comte Joseph parcourut successivement les différents degrés de la magistrature : étant substitut de l'avoca

---

(1) La famille de Maistre est originaire de Languedoc, on trouve son nom répété plusieurs fois dans la liste des anciens capitouls de Toulouse ; au commencement du dix-septième siècle, elle se divisa en deux branches, dont l'une vint s'établir en Piémont : c'est celle dont le comte Joseph descend ; l'autre demeura en France. Le comte Joseph de Maistre attachait beaucoup de prix à ses relations de parenté avec la branche française : il eut soin de les cultiver constamment, et aujourd'hui même les descendants actuels des deux branches sont unis par les liens d'affection autant que par leur communauté de principes et d'origine.

général, il prononça le discours de rentrée sur le *Caractère extérieur du magistrat,* qui fut le premier jet de son talent comme écrivain et commença sa réputation. Il siégea comme sénateur sous la présidence de son père.

Le trait principal de l'enfance du comte de Maistre fut une soumission amoureuse pour ses parents. Présents ou absents, leur moindre désir était pour lui une loi imprescriptible. Lorsque l'heure de l'étude marquait la fin de la récréation, son père paraissait sur le pas de la porte du jardin sans dire un mot, et il se plaisait à voir tomber les jouets des mains de son fils, sans qu'il se permit même de lancer une dernière fois la boule ou le volant. Pendant tout le temps que le jeune Joseph passa à Turin pour suivre le cours de droit à l'Université, il ne se permit jamais la lecture d'un livre sans avoir écrit à son père ou à sa mère à Chambéry pour en obtenir l'autorisation. Sa mère, Christine de Motz, femme d'une haute distinction, avait su gagner de bonne heure le cœur et l'esprit de son fils, et exercer sur lui la sainte influence maternelle. Rien n'égalait la vénération et l'amour du comte de Maistre pour sa mère. Il avait coutume de dire : « Ma mère était un « ange à qui Dieu avait prêté un corps; mon bonheur était de de- « viner ce qu'elle désirait de moi, et j'étais dans ses mains autant « que la plus jeune de mes sœurs. » Il avait neuf ans lorsque parut le funeste édit du parlement de Paris (1763); il jouait un peu bruyamment dans la chambre de sa mère, qui lui dit : « Joseph, ne « soyez pas si gai; il est arrivé un grand malheur! » Le ton solennel dont ces paroles furent prononcées frappa le jeune enfant, qui s'en souvenait encore à la fin de sa vie.

Le comte de Maistre épousa en 1786 mademoiselle de Morand, dont il eut un fils, le comte Rodolphe, qui suivit la carrière des armes, et deux filles, Adèle, mariée à M. Terray, et Constance, qui épousa le duc de Laval-Montmorency.

Il vivait à Chambéry, paisiblement occupé de ses devoirs, dont il se délassait par l'étude; et il était déjà père de deux enfants lorsque la révolution éclata.

Les opinions du comte de Maistre étaient pour ces libertés justes et honnêtes qui empêchent les peuples d'en convoiter de coupables. Cette manière de voir, qu'il ne cachait nullement, ne lui fut pas favorable dans un temps où les esprits échauffés et portés aux extrêmes regardaient la modération comme un crime. M. de

Maistre fut soupçonné de *jacobinisme* et représenté à la cour comme un esprit enclin aux nouveautés, et dont il fallait se garder. Il était membre de la *Loge réformée* de Chambéry, simple loge blanche parfaitement insignifiante : cependant, lorsque l'orage révolutionnaire commença à gronder en France et à remuer sourdement les pays limitrophes, les membres de la loge s'assemblèrent; et, jugeant que toutes réunions pourraient à cette époque devenir dangereuses ou inquiéter le gouvernement, ils députèrent M. de Maistre pour porter au roi la parole d'honneur de tous les membres qu'ils ne s'assembleraient plus, et la loge fut dissoute de fait.

L'invasion de la Savoie arriva : les frères de M. de Maistre rejoignirent leurs drapeaux, et lui-même partit pour la cité d'Aoste avec sa femme et ses enfants dans l'hiver de 1793. Alors parut ce qu'on appelait la *loi des Allobroges*, laquelle enjoignait à tous les *émigrés* de rentrer avant le 25 janvier, sans distinction d'âge ni de sexe, et sous la peine ordinaire de la confiscation de tous leurs biens. Madame de Maistre se trouvait dans le neuvième mois de sa grossesse : connaissant la manière de penser et les sentiments de son mari, elle savait fort bien qu'il s'exposerait à tout plutôt que de l'exposer elle-même dans cette saison et dans ce pays : mais, poussée par l'espoir de sauver quelques débris de fortune en demandant ses droits, elle profita d'un voyage que le comte de Maistre fit à Turin, et partit sans l'avertir. Elle traversa le grand Saint-Bernard le 5 janvier, à dos de mulet, accompagnée de ses deux petits enfants, qu'on portait enveloppés dans des couvertures. Le comte de Maistre, de retour à la cité d'Aoste deux ou trois jours après, courut sans retard sur les pas de cette femme courageuse, tremblant de la trouver morte ou mourante dans quelque chétive cabane des Alpes. Elle arriva cependant à Chambéry, où le comte de Maistre la suivit de près. Il fut obligé de se présenter à la municipalité, mais il refusa toute espèce de serment, toute promesse même ; le procureur-syndic lui présenta le livre où s'inscrivaient tous les citoyens actifs, il refusa d'écrire son nom ; et, lorsqu'on lui demanda la contribution volontaire qui se payait alors *pour la guerre*, il répondit franchement : « Je ne donne point d'argent pour faire tuer « mes frères qui servent le roi de Sardaigne. » Bientôt on vint faire chez lui une visite domiciliaire ; quinze soldats entrèrent, les armes hautes, accompagnant cette invasion de la brutale phraséologie révolutionnaire, de coups de crosse sur les parquets, et de jurons patriotiques. Madame de Maistre accourt au bruit, elle s'effraye : sur-le-champ les douleurs la saisissent, et le lendemain, après un travail alarmant, M. de Maistre vit naître son troisième enfant, qu'il ne devait connaître qu'en 1814. Il n'attendait que cet événement : il partit, l'âme pénétrée d'indignation, après avoir pourvu le mieux qu'il put à la sûreté de sa famille. Il s'en sépara, abandonna ses biens et sa patrie, et se retira à Lausanne. Il y fut bientôt chargé d'une mission confidentielle auprès des autorités locales, pour la protection des sujets du roi, et surtout d'une quantité de jeunes gens du duché de Savoie qui allaient en Piémont s'enrôler dans les régiments provinciaux. Ce passage leur fut bientôt fermé par la Suisse; mais les sentiers des Alpes étaient connus de ces braves gens, et leurs drapeaux furent toujours bien entourés. Ces corps furent ainsi maintenus au complet pendant la guerre par des enrôlements volontaires, malgré l'occupation du duché par les Français, et malgré la création de la *république des Allobroges.*

Madame de Maistre, son fils et sa fille aînée vinrent successivement rejoindre le comte à Lausanne; mais sa fille cadette, trop enfant pour être exposée aux dangers d'une fuite clandestine, demeura chez sa grand'mère.

Pendant son séjour à Lausanne, le comte de Maistre eut une correspondance amicale et suivie avec un bon serviteur de son maître qui résidait à Berne en qualité de ministre du roi, M. le baron Vignet des Étoles. Cette correspondance n'ayant trait qu'aux événements d'alors, à la guerre, aux difficultés de sa position, à la protection des sujets du roi, nous n'en avons extrait que deux ou trois lettres d'un intérêt plus général, où l'on retrouve l'auteur des *Considérations.* Parmi celles que le temps a dépourvues d'intérêt, il en est une où il apprend à son ami que « *ses biens sont confisqués, mais qu'il n'en dormira pas moins.* » Dans une autre, tout aussi simplement laconique, il s'exprime ainsi : « *Tous mes biens sont vendus, je n'ai plus rien.* » Cette légère nouvelle n'occupe qu'une ligne au milieu des affaires générales, et n'est accompagnée d'aucune réflexion.

Le même œil qui avait *considéré* la révolution française pénétra de bonne heure la politique de l'Autriche à l'égard du Piémont, et les fatales maximes qui dirigeaient à cette époque le cabinet de Vienne.

Ces maximes étaient :

1° De ne jamais prendre sur l'ennemi ce que l'Autriche ne pouvait pas garder;

2° De ne jamais défendre pour l'ami ce qu'elle espérait reprendre sur l'ennemi.

C'est par une suite de la première de ces maximes que les Autrichiens ne voulurent jamais tirer un coup de fusil au delà des Alpes. Lorsque les troupes du roi entrèrent en Savoie dans l'été de 1793, les Autrichiens, qui avaient des troupes en Piémont, ne donnèrent pas un soldat, mais seulement le général d'Argentau, dont les instructions secrètes ne le furent pas longtemps. On trouvera dans deux lettres que nous citons le jugement de M. de Maistre sur la coalition en général, et sur l'Autriche en particulier. (*Voyez* les lettres des 6 et 15 août et du 28 octobre 1794 à M. le baron Vignet des Étoles. — Berne.)

En lisant le jugement acerbe du comte de Maistre sur la politique autrichienne, il faut se reporter aux temps de Kaunitz et de Thugut, de funeste mémoire. Aujourd'hui cette puissance, instruite à l'école du malheur, et connaissant à l'épreuve que la seule bonne politique est celle qui a pour base la morale, la religion et la bonne foi, revient par une haute sagesse aux principes religieux et chevaleresques des anciens princes de la maison de Lorraine. Protecteurs éclairés de tout ce qui est beau, juste et grand, ils surent allier la magnificence avec une sage administration ; ils se montrèrent défenseurs zélés des droits de l'Église, et méritèrent à ce titre l'accomplissement de la promesse évangélique : *Quia super pauca fuisti fidelis, super multa te constituam.*

Avec le règne de l'empereur François-Joseph commence une nouvelle ère pour la maison d'Autriche : l'odieux despotisme de Joseph II tombe, les fers de l'Église sont brisés, les évêques reprennent le plein exercice de leur autorité, ils sont appelés aux conseils du souverain, non point comme officiers du prince, mais comme pasteurs des peuples, comme interprètes de la LOI qui seule domine et sanctionne les *lois*. Bientôt les rapports réguliers avec le pontife suprême feront circuler la vérité et la vie de la tête aux extrémités des membres, et ce grand corps, mis en dissolution par le philosophisme, sera régénéré par le catholicisme. L'œuvre à laquelle l'empereur d'Autriche met la main est une véritable palingénésie ; l'entreprise est grande autant que glorieuse. Jusqu'ici le roi de Naples et l'empereur sont les seuls entre tous les souverains de l'Europe qui aient eu le bon sens et la force de découvrir le mal, et d'y porter le seul remède possible. Puissent-ils persévérer dans leur noble dessein, et, comme la sagesse qui les inspire, *attingere a fine usque ad finem fortiter et suaviter !* — Revenons à notre récit.

Ce fut pendant son séjour en Suisse que le comte de Maistre publia les *Considérations sur la France*, les *Lettres d'un royaliste savoisien*, l'*Adresse des émigrés à la Convention nationale*, le *Discours à la marquise de Costa*, et *Jean-Claude Têtu*. Il travaillait aussi à deux autres ouvrages : l'un sur la *Souveraineté*, et l'autre intitulé *Bienfaits de la Révolution*, ou *la République peinte par elle-même*. Ces deux ouvrages n'ont pas été achevés et sont restés à l'état de fragments. Un petit opuscule inédit que nous publions aujourd'hui, *Cinq Paradoxes, à madame la marquise N.*, date aussi de cette époque.

En 1797, le comte de Maistre passa à Turin avec sa famille. Le roi, réduit à ses faibles forces, après avoir soutenu pendant quatre ans l'effort de la France, succomba, et fut obligé de quitter ses États de terre ferme. Les Français occupèrent Turin : M. de Maistre était émigré, il fallait fuir. Muni d'un passe-port prussien comme Neuchâtelois, le 28 décembre 1798, il s'embarqua sur un petit bateau pour descendre le Pô et rejoindre à Casal la grande barque du capitaine Gobbi, qui transportait du sel à Venise. Le patron Gobbi avait sa barque remplie d'émigrés français de haute distinction : il y avait des dames, des prêtres, des moines, des militaires, un évêque (Mgr l'évêque de Nancy); toutes ces personnes occupaient l'intérieur du navire, ayant pour leur domicile *légal* l'espace enfermé entre deux ou trois membrures du bâtiment, suivant le nombre de personnes dont se composait le ménage : cet espace suffisait strictement pour y coucher; la nuit, des toiles suspendues à des cordes transversales marquaient les limites des habitations. Au milieu régnait une coursie de jouissance commune, avec un brasier en terre où tous les passagers venaient se chauffer et faire la cuisine; le froid était excessif. Un peu au-dessous de Casal-Maggiore, le Pô prit pendant la nuit; et, quoiqu'il fût libre encore vers le milieu, la barque se trouva enfermée d'une ceinture de glace. Le comte Karpoff, ministre de Russie, descendait aussi le Pô dans une barque plus légère; il accueillit à son bord le comte de Maistre, qui put ainsi continuer son voyage. Les deux rives étaient bordées de postes militaires.

Depuis la Polisela, la rive gauche du Pô était occupée par les Autrichiens, et la rive droite par les Français. A chaque instant la barque était appelée à obéissance, tantôt sur une rive, tantôt sur l'autre. Les glaçons empêchaient d'arriver, et les menaces de faire feu qui partaient des deux bords alternativement ne facilitaient pas la manœuvre. La voiture de M. de Karpoff était sur le pont, et les deux enfants de M. de Maistre s'y étaient juchés. Tout à coup un poste français appelle, et l'équipage s'efforce d'obéir ; mais les courants et les glaçons retardent la manœuvre : le poste prend les armes, et, à l'ordinaire, couche en joue les matelots. Enfin on aborde avec peine. — Vos passe-ports ? — On les présente ; personne ne savait lire. Le chef de poste propose de retenir la barque, et d'envoyer les passe-ports à l'officier commandant à la prochaine ville ; mais le caporal s'approche du sergent et lui dit : « A quoi « cela sert-il ? on dira que tu es une... bête, et voilà tout. » Sur cette observation, on laissa partir la barque ; mais un des soldats apostrophant le comte de Maistre : « Citoyen, vous dites que vous « êtes sujet du roi de Prusse ; cependant vous m'avez un accent... « Je suis fâché de n'avoir pas envoyé une balle dans cette voiture « d'aristocrate. » — « Vous auriez fait une belle action, » lui répondit M. de Maistre, « vous auriez blessé ou tué deux jeunes « enfants, et je suis sûr que cela vous aurait causé du chagrin. » — « Vous avez bien raison, citoyen, » répliqua le fusilier ; « j'en « aurais été plus fâché que la mère. »

Arrivés au Papozze, les voyageurs se séparèrent. M. de Maistre, sur un chariot de village avec sa famille, traversa l'Adigetto sur la glace, et vint s'embarquer à Chioggia pour Venise.

Le séjour de Venise fut, sous le rapport des angoisses physiques, le temps le plus dur de son émigration. Réduit pour tout moyen d'existence à quelques débris d'argenterie échappés au grand naufrage, sans relations avec sa cour, sans relations avec ses parents, sans amis, il voyait jour par jour diminuer ses dernières ressources, et au delà plus rien. Parmi les nombreux émigrés français qui étaient à Venise, se trouvait le cardinal Maury. M. de Maistre a laissé par écrit quelques souvenirs de ses conversations avec ce personnage, dont les idées et la portée d'esprit l'avaient singulièrement étonné. (*Voyez* t. II, *S. E. le cardinal Maury* ; Venise, 1799.)

Avant de partir pour Venise, le comte de Maistre avait écrit à M. le comte de Chalembert, ministre d'État, pour le prier de faire savoir à S. M. qu'il ne la suivait pas en Sardaigne, de crainte d'être à charge dans ces tristes circonstances ; mais qu'il mettait sa personne comme toujours aux pieds du roi, prêt, au premier appel, à se rendre partout où il pourrait lui consacrer sa vie et ses services.

Après la brillante campagne de Souwaroff, le roi de Sardaigne, rappelé dans ses États par la Russie et l'Angleterre, s'embarqua à Cagliari sur la foi de ces deux puissances, et revint sur le continent. Le comte de Maistre quitta alors Venise ; mais, en arrivant à Turin, il n'y trouva pas le roi. Le grand maréchal, par ses manifestes multipliés, rétablissait solennellement l'autorité du roi, énonçant même les ordres précis de l'empereur son maître sur ce point ; mais l'Autriche s'y opposa avec tant d'ardeur et d'obstination, qu'elle fit plier ses deux grands alliés, et qu'elle arrêta le roi à Florence. C'est de là que le comte de Maistre reçut sa nomination au poste de régent de la chancellerie royale en Sardaigne (première place de la magistrature dans l'île). Cette nomination, en faisant cesser ses tortures physiques, lui préparait des peines d'un autre genre. Pendant les malheureuses années de la guerre, l'administration de la justice s'était affaiblie dans l'île de Sardaigne ; les vengeances s'étaient multipliées, les impôts rentraient difficilement, et il régnait dans la haute classe une répugnance extrême à payer ses dettes. Le comte de Maistre eut à lutter contre de grandes difficultés, qu'il ne fut pas toujours à même de vaincre ; malgré cela, son départ fut accompagné des regrets publics d'un pays où sa mémoire fut encore longtemps en vénération.

Étant en Sardaigne, le comte de Maistre eut connaissance par les journaux du décret de 1802 sur les émigrés, qui enjoignait à tous les individus natifs des pays réunis à la France de rentrer dans un délai déterminé, et, en attendant, de se présenter au résident français le plus rapproché de leur domicile, pour y faire la déclaration prescrite et prêter serment de fidélité à la république. M. de Maistre adressa alors à M. Alquier, ambassadeur de la république française à Naples, un mémoire dans lequel il exposait « qu'il n'était pas né Français, qu'il ne voulait pas l'être, et que, « n'ayant jamais mis le pied dans les pays conquis par la France, « il n'avait pu le devenir ; que puisque, aux termes du décret du « 6 floréal, c'était dans ses mains qu'il devait prêter le serment « requis, c'était aussi à lui qu'il croyait devoir déclarer qu'il ne « voulait pas le prêter ; qu'ayant suivi constamment le roi son

« maître dans tous ses malheurs, son intention était de mourir
« à son service ; que si, par suite de cette déclaration, il pouvait
« être rayé de la liste des émigrés comme étranger, et obtenir éven-
« tuellement la liberté de revoir ses amis, ses parents, et le lieu de
« sa naissance, cette faveur ou plutôt cet acte de justice lui serait
« précieux. »

Dans cette même année 1802, il reçut du roi l'ordre de se rendre à Pétersbourg, en qualité d'envoyé extraordinaire et ministre plénipotentiaire. Ce fut une nouvelle douleur, un nouveau sacrifice, le plus pénible sans doute que son dévouement à son maître pût lui imposer. Il fallait se séparer de sa femme et de ses enfants sans prévoir un terme à ce cruel veuvage, entreprendre une nouvelle carrière, et des fonctions que le malheur des temps rendait difficiles et dépouillées de tout éclat consolateur. Il partit pour Pétersbourg : c'était au commencement du règne d'Alexandre, jeune prince plein de douceur, de sentiments généreux et d'amour du bien. Il conservait au fond du cœur des principes sincèrement religieux, que son précepteur La Harpe n'avait pu étouffer. M. de Maistre parut dans la société avec l'humble fierté d'un haut caractère : son amabilité enjouée, son esprit naturel, ses connaissances profondes et variées, l'intérêt qui s'attache toujours à un dévouement sans bornes, lui attirèrent cette considération personnelle, apanage du vrai mérite. Il eut, dans les hautes classes de la société, de nombreux et de véritables amis. Connu bientôt et distingué par l'auguste souverain auprès duquel il était accrédité, l'empereur lui-même daigna lui donner de nombreuses preuves de son estime. Les officiers piémontais qui se rendirent en Russie pour continuer à servir la cause de leur maître sous les drapeaux de son auguste allié, ressentirent les effets de la faveur personnelle dont le comte de Maistre jouissait : ils furent reçus avec leurs grades et leur ancienneté, et placés honorablement. L'un d'eux, le chevalier Vayra, étant malheureusement mort en route, et par conséquent avant d'être entré au service de Russie, sa veuve reçut cependant une pension qu'elle conserva toute sa vie. Parmi ces officiers, il en était un qui, après avoir servi en Italie comme officier d'état-major dans l'armée de Souwaroff, avait accompagné le maréchal dans sa malheureuse retraite : c'était le frère du comte de Maistre ; il avait quitté le service et s'était retiré à Moscou, charmant son exil par la société d'excellents amis, par la société tout aussi fidèle des sciences et des beaux-arts. Par une faveur souveraine, souverainement délicate, Alexandre réunit les deux frères en nommant le comte Xavier lieutenant colonel directeur de la bibliothèque et du musée de l'Amirauté. Ce fut une joie sensible pour le comte de Maistre ; nous en trouvons l'expression dans la lettre qu'il adressa alors à l'empereur Alexandre, et que nous insérons ici avec la réponse de Sa Majesté Impériale :

A SA MAJESTÉ IMPÉRIALE L'EMPEREUR DE TOUTES LES RUSSIES.

« Sire,

« Son Excellence monsieur le Ministre de la marine vient de me
« faire connaître que Votre Majesté avait daigné attacher mon frère
« à son service, en lui confiant la place de directeur de la biblio-
« thèque et du musée de l'Amirauté.

« Votre Majesté Impériale, en me le rendant, me rend la vie bien
« moins amère. C'est un bienfait accordé à moi autant qu'à lui.
« J'espère donc qu'elle me permettra de mettre à ses pieds les sen-
« timents dont cette faveur m'a pénétré. Si je pouvais oublier les
« fonctions que j'ai l'honneur d'exercer auprès de Votre Majesté
« Impériale, j'envierais à mon frère le bonheur qu'il aura de lui
« consacrer toutes ses facultés. Jamais au moins il ne me surpas-
« sera dans la reconnaissance, le dévouement sans bornes et le très-
« profond respect avec lequel, etc.

« Saint-Pétersbourg, ce 18 avril 1805.

« DE MAISTRE. »

RÉPONSE DE SA MAJESTÉ IMPÉRIALE.

« Monsieur le comte de Maistre,

« J'ai lu avec plaisir la lettre que vous m'avez écrite, à la suite
« de l'emploi que j'ai confié à votre frère. Il m'a été agréable d'avoir
« pu, par ce que j'ai fait pour lui, vous donner aussi une preuve
« de mes dispositions à votre égard. Le dévouement sans bornes
« avec lequel vous servez Sa Majesté Sarde est un titre à mon es-
« time particulière, dont j'aime à vous réitérer ici le témoignage
« certain.

« *Signé*, ALEXANDRE.

« Saint-Pétersbourg, ce 19 avril 1805. »

M. de Maistre avait oublié tout à fait la déclaration envoyée à M. Alquier avant son départ de Sardaigne, lorsqu'il reçut une dépêche ministérielle avec un décret dont M. Cacault, consul de France à Naples, venait de donner communication officielle au premier secrétaire d'État de Sa Majesté. Ce décret portait, sans aucun considérant, que *M. de Maistre était rayé de la liste des émigrés, et autorisé à rentrer en France sans obligation de prêter serment, avec liberté entière de rester au service du roi de Sardaigne, et de garder les emplois et décorations qu'il tenait de Sa Majesté, en conservant tous ses droits de citoyen français.* Ce décret, transmis avec la solennité d'une note ministérielle, émut le ministère du roi, qui cherchait à se rendre compte des motifs qui pouvaient avoir amené une telle faveur d'exception. Le comte de Maistre fut formellement invité à donner des explications. — Il envoya copie du mémoire que nous avons cité plus haut.

En 1806, le comte de Maistre reçut une nouvelle preuve de la faveur impériale, bien plus précieuse encore que les précédentes. Il avait appelé auprès de lui son fils âgé de seize ans, et qu'il ne pouvait plus laisser à Turin, exposé par la conscription à servir contre son roi, sa patrie et ses parents. Au mois de décembre 1806, Sa Majesté Impériale recevait le comte Rodolphe à son service, comme officier dans le régiment des chevaliers-gardes. Quelques jours après il partait avec son corps pour la campagne de 1807, suivie de celle de 1808 en Finlande, et plus tard de celles de 1812, 13 et 14. On lira dans le premier volume quelques-unes des lettres que le comte de Maistre écrivait à son fils, dans ces absences aussi cruelles pour un père que pour une mère. — Mais le comte de Maistre se soutenait en pensant que son fils faisait son devoir, et qu'il était à la place où l'appelaient l'honneur et la conscience.

Il paraît que, pendant son séjour en Russie, M. de Maistre avait conservé des relations amicales avec un fidèle serviteur de Louis XVIII, *courtisan de l'exil* : c'est au moins ce qu'indiquerait une lettre autographe de ce prince, ainsi que la réponse du comte de Maistre. Le duc de Blacas, représentant confidentiel du roi à Saint-Pétersbourg, était aussi très-lié avec M. de Maistre. Une similitude de position, d'infortune et de dévouement avait cimenté ces liens.

Le comte de Maistre, inflexible sur les principes, était, dans les relations sociales, bienveillant, facile, et d'une grande tolérance :

il écoutait avec calme les opinions les plus opposées aux siennes, et les combattait avec sang-froid, courtoisie, et sans la moindre aigreur. Partout où il demeura quelque temps, il laissa des amis : à Lausanne, à Pétersbourg, aussi bien qu'à Rome et à Florence. Il se plaisait à considérer les hommes par leur côté louable.

On voit dans ses lettres de quel œil le sujet, le ministre du roi de Sardaigne considérait les succès de Bonaparte, qu'il appelle quelquefois *Dæmonium meridianum* ; mais le génie et le capitaine furent toujours appréciés par lui à leur haute valeur. Il s'*étonnait* que l'on pût s'*étonner* de l'attachement du soldat français pour celui qui le menait à la victoire.

En passant à Naples en 1802, il s'entretint un jour longuement avec M. Alquier, ambassadeur de la république française : « Après
« avoir entendu très-attentivement ce que je lui dis sur les affaires
« en général et sur le roi de Sardaigne en particulier, M. Alquier
« me dit avec beaucoup de vivacité : — *M. le comte, qu'allez-vous*
« *faire à Pétersbourg? Allez à Paris dire ces raisons au premier*
« *consul, qui ne les a jamais entendues.* » (Extrait d'une lettre confidentielle.)

Cette idée avait fait impression sur le comte de Maistre ; car, après la bataille de Friedland et la paix qui la suivit, il demanda une audience à Bonaparte comme simple particulier. Le mémoire qu'il écrivit à cette occasion exprimait en substance le désir de communiquer à l'empereur des Français quelques idées relatives aux intérêts de son souverain (*voyez* la lettre au chevalier de ...., 28 décembre 1807, et l'autre au même, mai 1808), et que, s'il voulait l'entendre personnellement sans l'entremise d'aucun ministre, il irait à Paris sans titre et par conséquent sans défense, se remettant absolument entre ses mains pour faire de lui tout ce qui lui plairait. Le comte de Maistre donnait de plus sa parole d'honneur que le roi son maître n'avait pas la moindre idée de sa détermination, et qu'il n'avait pour faire ce voyage aucune autorisation. Ce mémoire fut transmis et appuyé par le général Savary, dont la franchise et la fougue militaire étaient cependant très-accessibles au raisonnement calme, et très-susceptibles de sentir et d'apprécier l'honneur et le dévouement. Laissons parler le comte de Maistre :
« Le général Savary envoie mon mémoire à Paris, et l'appuie de
« toutes ses forces. Vous me demanderez comment un homme tel
« que je vous l'ai dépeint est capable d'un procédé de telle nature ?

« Cela arrive, comme dit Cicéron, *propter multiplicem hominis
« voluntatem*. L'homme est un amas de contradictions et de volon-
« tés discordantes. Tout l'art est de savoir et de vouloir saisir celles
« qui peuvent vous être utiles. — Qu'arrivera-t-il ? Je n'en sais
« rien ! Si Bonaparte dit que non, tout est dit. S'il m'appelle, je
« ne sais en vérité, vu le caractère de l'homme et ce que je veux
« lui dire (ce que personne ne saura jamais), je ne sais, dis-je,
« s'il y a plus d'espérance que de crainte... Mais deux raisons me
« décident à prendre ce parti : 1° la certitude où je crois être que
« S. M. n'a pas seulement été nommée à Tilsitt. Le traité présenté
« par la victoire a été signé par l'effroi : voilà tout; 2° la certitude
« encore plus évidente où je suis que je puis être utile à S. M., et
« que je ne puis lui nuire, puisque j'ai donné ma parole d'hon-
« neur écrite qu'elle n'avait pas seulement le plus léger soupçon
« de ma détermination. S'il m'arrivait malheur, veuillez prier
« S. M. de faire arriver ici ma femme et mes deux filles ; elles
« vivront bien ou mal avec mon fils et mon frère. *Jacta est alea !*
« rien ne peut être utile au roi qu'une sage témérité, jamais on n'a
« joué plus sagement une plus terrible carte. »

Bonaparte ne fit aucune réponse ; mais les égards singuliers dont le comte de Maistre fut l'objet à Pétersbourg, de la part de l'ambassade française, firent voir que sa démarche n'avait pas déplu.

En suivant pas à pas le comte de Maistre, on remarque deux traits caractéristiques qui ont dirigé toute sa carrière politique : un dévouement à toute épreuve à son souverain, et une espérance, ou plutôt une foi constante dans une restauration inévitable, dont il faisait profession de n'*ignorer que la date*. Ni l'exil loin de sa patrie, ni une longue et douloureuse séparation d'avec sa femme et ses enfants, ni la perte de sa fortune, ne lui semblèrent des obstacles ; l'assurance d'une position brillante qui lui fut plusieurs fois offerte ne lui parut pas digne d'attention. La reconnaissance ne put l'attirer, ni l'ingratitude le repousser. La presque certitude d'un avenir amer pour lui et pour sa famille entière était sans doute un long et continuel tourment pour son cœur ; mais rien ne put le détacher du service de son roi, ni amortir un instant son zèle. Après les conférences de Tilsitt et d'Erfurt, un ministre de l'empereur Alexandre lui demanda : « A présent qu'allez-vous faire ? » — « Tant qu'il y aura une maison de Savoie et qu'elle voudra agréer mes
« services, je resterai tel que vous me voyez. » Ce fut sa réponse.

Le comte de Maistre ne réservait pas ces maximes de fidélité pour son usage personnel. Voici en quels termes il expliquait à ses compatriotes la doctrine du dévouement au roi dans une des lettres qu'il leur adressait, en 1793, de son exil de Lausanne (1) :

« Sujets fidèles de toutes les classes et de toutes les provinces, sachez être royalistes. Autrefois c'était un instinct, aujourd'hui c'est une science. Serrez-vous autour du trône, et ne pensez qu'à le soutenir : si vous n'aimez le roi qu'à titre de bienfaiteur, et si vous n'avez d'autres vertus que celles qu'on veut bien vous payer, vous êtes les derniers des hommes. Élevez-vous à des idées plus sublimes, et faites tout pour l'ordre général. La majesté des souverains se compose des respects de chaque sujet. Des crimes et des imprudences prolongées ayant porté un coup à ce caractère auguste, c'est à nous à rétablir l'opinion, en nous rapprochant de cette loyauté exaltée de nos ancêtres : la philosophie a tout glacé, tout rétréci ; elle a diminué les dimensions morales de l'homme, et si nos pères renaissaient parmi nous, ces géants auraient peine à nous croire de la même nature. Ranimez dans vos cœurs l'enthousiasme de la fidélité antique, et cette flamme divine qui faisait les grands hommes. Aujourd'hui on dirait que nous craignons d'aimer, et que l'affection solennelle pour le souverain a quelque chose de romanesque qui n'est plus de saison : si l'homme distingué par ces sentiments vient à souffrir quelque injustice de ce souverain qu'il défend, vous verrez l'homme au cœur desséché jeter le ridicule sur le sujet loyal, et quelquefois même celui-ci aura la faiblesse de rougir : voilà comment la fidélité n'est plus qu'une affaire de calcul. Croyez-vous que, du temps de nos pères, les gouvernements ne commissent point de fautes ? Vous ne devez point aimer votre souverain parce qu'il est infaillible, car il ne l'est pas ; ni parce qu'il aura pu répandre sur vous des bienfaits, car s'il vous avait oubliés, vos devoirs seraient les mêmes. Il est heureux, sans doute, de pouvoir joindre la reconnaissance individuelle à des sentiments plus élevés et plus désintéressés : mais quand vous n'auriez pas cet avantage, n'allez pas vous laisser cor-

---

(1) Peut-être les publierons-nous un jour, et elles ne manqueraient certainement pas de ce que le néologisme moderne appelle *actualité*. Souvent, à de longs intervalles de temps, les mêmes erreurs se dressent revêtues de nouveaux sophismes (*eadem mutata resurgo*), et l'invariable vérité apparaît aussitôt pour les combattre dans son antique et austère beauté.

« rompre par un vil dépit qu'on appelle NOBLE ORGUEIL. Aimez le
« souverain comme vous devez aimer l'*ordre,* avec toutes les forces
« de votre intelligence ; s'il vient à se tromper à votre égard, ven-
« gez-vous par de nouveaux services : est-ce que vous avez besoin
« de lui pour être honnêtes ? ou ne l'êtes-vous que pour lui plaire ?

....
....

« Le roi n'est pas seulement le souverain, il est l'ami de la Sa-
« voie; servons-le donc comme ses pères furent servis par les
« nôtres. Vous surtout, membres du premier ordre de l'État, sou-
« venez-vous de vos hautes destinées.

« Que vous dirai-je ? Si l'on vous avait demandé votre vie, vous
« l'auriez offerte sans balancer : eh bien ! la patrie demande quel-
« quefois des sacrifices d'un autre genre et non moins héroïques,
« peut-être précisément parce qu'ils n'ont rien de solennel, et qu'ils
« ne sont pas rendus faciles par les jouissances de l'orgueil. Aimer
« et servir, voilà votre rôle. Souvenez-vous-en, et oubliez tout le
« reste. Comment pourriez-vous balancer ? vos ancêtres ont promis
« pour vous (1). »

Quant à la chute de Bonaparte et à la restauration des maisons
souveraines de France et de Savoie, il y a peu de ses lettres particulières ou officielles où il ne les annonce avec assurance ; seulement, il n'espérait pas en être témoin. Nombre des compatriotes du
comte de Maistre, sans faire des conjectures aussi raisonnées, partageaient cet espoir d'une manière instinctive. On leur donnait en
Piémont le sobriquet de *coui d' la semaña ch' ven* (messieurs de la
semaine prochaine). Enfin la semaine arriva. Aussi la chute de
Bonaparte ne surprit qu'à demi M. de Maistre. Cet événement rétablissait le souverain auquel il avait consacré tous les instants de sa
vie; il ramenait dans ses bras sa famille, après une absence de
douze ans, et lui permettait de voir et d'embrasser pour la première
fois une fille de vingt ans, qu'il ne connaissait pas encore. Cet événement, dis-je, dans le premier moment dut le remplir de joie et
combler ses longues espérances ; mais la publication du traité de
Paris vint détruire en grande partie son bonheur. Nous croyons
qu'on lira avec plaisir un discours que le comte de Maistre composa
dans ce premier moment d'exaltation, mais qui ne fut pas pro-

---

(1) *Lettres d'un royaliste savoisien à ses compatriotes;* Lausanne, 1793-94.

noncé, comme il nous l'apprend lui-même, dans la notice dont il a fait précéder le manuscrit de ce discours. (*Voyez* t. II.)

Comme tout homme éminent, M. de Maistre ne pouvait manquer d'avoir à la cour d'officieux amis occupés à le desservir auprès du roi, et à saisir les moindres bagatelles pour en faire des défauts ou des torts. Les occupations, les préoccupations, les chagrins l'avaient rendu sujet, pendant les dernières années de son séjour en Russie, à de cruelles insomnies, et, à la suite de ces nuits fatigantes, il lui arrivait fréquemment de s'endormir en société. C'était un sommeil subit et de quelques instants. Cette légère indisposition fut représentée à la cour comme un affaiblissement des facultés intellectuelles. Voici comment le comte de Maistre s'expliquait à ce sujet avec le ministère du roi :

« On m'a mandé plus d'une fois qu'à Turin et même à Paris il
« a été dit qu'à la suite d'une grande maladie que j'avais faite,
« l'esprit m'avait totalement baissé. Voici la base de cette narra-
« tion. Depuis une demi-douzaine d'années, plus ou moins, j'ai été
« sujet à des accidents de sommeil entièrement inexplicables, qui
« me surprenaient souvent dans le monde, et dont je riais le pre-
« mier : ce n'était qu'un éclair, et, ce qu'il y a d'étrange, c'est que
« ce sommeil n'avait rien de commun avec celui de la nuit. Par
« nature, je dors très-peu; trois heures sur les vingt-quatre, et même
« moins, me suffisent, et la moindre inquiétude m'en prive. Dans
« l'état douloureux où m'ont jeté les déterminations prises à mon
« égard, il m'est arrivé de passer deux et même trois nuits sans
« dormir. D'où venait donc ce sommeil subit et passager d'une mi-
« nute ou deux? c'est ce que je n'ai jamais compris. Depuis plu-
« sieurs mois, ces *coups de sommeil* (car je ne sais pas dire autre-
« ment) ont fort diminué, et j'ai tout lieu d'espérer que bientôt
« j'en serai entièrement délivré. Souvent je disais en riant : *Bientôt*
« *on écrira au roi que je suis apoplectique*. Mais je vois que mes
« protecteurs ont mieux aimé dire *radoteur*. Si jamais je le suis,
« V. E., qui lit mes lettres, en sera avertie la première ; et S. M., en
« attendant, me rendra le sommeil, si elle le juge convenable. » Le comte de Maistre écrivait alors les *Soirées*.

Pendant son long séjour à Pétersbourg, dans les intervalles que la politique lui laissait, M. de Maistre se livra de nouveau aux études philosophiques et religieuses, pour lesquelles il avait toujours eu du penchant. Il est probable que les conversations sur les articles controversés, qui sont fort communes dans tous les pays acatholiques, eurent une influence directe sur les travaux du comte de Maistre, qui se trouva ainsi porté à réunir et coordonner dans un but déterminé le fruit de ses longues études et le résultat de ses entretiens journaliers. Ce fut à Pétersbourg qu'il composa : *Des délais de la justice divine ; — Essai sur le principe générateur des institutions humaines ; — Du Pape ; — De l'Église gallicane ; — les Soirées de Saint-Pétersbourg ; — Examen de la philosophie de Bacon* (posthume). Cependant ces quatre derniers ouvrages ne reçurent les derniers coups de lime qu'après le retour de l'auteur à Turin. Plusieurs autres opuscules sortirent aussi de sa plume dans le même espace de temps : *les deux Lettres à une dame protestante et à une dame russe ; — les Lettres sur l'Éducation publique en Russie ; — Lettres sur l'Inquisition espagnole ; — l'Examen d'une édition des lettres de madame de Sévigné.* Ces ouvrages ont été en partie provoqués par des personnes de la société qui s'adressaient au comte de Maistre pour éclaircir une question, pour avoir son avis, pour résumer des conversations intéressantes et fixer l'enchaînement des idées. Il lisait beaucoup, et il lisait systématiquement, la plume à la main, écrivant, dans un volume relié posé à côté de lui, les passages qui lui paraissaient remarquables, et les courtes réflexions que ces passages faisaient naître ; lorsque le volume était à sa fin, il le terminait par une table des matières par ordre alphabétique, et il en commençait un autre. Le premier de ces recueils est de 1774, le dernier de 1818. C'était un arsenal où il puisait les souvenirs les plus variés, les citations les plus heureuses, et qui lui fournissait un moyen prompt de retrouver l'auteur, le chapitre et la page, sans perdre de temps en recherches inutiles.

Depuis que les guerres, les voyages, les négociations, avaient mis les Russes plus en contact avec les autres peuples européens, le goût des études sérieuses et de la haute littérature s'infiltrait peu à peu dans les classes élevées. Dès que la science paraît dans un pays non catholique, tout de suite la société se divise, la masse roule au déisme, tandis qu'une certaine tribu s'approche de nous. Il ne pouvait en arriver autrement en Russie ; la science, injectée dans le grand corps de l'Église nationale, en avait commencé la désorganisation ; et, tandis que les systèmes philosophiques de la nébuleuse Allemagne dissolvaient sans bruit les dogmes dans les cloîtres et les universités, la logique limpide et serrée de l'Église

catholique entrainait quelques cœurs droits, fatigués de chercher inutilement cette vie spirituelle dont leur âme sentait le besoin. Toutes les Églises séparées ayant pour dogme commun la haine de Rome, ce retour de quelques personnes à la vérité excita une fermentation dont on pouvait déjà prévoir les suites funestes à l'époque du célèbre traité de la Sainte-Alliance; et cet acte, dont la tendance mystique, d'après l'esprit qui le dicta, devait être favorable à la liberté de conscience, fut immédiatement suivi, *dans l'empire du rédacteur*, de mesures violentes d'intolérance et de spoliation. Le comte de Maistre, reçu partout avec plaisir parce qu'il ne choquait personne et louait avec franchise tout ce qui était bon, avait pourtant contracté des liaisons plus amicales avec les personnes qui partageaient plus ou moins ses doctrines. Sa supériorité d'ailleurs dans toutes les branches de la philosophie rationnelle et dans l'art de la parole n'était pas contestable, et, de plus, on lui accordait assez généralement des connaissances particulières dans le genre qui faisait peur à cette époque. Il n'est donc point surprenant que le comte de Maistre se soit trouvé alors en butte à quelques soupçons, et que les ennemis du catholicisme, et surtout le prince Gallitzin, ministre des cultes, se soient imaginé qu'il exerçait une sorte de prosélytisme, attribuant à lui, autant qu'aux jésuites, les nombreuses conversions qui s'opéraient chaque jour. Ils s'arrêtaient à une cause locale et imaginaire pour expliquer un mouvement européen auquel la Russie participait à son insu. Le fait est que le comte de Maistre, comme il eut l'honneur de l'assurer de vive voix à l'empereur lui-même, « ne se permit jamais d'attaquer
« la foi d'aucun de ses sujets ; mais que, si par hasard quelqu'un
« d'eux lui avait fait certaines confidences, la probité et la cons-
« cience lui auraient défendu de dire qu'il avait tort. » L'empereur parut convaincu, mais la situation du comte de Maistre était changée : « Le simple soupçon produit une inquiétude, un malaise qui
« gâte la vie. Dans tous les pays du monde, mais surtout en Rus-
« sie, il ne faut pas qu'il y ait le moindre nuage entre le maître et
« un ministre étranger. Les catholiques, du moins ceux de cette
« époque, étaient devenus aux yeux de l'empereur une espèce de
« caste suspecte. Toutes les choses de ce monde ont leurs inconvé-
« nients ; la souveraineté, qui est la plus précieuse de toutes, doit
« subir les siens. La lutte des conversations est au-dessous d'elle :
« d'un côté, sa grandeur défend à son égard non-seulement la dis-

« pute, mais la discussion même ; de l'autre, elle ne peut, elle ne
« doit pas même lire, puisque tout son temps appartient aux peu-
« ples. Qui donc la détromperait sur des matières que les passions
« et l'erreur ont embrouillées à l'envi? » Le comte de Maistre, attaché personnellement à l'empereur par les liens d'une sincère reconnaissance, tout à fait habitué à ce pays où le retenaient des
liens multipliés, et où il avait souvent formé le vœu de finir ses
jours..., demanda son rappel. Le roi daigna le lui accorder avec le
titre et le grade de premier président dans ses cours suprêmes. Au
mois de mai 1817, Sa Majesté Impériale envoyait dans la Manche
une escadre de bâtiments de guerre pour ramener les soldats dont
elle déchargeait la France. Ces vaisseaux partaient dans la plus
belle saison pour la navigation. Sa Majesté Impériale permit au
comte de Maistre de s'embarquer sur cette escadre avec toute sa famille. Ce fut le 27 mai qu'il monta à bord du vaisseau de 74 *le Hambourg*, pour revenir dans sa patrie, après vingt-cinq ans d'absence,
en passant par Paris. Il arriva à Calais le 20 juin, et le 24 à Paris.

Le comte de Maistre se trouvait alors le chef d'une famille, l'une
des plus nombreuses de l'ancien duché de Savoie, qui était demeu-
rée tout entière au service du roi pendant tout le cours de la révolution, qui avait suivi sa cause, et toujours, et sans intérêt, et
contre ses intérêts, sans qu'un seul de ses membres fût entré au
service du vainqueur. A l'époque du traité de 1814, le chevalier
Nicolas, son frère (1), qui, après avoir fait brillamment la guerre,
était rentré en Savoie lorsque ses services ne pouvaient plus être
utiles à son maître, se dévoua de nouveau, et partit pour Paris avec
MM. d'Oncieux et le comte Costa, comme députés de la Savoie pour
demander aux souverains alliés la restitution de leur patrie à ses
anciens maîtres. Heureusement la demande fut accueillie, sans
quoi il aurait dû, avec ses deux compagnons, émigrer de nouveau
et s'exiler volontairement.

Arrivé à Turin, M. de Maistre s'occupa à donner la dernière main
aux ouvrages qu'il avait apportés en portefeuille de Pétersbourg. Il
fit paraître successivement *le Pape*, *l'Église gallicane*, et *les Soirées
de Saint-Pétersbourg*, ouvrages qui ont produit une véritable explo-

---

(1) Nous donnons, aux Annexes du t. 1er, une lettre de cet officier écrite après l'affaire de Gravellona, où les insurgés, commandés par les émissaires français, avaient
été complètement défaits. Elle nous a paru remarquable par son style animé et franchement militaire.

sion dans le monde littéraire. Malgré les nombreuses éditions, ces livres sont toujours recherchés, et l'auditoire de M. de Maistre grandit encore de jour en jour : c'est un fait remarquable qu'à la tribune, comme dans la chaire ou dans les livres, dès qu'on aborde les matières théologiques ou philosophiques traitées par le comte de Maistre, on est forcé de le citer, ou pour le combattre, ou pour s'appuyer de son autorité. Parmi les nombreuses lettres d'admiration et d'approbation sur le livre du *Pape*, nous en avons trouvé une d'un style badin, écrite par un saint prélat bien connu en France par ses talents autant que par ses travaux apostoliques, Mgr Rey, évêque d'Annecy, qui honorait la famille de Maistre d'une amitié particulière. Nous croyons qu'elle intéressera par son esprit et par son originalité. (*Voyez* aux Annexes, t. Ier, la lettre du 5 février 1820 de M. le vicaire général Rey.)

Le comte de Maistre, nommé chef de la grande chancellerie du royaume avec le titre de ministre d'État, fut arrêté dans sa carrière littéraire par les affaires publiques, dont il s'occupait avec ardeur. Il avait esquissé l'épilogue des *Soirées de Saint-Pétersbourg* dans les derniers jours de sa vie. On trouve encore, dans cette première ébauche, la verve de son style. Nous croyons faire plaisir à nos lecteurs en publiant ce fragment. (*Voyez* t. II.)

Le comte de Maistre était d'un abord facile, d'une conversation enjouée, constant dans sa conduite comme dans ses principes, étranger à toute espèce de finesse, ferme dans l'expression de ses opinions; du reste méfiant de lui-même, docile à la critique, sans autre ambition que celle d'un accomplissement irréprochable de tous ses devoirs. Il refusa longtemps de se charger de la mission de Pétersbourg, et voilà comment il racontait à un de ses amis sa promotion inattendue :

« Élevé dans le fond d'une petite province, livré de bonne
« heure à des études graves et épineuses, vivant au milieu de ma
« famille, de mes livres et de mes amis, peut-être n'étais-je bon
« que pour la vie patriarcale, où j'ai trouvé autant de bonheur
« qu'un homme en peut goûter sur la terre : la révolution en a
« ordonné autrement! Après quelques expériences malheureuses,
« je m'étais arrangé pour terminer paisiblement ma carrière en Sar-
« daigne : me tenant pour mort, ce pays me plaisait assez comme
« tombeau. Point du tout, il a fallu venir représenter sur ce grand
« théâtre. »

Cependant les fatigues de l'âme, les travaux de l'esprit, les peines de cœur avaient usé peu à peu une constitution des plus robustes. Le comte de Maistre perdit, dans l'année 1818, son frère André (évêque nommé d'Aoste), ecclésiastique d'une haute distinction par ses talents et son caractère ; ce fut une immense douleur. Depuis lors sa santé, qui avait résisté au climat de Pétersbourg comme à celui de Sardaigne, devint chancelante, sa démarche incertaine : sa tête conservait seule toute sa force et sa fraîcheur, et il continuait l'expédition des affaires avec la même assiduité. Au commencement de 1821, lorsque de sourdes rumeurs annonçaient déjà l'ignoble échauffourée révolutionnaire du Piémont, le comte de Maistre assistait au conseil des ministres, où l'on agitait d'importants changements dans la législation. Son avis était que la chose était bonne, peut-être même nécessaire, mais que le moment n'était pas opportun. Il s'échauffa peu à peu, et improvisa un véritable discours. Ses derniers mots furent : « Messieurs, la terre tremble, et vous voulez bâtir ! »

Le 26 février, le comte de Maistre s'endormit dans le Seigneur, et le 9 mars la révolution éclatait. Le comte de Maistre succomba à une paralysie lente, après une vie de soixante-sept ans de travaux, de souffrance et de dévouement ; il pouvait dire avec confiance : *Bonum certamen certavi, fidem servavi.* Son corps repose dans l'église des Jésuites, à Turin. Sa femme et un de ses petits-fils ont déjà été le rejoindre dans le froid caveau, ou plutôt dans le séjour bienheureux.

Le comte de Maistre, en entrant au service à l'âge de dix-huit ans, avait une fortune suffisante pour jouir d'une honnête aisance dans sa ville natale. Après avoir servi son roi pendant cinquante ans, il rentra en Piémont dans une honorable et complète pauvreté. Tous ses biens ayant été vendus, il eut part à l'indemnité des émigrés ; mais une bonne partie des terres qu'il avait possédées, étant situées en France, ne fut point portée en compte. Avec la modeste compensation qui lui fut allouée, et *un millier de louis que lui prêta le comte de Blacas,* il acheta une terre de cent mille francs environ, seul héritage matériel qu'il légua à ses enfants.

Deux motifs puissants m'ont engagé à la publication des opuscules et principalement des lettres du comte de Maistre : d'abord l'utilité dont elles peuvent être par les vérités qu'elles défendent, par les saines doctrines qu'elles contiennent ; ensuite le désir de tracer du comte de Maistre un portrait vivant et animé qui le fasse aimer de ceux qui ne l'ont qu'admiré. Rien, sans doute, ne fait mieux connaître un homme que de se trouver ainsi introduit dans son intimité, de l'observer librement et sans témoins, d'entendre le père parler de ses enfants, l'époux de la douce compagne de sa vie ; d'écouter l'homme d'État, le sujet fidèle s'adressant à son roi, l'ami s'entretenant avec ses amis. Il m'a paru que c'était élever un simple et noble monument à la mémoire d'un père vénéré, que c'était mettre en lumière l'élévation de son génie, l'étendue de ses connaissances, l'ingénuité de ses vertus.

Le comte Rodolphe DE MAISTRE.

LETTRES ET OPUSCULES

INÉDITS

DE

M. LE COMTE JOSEPH DE MAISTRE.

LETTRES.

LETTRES INÉDITES

DE

M. LE COMTE JOSEPH DE MAISTRE.

1. — **A M. le baron Vignet des Étoles** (1).

Lausanne, 6 août 1794.

Je vois par votre dernière lettre, cher ami, que vous donnez un peu, sans vous en apercevoir, dans le préjugé contre les émigrés. Vous croyez qu'ils ont montré de la joie sur les affaires de Genève : détrompez-vous. Je n'ai pas vu un Français qui n'ait parlé sur ces horreurs avec le ton que nous y aurions mis vous ou moi. Voici tout le mystère : les émigrés ennuient, parce qu'on est faible, et parce qu'on n'a pas la force de dire rondement, ce qui serait cependant fort naturel : « On nous menace, nous n'avons pas la force de vous protéger : allez-vous-en. » On se plaît à leur créer des fautes pour se mettre bien avec soi-même; et cependant il y aurait infiniment plus de noblesse à parler franchement. Il faut avouer qu'on agit bien mal avec les émigrés. La bonté de la cause qu'ils défendent devrait jeter un voile sur leurs défauts; et, au contraire, on se sert de leurs défauts pour jeter de la défaveur sur leur cause. Je vous ai ouï dire souvent qu'il y a un esprit révolutionnaire dans toutes les têtes; que cha-

---

(1) Ministre du roi de Sardaigne auprès de la Confédération Helvétique.

cun veut faire une révolution à sa mode, etc. : vous devez donc approuver ceux qui prêchent pour l'immobilité des maximes. Revenant à leur conduite, je suis forcé d'avouer que, depuis que je suis ici, j'ai vu moins de sottises de leur façon qu'on n'en aurait vu dans tout autre rassemblement d'une nation quelconque. Les Anglais en ont fait d'énormes, dont on n'a pas parlé. Si un Français malheureux, irrité, dégoûté de la vie, poussé à bout par les contradictions, se permet un mot un peu léger, les démocrates crient *haro!* et le gouvernement, qui incline à croire par la raison que je vous ai dite, accueille des dénonciations qui n'ont pas le sens commun. En un mot, mon cher ami, presque tous les gouvernements d'Europe exécutent sur les royalistes les décrets de la *Convention;* ce qui a fait un mal infini à l'opinion dans tous les pays. Je vous assure que, si j'étais membre de cet honorable corps, j'en rirais bien. Voilà tous nos prêtres de Nyon renvoyés. On a bâti à Genève des pamphlets qui les accusaient d'avoir voulu créer *une Vendée dans le Jura.* La chose a fait grande sensation. Vous entendez bien qu'il n'y a pas un mot de vrai; mais la vérité ne fait rien. Je crains fort que l'orage ne s'étende jusqu'à Lausanne : on est cependant fort sage, je vous l'assure; l'histoire des deux prêtres de Nyon était fort légère; car dès que l'une des parties était catholique, ils pouvaient croire que c'était à eux à marier. — Je n'ai point vu le discours du ministre d'Angleterre dont vous me parlez. Est-ce Pitt? mais de Londres même on écrit qu'il ne parle que de guerre. Je n'ai pas compris ce que vous me dites sur deux espèces de paix. Si on en fait une quelconque, nous sommes perdus. J'espère que les puissances alliées méditent quelque chose; s'il n'y a aucune entreprise militaire sur le tapis, il faut avouer que les vingt-cinq mille hommes abandonnés dans les quatre villes conquises sont le comble de l'inhumanité et de l'imprévoyance; mais je sens qu'il faut attendre pour bien juger, quoique Landrecies fasse déjà un préjugé fâcheux. — Comment trouvez-vous la jolie aventure du 9 thermidor? Pour moi, j'aurais mieux aimé voir tomber la C. N.; mais l'événement, tel qu'il est, me semble très-heureux. Il suspend nécessairement plus ou moins l'action du gouvernement révolutionnaire, et il le fait descendre dans l'opinion. Il prouve que ce gouvernement ne peut avoir de stabilité. Il nous défait d'une foule de scélérats, et c'est un gain clair et net pour l'univers. C'est la Providence qui avait jeté dans la municipalité le citoyen Simon, cordonnier, infâme et insolent geôlier des Enfants de France; c'est ainsi qu'il s'est trouvé invité, sans s'en douter, à la fête du 10 sur la place de la Révolution. Je vous l'indique, de peur que vous n'ayez pas aperçu cette tête coupée parmi les quatre-vingt-quatorze autres.

---

2. — A M. le baron Vignet des Étoles.

Lausanne, 15 août 1794.

Les Français, mon cher ami, ont sans doute des côtés qui ne sont pas aimables; mais souvent aussi nous les blâmons, parce que nous ne sommes pas faits comme eux. Nous les trouvons légers, ils nous trouvent pesants : qui est-ce qui a raison? Quant à leur orgueil, songez qu'il est impossible d'être membre d'une grande nation sans le sentir. Les Anglais et les Autrichiens n'ont-ils point d'orgueil? Lorsqu'un ci-devant seigneur français se voit apostrophé par tel magistrat de Lausanne ou de Nyon qui n'aurait pas osé, il y a cinq ans, aspirer à l'honneur de dîner avec lui; quand je vois M. le bailli traiter, je ne dis pas lestement, mais cruellement, des militaires français, en montrant sur sa poitrine, sur ses portraits, et à la tête de toutes ses ordonnances, l'ordre du mérite qu'il tient de la France, je ne puis me défendre de leur permettre un peu d'impatience. « On n'en veut nulle part, » dites-vous; il faut donc les faire conduire sur la frontière de France, comme M. de Buven en a menacé, il y a deux jours, le jeune de Savon, qui travaille ici pour nourrir sa mère; et alors le premier bourreau de la frontière fera son acquit, par lequel il confessera avoir reçu de la Suisse, du Piémont, de l'Espagne et autres nations chrétiennes, tant de têtes d'émigrés pour la guillotine. Le reproche que vous faisiez l'autre jour aux Français *de se réjouir des succès de leurs bourreaux* vient encore de la prévention, si vous y regardez de près; car ce sentiment est très-raisonnable, et même héroïque. Les soldats français ne sont point les bourreaux des émigrés, mais les sujets de ces bourreaux : ils se battent pour une mauvaise cause, mais leurs succès n'en sont pas moins admirables. M. Mallet du Pan a très-justement insisté sur ce point dans son ouvrage. Je ne vois pas comment un Français pourrait ne pas sentir un certain mouvement de complaisance en voyant sa nation seule, avec une foule de mécontents dans l'intérieur, non-seulement résister à l'Europe, mais encore l'humilier et lui donner beaucoup de soucis. Certainement c'est de la force bien mal employée; mais cependant c'est de la force. D'ailleurs un Français peut penser, comme je pense, que la division de la France serait un grand mal. La foule des étourdis voudrait voir l'Empereur à Paris, pour rentrer vite dans leurs terres; mais il ne faut pas blâmer celui qui dirait : « J'aime mieux souffrir pendant quelque temps de plus, et que ma patrie ne soit pas morcelée. » La société des nations, comme celle des individus, est composée de grands et de petits, et cette inégalité est nécessaire. Vouloir démembrer la France, parce qu'elle est trop puissante, est précisément le système de l'égalité en grand. C'est l'affreux système de la convenance, avec lequel on nous ramène à la jurisprudence des Huns ou des Hérules. Et voyez, je vous prie, comme l'absurdité et l'*impudeur* (pour me servir d'un terme à la mode) se joignent ici à l'injustice. On veut démembrer la France; mais, s'il vous plaît, est-ce pour enrichir quelque puissance du second ordre? Nenni :

Dantur opes nullis nunc, nisi divitibus.

C'est à la *pauvre* maison d'Autriche qu'on veut donner l'Alsace, la Lorraine, la Flandre. Quel équilibre, bon Dieu! J'aurais mille et mille choses à vous dire sur ce point, pour vous démontrer que notre intérêt à tous est que l'Empereur ne puisse jamais entrer en France comme conquérant pour son propre compte. Toujours il y aura des puissances prépondérantes, et la France vaut mieux que l'Autriche. Nous n'avons nul besoin d'un Charles V. Si je n'ai point de fiel contre la France, n'en soyez pas surpris : je le garde tout pour l'Autriche. C'est par elle que nous sommes humiliés, perdus, écrasés; c'est par elle que nous sortirons d'ici, non-seulement sans argent, mais sans considération, j'ai presque dit sans honneur. Vous parlez d'orgueil, de prétentions; trouvez-moi une suprématie, une domination plus insultante que celle que l'Autriche exerce à notre égard. J'aimerais mille fois mieux 30,000 émigrés qui se battraient pour nous, que 30,000 Allemands qui sont venus pour nous voir assommer sur les montagnes avec des lunettes d'approche. M. d'Autichamp, M. de Narbonne, me plairaient tout autant, je vous l'avoue, que M. de Vins avec sa fistule qui s'ouvre à point nommé toutes les fois qu'on le contrarie. On reproche aux Français de vouloir commander partout où ils sont. Et les Autrichiens ne commandent-ils pas? Partout les grands commandent aux petits. Encore un coup, je connais les défauts français, et j'en suis choqué autant qu'un autre ; mais je sais aussi ce qu'on peut dire en leur faveur. Au reste, cher ami, la politique est comme toutes les autres sciences : *Mundum tradidit disputationi eorum*. Mais je vous dis qu'on se trompe sur la France ; qu'il ne faut point se décider par les idées du moment, encore moins par des considérations de pure inclination ; qu'en persécutant partout le bon parti, on gâte l'esprit des peuples, et qu'on donne une force incalculable à la république, parce qu'on grossit son parti de tous ceux (et le nombre en est prodigieux) qui voudraient bien un autre ordre de choses, mais qui voient qu'il n'y a pas moyen de faire un noyau hors de la France, et qui finissent par servir, de dépit et de désespoir, un parti qu'ils n'aiment point.

Je suis tout surpris qu'après une permission de demeurer jusqu'au 1ᵉʳ janvier, on nous remette nouvellement sur le tapis pour partir. Mais savez-vous une belle chose? c'est que le Piémont ne nous voit plus arriver qu'avec une extrême répugnance, surtout les prêtres. L'abbé Saint-Marcel l'a écrit ici en confidence à quelqu'un, et je m'en doutais depuis longtemps, sur quelques notices qui m'étaient parvenues. Je veux vous faire part d'un sentiment que j'ai dans le cœur, sans trop savoir où je l'ai pris. Je me sens entraîné à croire que le Piémont sera révolutionné, et que nous nous régénérerons ensemble, ou que la Savoie ne retournera plus à son ancienne domination. Cette idée ne tient à aucun calcul politique, et cependant je ne puis m'en défaire. Il me semble que la Savoie révolutionnée unie au Piémont non révolutionné formerait une dissonnance. Je vous dis ceci le 15 août 1794 ; souvenez-vous-en. Je suis tout à vous, mon très-cher.

P. S. M. Merci d'Argentau a demandé mille hommes aux Autrichiens, avec promesse de chasser les Français d'Ormex : ils ont refusé. Les bras en tombent à M. Trevor. Cette maison d'Autriche est une grande ennemie du genre humain, et surtout de ses alliés. Je vous avoue que je la déteste cordialement. J'ai la ferme espérance, au reste, que l'Empereur, pour n'avoir pas voulu être le *coq* de la coalition, en sera le *coq d'Inde*. Amen.

---

3. — A M. le baron Vignet des Étoles.

Lausanne, 28 octobre 1794.

Rien ne marche au hasard, mon cher ami ; tout a sa règle, et tout est déterminé par une puissance qui nous dit rarement son secret. Le monde politique est aussi réglé que le monde physique ; mais comme la liberté de l'homme y joue un certain rôle, nous finissons par croire qu'elle y fait tout. L'idée de détruire ou de morceler un grand empire est souvent aussi absurde que celle d'ôter une planète du système planétaire, quoique nous ne sachions pas pourquoi. Je vous l'ai déjà dit : dans la société des nations, comme dans celle des individus, il doit y avoir des grands et des petits. La France a toujours tenu et tiendra longtemps, suivant les apparences, un des premiers rangs dans la société des nations. D'autres nations, ou, pour mieux dire, leurs chefs, ont voulu profiter, contre toutes les règles de la morale, d'une fièvre chaude qui était venue assaillir les Français, pour se jeter sur leur pays et le partager entre eux. La Providence a dit que non ; toujours elle fait bien, mais jamais plus visiblement, à mon avis : notre inclination pour ou contre les Français ne doit point être écoutée. La politique n'écoute que la raison. Votre mémoire n'ébranle nullement mon opinion, qui se réduit uniquement à ceci : « Que l'empire de la coalition sur la « France et la division de ce royaume seraient un des plus « grands maux qui pussent arriver à l'humanité. » Je me suis formé une démonstration si parfaite de cette proposition, que je ne désespérerais pas de vous convertir vous-même, mais non par écrit, car ce serait un traité dans les formes.

Je vous remercie cependant très-fort de ce mémoire, qui est une très-bonne pièce historique : faites attention, au reste, que vous prenez presque tous vos exemples dans un seul règne, ce qui n'est pas juste : d'ailleurs, quelle nation n'a pas abusé de son pouvoir quand elle l'a pu? Si vous écoutiez des natifs Mexicains ou Péruviens, ils vous prouveraient que les plus exécrables des hommes sont les Espagnols. Qu'est-ce que l'Europe n'eut pas à souffrir de Charles V, qui l'aurait toute conquise, sans les Français ? Tout ce que vous reprochez à Louis XIV ne peut entrer en comparaison avec trois cents vaisseaux pris par les Anglais en 1756 sans déclaration de guerre, encore moins avec l'exécrable partage de la Pologne. Enfin, mon cher ami, je vous répète que nous sommes d'accord sans le savoir. Il est naturel que vous désiriez les succès de la coalition contre la France, parce que vous y voyez le bien général. Il est naturel que je ne désire ces succès que contre le jacobinisme, parce que je vois dans la destruction de la France le germe de deux siècles de massacres, la sanction des maximes du plus odieux machiavélisme, l'abrutissement irrévocable de l'espèce humaine, et même, ce qui vous étonnerait beaucoup, une plaie mortelle à la religion : mais tout cela exigerait un livre.

Quant à l'autre point sur lequel, à mon véritable regret, il me semble que nous ne sommes pas parfaitement d'accord, c'est la révolution (quelconque) qui me paraît infaillible dans tous les gouvernements. Vous me dites à ce sujet que les peuples auront besoin de gouvernements *forts*, sur quoi je vous demande ce que vous entendez par là? Si la monarchie vous paraît *forte* à mesure qu'elle est plus *absolue*, dans ce cas Naples, Madrid, Lisbonne, etc., doivent vous paraître des gouvernements vigoureux. Vous savez cependant, et tout le monde sait, que ces monstres de faiblesse n'existent plus que par leur aplomb. Soyez persuadé que, pour *fortifier* la monarchie, il faut l'asseoir sur les lois, éviter l'arbitraire, les commissions fréquentes, les mutations continuelles d'emplois et les tripots ministériels. Voyez, je vous prie, ce que nous étions devenus, et comme on avait repoussé vos idées même de bon ordre, quoique très-modérées et ne touchant nullement à la prérogative de la couronne.

Tout à vous, mon cher ami.

---

4. — † A mademoiselle Adèle de Maistre.

Turin, 3 juin 1797.

J'ai été très-content, ma bonne petite Adèle, de l'extrait du *Rédacteur* que tu m'as envoyé. Il est très-bien choisi, et contient des vérités intéressantes. Quand on cite les journaux, il faut citer le jour et l'an, et même le numéro, si l'on peut, pour le retrouver à volonté; par exemple : *Rédacteur* du samedi 27 mai 1797, n° 185. Quand il s'agit de livres, on cite le tome, le chapitre, et quelquefois la page. Voilà, mon enfant, une petite leçon que je te donne en passant ; car, en te louant sur ce que tu fais de bien, je tâche toujours de te conduire à faire encore mieux, rien ne me faisant plus de plaisir que d'avoir de nouvelles raisons de t'aimer.

J'ai aussi été très-content du *verbe chérir* que tu m'as envoyé. Je veux te donner un petit échantillon de conjugaison, mais je m'en tiendrai à l'*indicatif*, c'est bien assez pour une fois.

Je *te chéris*, ma chère Adèle : tu *me chéris* aussi, et maman *te chérit* : nous vous *chérissons* également Rodolphe et toi, parce que vous êtes tous les deux nos enfants, et que vous nous *chérissez* aussi également l'un et l'autre ; mais c'est précisément parce que vos parents vous *chérissent* tant, qu'il faut tâcher de le mériter tous les jours davantage. Je te *chérissais*, mon enfant, lorsque tu ne me *chérissais* point encore ; et ta mère te *chérissait* peut-être encore plus, parce que tu lui as coûté davantage. Nous vous *chérissions* tous les deux lorsque vous ne *chérissiez* encore que le lait de votre nourrice, et que ceux qui vous *chérissaient* n'avaient point encore le plaisir du retour. Si je t'ai *chérie* depuis le berceau, et si tu m'as *chéri* depuis que tu as pu te dire, Mon papa m'a toujours *chérie;* si nous vous avons *chéris* également, et si vous nous avez *chéris* de même, je crois fermement que ceux qui *ont tant chéri* ne changeront point de cœur. Je te *chérirai* et tu me *chériras* toujours, et il ne sera pas aisé de deviner lequel des deux *chérira* le plus l'autre. Nous ne *chérirons* cependant nos enfants, ni moi, ni votre maman, que dans le cas où vous *chérirez* vos devoirs. Mais je ne veux point avoir de soucis sur ce point, et je me tiens pour sûr que votre papa et votre maman vous *chériront* toujours.

Marque-moi, mon enfant, si tu es contente de cette

conjugaison, et si tous les temps y sont (pour l'indicatif). Adieu, mon cœur.

---

5. — † A mademoiselle Adèle de Maistre.

Turin, 18 octobre 1797.

Sans doute, ma très-chère enfant, tu as fort bien deviné le sentiment qui empêche ta maman de te vanter à toi-même : il en pourrait résulter deux inconvénients, celui d'augmenter ton amour-propre et celui de nourrir ta paresse. Tu sens bien par toi-même qu'on est toujours porté à s'arrêter en chemin, à dire : *C'est assez;* et c'est un grand mal. Maman voudrait donc éviter cette nonchalance, et t'animer constamment à de nouveaux efforts; mais il est bien sûr (et sûrement tu en es persuadée) qu'il n'y a personne au monde qui t'aime plus que cette bonne maman, et qui rende plus de justice aux efforts que tu fais pour être une bonne et aimable personne. Jamais tu ne fais quelque chose de bien sans qu'elle ait soin de m'en faire part; plus tu vivras, mon cher enfant, plus tu regarderas autour de toi, et plus tu verras que nulle part tu ne peux être mieux qu'auprès d'elle. Je te remercie de la chanson que tu m'as envoyée, et que j'ai trouvée très-jolie. Je suis aussi assez content de ton style et de ton orthographe, qui se perfectionnent; j'ai bien envie d'être auprès de toi pour y donner la dernière main. En attendant, je puis t'assurer que tu as des dispositions pour écrire purement; ainsi, il faut les cultiver. Voilà peut-être qui va te donner de l'orgueil; mais une autre fois je ne te parlerai que de tes défauts, pour t'humilier. Tu feras fort bien, mon cher enfant, de m'écrire de temps en temps; mais il faut laisser courir ta plume, et me dire tout ce qui te passe dans la tête. Tu as toujours quatre chapitres à traiter, tes plaisirs, tes ennuis, tes occupations et tes désirs : avec cela on peut remplir quatre pages. Pour moi, il me suffit de quatre mots, en suivant cette même division : Mon *plaisir* serait d'être avec toi, mon *chagrin* est d'en être éloigné, mon *occupation* est de trouver les moyens de te rejoindre, et mon *désir* est d'y réussir. Adieu, mon cher enfant.

---

6. — † A mademoiselle Adèle de Maistre.

Turin, 2 décembre 1797.

J'ai reçu avec beaucoup de plaisir ta dernière lettre, ma chère Adèle, et j'en ai beaucoup aussi à voir la franchise avec laquelle tu as condamné ce sentiment d'amour-propre que tu avais *là*. J'espère que tu seras toujours amie de la vérité ; et de toutes les bonnes qualités possibles, c'est celle qui m'attachera le plus à toi : je serai toujours un bon confesseur pour toi, et je te donnerai aussi l'absolution à ma manière. J'ai bien reçu, dans le temps, la chanson des *Incroyables*, que j'ai trouvée fort jolie ; je croyais t'en avoir accusé la réception. Au reste, ma chère enfant, je ne suis pas de la dernière exactitude pour les réponses ; je réponds quand j'ai le temps, et c'est une petite liberté qu'un confesseur peut bien prendre avec sa pénitente. Conte-moi un peu si tu n'oublies point ce cahier que tu m'avais tant promis de suivre exactement : est-il déjà bien gros et bien riche ? Je suis persuadé que tu y mets toujours quelque jolie chose de temps en temps. Si tu l'as oublié, je ne t'en donnerai pas moins l'absolution : je m'en fie à ta mère pour toute cette besogne. Quand nous reverrons-nous donc, ma chère Adèle? J'espère que le temps te dure autant qu'à moi, quoique les enfants, à ce qu'on dit, n'aiment pas autant que les pères. Mande-moi ce que tu en penses. Embrasse, de ma part, ton petit étourdi de frère. Adieu, ma très-chère Adèle; je t'embrasse de tout mon cœur.

---

7. — A mademoiselle Constance de Maistre.

Cagliari, 13 janvier 1802.

Mon très-cher enfant, il faut absolument que j'aie le plaisir de t'écrire, puisque Dieu ne veut pas encore me donner celui de te voir. Peut-être tu ne sauras pas me lire couramment, mais tu ne manqueras pas de gens qui t'aideront à déchiffrer l'écriture de ton vieux papa. Ma chère petite Constance, comment donc est-il possible que je ne te connaisse point encore, que tes jolis petits bras ne se soient point jetés autour de mon cou, que les miens ne t'aient point mise sur mes genoux pour t'embrasser à mon aise? Je ne puis me consoler d'être si loin de toi; mais prends bien garde, mon cher enfant, d'aimer ton papa comme s'il était à côté de toi : quand même tu ne me connais pas, je ne suis pas moins dans ce monde, et je ne t'aime pas moins que si tu ne m'avais jamais quitté. Tu dois me traiter de même, ma chère petite, afin que tu sois tout accoutumée à m'aimer quand je te verrai, et que ce soit tout comme si nous ne nous étions jamais perdus de vue : pour moi, je pense continuellement à toi; et pour y penser avec plus de plaisir, j'ai fabriqué dans ma tête une petite figure espiègle, qui me semble être ma Constance. Elle a bien quelquefois certaines petites fantaisies ; mais tout cela n'est rien, je sais qu'elles ne durent pas. Ma chère petite amie, je te recommande de tout mon cœur d'être bien sage, bien douce, bien obéissante avec tout le monde, mais surtout avec ta bonne maman et ta tante, qui ont tant de bontés pour toi : toutes les fois qu'elles te font une caresse, il faut que tu leur en rendes deux, une pour toi et une pour ton papa. J'ai bien ouï dire par le monde qu'une certaine demoiselle te gâtait un peu ; mais ce sont des discours de mauvaises langues que le bon Dieu ne bénira jamais. Si tu en entends parler, tu n'as qu'à dire que les enfants gâtés réussissent toujours. Je ne veux point que tu te mettes en train pour répondre à cette lettre ; je sais que la bonne maman veut ménager ta petite taille, et elle a raison. Tu m'écriras quand tu seras plus forte ; en attendant, je suis bien aise de savoir que tu aimes beaucoup la lecture, et que tu sais ton *Télémaque* sur le bout du doigt. Je voudrais bien parler avec toi de la grotte de Calypso et de la nymphe Eucharis que j'aime bien, mais cependant pas autant que toi. Je voudrais aussi te demander si tu n'as point eu peur quand tu as vu Mentor jeter ce pauvre Télémaque dans l'eau tête première, pour l'empêcher de perdre son temps. Ah ! jamais ta tante Nancy n'aurait fait un coup de cette sorte. Un bon oncle, que tu ne connais pas encore, te portera bientôt de ma part un livre qui t'amusera beaucoup : il est tout plein de belles images, et, dès qu'on t'aura expliqué comment il faut se servir du livre, tu pourras t'amuser toute seule. Adèle et Rodolphe s'en sont bien divertis ; à présent, c'est ton tour : je te le donne, et quand tu le feuilletteras, tu ne manqueras jamais de penser à ton papa.

Ta maman, ton frère, ta sœur t'embrassent de tout leur cœur ; et moi, ma chère enfant, juge si je t'embrasse, si je te serre sur mon cœur, si je pense à toi continuellement !

Adieu mon cœur, adieu ma Constance. Mon Dieu, quand pourrai-je donc te voir?

---

8. — † A mademoiselle Adèle de Maistre.

Cagliari, 14 décembre, 1802.

Hier, ma chère enfant, j'ai reçu ta lettre du 24 octobre, et aujourd'hui celle du 14. Tu vois comme les lettres vont. Depuis longtemps tu en aurais reçu une de moi, si j'avais su où t'écrire ; mais j'ignorais ta *destination :* maintenant me voilà tranquille, au moins sur ce point ; mon imagination sait où te chercher, c'est déjà beaucoup pour moi (1). Vraiment, ma chère amie, je voudrais te savoir un peu plus à ton aise. Ce souper à six heures, ce coucher à huit sont bien difficiles à digérer ; mais crois que cette gêne passagère ne te sera point du tout inutile : se vaincre, se plier aux circonstances, est un devoir pour tout le monde, mais surtout pour les femmes. Si la bonne dame dont tu me parles te querelle sur une mode indifférente, dis-lui qu'elle a raison. Fais mieux encore ; parais le lendemain accoutrée différemment. Tu sais fort bien les béatitudes de l'Évangile ; mais il n'est pas défendu d'en savoir d'autres, comme, par exemple : *Heureuses les femmes douces, parce qu'elles posséderont les cœurs.* Voilà un sujet de méditation que je t'envoie, quoique tu sois dans un couvent.

(1) Madame Eulalie de Maistre, religieuse ursuline, sœur du comte de Maistre, chassée de son couvent par la démagogie d'alors (dont celle d'aujourd'hui ne fait que répéter les crimes), s'était unie à deux de ses anciennes compagnes, et avait établi à Turin une maison d'éducation pour continuer à remplir, autant que les circonstances le permettaient, les devoirs de leur vocation. Mademoiselle Adèle de Maistre avait été placée momentanément dans cette maison pendant un voyage de sa mère en Savoie.

Quand tu sentiras que ton petit nerf impertinent se met en train, applique tout de suite ma lettre comme on met de la mauve sur une inflammation. Mande-moi si tu fais toujours la petite statue lorsqu'il s'agit de parler, et surtout de parler italien. Je t'écrirai, dans une autre longue lettre, sur la vertu des langues. Si l'on ne t'avait pas sagement exceptée de la loi des décachètements, je me serais servi de voies détournées pour t'écrire; je ne veux point que des profanes viennent mettre le nez dans nos petits secrets. Je te sais bon gré des regrets que tu me témoignes, car je les crois bien sincères; tu sais assez, de ton côté, que, loin de mes chers enfants et de celle qui les a faits, je n'ai qu'une demi-existence. Ce n'est pas que je ne sois *ici* aussi bien qu'on peut être *ici;* mais je suis fait à la vie patriarcale : celle d'officier de garnison n'est point du tout mon fait. Je ne pense qu'à nous réunir. Quand viendra cet heureux jour? Dieu le sait. En attendant, applique-toi bien, et tire parti de ta position. J'ai vu avec plaisir qu'il t'en avait beaucoup coûté de te séparer de ton frère; j'en ai été d'autant plus aise que j'ai vu les mêmes sentiments très-bien et très-naturellement exprimés dans la lettre qu'il m'a écrite. Il faut maintenir dans cette génération l'union qui a régné dans la précédente, et qui est la meilleure chose qui se trouve sur la terre.

Pour revenir aux lettres, je suis fort content des tiennes. Le style est bon, et fait mine de se perfectionner : je *dirais*, je *ferais*, au futur, ne sont qu'une distraction; il suffit d'être attentive. Il faut que madame de F. te prête de nouveau *Marie de Rabutin-Chantal*. Je te déclare d'avance très-solennellement qu'il me suffit que tu écrives comme elle; je ne suis pas comme ces gens qui ne sont jamais contents.

Adieu, ma bonne Adèle. Tu sais combien je te suis attaché; je m'occupe continuellement de toi : enfin, je suis tout à fait digne de tes bontés. Embrasse ta bonne et excellente tante Eulalie ; je veux absolument que tu fasses sa conquête, car je l'aime *notablement*. Mes honneurs aux deux autres dames. Regarde tout, ne blâme rien, aime les aimables, fais bonne mine aux autres, et Dieu te bénisse ! Adieu, Adèle.

---

9. — † **A mademoiselle Adèle de Maistre.**

Rome, 10 mars 1803.

Si par hasard tu n'as point reçu de lettre de moi, ma très-chère Adèle, il faut bien te garder d'imaginer que je t'oublie. En arrivant dans cette capitale du monde chrétien, j'ai été bien mortifié de n'y trouver aucune lettre de toi, ce qui m'a prouvé que tu n'as pas reçu celle que je t'ai écrite de Sardaigne avant de partir, ni par conséquent le portrait de notre bonne baronne de Teulade, que je t'ai envoyé pour en être la gardienne. Dans cette lettre, je te recommandais de m'écrire ici. Aujourd'hui, il n'est plus temps ; je pars dans peu de jours. Voici mon sort, ma bonne Adèle ; je devais arriver à Pétersbourg sans titre, on a changé d'avis : en arrivant ici, j'ai été nommé et présenté partout en qualité d'envoyé extraordinaire. Le roi est dans des circonstances bien difficiles ; mais il fait pour moi et pour ma famille tout ce qu'il peut faire : ainsi nous n'avons qu'à remercier, et attendre en paix l'avenir. Je me garde bien de te dire que je suis *content*, ou du moins *heureux*, malgré une destination si brillante. Pour être heureux, il faudrait que ma famille fût autour de moi ; mais c'est précisément cette tendresse qui me donne des forces pour m'éloigner de vous. C'est pour vous que je me passe de vous. Il y a peu de temps que j'ai écrit à ta mère par un courrier; tu peux lui ajouter que dans la huitaine je pars, et je ne manquerai pas de lui écrire de tous les endroits où je m'arrêterai. Le roi m'a donné une bonne voiture, je suis bien vêtu et bien servi : elle ne doit avoir aucune inquiétude sur mon compte. J'arriverai d'ailleurs dans la belle saison, ainsi j'aurai le temps de m'acclimater.

Je n'entreprendrai pas de raconter les belles choses que j'ai vues ici; il me faudrait plus de temps que je n'en ai : une fois Rome sera le sujet de nos conversations. Avant-hier j'ai vu le pape, dont la bonté et la simplicité m'ont fort étonné. Il est venu à ma rencontre, m'a laissé à peine plier un genou, et m'a fait asseoir à côté de lui. Nous avons bien jasé une demi-heure, après quoi il nous a accompagnés (j'étais avec le ministre du roi), et il a porté la main sur le bouton de la serrure, pour ouvrir la porte. Je t'avoue que je suis *resté de stuc* à ces manières si peu souveraines; j'ai cru voir saint Pierre au lieu de son successeur.

Ma très-chère Adèle, j'espère que tu continueras à me contenter comme tu le fais. Toutes les fois que tu penseras à moi, il sera bien difficile que nos deux pensées ne se rencontrent pas à moitié chemin. Réfléchis, travaille et caresse. Tu es bonne; deviens excellente. Adieu, ma chère Adèle; je t'emporte dans mon cœur, afin que tu m'échauffes sous le soixante et unième degré de latitude.

---

10. — † **A mademoiselle Adèle de Maistre.**

Saint-Pétersbourg, 19 octobre 1803.

Quand ta mère devrait en être jalouse, c'est par toi que je veux commencer, ma bien-aimée Adèle; je veux te remercier de ta jolie page du 3 septembre, qui m'a fait un plaisir infini. Je sais bien que tu es *sotte*, que tu ne sais ni *parler* ni *caresser*; que tu es *cruelle, barbare, traîtresse*, etc., etc.; n'importe, l'amour est aveugle, et cette passion de la cité d'Aoste dure toujours : enfin, je t'épouserais, si je n'étais pas marié. Tu m'as fait grand plaisir de me faire un détail de tes études. J'approuve surtout le petit cours de sphère; et telle est ma corruption, que je suis prêt à préférer les *fuseaux* dont tu me parles à ceux de la femme forte tant célébrés par Salomon. Je me figure aisément la joie que tu as goûtée, lorsque la porte de ta cage s'est ouverte, et que tu t'es trouvée de nouveau assise à cette table où il ne manque qu'une personne; mais je t'avoue, mon très-cher enfant, que je n'ai nullement été ennuyée de tes ennuis, et que rien au monde ne m'a été plus agréable que d'apprendre que tu avais su dévorer en silence tes petites *seccature*, et te faire aimer de tes *saintes geôlières*. Ce monde-ci, ma chère Adèle, est une gêne perpétuelle; et qui ne sait s'ennuyer ne sait rien. J'espère que tout ira bien, et que tu ne cesseras de croître *en grâce, en science et en sagesse, afin d'être agréable à nos yeux* (c'est le style de saint Paul), *et que je puisse t'embrasser avec une joie ineffable au jour de la consolation, qui arrivera bien tôt ou tard. Amen.*

Pour mon fils inique. — Et mon cher petit Rodolphe, où est-il? Qu'il vienne aussi prendre son mot. Tu ne peux pas me donner une plus douce assurance, mon cher ami, que celle de ta constante tendresse; quoique ce soit un discours inutile, cependant je l'entends toujours avec un nouveau plaisir. Ce qui ne m'en fait pas moins, c'est d'apprendre que tu es le bon ami de ta mère, et son premier ministre au département des affaires internes. C'est là le premier devoir, mon cher enfant; car il faut que tu sois son mari pendant que je n'y suis pas, et que tu me la rendes gaie et bien portante. Ce que tu me dis de Chambéry m'a serré le cœur; je suis cependant bien aise que tu aies vu par toi-même l'effet inévitable d'un système dont nous avons eu le bonheur de te séparer entièrement. Ton âme est un papier blanc sur lequel nous n'avons point permis au diable de barbouiller, de façon que les anges ont pleine liberté d'y écrire tout ce qu'ils voudront, pourvu que tu les laisses faire. Je te recommande l'application par-dessus tout. Si tu m'aimes, si tu aimes ta mère et tes sœurs, il faut que tu aimes ta table: l'un ne peut pas aller sans l'autre. Je puis attacher ta fortune à la mienne, si tu aimes le travail; autrement tout est perdu. Dans le naufrage universel, tu ne peux aborder que sur une feuille de papier; c'est ton arche, prends-y garde. Je mets au premier rang une écriture belle et aisée. L'allemand est une fort bonne chose, et qui probablement te sera fort utile. Ainsi, nous sommes entendus à ce sujet. Adieu, mon très-cher Rodolphe.

A Constance. — Je viens à toi, ma chère petite inconnue. Combien je suis charmé de voir ton écriture, en attendant que je puisse voir ton petit visage et le baiser tout à mon aise! Te voilà donc grande fille, ma bonne petite Constance, tout empressée de bien faire et de t'instruire; tu as retrouvé ta maman, ta vraie maman, et ta sœur, que tu ne connaissais pas. Tu les aimes déjà, à ce qu'on me dit, autant que si tu avais passé ta vie avec elles. C'est un bon augure pour moi; je mourais de peur que tu n'aimasses pas assez ton vieux papa, quand tu le verrais. Aujourd'hui, j'espère que tu me traiteras comme ta maman, et qu'en moins de huit jours tu m'aimeras de tout mon cœur. En attendant, je ferai l'impossible pour t'envoyer mon portrait, afin que tu saches à quoi t'en tenir sur ma triste figure. Je te préviens cependant que tu me trouveras beaucoup plus joli garçon que dans cet abominable portrait que tu connais.

Adieu, mon petit cœur, je t'embrasse amoureusement. Parle souvent de moi avec ta maman, ton frère et ta sœur; et quand vous êtes à table ensemble, ne manquez jamais de boire le premier coup à ma santé.

---

11. — A madame la baronne de Pont.

Saint-Pétersbourg,... juillet 1804.

Avec tout le respect que je vous dois, Madame, je ne puis être de votre avis sur le grand événement qui fixe les yeux de l'Europe, et qui me paraît unique dans l'histoire. Vous y voyez l'établissement définitif, la consolidation du mal; moi je persiste à le regarder comme un événement heureux dans toutes les suppositions possibles. Un examen approfondi n'a fait que me confirmer dans ce sentiment, et voici mes raisons :

Tout le monde sait qu'il y a des révolutions heureuses et des usurpations très-criminelles dans leur principe, auxquelles cependant il plaît à la Providence d'apposer le sceau de la légitimité par une longue possession. Qui peut douter que Guillaume d'Orange ne fût un très-coupable usurpateur? Et qui peut douter encore que George III ne soit un très-légitime souverain?

Si la maison de Bourbon est décidément proscrite

(*quod abominor*), il est bon que le gouvernement se consolide en France. J'aime bien mieux Bonaparte roi que simple conquérant. Cette farce impériale n'ajoute rien du tout à sa puissance, et tue sans retour ce qu'on appelle proprement la *révolution française*, c'est-à-dire l'*esprit révolutionnaire*, puisque le plus puissant souverain de l'Europe aura autant d'intérêt à étouffer cet esprit, qu'il en avait à le soutenir et à l'exalter lorsqu'il en avait besoin pour parvenir à son but. Nous n'avons plus à craindre que des révolutions *tamerlaniques*, c'est-à-dire des conquêtes. Mais, à cet égard, le titre n'y fait rien, le danger était le même, et plus grand encore ; car le titre légitime (même en apparence) en impose jusqu'à un certain point à celui qui le porte. N'avez-vous pas observé, Madame, que dans la noblesse, qui n'est, par parenthèse, qu'un *prolongement de la souveraineté*, il y a des familles usées au pied de la lettre? La même chose peut arriver dans une famille royale : il y a même une raison physique de cette décadence, raison sur laquelle on s'obstine à fermer les yeux, et qu'il serait cependant très-bon de connaître, puisqu'on peut la prévenir ; mais ce sujet me mènerait trop loin. La maison de Bourbon est-elle arrivée au point de répéter la chute inévitable des Carlovingiens ? Les partisans du *nouvel homme* le disent en France ; mais j'ai de très-bonnes raisons de croire le contraire, et je me complais à le penser ; car c'est la maison à laquelle je suis le plus attaché après celle à laquelle je dois tout. Il y a cependant quelque chose à prendre dans toutes ces déclamations de Paris. Les Bourbons français ne sont certainement inférieurs à aucune race régnante ; ils ont beaucoup d'esprit et de bonté ; ils ont de plus cette espèce de *considération* qui naît de la grandeur antique, et, enfin, l'utile instruction que donne nécessairement le malheur ; mais, quoique je les croie très-capables de *jouir* de la royauté, je ne les crois nullement capables de la *rétablir*. Il n'y a certainement qu'un usurpateur de génie qui ait la main assez ferme et même assez dure pour exécuter cet ouvrage. Ses crimes même y servent infiniment : il y a deux choses qu'une puissance légitime ne peut exécuter. Qu'aurait fait le roi au milieu de tous ces décombres? Soit qu'il eût voulu transiger avec les préjugés ou les fouler aux pieds, ces préjugés l'auraient de nouveau et irrévocablement détrôné. Laissez faire Napoléon. Laissez-le frapper les Français avec sa verge de fer; laissez-le emprisonner, fusiller, déporter tout ce qui lui fait ombrage; laissez-le faire une Majesté et des Altesses impériales, des maréchaux, des sénateurs héréditaires, et bientôt, n'en doutez pas, des chevaliers de l'ordre; laissez-le graver des fleurs de lis sur son écusson vide, etc., etc. Alors, Madame, comment voulez-vous que le peuple, tout sot qu'il est, n'ait pas l'esprit de se dire : «Il est donc vrai qu'une « grande nation ne peut être gouvernée en république! Il « est donc vrai qu'il faut nécessairement tomber sous un « sceptre quelconque, et obéir à celui-ci ou à celui-là! Il « est donc vrai que l'égalité est une chimère! » Des idées aussi simples se présenteront à tous les esprits; mais, je vous le répète, jamais le roi n'aurait pu les faire entrer dans les têtes; il n'y aurait eu qu'un cri : *Le voilà qui revient avec ses ducs, ses cordons, etc. Quelle nécessité de rétablir des distinctions odieuses?* etc. Aujourd'hui les Français voient ce qu'il en est, et il ne faut pas autant d'esprit qu'ils en ont pour être parfaitement convertis. L'esprit de l'armée surtout ne peut être mis en question que par des hommes qui n'ont nulle connaissance. — Je reprends donc mon terrible dilemme : — Ou la maison de Bourbon est *usée* et condamnée par un de ces jugements de la Providence dont il est impossible de se rendre raison, et, dans ce cas, il est bon qu'une nouvelle race commence une succession légitime, celle-ci ou celle-là, n'importe à l'univers ;— ou cette famille auguste doit reprendre sa place, et rien ne peut lui être plus utile que l'accession passagère de Bonaparte, qui hâtera sa propre chute et rétablira toutes les bases de la monarchie sans qu'il en coûte la moindre défaveur au prince légitime. Je ne sais pas ce qui arrivera, mais je sais bien que ceux qui disent, *C'est fini!* n'y entendent rien. Au contraire, le couronnement de Bonaparte augmente la chance en faveur du roi. Ce prince a malheureusement de très-grands préjugés contre lui. Il y a longtemps que je les ai combattus, suivant mes forces, d'une manière qui m'a valu de sa part une très-honorable approbation que je n'attendais nullement ; mais passons. Je dis que *chaque mouvement de haine envers l'usurpateur se tourne en amour pour le prétendant.* C'est ainsi, je l'espère, que se formera l'opinion dont le roi légitime a besoin.

Quant au rétablissement de la maison de Savoie, je persiste toujours à le croire impossible, tant que le *Dæmonium meridianum* tiendra le sceptre ; il faut qu'il soit renversé, ou par la maison de France (*quod felix faustumque sit*), ou par un autre pouvoir quelconque, avant que je puisse songer à revoir Turin.

Au reste, Madame, je sens à merveille que je puis être trompé par mon inclination bien naturelle pour la maison de France, dont la restauration serait la cause immédiate de celle de Savoie. Cependant, en me dépouillant, autant qu'il est possible à l'homme, de toute espèce d'illusion, de devoir et d'inclination, je crois qu'il est impossible que Bonaparte établisse une nouvelle dynastie.

Si cette lettre était un livre, et si je pouvais m'enfoncer dans une certaine métaphysique que je me suis faite, peut-être que je vous ferais partager les mêmes opinions ; mais prenons la voie la plus courte de l'expérience. La politique est comme la physique ; il n'y en a qu'une de bonne : c'est l'expérimentale. Je dis donc. Ouvrez l'histoire, et montrez-moi un simple particulier qui soit monté subitement au rang suprême, et qui ait commencé une dynastie royale : cela ne s'est jamais vu ; donc je suis fondé à croire que la chose est impossible : autrement, comment serait-il possible que, parmi les chances infinies des événements politiques, celle-là ne se fût jamais présentée ? Charlemagne était Pepin, c'est-à-dire ce qu'il y avait de plus grand dans l'Europe. Il touchait au trône, et la force seule des choses l'y avait pour ainsi dire placé. Hugues Capet, qui remplaça à son tour les Carlovingiens, était duc de Paris, premier pair de France, fils de Hugues le Grand, et son origine se perdait dans les siècles. Les Stuarts furent renversés par un autre prince, et leur sang même ne quitta pas le trône, puisque la reine Anne était Stuart ; enfin, ces familles étaient, pour ainsi dire, *mûres pour la royauté*. Mais voyez Cromwell, qui était dans le cas de Bonaparte, sa race n'a pas tenu : « C'est parce que son fils ne voulut pas régner, » disent les bonnes gens. — *O bella* (1) ! — Est-ce qu'il n'y a pas une cause à tout ? Mais je dis que ces familles ne tiennent pas, et c'est tout ce que je puis dire : je me crois donc bien fondé à croire que la commission de Bonaparte est de rétablir la monarchie, et d'ouvrir tous les yeux en irritant également les royalistes et les jacobins, après quoi il disparaîtra, lui ou sa race : quant à l'époque, il serait téméraire de conjecturer ; tout homme sage doit dire : « *Nescio diem neque horam*. » Mais, à voir la manière dont les choses vont, il est bien permis de faire des suppositions favorables.

Vous voyez, Madame, que si je me trompe, c'est au moins sur de bonnes raisons, et après avoir examiné la

---

(1) Exclamation italienne usitée dans le langage familier.

chose bien attentivement ; d'autant plus que, comme vous le sentez assez, je ne fais que raser le sujet.

Malgré la solidité de votre esprit et vos inclinations sérieuses, je m'aperçois cependant que je me suis enfoncé, plus qu'il ne convient avec une dame, dans les hautes régions de la philosophie de l'histoire. Parlons d'autre chose, par exemple, de la pluie et du beau temps, du chaud et du froid : c'est un sujet, comme vous savez, inépuisable.

La belle saison s'étant déclarée à l'ordinaire vers le commencement de mai, et tout le monde étant à la campagne, il s'est élevé un froid dont on m'assure qu'il n'y a pas d'exemple. Hier, j'ai passé la journée chez l'ambassadeur d'Angleterre, qui est à la campagne, sur la route de Cronstadt. Nous ne quittâmes le feu qu'un instant pour regarder quelques vaisseaux dans le golfe, avec sa lunette. Aujourd'hui, j'ai allumé le feu par besoin ; je ne sais combien durera cette bizarrerie. Ici, on couvre la campagne d'or pour vaincre la nature de toutes les manières ; car il faut vaincre le climat et la qualité du terrain. Je viens de voir dépenser 10,000 roubles pour creuser un fossé autour d'une possession dont le sol n'a coûté que 25 roubles. Tout cela, pour trois mois dans de très-belles années, et pour six semaines au plus dans les mauvaises. Rien ne coûte, pourvu qu'on jouisse. En voyant ces magnificences, je vais pensant à tout ce que la bonne nature faisait pour nous *de sa pleine puissance*. Et la vue des serres me rejette dans les mélancoliques idées de la politique. Je vous en fais grâce, Madame, sachant bien que dans ce genre vous n'avez pas besoin d'*excitateur*. J'aime bien mieux vous renvoyer au début de ma lettre, et enfoncer avec vous le regard dans les consolantes perspectives de l'espérance.

12. — † A mademoiselle Adèle de Maistre.

Saint-Pétersbourg, 12 août 1804.

Tu dis donc, ma chère Adèle, que tu aimes extrêmement mes lettres? Tant pis pour toi, ma chère enfant; car lorsqu'une petite fille aime les lettres d'un homme, c'est marque presque infaillible qu'elle aime aussi l'homme. Ainsi, te voilà à peu près convaincue d'une bonne inclination pour un vieux radoteur de cinquante ans, ce qui est bien, sauf respect, l'excès du ridicule. Au demeurant, tout le monde a ses faibles; que ceci demeure entre nous. Je suis tout à fait piqué qu'on t'ait volé en France cette lettre du mois d'avril; il ne tiendrait qu'à moi de te la répéter presque toute; mais il me semble qu'il y a de la *bassesse* à se répéter ainsi. Je me contente de commencer et de finir à peu près de la même manière, afin que tu ne perdes pas entièrement toutes les douceurs que je te disais. Le mal est, *bel idol mio*, que l'empire français est instruit de notre intrigue, au moyen de cette lettre supprimée...

> Ou te cacher? Va-t'en dans la nuit infernale.

Non, mon cher enfant, reste pour me tenir compagnie. Tu verras que cette inclination, quoique très-affichée, ne t'empêchera point de te marier.

J'ai été enchanté des progrès que tu fais dans le dessin, et de ton goût pour les belles choses; mais j'ai sur tout cela une terrible nouvelle à te donner: c'est qu'il faut t'arrêter et consacrer une grande partie de ton temps à l'oisiveté; ta santé l'exige absolument. Je te conjure donc, mon cher enfant, de faire tes efforts pour devenir sotte, au moins jusqu'à un certain point. Il faut te jeter chaque jour dans le fauteuil douillet de l'ignorance, en répétant si tu veux, pour t'encourager, un adage de notre amie commune feu madame la marquise de Sévigné : *Bella cosa far niente*. Autrement tu t'effileras, et tu ne seras plus qu'un petit bâton raisonnable, raisonnant ou raisonneur, ce qui me fâcherait beaucoup. J'ai dit le surplus à ta mère ; ne prends pas ceci pour un badinage : l'excès d'application pourrait te faire beaucoup de mal. Je me recommande à mon ami Rodolphe pour te faire la leçon sur cet article ; c'est lui qui possède le plus grand moyen de conviction, je veux dire la persuasion. J'ai peur, entre nous, que ceci soit un peu impertinent ; excuse-moi auprès de lui comme tu pourras.

Parlons encore un peu de littérature. Tu me cites un beau passage *sur* Homère : pour te payer, je t'en cite un d'Homère. Un Athénien, qui vit pour la première fois le fameux Jupiter de Phidias, dit à l'artiste, dans un accès d'enthousiasme : « Où donc as-tu vu Jupiter, homme étonnant ? es-tu monté sur l'Olympe ? » Phidias répondit : « Je l'ai *vu* dans ces quatre vers d'Homère :

« *Il dit ; et le froncement de son noir sourcil annonça
« ses volontés. Sa chevelure parfumée d'ambroisie s'agita
« sur la tête de l'immortel, et, d'un signe de cette tête, il
« ébranla l'immense Olympe.* »

Et toi, mon cher enfant, peux-tu l'apercevoir dans cette traduction ? A propos, as-tu lu l'*Iliade* et l'*Odyssée ?* Il faut les lire, à cause de leur célébrité, et parce qu'il est impossible d'ouvrir un livre où l'on ne trouve quelque allusion à ces sublimes balivernes. Il y a trente mille traductions d'Homère ; il faut lire celle de Bitaubé, qui n'est guère plus rare que l'Almanach. Je loue beaucoup ton goût pour le Tasse ; cependant l'inexorable juge du dix-septième siècle a dit : « *Clinquant du Tasse, or de Virgile.* » Un homme comme Boileau peut bien avoir tort, mais jamais *tout à fait* tort. Il est certain que le style du Tasse n'est pas toujours au niveau de ses conceptions; qu'il est souvent recherché, affecté; qu'il manque en mille endroits la simplicité et le naturel antique. Relis, par exemple, le discours de Renaud à sa petite *sorcière*, lorsqu'il tient le miroir (*strano arnese*) dans le jardin enchanté :

> Ce n'est que jeux de mots, affectation pure;
> Et ce n'est pas ainsi que parle la nature.

Nondimeno, la *Jérusalem délivrée* sera toujours un des grands chefs-d'œuvre du génie moderne; mais à présent que tu l'entends à fond, je voudrais la relire avec toi *en esprit de critique*.

Après un froid ridicule qui nous a fait chauffer au mois de juillet, nous avons passé presque subitement à une forte chaleur de près de 30 degrés; mais ce n'est qu'un éclair. J'ai eu le temps cependant de me baigner dans la Neva aussi à mon aise que dans le bel *Éridan*. Avant la fin de novembre, je passerai sur le même endroit en carrosse à quatre chevaux, et l'on y fera l'exercice. Au milieu de toutes les *phases* de la nature et de la politique, je ne cesse de vous regretter, mes bons amis. Je n'ai qu'une demi-vie, toujours il me manque quelque chose; mais je ne vous l'aurai jamais assez répété : *c'est pour vous que je me passe de vous*. Adieu, mon très-cher enfant; raconte-moi toujours tes pensées et tes occupations. Soigne ta santé scrupuleusement, ne *me* fais point mal à *ta* poitrine. Conserve *ta bête*; ton oncle t'a fait comprendre suffisamment l'importance de cet animal. Ne t'avise pas de donner dans le découragement, tout ira bien. Adieu encore, ma chère Adèle. Si tu rencontres ta mère quelque part, dis-lui qu'elle a fort bien fait de te faire, et, pour sa peine, embrasse-la de ma part.

13. — † A mademoiselle Adèle de Maistre.

Saint-Pétersbourg, 26 décembre 1804.

Voici, je crois, ma très-chère enfant, le premier sermon que je t'aurai adressé de ma vie; et encore il te fait honneur, puisqu'il ne roulera guère que sur l'excès du bien. Je suis enchanté de ton goût pour la lecture, et jusqu'à présent je n'avais pas fait grande attention au dégoût qui en résulte pour les ouvrages de ton sexe; mais comme tu as déjà bâti d'assez bons fondements, et que je crains que tu ne sois entraînée trop loin, je veux te dire ma pensée sur ce point important, d'autant plus que, par certaines choses qui me sont revenues par ricochet, je vois que certaines gens commencent à raisonner sur tes goûts.

Tu as probablement lu dans la *Bible*, ma chère Adèle, « *La femme forte entreprend les ouvrages les plus pénibles,* « *et ses doigts ont pris le fuseau.* » Mais que diras-tu de Fénelon, qui décide avec toute sa douceur : « *La femme* « *forte file, se cache, obéit, et se tait.* » Voici une autorité qui ressemble fort peu aux précédentes, mais qui a bien son prix cependant: c'est celle de Molière, qui a fait une comédie intitulée *les Femmes savantes*. Crois-tu que ce grand comique, ce juge infaillible des ridicules, eût traité ce sujet s'il n'avait pas reconnu que le titre de femme savante est en effet un ridicule ? Le plus grand défaut pour une femme, mon cher enfant, *c'est d'être homme*. Pour écarter jusqu'à l'idée de cette prétention défavorable, il faut absolument obéir à Salomon, à Fénelon, et à Molière; ce trio est infaillible. Garde-toi bien d'envisager les ouvrages de ton sexe du côté de l'utilité matérielle, qui n'est rien; ils servent à prouver que tu es femme et que tu te tiens pour telle, et c'est beaucoup. Il y a d'ailleurs dans ce genre d'occupation une coquetterie très-fine et très-innocente. En te voyant coudre avec ferveur, on dira : « Croiriez-vous que cette jeune demoiselle lit Klopstock et le Tasse ? » Et lorsqu'on te verra lire Klopstock et le Tasse, on dira : « Croiriez-vous que cette demoiselle coud à merveille ? » Partant, ma fille, prie ta mère, qui est si généreuse, de t'acheter une jolie quenouille, un joli fuseau ; mouille délicatement le bout de ton doit, et puis vrrrr ! et tu me diras *comment les choses tournent.*

Tu penses bien, ma chère Adèle, que je ne suis pas ami de l'ignorance ; mais dans toutes les choses il y a un milieu qu'il faut savoir saisir : le goût et l'instruction, voilà le domaine des femmes. Elles ne doivent point chercher à s'élever jusqu'à la science, ni laisser croire qu'elles en ont la prétention (ce qui revient au même quant à l'effet); et à l'égard même de l'instruction qui leur appartient, il y a beaucoup de mesures à garder : une dame, et plus encore une demoiselle, peuvent bien la laisser apercevoir, mais jamais la montrer.

Voilà, ma bonne Adèle, ce que j'avais à te dire sur ce chapitre important; et j'attends de ton bon sens, de ta volonté ferme et de ta tendresse pour moi, que tu me donneras pleine satisfaction. Je suis parfaitement content de toi, mon cher enfant ; je m'occupe de toi jour et nuit, imaginant ce qui peut perfectionner ton caractère : c'est dans cet esprit que je t'adresse ce petit sermon paternel. Ainsi, garde-toi de prendre des instructions pour des reproches.

A propos, j'espère que ta mère t'a fait ma commission au sujet des bals. Je sais ce qu'on doit aux circonstances; mais jamais tu ne dois danser dans le palais du roi, je te le défends expressément, et il en faut dire la raison tout haut : *Jamais je ne danserai dans le palais du roi à qui mon père doit tout.* Puisque je te l'écris en toutes lettres, je n'ai pas peur qu'on le lise à la poste. La délicatesse, la fidélité, l'honneur sont respectés partout. D'ailleurs, si l'on vous chasse, vous savez le chemin de Venise.

---

14. — † A mademoiselle Adèle de Maistre.

Saint-Pétersbourg,... 1805.

Tu sauras, ma très-chère femme puînée, que je ne t'ai point oubliée du tout, mais que malheureusement les lettres perdues comptent comme si elles étaient arrivées. Le 17 septembre, je t'ai écrit une longue lettre, où je te faisais l'histoire bouffonne du mariage de mon laquais. Longtemps après, je t'en écrivis une autre éminemment philosophique, où je te prouvais jusqu'à la démonstration l'indispensable nécessité de filer de temps en temps, et d'être *cocasse* dans l'occasion. Je m'en vais te quereller aussi, ma chère femme. Pourquoi ne me réponds-tu pas? pourquoi ne me dis-tu pas que mes numéros ne se suivent pas? Alerte, Mademoiselle, tenez vos registres. Je suis enchanté que tu aies entendu la fameuse Espagnole ; pour moi, je t'avoue que la musique m'assassine. Je ne puis entendre un clavecin sans que toutes les touches frappent sur mon cœur, et souvent je le dis: à tout moment, je crois la voir entrer; il me semble qu'elle va se placer devant ce clavier, et jouer mes airs ! Tout le monde la connaît, et souvent on m'en demande des nouvelles. Sais-tu que ceci tient prodigieusement du rêve ! C'est l'âge, mon enfant.

Je suis ravi de tous les détails que ta mère m'écrit sur l'éducation des trois enfants. Je vois que vous employez le temps en conscience, et que vos peines ne sont pas perdues. Quelles bénédictions vous donnerez un jour à cette mère pour avoir su aller son train et laisser dire : cela s'appelle une force d'esprit imperturbable. Moi, je me serais dégoûté cent fois ; mais si je n'ai pas le talent de faire, je n'ai pas au moins le défaut de ne pas savoir apprécier ceux qui font. Au reste, tu sauras, ma chère Adèle, que j'ai conservé une copie de la lettre que je t'ai écrite sur la quenouille. Ainsi, dans le cas où l'original ne te sera pas parvenu, je te ferai passer la copie. J'insiste sur ce point, comme très-essentiel à tes intérêts.

Tu diras à Rodolphe, à qui je n'ai pu tout dire dans une feuille, que je l'exhorte à continuer son travail sur les poëtes français. Qu'il se les mette dans la tête, surtout l'inimitable Racine : n'importe qu'il ne le comprenne pas encore. Je ne le comprenais pas lorsque ma mère venait le répéter sur mon lit, et qu'elle m'endormait, avec sa belle voix, au son de cette incomparable *musique*. J'en savais des centaines de vers longtemps avant de savoir lire ; et c'est ainsi que mes oreilles, ayant *bu* de bonne heure cette ambroisie, n'ont jamais pu souffrir la piquette. Rodolphe a fort bien fait de m'envoyer un portrait de Constance en attendant celui que j'attends : il n'y a dans cette effigie aucun trait qui me déplaise ; embrasse-la pour moi des deux côtés ; dis-lui que j'admire sa belle écriture. Bonjour, mademoiselle Adèle ; continuez à contenter vos parents. Dieu vous bénisse ! Je croyais écrire à madame votre mère, mais il n'y a plus moyen ; aussi bien ce serait peut-être une indécence d'écrire sur l'enveloppe à une dame de son rang ; ce sera donc pour un autre courrier ; présentez-lui mes hommages. *E con reverente ossequio mi protesto.*

15. — **A M. le comte d'Avaray, à Riga.**

Saint-Pétersbourg, 8 (20) novembre 1805.

Monsieur le comte, la phrase que vous avez insérée pour moi dans votre dernière lettre à M. le comte de Blacas me prouverait seule ce que vous êtes, quand je n'en aurais pas d'ailleurs tant de preuves; cependant, à la manière dont vous me répondez, je serais bien tenté de croire que je ne me suis pas fait comprendre. Il ne s'agit pas de savoir si vous aimez les regards du monde, et si vous désirez les réunir sur vous : je vous crois à mille lieues de ces faiblesses. Il s'agit d'un *fait*, et non d'un *désir*. Tous ces regards, que vous avez fort raison de mépriser, sont néanmoins exclusivement réunis sur vous, et, dans l'opinion générale comme dans les cabinets, tout ce qui se fait est mis sur votre compte. L'ennemi dit : *C'est lui*, et l'ami (quels amis!) dit encore : *C'est lui*. C'est la haine qui parle, c'est l'envie, c'est la poltronnerie; mais, mon Dieu! on n'entend qu'elles. — Monsieur le comte, le cœur humain est un cloaque; descendons-y cependant quelquefois en nous bouchant le nez, pour y recevoir quelques leçons utiles. Le mot que j'ai pris la liberté de vous adresser est bien important. Croyez-vous que je ne vous connaisse pas? croyez-vous que j'ignore vos sentiments pour le roi? Oui, vous êtes son ami, son véritable ami. *En est-il jusqu'à trois que l'on pourrait nommer?* Je n'en sais rien. Quoi qu'il en soit, telle est l'étrange situation des choses, que la prééminence qui vous est strictement due dans ce genre est cependant un très-grand danger, je ne dis pas pour vous (qu'importe à un homme comme vous?), mais pour votre maître. Je vous répète donc avec une nouvelle impertinence : Ne laissez pas concentrer tous les regards sur vous; ne faites pas bouder l'orgueil d'autrui, quand même il aurait un peu tort; car l'orgueil qui boude est trop près d'apostasier. Évitez les brouilleries, les séparations, les plaintes; laissez-vous même, de temps en temps, éclipser à dessein, et brillez doucement derrière ces *corps opaques* qu'on ne voit pas, précisément parce qu'ils vous cachent. — Mais, en vérité, ceci n'est plus de l'impertinence, c'est tout à fait de l'impudence. Pardonnez-moi, Monsieur le comte, je suis, comme le bonhomme Job, *plenus sermonibus*. Je ne puis retenir ce que je crois utile à une cause que j'aime par-dessus tout, et je suis devenu bien plus audacieux depuis que j'ai eu le bonheur de faire votre connaissance. N'allez pas me dire : « Ah! si vous saviez!... » Je sais, je sais, Monsieur le comte, je connais l'homme et les hommes, je vous rends justice; jusqu'à présent je n'ai cru qu'en vous, et cependant je vous crie de toutes mes forces : « *Prenez garde à vous!* » Tout ceci, comme vous l'imaginez bien, ne s'adresse qu'à vous exclusivement : je n'en ai point fait lecture ici.

Par un mot que m'a dit M. le comte de Blacas (et pour moi seul), j'ai cru m'apercevoir que si ce cabinet *reçoit* ou *lit* la déclaration, l'intention de S. M. ne serait pas de lui accorder les changements qu'il pourrait suggérer. Je connais les droits et la dignité de S. M.; mais sa situation et la saine politique me paraissent exiger impérieusement plus de condescendance. Ce que c'est que la tête humaine! et comme on voit différemment! Moi, je ne demanderais pas mieux qu'un *suggerimento* de ce genre : ce serait, à mon avis, le meilleur moyen d'engager ce cabinet pour ainsi dire à son insu, et de le rendre en quelque manière l'auteur de la pièce. Et que savez-vous, Monsieur le comte, quels pourraient être les résultats d'une telle condescendance? L'orgueil, qui est le même toujours et partout, se laisse apprivoiser par la docilité : il s'aime lui-même, en croyant aimer celui qui le flatte, et cette illusion le mène loin. Je supplie S. M., au nom de l'inexprimable intérêt que m'inspire sa cause, de sacrifier beaucoup à l'opinion de cette cour. Elle nous fera sans doute aussi, à M. de Blacas et à moi, l'honneur de nous croire capables de refaire à nous deux une phrase sans nuire à ses intérêts. Le temps presse. Je sens que l'absence du roi arrêtait tout, puisqu'à lui seul appartenait la décision ; mais je ne doute pas qu'il ne se soit occupé de cette affaire dès qu'il aura pu respirer après de si longues et de si grandes fatigues. Je vous ai manifesté mon désir (et certes ce n'est pas une phrase) qu'il ne reste rien de ce que j'ai écrit. Je crains de n'avoir pas bien fait, je suis tourmenté de scrupules. M. le comte de Blacas vous aura dit que ce mot d'*abus* m'est revenu en tête pour me tourmenter. Maintenant, je n'en veux plus. Si le dernier polisson de France venait à écrire : « Vous voyez ! il dit *abus parce qu'il veut conserver la chose,* » j'en serais malade. Dans ce genre, on ne peut conseiller sans trembler !

Dieu veuille éclairer et bénir le roi, tous ceux qui se mêlent de ses affaires, et vous surtout, Monsieur le comte !

---

16. — A M. le comte d'Avaray, à Riga.

Saint-Pétersbourg.

Oui, sans doute, Monsieur le comte, Salomon a raison : *les blessures faites par un ami valent mieux que les caresses d'un flatteur.* Cependant, il vaudrait mieux que l'ami ne blessât pas. J'espère que ne vous ai pas blessé. Comment pourrais-je vous avoir déplu en servant, ou même en tâchant de servir votre maître ? Maintenant, tout est dit. *Jacta est alea!* Nous verrons l'effet. Je crois, comme j'ai l'honneur de le dire à S. M. dans la lettre ci-jointe, que, dans l'état actuel, la pièce est absolument irréprochable sur le fond des choses. Il n'y a que l'article des biens nationaux qui me fait trembler, plus peut-être que si vous n'en aviez pas parlé du tout. Sur ce point, il n'y a qu'un cri : de manière qu'il faut que vous ayez raison contre tout le monde, ce qui est un peu fort. Cependant, je vous avoue qu'il s'élève dans mon cœur certains mouvements qui me font balancer, malgré la détermination absolue de la raison. Je me dis comme Montaigne : Que sais-je? Il arrive des événements si extraordinaires! On comptera si peu les voix, si jamais le roi est rétabli! et, dans ce cas, ce serait pour lui un si grand bonheur de n'avoir rien promis! etc. Bientôt je me reproche de prendre des désirs pour des raisons : puis j'en reviens à l'instinct royal, comme je vous disais l'autre jour. Je m'examine moi-même : je me juge, je me réfute, je me défends. Je ne sais si je suis superstitieux ou raisonnable, politique ou romancier. *Que sais-je?* Encore une fois, *jacta est alea !*

La manière dont vous répondez à mon billet particulier augmenterait l'estime que j'ai pour vous, si elle pouvait augmenter. Certainement, Monsieur le comte, il y a bien peu d'hommes qui vous rendent justice autant que moi. Le mot de *fidélité* est bientôt prononcé; mais une fidélité telle que la vôtre, un dévouement aussi parfait, aussi désintéressé, aussi énergique, ne sont pas des choses communes. Il est fort aisé, comme vous savez, de vous entendre blâmer. Mille fois j'ai rompu des lances pour vous; mais comme la calomnie a souvent un noyau qui demande attention, *le zèle de votre maison, qui me dévore,* m'avait pour ainsi dire *extorqué* ces lignes. Si jamais j'ai le très-grand plaisir de vous revoir, je veux suivre le texte, car il est important, et jamais on n'écrit tout.

Conservez-moi votre amitié, Monsieur le comte, et soyez bien persuadé que je mets la vôtre au rang de ce que je possède de plus précieux. Je vous souhaite force et santé autant qu'il vous en faut pour répondre à votre infatigable activité, et je souhaite que ce zèle unique reçoive enfin la couronne du succès. Je sais qu'il accepterait celle du martyre, s'il le fallait. Au fond, votre situation est bien un martyre : la persécution vous lime au lieu de vous assommer ; c'est toute la différence, et je ne sais en vérité si elle est en faveur des limés ou des assommés.

Agréez, Monsieur le comte, etc.

---

17. — A M. le chevalier de Maistre.

Saint-Pétersbourg, 14 février 1805.

Frère Nicolas, je commençais à croire que tu me méprisais, et je tenais déjà la plume pour t'en demander raison, lorsque voilà la gente épître à l'ami Xavier qui nous a fait un plaisir infini, en nous prouvant que tu ne nous avais point retiré tes bontés. Sur tous ces *nous*, tu vas dire : « Est-ce que vous êtes ensemble, messieurs mes frères ? » Nous l'étions, mon cher ami, lorsque ta lettre est arrivée. Un beau matin que je songeais creux dans mon lit, j'entends ouvrir ma porte avant que la sonnette eût donné le signal. Surpris de cette violation de l'étiquette, je crie : *Qu'est-ce que c'est donc que cela ?* C'est ton frère, me répond Xavier, en ouvrant mes rideaux. Comme l'heure des apparitions était passée depuis longtemps, je n'eus pas le moindre doute sur la réalité de l'aventure. Je te laisse à penser si nous nous sommes gaudis ensemble. Cette réunion, au reste, n'a pas été de longue durée. Il était venu avec un jeune chambellan qui a ses affaires à Pétersbourg et une jolie femme à Moscou. Ses projets n'ayant pu s'exécuter ici, le contre-poids de Moscou l'a entraîné au bout de seize jours bien comptés; et mon frère, qui lui avait promis de ne pas l'abandonner, a dû repartir aussi. — Il a donc fait quatre cents lieues pour passer seize jours avec moi. Cela s'appelle en Russie *une course*. Je commence à m'y habituer. Moi qui mettais jadis des bottes pour aller à Sonaz, si je trouvais du temps, de l'argent et des compagnons, je me sens tout prêt à faire *une course* à Tobolsk, voire au Kamtschatka. Peu à peu je me suis mis à mépriser la terre; elle n'a que neuf mille lieues de tour. — Fi donc! c'est une orange. Quelquefois, dans mes moments de solitude, que je multiplie autant qu'il est possible, je jette ma tête sur le dossier de mon fauteuil; et là, seul au milieu de mes quatre murs, loin de tout ce qui m'est cher, en face d'un avenir sombre et impénétrable, je me rappelle ces temps où, dans une petite ville de ta connaissance, la tête appuyée sur un autre dossier, et ne voyant autour de notre cercle étroit (quelle impertinence, juste ciel!) que de petits hommes et de petites choses, je me disais: « Suis-je donc condamné à vivre et mourir ici comme une huître attachée à son rocher? » Alors je souffrais beaucoup : j'avais la tête chargée, fatiguée, *aplatie* par l'énorme poids du *rien;* mais aussi quelle compensation! Je n'avais qu'à sortir de ma chambre pour vous trouver, mes bons amis. Ici tout est grand, mais je suis seul; et, à mesure que mes enfants se forment, je sens plus vivement la peine d'en être séparé. Au reste, je ne sais pas trop pourquoi ma plume, presque à mon insu, s'amuse à te griffonner ces lignes mélancoliques, car il y a bien quelque chose de mieux à t'apprendre. Xavier rentre au service de la manière la plus agréable pour lui et pour nous; cette dissonance qui nous choquait l'oreille n'existe plus, et nous voilà à l'unisson. On vient d'organiser ici le département de l'Amirauté. Il y a une partie militaire et une partie scientifique. De celle-ci dépendent une bibliothèque, un musée, un cabinet de physique, etc., et notre frère a été fait directeur de cet établissement, avec deux mille roubles de traitement; c'est ici la paye d'un général-major. Il était libre de passer dans l'ordre civil avec le rang de lieutenant-colonel; mais il est soldat, il veut toujours l'être : je crois qu'il a raison, d'autant plus qu'il conserve son ancienneté comme s'il ne s'était jamais retiré du service. Te parler de ma reconnaissance envers S. M. I. serait, je crois, quelque chose de fort inutile. Il y a longtemps que je n'ai pas eu un aussi grand plaisir. Au reste, les traits d'auguste délicatesse et de générosité chevaleresque sont fréquents à cette cour; je veux t'en citer un exemple :

Il y a ici un Français dont le caractère et les aventures méritent de fixer l'attention : c'est M. de Moutiers, l'un des respectables gardes du corps qui accompagnèrent Louis XVI dans sa malheureuse fuite de Varennes; il était masqué en laquais, et s'appelait *Melchior*. Un soir que l'auguste caravane se reposait dans je ne sais quelle petite auberge, le roi lui dit : « Mon cher de Moutiers, comment pourrai-je récompenser le service que vous me rendez? » — « Sire (répondit le brave homme avec une espèce d'en« thousiasme), je veux que vous donniez à ma famille le « nom que je porte aujourd'hui pour vous sauver : je « veux qu'elle s'appelle Melchior. » — « Fort bien, mon ami, reprit le roi ; mais je vous fais comte. Vous êtes le comte Melchior de Moutiers. » — Les malheurs qui suivirent ne sont que trop connus ; il serait inutile d'en parler. Le comte de Moutiers, ruiné et fugitif comme tant d'autres, échut à Berne, où une demoiselle riche et noble l'aima, le lui dit, l'épousa, et se fit catholique, véritablement

pour le récompenser. Bientôt l'abjuration et l'émigration ruinèrent la femme comme le mari. Ils vivaient l'un et l'autre très-étroitement à Munich avec trois enfants, lorsqu'il reçut l'ordre d'en partir à l'époque trop mémorable du mois d'avril dernier. La femme était malade ; on n'y eut aucun égard. Enfin, après de longs pourparlers, on consentit à laisser tranquille la femme malade (ce que c'est que l'humanité!), à condition que le mari partirait. Celui-ci demande un passe-port à l'ambassadeur d'Autriche pour venir en Russie ; il est refusé.—Mais, par charité, laissez-moi passer au moins par transit, comme une marchandise prohibée. — Point de raison. — Il s'adresse à la Prusse. — Permis de passer, à la charge de ne pas séjourner. Enfin, il est ici, sans feu ni lieu, et ne sachant de quel bois faire flèche. Peu à peu on le connaît, on prend intérêt à lui, on l'invite, et il a l'honneur de dîner chez M. de Narichkin avec Mgr le grand-duc, qui lui fait conter son histoire. Le prince apprend qu'un autre Français émigré, nommé M. de Bonsaison, qui est employé dans la maison des cadets, était venu chercher M. de Moutiers, et lui avait dit : « Monsieur, je n'ai qu'un petit lo-
« gement et de faibles moyens ; mais je ne puis supporter
« l'idée d'un homme comme vous à l'auberge : venez chez
« moi. » Le surlendemain, le grand-duc s'est rendu à l'école des cadets, où il a dit publiquement à M. de Bonsaison : «Monsieur, je suis venu exprès pour vous remercier de votre conduite à l'égard de M. le comte de Moutiers, et je veux avoir le plaisir de vous embrasser ; » ce qu'il a fait. Ensuite, il a donné à M. de Moutiers un logement dans le palais de marbre, qui appartient aujourd'hui à S. A. I., et neuf cents roubles de pension sur sa cassette. Le Français était au comble de ses vœux, d'autant plus que, dans ce pays, le logement emporte toujours la lumière et le bois. Bientôt après il reçoit, sans en avoir eu le plus

léger *avant-goût*, une lettre de M. de Mouravieff, ministre du cabinet, par laquelle ce dernier lui transmet l'expédition authentique de S. M. I., qui assigne à M. le comte de Moutiers une pension viagère de quatorze cents roubles, dont la moitié sera reversible à sa femme, comme un témoignage de l'estime de S. M. pour le noble dévouement de M. de Moutiers à la personne de son maître. — Il faut entendre ce père et ce mari qui n'a plus de souci, et qui va jouir de sa famille.

Lorsqu'on a conté de pareils traits, il faut se taire, car il n'y a pas moyen de les louer assez.

Il y a un siècle plus ou moins que t'ai envoyé une procuration bien inutile, peut-être; cependant il est bon que tu l'aies; mande-moi si tu l'as reçue. Je ne compte plus du tout sur ce drôle de S. L'honnête homme qui va à la messe est plus honnête homme que l'honnête homme qui n'y va pas; mais le fripon qui y va est aussi plus fripon que le fripon qui n'y va pas. Ainsi n'en parlons plus : jamais il ne me donnera un centime.

J'ai été ravi de la belle poésie que vous avez envoyée à Moscou il y a quelques mois. Les strophes sont charmantes, et le révérend *André* Malherbe n'est pas moins parfait dans son genre. Mon frère Xavier dit une fort plaisante chose à ce sujet. Il prétend que vous êtes nécessairement possédés du diable, vu qu'à notre âge les Muses ne s'en mêlent plus. *Sed de his satis.*

Je ne puis écrire autant que je le voudrais, mais jamais je ne vous perds de vue. Vous êtes tous dans mon cœur; vous ne pouvez en sortir que lorsqu'il cessera de battre. A six cents lieues de distance, les idées de famille, les souvenirs de l'enfance me ravissent de tristesse. Je vois ma mère qui se promène dans ma chambre avec sa figure sainte, et en t'écrivant ceci je pleure comme un enfant. Il y a bien d'autres personnes que je me rappelle, quoiqu'elles soient infiniment moins intéressantes pour moi ; mais ces personnes m'attristent d'une autre manière, je veux dire en m'oubliant. J'en veux surtout à ce glaçon de la *grande place*. Peut-on avoir joué, pensé, vécu, raisonné et travaillé ensemble pendant je ne sais combien d'années, et s'oublier ensuite? S'il y a eu jadis quelque froideur entre nous, je pourrais bien rappeler à ce propos une saillie sublime de mon père. — Ah! l'animal, il croit que je m'en souviens. — Mais tout dépend du caractère. Mon acier a frappé ce caillou dans tous les sens : jamais je n'ai pu en tirer une étincelle. Il n'en est pas ainsi entre nous ; rien n'a changé, rien ne peut changer. N'ai-je pas bien dit?

---

18. — A madame la marquise de **Priero**.

Saint-Pétersbourg, 9 (21) mars 1805.

Non certainement, Madame la marquise, vous n'êtes point *jaune :* j'ai le souvenir le plus clair du contraire. Quant à la peste, il peut se faire que vous ayez fait dire, à moi ou à d'autres, La peste! avec un très-joli point d'admiration. Mais je ne vois là ni crainte, ni barrière, ni cordon, ni fumigation ; en un mot, rien de tout l'attirail de la peste. C'est cependant un fait, Madame, que le courrier qui vous portait ma lettre du 7 décembre vous a traitée comme une franche pestiférée ; car il a passé sans s'arrêter, et s'en est allé bravement porter lettre et paquet à Naples, d'où le tout est revenu à Rome, et Dieu aidant, entre vos mains, Madame la marquise. Or, ce paquet contenait mon portrait, vivant, parlant (mais non pas voyant), mon Dieu ! Je serais inconsolable s'il avait péri sur la fumée comme un prisonnier de guerre iroquois. Mais j'espère que le retard lui aura été favorable, et que le fatal cordon avait disparu lorsqu'il a fait son entrée dans votre capitale. Quand on ne l'aurait percé de part en part que de sept à huit trous comme votre lettre du 5 janvier, ce serait beaucoup trop, en vérité. Enfin, Madame, j'attends mon sort ; et si j'ai péri, je serai inconsolable de l'*inconsolabilité* de mes gens de Turin, car, pour moi, je ne m'en embarrasse nullement.

Vous m'avez fait tout le plaisir imaginable en me disant que vous avez été extrêmement contente de la lettre de ma chère Adèle. C'est l'enfant de mon cœur. Mais prenez garde, Madame la marquise ! si vous me flattez, c'est un guet-apens formel. — Ce n'est pas ainsi qu'on traite les honnêtes gens, entendez-vous bien ? Je compte sur votre probité, et je vais me réjouir tout bonnement de l'approbation que vous donnez à ma fille. Ah! si quelque homme romanesque voulait se contenter du bonheur! Mais dites-moi donc, Madame la marquise, vous qui lisez tant de livres (pour moi, je ne lis plus), n'auriez-vous pas rencontré une recette pour donner une dot à une demoiselle dont le père est ruiné? Cela devrait se trouver dans la *Clavicule de Salomon,* dans les *Secrets d'Albert le Grand*, ou tout au moins dans le *Moyen de parvenir ;* autrement, l'auteur est un sot. Si vous découvrez quelque chose, je me recommande à vous.

Madame la marquise, vous le croirez si vous voulez, mais le fait est qu'on ne peut vous être plus parfaitement dévoué que

Votre très-h.

19. — **A monseigneur l'évêque de Nancy, à Vienne.**

Saint-Pétersbourg, 9 (21) mars 1805.

Monseigneur,

Vos lettres, qui sont toujours les bien arrivées, le sont surtout lorsque vous les confiez à des personnages intéressants *qui ont bien mérité de la vraie patrie.* Celle dont vous avez chargé M. l'abbé Milliot a demeuré un siècle en route ; mais la seconde a fait son chemin sans retard. Je n'ai pas besoin de vous dire, Monseigneur, si je me suis plu à faire jaser ces messieurs... J'ignorais que M. le chevalier de Vernègues eût frisé la mort de si près. M. l'abbé Milliot m'a appris sur celle de l'infortuné duc d'Enghien des particularités qui ne m'étaient pas moins inconnues. L'état des esprits en France est le sujet favori de toutes mes méditations, et par conséquent de toutes mes conversations. Mais, je ne sais comment, je me défie absolument de tout le monde sans nulle distinction. Je voudrais voir : mais que verrais-je ? Est-ce que ceux dont je me défie n'ont pas vu aussi ? Et qui me dit que je saurais voir mieux qu'ils n'ont vu ? Voilà ce que je me dis à moi-même ; et lorsque je me suis fait cette petite mercuriale, une voix intérieure dont je ne suis pas le maître recommence à me dire : « *Il faudrait voir.* » Je suis entièrement dérouté ; mais rien ne m'a fait une impression aussi profonde et aussi douloureuse que la démarche du pape... Plus j'examine ce qui se passe, plus je me persuade que nous assistons à une des grandes époques du genre humain. Ce que nous avons vu, et qui nous paraît si grand, n'est cependant qu'un préparatif nécessaire. Ne faut-il pas fondre le métal avant de jeter la statue ? Ces grandes opérations sont d'une longueur énorme. On peut voir soixante générations de roses ; quel homme peut assister au développement total d'un chêne ? L'arbre se prépare lentement :

> Crescit occulto velut arbor ævo.

Peut-être serait-il possible de présager quelque chose ; mais ce serait le sujet d'une conversation, même d'une conversation d'hiver, pour n'avoir pas envie d'aller se promener. On trouve ici très-peu l'occasion de faire de ces conversations que j'appelle *substantielles*, après lesquelles je me retire joyeux, *uti conviva satur*. La mode, l'historiette, l'actrice, l'ariette, mais par-dessus tout (si l'on peut citer Voltaire à un évêque), *O roi David !* Voilà tout, Monseigneur ; on ne sort pas de là. Cependant le cabinet parle bien d'autre chose, et voit de loin. Tranquillisez-vous, Monseigneur, sur sa *longanimité*, et croyez bien qu'on ne le prend pas pour dupe. Certainement l'usurpateur s'est bien trompé sur l'excellent Alexandre Ier, et vous pourriez même voir à Paris quelques preuves qu'il commence à s'apercevoir de cette erreur. Cependant je me tiens prêt à tout, et ne me crois sûr de rien. On m'enseigne si bien le doute depuis quinze ans, que je ne m'avise pas trop de donner tête baissée dans les espérances même en apparence les mieux fondées : jusqu'à présent la *bête a prévalu. Toute la terre la suit et l'adore. Elle a bien une dizaines de têtes, et autant de diadèmes, en tout comptant.* Je ne sais quand elle sera jetée dans l'abîme. Pour moi, Monseigneur, je ne puis renoncer à l'espérance de lui voir faire le saut ; et je me réjouis, en calculant mon âge, de pouvoir, selon les apparences, mourir avant que cette opinion soit devenue complétement ridicule.

Je ne connaissais pas les vers que vous me citez, Monseigneur ; ils s'appliquent parfaitement à votre malheureux maître. Je lui souhaite tout le repos, et ensuite toute l'activité qu'il peut désirer. Je souhaite qu'il devienne l'objet principal de toutes les spéculations politiques, et le grand pivot de toutes les opérations. Mais que nous sommes encore loin de voir cette manière de penser adoptée dans les cabinets! Heureusement les affaires du roi se feront toutes seules, et il remontera sur son trône au lieu d'y être porté par des entrepreneurs qui voudraient se faire payer. — J'avais promis de ne plus faire de prophéties; en voilà cependant une qui figurerait fort bien dans un chapitre d'Isaïe. — Eh bien! je ne dirai plus rien, et je vous connais assez clément pour me pardonner ce qui est écrit.

Lorsque vous m'assurez de votre amitié, Monseigneur, d'une manière si flatteuse pour moi, je ne vous dirai pas comme la petite Bretonne de madame de Sévigné : « *Je ne puis vous réciproquer.* » Je trouve, au contraire, un sensible plaisir à vous *réciproquer*, et ce plaisir durera autant que celui qui l'éprouve.

---

20. — A madame la baronne de Pont, à Vienne.

Saint-Pétersbourg, 10 (30) mars 1803.

Oui, Madame, j'ai reçu votre lettre du mois de juillet; et si je n'ai pas répliqué, c'est que l'exactitude dans le commerce épistolaire est devenue pour moi une chose impossible. C'est une chanson que je répète à tous mes amis. En vérité, je suis condamné à l'impolitesse comme on l'est, dans la bonne compagnie, au fouet ou aux galères. La malédiction originelle touchant le travail est descendue à plomb du papa Adam jusqu'à moi : d'honneur, c'est une primogéniture formelle. J'ai beaucoup d'affaires et point de soutiens : la délicatesse m'empêche d'en demander. Le grand monde me fait perdre beaucoup de temps. D'ailleurs, Madame la baronne, vous sentez bien qu'il n'y a pas moyen de fermer tout à fait les livres. Je me sens même brûlé plus que jamais par la fièvre de savoir. C'est un redoublement que je ne puis vous décrire. Les livres les plus curieux me poursuivent, et viennent d'eux-mêmes se placer sous ma main. Dès que l'ineffable diplomatie me laisse respirer un moment, je me précipite, malgré tous les avertissements de la politesse, sur cette pâture chérie, sur cette espèce d'ambroisie dont l'esprit n'est jamais rassasié :

   Et voilà ce qui fait que votre ami est muet.

Ce qui soit dit cependant sans m'égaler tout à fait à Sganarelle ; car je prétends que mes raisons valent mieux que les siennes. Quant à vous, Madame... j'allais vous dire, *Vous n'avez pas les mêmes raisons pour ne pas écrire ;* puis tout à coup j'ai retenu ma plume, en songeant que vous aviez pour n'écrire à personne la meilleure de toutes les raisons possibles, celle de vous trouver dans l'enthousiasme de la composition. Dans tous les genres l'homme se plaît à créer ; rien ne l'occupe, rien ne l'absorbe plus justement. Ainsi, Madame, jusqu'à ce que le nouveau roman soit fait et parfait, je vous remercierai de vos lettres, mais je n'oserai point en demander.

J'ai beaucoup ri, dans le temps, de votre équivoque sur la *scène de l'oratoire*, dont je vous avais parlé dans ma dernière lettre au sujet de la duchesse de la Vallière. J'entendais parler de la scène dans l'oratoire de la duchesse, une des plus belles choses que je connaisse dans ce genre, et non de l'autre aventure dans l'oratoire de la reine. A ne considérer que le mérite littéraire du livre, je trouve que l'ouvrage serait irréprochable, si l'on en retranchait quelques longueurs extrêmement fatigantes, et, avant tout, l'épître dédicatoire *A mon ami Pierre Lombard*, qui est véritablement un solécisme de convenance. Mais savez-vous bien, Madame la baronne, que les Anglais me semblent avoir attaqué ce livre avec beaucoup d'avantages du côté de la morale? J'ai lu dans leurs journaux qu'à tout prendre, *la Duchesse de la Vallière* est un livre dangereux ; qu'il embellit le vice ; qu'il encourage les penchants désordonnés d'une jeune personne, en lui montrant de loin le repentir et la pénitence, espèce de port à la vérité très-sûr et très-respectable, mais où tous les *naufragés* n'arrivent pas, à beaucoup près; que la maîtresse d'un roi marié est une coquine, comme celle d'un laquais, etc., etc. En vérité, ce n'est pas tant mal dit. Je ne sais que vous dire, au reste, de l'inconcevable auteur du livre. Comment peut-on toujours bien dire et toujours mal faire? Je la méprise plus que si elle affichait la perversité. On m'a assuré ici très-distinctement qu'elle s'était parfaitement convertie. Ainsi soit-il ; mais j'en doute extrêmement.

Vous m'avez rendu justice, Madame, et vous m'avez traité comme un père, en me parlant de l'esprit et des talents de votre aimable fils. Certainement, il n'y a rien de mieux que ces réponses que vous m'avez fait connaître, et toute mère doit vous envier la douceur de les entendre. J'y ai pris, je vous l'assure, un singulier plaisir. Je ne suis pas moins enchanté que vous ayez fait le pas décisif pour l'établissement de monsieur votre fils : quelquefois je songe que vous avez fait tout aussi bien pour ce monde que pour l'autre, en retournant au giron de notre sainte mère. Si vous aviez continué à dire votre *Credo* en français, votre charmant jeune homme aurait bien pu se voir un jour conseiller à Lausanne ou à Moudon, ce qui est certainement un fort bel état ; mais cependant il vaut bien tout autant être chambellan de Sa Majesté impériale, royale, apostolique,

A propos de *Credo*, si j'avais encore le plaisir de vous voir, je serais en état de vous présenter mille réflexions nouvelles qui, j'ose m'en flatter, vous feraient trouver encore meilleur le parti que vous avez pris. J'ai d'assez beaux recueils; mais le temps d'en tirer parti n'est pas arrivé. Votre amie, ou notre amie, madame de P***, vous a-t-elle imitée? — Pourquoi pas, s'il vous plaît? Avez-vous maintenant quelque correspondance avec elle? Pouvez-vous lui faire passer mes compliments? Quand une fois on s'est connu, entre hommes et femmes, de deux manières, je veux dire en très-bien ou en très-mal, je trouve qu'il n'y a rien de si brutal que de s'oublier. Ce n'est pas qu'il n'y ait beaucoup à chicaner sur le comment et le pourquoi. Mais je dirai toujours, comme Dacier : « *Ma remarque subsiste.* »

Il n'y a pas moyen, Madame, de rien ajouter à ce que vous dites sur *vos amis*. Ils seront tout ce qu'on voudra, mais ils ne sont pas aimables. — *Sacrifiez aux Grâces*, disait un ancien; c'est ce qu'on devrait leur dire sans cesse. Pour moi, je les considère infiniment; mais je ne sais qu'en faire, malgré ma bonne volonté. Je voudrais bien être le seul de cet avis, et je voudrais encore plus que ce caractère n'influât que sur les petites relations sociales. Le *jeune homme* est, en effet, ici depuis longtemps : je le vois quelquefois; mais nous sommes jusqu'à présent comme ces métaux hétérogènes qui fondent dans le fourneau, l'un à côté de l'autre, sans pouvoir se mêler. J'espère qu'à la fin l'amalgame se fera; et même je serais déjà content si, sur votre parole, je n'avais pas attendu plus que de la politesse. L'*aigle* dont vous me parlez pourrait bien, selon que les choses tourneront, être mis au rang des oiseaux de basse-cour. Il faut attendre. En attendant, je vous avoue que j'ai de violents préjugés contre ceux qui ne sont pas *de notre bord*. Il n'y a qu'un bon parti; il n'y a qu'un bon système ; mais c'est ce qu'il n'est pas possible de faire comprendre dans ce fameux pays, où l'on comprend tant de choses. Mais qui est-ce qui comprend dans ce moment? qui est-ce qui a compris? et qui est-ce qui comprendra? Vous dites fort bien, Madame : *Eh! quel temps fut jamais plus fertile en miracles?* — Il en est un surtout que je ne cesse d'admirer depuis douze ans. *Tout marche de soi-même* (je m'entends néanmoins), *et jamais les mains étrangères ne peuvent influer sur des plans arrêtés.* Ce miracle, loin de me décourager, me remplit d'espérance. Je me dis que tout ce qui doit tomber tombera, comme tout ce qui devait tomber est tombé, au milieu de tous les appuis imaginables.

Depuis que je n'ai eu l'honneur de vous écrire, j'ai acquis un beau collier vert : j'ai été fait chevalier grand'-croix de Saint-Maurice. Puissé-je avoir beaucoup de cadets!

Adieu, Madame la baronne. Voilà beaucoup de bavardage, en vérité. Souvenez-vous toujours un peu de moi, je vous en prie, et croyez-moi pour toujours votre dévoué serviteur et ami.

---

21. — A madame la comtesse Trissino, née Ghillino.

Saint-Pétersbourg, 26 mars 1805.

C'est par ma faute, Madame la comtesse, c'est par ma faute, et c'est par ma très-grande faute. Chaque jour je me disais : Chien de paresseux, sais-tu ce qui arrivera? Un beau jour tu verras arriver une lettre de cette aimable comtesse qui te préviendra, et tu mourras de honte. J'ai parfaitement deviné. La lettre est arrivée, et me voilà tout honteux. Maintenant que je vous ai fait ma confession, écoutez mes excuses, Madame. Il y a dans mon pays un proverbe plein de sens qui dit : *J'ai tant d'affaires, que je vais me coucher.* C'est précisément ce qui m'arrive. J'ai tant d'affaires, que je vais me coucher, ou, si vous voulez la vérité comme en confession, j'ai tant d'affaires, que je n'en fais qu'une. *Il n'est pas bon à l'homme d'être seul,* dit la *Bible*; je m'en aperçois trop. Je suis seul, et la plus juste délicatesse m'empêche de demander des aides. Je plie sous le faix, d'autant plus que c'est ici un devoir de conscience de perdre la moitié de la journée, et qu'on passe une grande partie de la vie en carrosse. Ne pouvant plus écrire à tout le monde, je me suis mis à n'écrire à personne, excepté à ma femme et à mes enfants. En m'excusant ainsi, Madame la comtesse, je ne continue pas moins à me frapper la poitrine; car j'ai eu grand tort de ne pas faire une distinction en faveur d'une personne que je distingue autant. Je ne puis vous décrire le plaisir avec lequel j'ai vu arriver votre lettre, quoiqu'elle dût m'apporter quelques remords. Comment donc! elle se souvient toujours de moi, de moi qui le mérite si peu! Croyez, Madame la comtesse, qu'on ne peut être plus sensible que je le suis à vos aimables gronderies; je veux cependant ne plus les mériter.

Vous me demandez, Madame, ce que je dis de tout ce qui se passe? N'avez-vous jamais lu dans une fameuse comédie française : « *Pour moi, je ne sais qu'en dire; voilà ma manière de penser.* » Et moi, Madame, je pense précisément comme le divin Bridoison; c'est l'avis le plus sûr; en s'y tenant *mordicus*, on se moque de la critique. Je voudrais bien rire avec le docteur de ses aimables compatriotes. Il faut avouer qu'en comparant ce qu'ils ont promis au monde avec ce qu'ils ont obtenu, on les trouve de fort jolis personnages! Vivent la liberté et l'égalité!

mais surtout vivent les droits de l'homme! qui sont bien, je vous l'assure, la plus belle chose du monde après les droits de la femme, que je vénère infiniment, et que j'ai tirés au clair depuis longtemps. Attaquez-moi seulement sur ce chapitre, vous verrez si je suis profond.

Mille et mille grâces, Madame la comtesse, des nouvelles que vous m'avez données. Toutes les fois qu'il se passera près de vous quelque chose d'un peu éclatant, vous m'obligerez toujours beaucoup de m'en faire part; mais si vous laissez passer un courrier, les gazettes vous préviendront toujours. Il y a de l'artifice dans cette observation. Que voulez-vous ? l'égoïsme et l'intérêt se fourrent partout.

Si j'en juge d'après votre bonté, qui m'est si connue, Madame la comtesse, vous me reprocheriez formellement de terminer une lettre sans vous parler de moi. Je commence par me débarrasser de ce qu'il y a de désagréable dans mon histoire. Il m'est arrivé un grand malheur, Madame. Vous rappelleriez-vous, par hasard, de m'avoir vu une opale de Vicence montée en bague, qui contenait une goutte d'eau ? Cette goutte d'eau a beaucoup fait parler ici; on me disait : « *Cela n'est pas naturel.* Oui, non. » Enfin, on n'en finissait pas. On voulait même m'engager à dessertir la bague pour faire l'essai; moi, je n'avais jamais voulu m'y prêter, et j'avais toujours beaucoup d'amour pour ma bague. Un beau jour il me prend la fantaisie de la regarder à la lumière. Adieu, goutte! — Elle a disparu. — Comment? par où? Ma foi, je n'en sais rien ; le fait est qu'elle a disparu. J'ai versé des torrents de larmes; et quoique ma bague ait perdu toutes ses grâces par cette foudroyante évaporation, je n'ai pas eu la force de m'en séparer. Je la porte toujours très-honorablement.

Voilà, Madame la comtesse, ce qui m'est arrivé de plus

remarquable dans le genre triste. Le chapitre du bonheur n'est malheureusement pas saillant, néanmoins il est passable. On continue à me montrer ici beaucoup de bonté. Le climat (chose étrange!) me convient extrêmement. Je suis certainement le seul être humain vivant en Russie qui ait passé deux hivers sans bottes et sans chapeau. Je vis dans une parfaite liberté ; le souverain est adorable, non point en style d'épître dédicatoire, mais en style de lettre confidentielle. Enfin, Madame, je n'aurais nullement à me plaindre de mon sort, s'il ne me manquait pas deux petits articles : ma famille, et quarante mille roubles de rente.

Je voudrais bien répondre aux questions que votre amitié m'adresse sur mes espérances, mais je vois qu'il ne me reste plus assez de papier. Qu'il vous suffise de savoir, Madame, que l'espérance est, ainsi que nous l'enseigne le Catéchisme, une vertu indispensable pour le salut, tout comme la foi et la charité. — Ai-je tout dit? Non. Il faut que je vous gronde sur l'épithète d'*insipide* que vous osez donner à vos lettres. C'est une horreur. Je vous ai recommandé la langue italienne, précisément dans l'espérance d'y gagner quelques lignes, même quelques syllabes. Voyez, Madame, comme vos lettres sont insipides pour moi ! — Mais vous savez bien ce qu'il en est, dans votre conscience. Adieu, Madame la comtesse. Ne m'effacez jamais de la liste de vos amis, malgré le temps et l'absence, et croyez que je mériterai constamment ce titre, lors même qu'il m'arrivera d'être paresseux. Adieu. Comment pourrai-je jamais reconnaître les politesses dont vous m'avez comblé? Ma mémoire me reporte sans cesse vers cette époque malheureusement trop courte, et ma reconnaissance est aussi fraîche que le jour où je quittai Rome.

22. — A madame la comtesse de Goltz.

Saint-Pétersbourg, 2 (14) mai 1805.

Il me semble, Madame la comtesse, que vous êtes maintenant bien assise, bien reposée, bien tranquille ; que vous n'avez plus mal au doigt, et que vous pouvez sans peine décacheter les lettres de vos amis. Ce qui m'inquiète encore infiniment, c'est de savoir si vous pouvez les lire, car vos yeux sont toujours devant mes yeux : je vais songeant combien ils vous ont fait souffrir, et combien ils pouvaient vous tourmenter encore. Aveugle moi-même, je dois avoir plus qu'un autre compassion des aveugles : cependant i faut convenir que mon *aveuglement* est bien plus doux que celui qui vous affligeait lorsque nous vous avons perdue. A la vérité, je ne vois pas bien distinctement si ce qui est là au bout de ma table est un livre, par exemple, ou une boîte ; mais je vois très-distinctement et sans peine cette feuille de papier et ces lettres que je trace avec tant de plaisir pour me rappeler à votre aimable souvenance. Comment vous trouvez-vous, Madame, dans cette petite ville de Memel? Quel Berlin, bon Dieu! Il me semble qu'il a dû vous chiffonner étrangement l'imagination. Hélas ! il y a bien peu de choses dans l'univers qui soient encore à leur place ; mais sur l'article des déplacements c'est vous, Madame la comtesse, qui avez heureusement l'avantage sur moi, et c'est à vous de me consoler : vous avez beau jeu, je vous l'assure, si vous l'entreprenez, vu que je n'ai jamais jugé à propos de m'échauffer le sang pour les coups fourrés de cette vieille guenon nommée *Fortune*, et que j'ai toujours souffert assez patiemment que la pluie me mouille. Mandez-moi, je vous en prie, si votre philosophie, peut-être moins robuste, a tenu devant le spectacle de tant de débris. Je vous plains de tout mon cœur, je vous assure, et je désire de meilleurs temps pour vous. — Au reste, Madame la comtesse, quand je dis, *Mandez-moi*, cela me plaît à dire. Il est entendu seulement que cet aimable comte, mon rival, si bien traité (ah! je n'en puis guère douter), aura pour agréable de prendre la plume et de m'écrire : « La dame qui est là à côté de moi me charge de vous dire telle et telle chose sur elle et ses yeux ; et de plus, Monsieur l'Allobroge, elle vous fait ses compliments. » Il ne faut pas être trop exigeant avec les dames. Heureux qui en tire pied ou aile, autant qu'il m'en souvient. Jugez, Madame, si je voudrais fatiguer un instant vos pauvres yeux.

Si par hasard, Madame la comtesse, il vous prend fantaisie de savoir ce que je fais et comment je vis, j'aurai bientôt répondu : C'est ce que vous connaissez, c'est le mouvement d'une pendule, *tic, tac*. Hier, aujourd'hui, demain, et toujours. Il me semble cependant que je suis devenu un peu plus maussade depuis que je suis veuf; je sens ma vie diminuée. J'ai beaucoup de peine à me traîner hors de chez moi : souvent même je me refuse aux dîners **roulants** de Pétersbourg, pour me donner le plaisir de ne point sortir de tout le jour; je lis, j'écris, *je fais mes études*; car enfin il faut bien savoir quelque chose. Après neuf heures, j'ordonne qu'on me traîne chez quelque dame, car je donne toujours la préférence aux femmes. Je sais bien, Madame, que vous n'êtes pas de cet avis ; mais peu m'importe, chacun a son goût. Ici donc ou là, je tâche, avant de terminer ma journée, de retrouver un peu de cette gaieté *native* qui m'a conservé jusqu'à présent : je souffle sur ce feu comme une vieille femme souffle, pour rallumer sa lampe, sur le tison de la veille. Je tâche de faire trêve aux rêves de bras coupés et de têtes cassées qui me troublent sans relâche ; puis je soupe comme un jeune homme, puis je dors comme un enfant, et puis je m'éveille comme un homme, je veux dire de grand matin ; et je recommence, tournant toujours dans ce cercle, et mettant constamment le pied à la même place, comme un âne qui tourne la meule d'un battoir. Je m'arrête à cette comparaison sublime, en ajoutant seulement qu'il n'y a rien de plus invariable, dans mon *invariabilité*, que les sentiments éternels d'attachement et de respect que je vous ai voués pour la vie. J'embrasse de tout mon cœur ce cher comte, qui lit ceci probablement ; car le moyen d'imaginer qu'il vous laisse lire quatre mortelles pages, dont je vous demande humblement pardon !

Je suis, etc.

---

23. — Au très-honorable sir John Borlare Waren, vice-amiral d'Angleterre, etc., etc.

Saint-Pétersbourg, 13 (25) mai 1805.

Monsieur le chevalier,

Il me serait impossible de vous exprimer tout le plaisir avec lequel j'ai reçu votre lettre du 15 mars dernier, où j'ai trouvé des preuves si sensibles de votre souvenir et de la bonne amitié dont vous voulez bien m'honorer. Soyez bien persuadé, Monsieur le chevalier, que vous êtes payé du plus sincère retour, et que votre mémoire est toujours en vénération auprès de moi. Vous me faites une question, à la fin de cette lettre, à laquelle il ne m'est guère possible de répondre ici, car je ne suis pas du tout sûr que vous décachetiez le premier. Tout ce que je puis vous dire, c'est que je suis têtu dans mes affections, et que je n'en change pas aisément; M. le comte de Front vous dira probablement le reste. Je suis grandement aise que vous ayez contenté à Londres M. de Novosiltzoff; maintenant il ne s'agit plus que de contenter le monde. Vous avez de terribles affaires sur les bras, et je vois dans votre ministère une extrême envie de traiter. La sortie et la réunion des flottes française et espagnole m'a bien prouvé la vérité des réflexions que je vous ai entendu faire si souvent sur la guerre de blocus, qui est à la mer précisément ce qu'est la guerre de cordon sur terre. Je crois bien qu'à ne consulter que l'histoire et les règles ordinaires de la probabilité, les Français, après avoir obtenu peut-être quelques succès partiels, finiront par une bataille de la Dominique; mais vous savez trop qu'à cette malheureuse époque les règles ordinaires nous ont constamment trompés : ces diables d'hommes pourraient fort bien, en attendant une catastrophe future, faire dans ce moment quelques coups de main très-nuisibles à notre cause. Conclusion, Monsieur le chevalier : Si nous traitons, j'ai peur que nous ne traitions mal; car, tandis que l'ennemi mettra dans l'un des bassins de la balance l'Italie et une partie de l'Allemagne, que mettrons-nous de l'autre? Il serait donc à désirer qu'on pût se battre, et même à outrance, pour faire reculer l'usurpateur. Vous sentez-vous des forces pour longtemps? C'est sur quoi je serais charmé d'être tranquillisé par vous. Ah! quelle chienne d'époque!

Je me suis parfaitement rappelé ce que nous avions dit une fois au coin du feu, et qui me paraissait alors une hypothèse de conversation : mais en me disant que *le moment est arrivé*, vous m'indiquez que le projet est devenu sérieux. Je le trouve, je vous assure, éminemment raisonnable et politique; mais, hélas! je n'ai pu en raisonner avec notre bon ami Gruber (1), qui n'existait plus au mo-

(1) Le père général des jésuites, qui résidait alors à Saint-Pétersbourg.

ment où vous me chargiez de lui faire vos compliments : il était mort dans la nuit du 25 au 26 mars (6-7 avril), presque subitement, étouffé par cet asthme que vous connaissiez. Il fut extrêmement effrayé par un incendie qui eut lieu dans une chambre à côté de la sienne, vers les onze heures. A minuit, il sortit pour appeler le suisse, descendit et remonta l'escalier avec beaucoup plus de célérité que ne le permettait son état; rentré dans sa chambre, l'asthme le saisit fortement. *Cet accès est le dernier*, dit-il au père secrétaire qui était à côté de lui; *ne m'abandonnez pas, car je touche à mon dernier moment*. Pendant que son collègue lui donnait l'absolution, il mourut. Ce digne homme a été extrêmement et universellement regretté. Un grand nombre de personnes se sont procuré son effigie, originairement prise sur le cadavre. — Mais pour en revenir à la politique, je n'ai pas voulu négliger de faire une ouverture au R. P. vicaire général, qui paraît le successeur désigné. Elle a produit la lettre ci-jointe au R. P. Strickland, que j'ai l'honneur de vous adresser avec une traduction française pour plus de commodité, car l'original est en latin. Le tout est abandonné à votre prudence, Monsieur le chevalier. Faites-en ou n'en faites pas usage, comme vous le jugerez à propos. En vous laissant le maître de tout, personne n'est compromis. Vous observerez la juste délicatesse de ces Messieurs, qui ne peuvent en aucune manière se mêler de l'objet politique. Lorsque le sort des armes aura donné un nouveau maître à tel ou tel pays, leur devoir le plus sacré sera de faire servir les missions à l'organisation politique de ce pays : jusque-là ils ne peuvent rien. Après s'être laissé embarquer comme des moutons, il leur siérait mal d'avoir l'air de provoquer des changements. Au surplus, Monsieur le chevalier, il me semble que nous sommes malheureusement fort éloignés des conquêtes; il s'agit de conserver au lieu d'acquérir. Ces négociations m'effrayent; elles feront au moins gagner une année à Napoléon, et le temps est tout pour lui. Je suis fâché que ces négociations soient si nécessaires; enfin, je suis fort en peine.

Ici, il est question d'un voyage de l'empereur qui pourrait être fort significatif; mais je serai obligé de fermer cette lettre avant d'en être sûr. D'autres, peut-être, vous diront ce qu'il en est. M. de Novosiltzoff attend ses passeports pour aller où vous savez. J'imagine que, de votre côté, vous enverrez aussi votre orateur. Quel ton prendront-ils l'un et l'autre, et qu'en résultera-t-il? Je n'en sais rien. Les beaux plumets se promènent toujours ici, et dansent toujours, ou jouent lorsque l'exercice leur en laisse le temps. Ils n'ont plus celui de dormir, et plusieurs tombent dans la phthisie. Je me flatte que la guerre leur sera moins mortelle. J'attends avec empressement, Monsieur le chevalier, de savoir quelle sera votre destination. Avec la permission de milady, on ne saurait souhaiter *la moins périlleuse* à un homme tel que vous; il faut donc vous souhaiter *la plus honorable*. Dès que je vous saurai en mer, je vous suivrai de l'œil sur la carte, en faisant des vœux pour vous. Je m'applaudirai toute ma vie d'avoir acquis l'estime et l'amitié d'un homme de votre sorte. Je mérite un peu ces sentiments par le cas extrême que je fais de votre personne, et par l'attachement que je vous ai voué pour la vie. Lorsque vous me ferez l'honneur de m'écrire, ne prenez pas la peine de le faire en français; mes yeux savent parfaitement l'anglais, quoique mes oreilles ne s'en doutent guère. Je me recommande très-humblement au souvenir de milady, dont je serai constamment l'un des plus dévoués serviteurs.

24. — A madame la baronne de Pont, à Vienne.

Saint-Pétersbourg, 17 (29) mai 1805.

Oui sans doute, Madame la baronne, je suis bête; pas assez cependant pour n'avoir pas compris depuis longtemps ce que c'est que *le frère et la sœur;* vous avez dû le voir par ma lettre du 18 (30) mars, que vous avez certainement reçue depuis longtemps. Ce qui m'avait tenu dans le doute assez longuement, c'est que, n'étant informé de rien et ne m'informant de rien, j'avais pris tout uniment Monsieur et Madame pour deux époux, de manière que *votre frère et votre sœur* étaient pour moi une énigme parfaite. En vous voyant revenir souvent sur ce sujet, je n'ai pu m'empêcher de soupçonner qu'il avait été question de moi dans ces hautes régions. Dans ce cas, ils ont bien de la bonté ou bien de la malice, s'ils ont daigné songer à moi qui ne songeais jamais à eux. J'ai passé comme une hirondelle, sans me percher un instant. Je n'ai rien dit à personne; j'ai mangé ma soupe au coin de la table, comme un échappé de l'Académie. Que me veut-on, bon Dieu? comment y aurait-il de la place pour moi dans ces têtes *remplies de si grandes choses?* J'ai bien reconnu l'inquiétude de l'amitié dans les avis que vous m'adressez en si bon style; mais croyez-moi, Madame la baronne, il n'est plus temps; à mon âge on ne change pas de caractère, ou, pour mieux dire, on n'en change jamais. J'ai, sur l'article de la prudence, des idées particulières (bonnes ou mauvaises) qui m'ont toujours dirigé. J'ai vu dans ma vie plus d'affaires perdues par la finesse que par l'imprudence. Je contemple sur le grand théâtre du monde, ou sur le théâtre de la société, ces grands héros de la dissimulation : en vérité, je ne voudrais pas de leur succès, pas plus que de leur moralité. Je fais consister *la* prudence ou *ma* prudence bien moins dans l'art de cacher ses pensées que dans celui de nettoyer son cœur, de manière à n'y laisser aucun sentiment qui puisse perdre à se montrer. Si vous veniez à toucher ma poche par hasard, je n'en serais nullement inquiet, car vous ne sentiriez que mon mouchoir, ma lorgnette et mon portefeuille : si je portais un poignard ou un pistolet de poche, il en serait autrement. — Je tiens donc mes poches nettes, mais je les tourne volontiers. *Ne croyez*, me dites-vous, *à aucun cœur environnant*. Dieu m'en garde, Madame la baronne ! je n'ai pas besoin d'être averti sur ce point. Mais vous allez en conclure qu'il faut donc me taire scrupuleusement devant ces *cœurs environnants*. Ah ! pas du tout ; je continuerai toujours à dire ce qui me paraît bon et juste, sans me gêner le moins du monde. *C'est par là que je vaux, si je vaux quelque chose.* Un des membres les plus distingués de notre diplomatie disait un jour : *Le comte de Maistre est bien heureux ; il dit ce qu'il veut, et ne dit pas d'imprudence.* Vous ne sauriez croire combien j'ai été sensible à cet éloge. Vous me dites encore : « *Sachez vous ennuyer ; n'apprenez à lire* à personne, etc. » Hélas ! Madame la baronne, c'est ce qu'on me dit depuis mon enfance, et toujours j'ai fait mon chemin à travers les orages, étonnant beaucoup les spectateurs qui me voyaient dormir tranquille. J'ai dit, j'ai fait des choses dans ma vie capables de perdre cinq ou six hommes publics. On s'est fâché ; on a dit tout ce que vous avez pu entendre — et je suis toujours debout, n'ayant, de plus, cessé de monter au milieu des obstacles qui me froissaient. Tout caractère a ses inconvénients. Croyez-vous que je ne sache pas que je bâille quand on m'ennuie ; qu'un certain sourire mécanique dit quelquefois : *Vous dites une bêtise* ; qu'il y a dans ma manière de parler quelque chose d'original, de *vibrante*, comme disent les Italiens, et de tranchant, qui, dans les moments surtout de chaleur ou d'inadvertance, a l'air d'annoncer un certain despotisme d'opinion auquel je n'ai pas plus de droit que tout autre homme, etc.? Je sais tout cela, Madame : chassez le naturel, il revient au galop. Tirons donc part du nôtre, mais ne cherchons pas à le changer. Ce qui soit dit cependant avec la réserve nécessaire ; car il est toujours bon de se surveiller, et quand on n'éviterait qu'une faute en dix ans, ce serait quelque chose. Si je vous faisais connaître, Madame, mon inconcevable étoile, si je vous faisais sentir la main *cachée* qui me conduit *visiblement*, sans que je m'en mêle, vous approuveriez l'espèce de fatalisme raisonnable que j'ai adopté. Je serais bien fou de m'occuper de mes affaires, puisqu'on les fait sans moi bien mieux que moi. Je voudrais savoir au reste, Madame la baronne, si l'on vous a dit le pour et le contre, comme doivent faire tous bons *mémoires*. Puisqu'on a la bonté, à mon grand étonnement, de parler de moi si loin, on pourrait donc vous avoir récité quelques succès assez flatteurs. Je joins ici un petit billet doux dont je vous prie expressément de ne pas donner copie, et je termine par là, mourant déjà de honte d'avoir fait une grande mortelle lettre toute sur moi.

Je voulais encore vous parler de romans, de littérature, de mes espérances, des vôtres, de ceci, de cela, et d'autres choses encore ; mais il n'y a plus moyen aujourd'hui. Adieu mille fois, Madame la baronne ; mille tendres remercîments pour l'obligeante sollicitude que vous me témoignez. Ma reconnaissance sur ce point est sans bornes. Souvenez-vous cependant que les avis trop généraux sont à peu près inutiles. Si vous aviez la bonté de me dire : *Dans tel endroit où vous devez passer à telle heure, il y a un serpent*, vous pourriez m'être très-utile ; mais si vous me dites en général : *N'oubliez pas qu'il y a des serpents dans le monde*, vous me ferez à peine regarder devant moi. Adieu encore. Je vous répète du fond du cœur mes félicitations au sujet de votre aimable fils. Tout à vous, Madame.

---

25. — A madame la marquise de Priero.

Saint-Pétersbourg, 29 mai (10 juin) 1805.

Jugez, Madame, si je suis bien aise d'être grondé sur le doute que je vous ai montré à propos de ce que vous me fîtes l'honneur de me dire sur ma fille. Dès que vous avez mis la main sur votre belle conscience, et que vous m'avez dit, *C'est tout de bon*, je me dépêche de croire. Adèle m'écrivait l'autre jour : « Vous ai-je dit que j'ai reçu de madame *** une lettre pleine d'esprit et d'amabilité ? J'ai été étonnée de voir qu'elle savait si bien le français, l'écrivant avec autant de facilité et de *naturalezza* que si c'était sa propre langue. » Elle est fort *invaghita* de vous, Madame la marquise ; et comme c'est un mal de famille, mon frère dit qu'il est trop flatté de votre souvenir pour se contenter d'un remerciment *oblique*. Il dit qu'un beau matin qu'il s'éveillera en verve, il vous priera d'agréer un remerciment direct aussi bien *dessiné* que possible. Je trouve qu'il fera bien, et je souhaite que vous soyez du même avis.

N'avez-vous jamais ouï parler d'un édit du temps jadis qui débutait ainsi : *Essendosi vieppiù accresciuto il numero dei pazzarelli in questi felicissimi stati ?* votre expression me l'a rappelé. Mais vous dites seulement *felici regioni* ; vous n'aimez pas les superlatifs, sans doute de peur de vous compromettre.

Toutes les gazettes vous apprendront que M. de Novociltzoff, chambellan de S. M. l'empereur de toutes les Russies, chevalier de plusieurs ordres, ministre adjoint de la justice, est parti hier de ces *heureuses contrées*, pour s'en aller dire à Bonaparte que... — C'est ici où Jeannot dirait : — *Comment donc, Monsieur? il va lui dire que... Mais savez-vous bien que cela est très-sérieux?* Bref, Madame la marquise, il me paraît impossible qu'une telle démarche ne produise pas quelque chose... ou rien.

Si vous saviez, Madame, dans quel état m'est arrivée votre lettre ! Ce n'est plus qu'une découpure faite sans pitié par ces marauds du cordon, une lettre mise en pièces,

> Et que méconnaîtrait l'œil même de sa mère.

Vous avez grandement raison de vous fâcher contre ce cordon, devenu inutile de toutes les manières. Patience cependant, et résignation parfaite ; car tout cordon vient de Dieu. Que vous dirai-je d'un certain mariage? Sur mon honneur, j'aimerais mieux celui de ma fille. En tout cas, vous êtes plus à portée que moi de faire l'épithalame. Chantez donc, Madame la marquise, *Io hymen !* Pour moi, je suis affligé d'une éteinte de voix qui me laissera tout au plus la force de vous dire : *Qu'est-ce que vous me chantez là ?* — Agréez, Madame, etc.

---

26. — **A madame la marquise de Priero.**

Août 1805.

J'ai reçu avec un extrême plaisir, Madame la marquise, votre lettre du 28 mai. J'y réplique un peu tard, comme vous voyez ; mais que voulez-vous? j'écris quand je puis. D'ailleurs, j'attends les occasions, au moins jusqu'à Vienne, autant qu'il m'est possible. Je ne saurais trop vous remercier, Madame, de toutes les précautions que vous avez bien voulu prendre pour faire arriver ces deux portraits jusqu'à moi. Je me résigne à les recevoir tard, pourvu qu'ils arrivent enfin. Quant au mien, il est probablement ce qu'on appelle flambé. Il est parti d'ici le 4 (16) décembre 1804 par un courrier de cabinet napolitain, qui avait pour instruction, dans le cas où il ne pourrait entrer à Florence, de le remettre à Rome au chargé d'affaires de S. M. Sicilienne. Le courrier, en effet, ne put passer à Florence, à cause de la maudite fièvre jaune ; mais, au lieu de remettre le paquet à Rome, il s'en alla droit à Naples, d'où le *plico* fut renvoyé à Rome. Dès lors, le duc de Serra-Capriola en a demandé compte officiellement, d'autant plus que le portrait était joint à beaucoup de lettres. Il n'a point encore de réponse, mais il a répliqué ses sommations, et il prétend que le paquet ne peut être perdu. Nous verrons.

Dimanche 13 (25), il m'est arrivé un petit secrétaire, précisément d'aussi bonne famille que moi, et que je n'avais pas vu depuis trois ans. Sa sœur s'appelle Adèle : vous le connaissez donc? Vous voyez d'où vous êtes, Madame la marquise, les transports de joie qui ont dû accompagner cette entrevue. La joie cependant est bien loin d'être pure (eh mon Dieu! y en a-t-il de telle?); la séparation a fait tant de mal dans l'endroit où elle a eu lieu, que je n'ai pu sentir toute la douceur de la réunion qui s'est faite ici. Enfin, prenons ce qui nous vient. A cette belle époque il ne faut pas être si difficile.

Mille grâces, Madame la marquise, pour tous les soins que vous avez bien voulu vous donner *autour* de cette lettre essentielle. J'ai déjà la certitude qu'elle est parvenue. Je vous vois d'ici rire, ma lettre à la main, de cette chose qui devait nécessairement produire *quelque chose* ou *rien*. Avouez qu'il fallait beaucoup de pénétration pour deviner aussi juste !

C'est donc vous, Madame la marquise, qui avez promené la science en jupon (1) ! Je vous en félicite, et je suis charmé que vous ayez pu, comme moi, examiner de près cette femme célèbre ou fameuse qui aurait pu être adorable, et qui a voulu n'être qu'extraordinaire. Il ne faut pas disputer des goûts ; mais, suivant le mien, elle s'est bien trompée. Je trouve que vous la jugez parfaitement bien, excepté dans l'endroit où vous dites que *souvent elle dit des choses qu'elle ne pense pas*. Oh ! pardonnez-moi, Madame la marquise. Elle dit fort bien ce qu'elle veut dire. Je ne connais pas de tête aussi complétement pervertie ; c'est l'opération infaillible de la philosophie moderne sur toute femme quelconque, mais le cœur n'est pas mauvais du tout. A cet égard, on lui a fait tort. Quant à l'esprit, elle en a prodigieusement, surtout, comme vous le dites fort bien, lorsqu'elle ne cherche pas à en avoir. N'ayant étudié ensemble ni en théologie ni en politique, nous avons donné en Suisse des scènes à mourir de rire, cependant sans nous brouiller jamais. Son père, qui vivait alors, était parent et ami de gens que j'aime de tout mon cœur, et que, pour tout au monde, je n'aurais pas voulu chagriner. Je laissai donc crier les émigrés qui nous entouraient, sans vouloir jamais tirer l'épée. On me sut gré de cette modération, de manière qu'il y a toujours eu entre cette famille et moi *paix et amitié*, malgré la différence des bannières. Si vous entretenez quelque correspondance avec la *belle* dame, je vous prie de la remercier de son souvenir, et de l'assurer du

(1) Madame de Staël.

mien (ah! pour cela je ne mens pas); ajoutez, si vous voulez, Madame la marquise, que dans l'exil de Sardaigne je me souvins, il y a trois ou quatre ans, de nos soirées helvétiques, et que je chargeai ma vieille amie, madame Hubert, de lui envoyer des assurances formelles. Malheureusement cette lettre se perdit; mais madame Hubert m'écrivit que *c'était égal, parce que ma passion était connue.*

Vous verrez, Madame la marquise, par le timbre de cette lettre, que j'ai voulu parer aux petits inconvénients qui s'opposent quelquefois à la marche des lettres. En vérité, on devrait bien avoir une considération particulière pour les gens de bien, tels que nous, qui s'écrivent comme les anciens Romains : *Si vous vous portez bien, c'est fort bien; pour moi, je me porte bien.* Si par hasard vous trouvez *une incluse* sous cette enveloppe, je vous prie de lui donner cours.

Agréez, Madame la marquise, les nouvelles assurances des sentiments pleins de regret et de dévouement avec lesquels je suis, pour la vie,

Votre très-humble et très-obéissant serviteur.

---

27. — A madame la baronne de Pont.

Saint-Pétersbourg, 30 août (30 septembre) 1805.

Mille et mille grâces, Madame la baronne, de l'extrême bonté avec laquelle vous avez reçu, hébergé, choyé mon pauvre petit Rodolphe : en vérité, c'est beaucoup trop ; je crains que ce grand conseiller d'ambassade ne vous ait gênée. Enfin, Madame, vous l'avez voulu. Quand pourrai-je payer cette lettre de change à votre cher Alphonse? Mon fils est arrivé, tout enchanté de vos politesses. Il me charge de vous renouveler ses plus vifs remercîments. Vous avez été pour lui, Madame, une nouvelle connaissance. Il vous avait beaucoup vue à Lausanne ; mais il y a dix ans, et il n'en avait que six. Comme ils arrivent ! comme ils nous poussent ! ou plutôt comme nous passons tous !

Sans doute, Madame la baronne, il faut nous écrire de temps en temps. Quand on professe les mêmes dogmes, il est doux de répéter ensemble le symbole commun. Votre tirade sur la Suisse est très-bonne, je vous assure ; je l'ai fait lire en très-bon lieu, et quoique vous ne parussiez pas instruite, en l'écrivant, de certaines *transactions* qui s'opposaient tout à fait à la réunion, votre lettre n'est pas moins pleine de réflexions sages et surtout pratiques. Il n'y a, dans cette partie du globe qui vous intéresse par-dessus tout, que les Suisses et les Piémontais capables d'un grand coup de collier : reste à savoir si l'on saura se servir d'eux. C'est votre doute et c'est le mien. Rien n'égale, je vous l'assure, l'intérêt que je prends à vos bons Helvétiens, qui, cependant, avaient été trouvés beaucoup au-dessous d'eux-mêmes par les deux gangrènes modernes, l'esprit philosophique et l'esprit de commerce. Ce reproche, au reste, ne tombe nullement sur les montagnards, qui étaient demeurés purs, et qui l'ont bien fait voir. Mais je ne puis vous cacher, Madame, une opinion fort enracinée dans mon esprit : c'est que jamais une république détruite ne peut se relever. Je n'ai pas le temps d'entrer dans les détails ; mais réfléchissez-y bien, et vous sentirez que les éléments d'une constitution républicaine (de la vôtre surtout), s'ils étaient une fois dissipés, ne pourraient plus être rassemblés. Je suis bien trompé si vous n'en trouvez pas la preuve dans votre propre cœur, si vous y regardez attentivement. Vous me dites : « Que deviendrons-nous donc ? » Ma foi, Madame, je n'en sais rien. En général, cependant, vous obéirez à *un* ou à *plusieurs;* si c'est un malheur, j'en suis fâché. Souvenez-vous, Madame la baronne, de ma prophétie chérie. Cette immense et terrible révolution fut commencée, avec une fureur qui n'a pas d'exemple, *contre le catholicisme et pour la démocratie. Le résultat sera pour le catholicisme et contre la démocratie.* Si vos petits cantons peuvent faire une exception quant à la république, j'y consens de tout mon cœur. La résistance qu'ils firent en 1798 serait bien digne de ce prix; mais, à vous dire la vérité, j'y crois peu : vous m'en direz votre avis, et ensuite nous verrons ce qui arrivera.

J'en étais ici de cette lettre lorsque j'en ai reçu une de Sa Majesté, mon bon maître, qui accorde au grave Rodolphe quatre cents sequins de pension et la croix de Saint-Maurice, avec dispense d'âge et autres, jusqu'à des temps plus heureux. Cette grâce, dans ce moment, m'a pénétré de joie et de reconnaissance ; je m'empresse de vous en faire part, Madame, eu égard à notre *parenté*.

Adieu, Madame la baronne ; ne m'oubliez jamais, je vous en prie, sous aucun prétexte, et croyez à mon éternel et respectueux attachement.

---

28. — A madame la comtesse Trissino de Salvi, à Vicence.

Saint-Pétersbourg, 8 (20) novembre 1805.

Où êtes-vous, Madame la comtesse, et que faites-vous à cette bruyante époque ? Je crains que le bruit du canon ne vous ait chassée de vos pénates ; je crains que vous n'ayez perdu le repos ; enfin, je crains tout, et je viens vous prier de me tranquilliser ou de m'effrayer davantage, car je veux partager tous vos sentiments. Depuis longtemps on voyait arriver cette nouvelle tempête, et je ne doute pas que vous n'y fussiez préparée ; votre ville est placée de manière à me donner des craintes particulières. J'espère que vous aurez la charité de m'apprendre exactement quelle est votre situation. Pour moi, Madame la comtesse, je suis toujours le même et toujours à la même place. J'ai à peu près perdu l'espoir de revoir *il bel paese ch' Apennin parte, e 'l mar circonda e l' Alpi*. Du moins, si je les revois, je ne serai plus de ce monde. Un beau matin, vous verrez un pauvre vieillard à votre porte, dans une attitude suppliante ; vous direz : *Qu'est-ce donc que ce bonhomme ?* Et lui vous répondra : « *Une tasse de café, Madame la comtesse, et même une omelette, pour l'amour de Dieu !* » Je suis bien sûr que vous vous laisserez toucher, mais vous ne le reconnaîtrez plus. Ah ! que Pétersbourg est loin de Vicence, Madame la comtesse ! Je sens fort bien que j'ai moins de raisons que mille autres de me plaindre de ma situation. Secoué à l'excès par l'infernale révolution, j'ai trouvé ici la tranquillité la plus honorable et les bontés les plus flatteuses. Cependant, Madame, il y a deux choses dont le souvenir s'efface difficilement, ou ne s'efface point du tout : le soleil et les amis. Voyez encore ma résignation ! Je sacrifierais sans beaucoup de peine le soleil, si mon cœur était tranquille sur l'autre point. A propos de cœur, vous saurez, Madame la comtesse, que, depuis deux mois environ, ma rigoureuse solitude a cessé. Mon fils est venu me joindre. On l'a attaché à moi d'une manière flatteuse, et il commence à s'exercer sous les ordres du père, en attendant qu'il puisse voler de ses propres ailes. Ma femme et mes deux filles sont demeurées au milieu de la fumée ; jugez si j'ai souffert ! Mais il n'y avait point de remède :

Du destin qui fait tout tel est l'arrêt cruel !

Pendant quelque temps j'ai cru qu'elles se rapprocheraient de Venise, et dans cette idée je leur avais donné votre adresse, Madame la comtesse, pour leur procurer le plaisir de faire connaissance avec vous en passant : mais la dame a prétendu qu'il valait mieux se tenir tranquille, et elle a donné de fort bonnes raisons. Enfin, Madame, que voulez-vous ? c'est un grand bonheur, à cette époque, de n'être que médiocrement malheureux. Au reste, quelques soucis que me cause ma famille, elle ne peut me distraire de mes amis, parmi lesquels vous tenez une place si distinguée. Je hais l'oubli, Madame la comtesse, au delà de toute expression. C'est une honte pour l'espèce humaine que l'attachement et la reconnaissance se mesurent par la distance ; et comment pourrais-je être moins votre ami à Saint-Pétersbourg que je ne le serais à Vérone ou à Brescia ? Je ne trouve pas dans ma mémoire de souvenir plus agréable que celui des politesses dont vous m'avez comblé à Rome. C'est par vous, Madame, que je ne m'y suis point trouvé étranger. Votre idée se mêle bien justement à celle des chefs-d'œuvre que nous avons visités ensemble ; et lorsque je pense à la villa Borghèse, je vois toujours à côté de chaque statue la figure de mon aimable introductrice. Voulez-vous bien, Madame la comtesse, me permettre de faire ici mes compliments à monsieur le comte et au docteur Thouvenel, qui, je l'imagine, est toujours votre inséparable ? Je me recommande à vos bonnes grâces, Madame, en vous priant d'agréer l'assurance de mon éternel et respectueux attachement.

Si les mouvements militaires amenaient près de vous le

régiment des cuirassiers de l'Empereur, je vous préviens que le colonel, M. le comte du Noyer, chambellan de S. M. S., est mon oncle. Vous pouvez lui faire mes compliments, et vous adresser à lui si l'occasion se présente.

---

29. — A M. le comte de Front, ministre de S. M. S., à Londres.

Saint-Pétersbourg, 17 (29) mars 1806.

Monsieur le comte, j'ai pu quelquefois, comme j'ai eu l'honneur de vous le dire, m'abstenir de vous écrire ou par dégoût, ou par crainte de vous affliger par mes noirs pressentiments ; mais, dans des circonstances aussi importantes, j'aurais cru manquer à mes devoirs en négligeant de vous faire passer tout ce qui pouvait être parvenu à ma connaissance sur les incroyables événements qui nous ont amenés au comble du malheur. La Russie marche plus que jamais de concert avec l'Angleterre, et l'Autriche même a les meilleures intentions possibles ; mais cette dernière puissance est pour longtemps dans l'absolue impossibilité d'agir, à moins que de nouvelles avanies ne la poussent au désespoir, ce qui pourrait fort bien arriver : restent donc la Russie et l'Angleterre. Dans les temps ordinaires, ce mot de *restent* aurait très-justement fait rire ; aujourd'hui, nous n'avons pas ce droit. Il est malheureusement plus que douteux que ces deux puissances formidables aient la force d'amener Bonaparte à des conditions raisonnables. Vous venez de voir, Monsieur le comte, le triste sort du roi de Naples. Vous n'aurez pas manqué de vous écrier : « Mais pourquoi ce débarquement, dès qu'on « savait les nouvelles d'Allemagne? et surtout pourquoi ce

« débarquement à Naples, quand il était si aisé de débar-
« quer ailleurs avec plus d'avantage et sans compromettre
« ce malheureux prince ? » Il n'y a pas moyen de répondre, Monsieur le comte ; ou bien il en faut revenir à cette force inexplicable qui nous pousse invariablement, depuis quinze ans, à faire tout ce qu'il y a de plus mal imaginé. On avait, pour ce malheureux débarquement, des plans qui ne souffraient pas de réplique ; on n'en a pas moins fait tout le contraire. *Quod scripsi, scripsi.* Mon courage tient difficilement contre cet anathème inconcevable. Ne vient-on pas de voir encore les vaisseaux qui emportaient en Sicile toute la fortune de la maison royale renvoyés par les vents entre les mains des Français ? Cette nouvelle passe pour vraie, et ressemble à tout le reste. Enfin, Monsieur le comte, les bras me tombent. Je suis bien loin cependant de prêcher le désespoir ; mais nous touchons à une grande époque du monde, et il y a bien peu de têtes capables de se tirer de telles circonstances : un Richelieu ou un Ximénès succomberaient peut-être. L'homme d'État que l'Angleterre vient de perdre possédait sans contredit des qualités éminentes : il ne s'est pas moins trompé, comme tous les autres, sur la révolution française ; il n'y a vu d'abord qu'un moyen d'écraser la France. Passe pour cette première erreur, qu'on lui a reprochée beaucoup trop aigrement, puisqu'il était naturel de voir et d'agir ainsi dans les commencements ; mais ensuite il s'est obstiné à faire une guerre anglaise au lieu d'une guerre européenne, et jamais il n'a voulu agir ni *par* ni *pour* le roi de France. Ces erreurs nous ont mis où nous sommes. Je sais tout ce qu'on peut répliquer, en accusant surtout le parti du roi, généralement très-immoral et très-peu digne de confiance. J'aurais, de mon côté, beaucoup de choses à répondre ; mais je me reprocherais, comme infiniment ridicule, une dissertation aussi inutile. Le fait est que M. Pitt *n'a rien*

inventé d'extraordinaire dans une circonstance extraordinaire. Il a dit aux Anglais : « Battons-nous tant que nous « pourrons. » Il a dit aux autres peuples : « Combien vou-« lez-vous pour vous battre avec nous? » En tout cela, Monsieur le comte, je ne vois rien d'original, rien que tout autre homme de sens, obstiné dans ses projets, n'ait pu dire comme lui. Le grand problème dans cette affaire était d'imaginer quelque moyen d'empêcher que la haine des deux nations ne nuisît aux plans les plus sages. Daignez me dire, Monsieur le comte, ce que M. Pitt a inventé pour cela. Je n'en suis pas moins admirateur sincère de ses grandes qualités; et s'il n'a pu s'opposer efficacement à la révolution française, on peut dire avec justice que, cet événement étant unique dans l'histoire, et le torrent plus fort que tout ce qu'il y a de plus fort, on ne saurait blâmer M. Pitt de n'avoir pas fait ce que d'autres n'auraient pas mieux fait que lui. Il est cependant vrai, et V. E. en conviendra sans doute, que sa réputation d'homme d'État ne peut être irrévocablement fixée que par ses successeurs. S'ils parviennent à porter quelque coup sensible à la France, ce coup ne le sera pas moins pour la mémoire de M. Pitt. S'ils font, au contraire, son oraison funèbre par de grandes fautes ou de grands malheurs, la postérité le laissera à la place que ses amis lui décernent aujourd'hui.

Je suis, comme vous, très-étranger aux dogmes de Berlin; ainsi, il est fort inutile de jaser sur une religion dont on ne veut point. Vous voyez, Monsieur le comte, à quoi aboutit la politique sublime de ce cabinet. Le voilà enfin sous les pieds de Bonaparte, qui le traite comme vous le savez aussi bien que moi, mais pas plus mal qu'il ne le mérite. C'est une gentille chose que ce traité du 13 octobre! Et que dites-vous de la lettre du roi de Prusse à son ministre à Londres, le baron de Jacobi, dans laquelle le roi lui dit qu'il s'est vu obligé, lui Frédéric-Guillaume, de prendre un parti décisif le 13, à cause d'un événement arrivé le 28 ! Voilà qui est beau, et surtout nouveau. Malheureusement, Monsieur le comte, on ne peut rire de ces énormités qui achèvent de nous perdre. — Mon Dieu ! mon Dieu ! je pense à la maison de Bourbon, à celle de Savoie, lorsque je suis tenté de m'affliger sur moi. Je suis ici dans une situation fort critique, sachant très-peu ce que je suis aujourd'hui, et point du tout ce que je serai demain; mais, au lieu qu'autrefois les moralistes disaient continuellement, *Regardez au-dessous de vous*, ils doivent dire maintenant : *Regardez au-dessus*.

Agréez, Monsieur le comte, etc., etc.

---

30. — A M. le chevalier de ...

Saint-Pétersbourg, 14 (26) avril 1806.

Monsieur le chevalier,

....
.... Je viens de congédier mon valet de chambre, pour me donner un domestique plus simple et moins coûteux. Je verrai s'il y a moyen de faire d'autres économies; et tout mon désir est que Sa Majesté soit bien persuadée d'une vérité qui pourrait fort bien n'être pas entrée pleinement dans son esprit, quoique je l'aie beaucoup répétée : c'est que, dans tout ce que j'ai dit sur ma situation, jamais je n'ai laissé tomber de ma plume la plus légère exagération. J'ai souffert comme je l'ai dit et autant que je l'ai dit, et maintenant encore, comme je le dis, je n'ai rien, ce qui s'appelle rien ; pas de quoi me faire enterrer, si je venais à mourir : j'excepte la somme qui vient

de m'être livrée et qui n'est point à moi, puisqu'elle n'est que la représentation de la subsistance, et qu'à la fin de l'année j'aurai précisément ce que j'avais avant de la recevoir, c'est-à-dire rien. J'ai témoigné, depuis nos derniers malheurs, une grande envie de posséder ma famille. Je n'ai certainement nulle raison de cacher le sentiment qui m'anime, puisqu'il est parfaitement d'accord avec tous les principes. Je ne cacherai pas davantage le tourment que me fait éprouver cette séparation; il est tel, que je ne puis vous l'exprimer. Mais je suis déterminé encore par une autre considération que vous pouvez fort bien faire connaître à Sa Majesté. Tout homme qui ne met pas sa mort au rang des événements possibles à chaque instant, n'a pas fait de grands progrès dans la philosophie. Grâce à Dieu, je n'en suis pas là. Or, si je venais à mourir, Monsieur le chevalier, pendant que ma famille est éloignée de moi, elle tomberait dans la plus affreuse indigence. Au contraire, si elle se trouvait ici, bien ou mal, d'une manière ou d'une autre, avec plus ou moins d'agrément ou de désagrément, elle se tirerait d'affaire. Voilà mon dernier secret : vous voyez, Monsieur, qu'il n'est pas bien machiavélique. Pour éviter l'indiscrétion, tenez, du reste, pour répété tout ce que j'ai dit.

Je ne pourrais vous apprendre, sur les affaires publiques, que ce que Sa Majesté aura sans doute la bonté de vous faire connaître. Cette époque ne ressemble à rien, et l'histoire ne présente aucune donnée, aucune analogie pour aider le jugement. S'il était permis de concevoir des espérances, on les fonderait uniquement sur cette étonnante rapidité des succès, qui semblent n'avoir rien de commun avec sa durée. Mais quand je songe que la postérité dira peut-être, *Cet ouragan ne dura que trente ans*, je ne puis m'empêcher de frémir. Quoique la nature m'ait pourvu d'une assez grande égalité d'humeur, cependant je sens que je commence à plier sous le faix. Je deviens triste et solitaire ; je *ne vais* plus dans le monde, je m'y *traîne*, et le plus souvent pour mon fils. Je lis, j'écris, je tâche de m'étourdir, de me fatiguer s'il est possible. En terminant mes journées monotones, je me jette sur un lit, où le sommeil, que j'invoque, n'est pas toujours complaisant. Je me tourne, je m'agite, en disant comme Ézéchias : *De mane usque ad vesperam finies me.* Alors, des idées poignantes de famille me transpercent. Je crois entendre pleurer à Turin ; je fais mille efforts pour me représenter la figure de cette enfant de douze ans que je ne connais pas. Je vois cette fille orpheline d'un père vivant ; je me demande si je dois un jour la connaître. Mille noirs fantômes s'agitent dans mes rideaux d'indienne. Enfin, vous êtes père, Monsieur le chevalier, vous connaissez ces rêves cruels d'un homme éveillé. Si vous n'étiez pas du métier, je ne permettrais pas à ma plume d'écrire ces jérémiades. Je fais, au reste, les plus grands efforts pour résister au malheur, et ne pas perdre absolument ce qu'on appelle l'*aplomb*. Je pense que vous n'avez pas moins besoin que moi de cette philosophie qui dépend malheureusement bien plus du tempérament que de la raison. J'attends de vos nouvelles avec un extrême empressement. Je ne sais où vous êtes, ni si vous êtes avec le roi. Enfin, je ne sais rien. Si vous êtes allé en Sardaigne, comment vous serez-vous établi dans ce beau pays ? et que sera-t-il résulté de cet établissement ? Que vous êtes à plaindre ! que nous sommes à plaindre ! Jamais l'univers n'a vu rien d'égal ! et que devons-nous voir encore ? Ah ! que nous sommes loin du dernier acte ou de la dernière scène de cette effroyable tragédie !

Adieu mille fois, Monsieur le chevalier ; je n'ai pas le courage de prendre une autre feuille !

31. — A madame Huber-Alléon, à Genève.

Saint-Pétersbourg, 15 mai 1806.

Reconnaîtrez-vous cette écriture, Madame? En tout cas, croyez sur ma parole que c'est celle de l'un de vos plus anciens amis, qui ne vous a plus parlé depuis longtemps, parce qu'il n'a parlé à personne, mais dont les affections sont invariables au milieu de toutes les vicissitudes humaines. J'ai reçu deux ou trois fois de vos nouvelles par Turin, avec un extrême plaisir. J'ai su que l'enfant de mon cœur vous avait écrit. *C'est toujours moi*, comme dit Pygmalion. Quant au *moi* qui est ici, sa position est telle que vous pouvez l'imaginer. Vous aurez appris sans doute que mon fils était venu embellir ma solitude; mais vous me comprendrez parfaitement, Madame, *vous qui êtes du métier*, lorsque je vous dirai que le premier effet de cette douce société est de me faire sentir plus vivement la privation de ce qui me manque. Nous ne cessons d'en parler ensemble, et c'est un renouvellement continuel de souvenirs amers et de projets fatigants. Notre vie est d'ailleurs extrêmement douce; vous savez que j'aime le travail : je me livre à ce goût plus que jamais. Il y a des dissipations inévitables qui tiennent à l'état : il en est d'autres qui tiennent à la qualité de père; car c'est un de mes premiers dogmes, qu'il faut amuser les jeunes gens, afin qu'ils ne s'amusent pas; cependant, comme mon disciple n'est pas du tout exigeant, et que d'ailleurs je veux aussi, et pour cause, l'accoutumer à une vie occupée, il me reste assez de temps libre pour me livrer à mon goût dominant. Pendant plusieurs mois, j'ai fait une autre économie de temps tout à fait hideuse : j'ai interrompu toutes mes correspondances, sans aucune exception que celle de ma femme. C'est abominable; mais si vous ne m'avez pas excusé, ce sera bien pire... Mille fois je me suis dit: *Sûrement elle me gronde, il faudra donc lui écrire.* Point du tout, je n'écris à personne; il en arrivera tout ce qui plaira à Dieu : mon innocence me suffit. Tout annonce, Madame, que je ne quitterai plus ce pays. Je le trouvais délicieux lorsque je n'y étais qu'un oiseau de passage : depuis qu'il ne m'est plus permis de regarder ailleurs, il n'a plus pour moi les mêmes agréments. Le *jamais* ne plaît *jamais* à l'homme; mais qu'il est terrible lorsqu'il tombe sur la patrie, les amis et le printemps! Les souvenirs dans certaines positions sont épouvantables; je ne vois au delà que les remords. Si par hasard, Madame, vous avez envie de me gronder sur mon silence, perdez ce projet, je vous en prie; ou du moins soyez extrêmement brève, si vous ne voulez pas me courroucer prodigieusement. — Voilà un de vos compatriotes qui s'en va droit à Genève; je profite de cette occasion pour sortir de mon tombeau et me rappeler à votre souvenir. Je lui donne cette lettre ouverte, dont il fera ce qu'il jugera convenable. Je veux m'arracher un instant de ma léthargie pour donner signe de vie à mes amis de Genève, et je commence par vous, comme bien juste. Au commencement de la quatrième page, je ne vous ai pas dit un mot de ce que je voulais vous dire; mais c'est égal, on ne lit rien plus couramment que ce qui n'est pas écrit. Mon frère adresse à votre excellent fils une longue épître scientifique; je ne lui envoie pour mon compte que des tendresses; donnez-moi de ses nouvelles et de celles de madame votre belle-fille, à qui je présente mes hommages. Que fait monsieur votre fils l'Italien? Assurez-le, je vous prie, de mon constant souvenir. Je ne parle presque plus, mais je n'ai pas encore perdu la connaissance; je sens et je pense encore, je connais tout le monde ; de près, je serre la main, et de loin je dis : Tout à vous, pour toujours !

---

32. — A M. le marquis de la Pierre, à Londres.

Saint-Pétersbourg, 22 juillet (3 août) 1806.

Je ne sais, Monsieur le marquis, comment je suis destiné au malheur d'être toujours, auprès de vous, ou un triste prophète, ou un triste historien. Vous rappelez-vous combien je vous scandalisai en Suisse, il y a dix ans, lorsque je vous dis que je serais comblé de joie si l'on me promettait le rétablissement des choses dans cinq ans ? Voilà le terme doublé, et les affaires n'ont cessé d'aller de mal en pis ; de manière que nous sommes enfin couchés au fond de l'abîme, n'ayant pas même l'espérance pour nous. Je vous assure que j'aurais écrit à vous et à d'autres amis, si le chagrin qui m'obsède ne m'arrachait la plume. Toujours cette lugubre politique se présente à l'esprit, se mêle à toutes les idées et les change en poison. Ce n'est pas la peine, en vérité, d'écrire à ses amis pour leur envoyer un supplément aux lamentations de Jérémie. Cependant, mon cher marquis, il faut faire un effort sur soi-même, et se tenir debout, s'il est possible, au milieu de la tempête qui nous bat. Quelle vie, grand Dieu ! et que nous sommes nés mal à propos ! Je vous envie (quoique ce soit un péché capital) le bonheur de vivre au milieu de votre femme et de vos enfants. Je ne sais ni si, ni où, ni quand je pourrai jouir de la même consolation. Ma fille cadette, que je ne connais pas, a douze ans : ne trouvez-vous pas qu'il serait temps de se voir ? Il me paraît cependant probable que cette année doit m'apporter un sort définitif ; mais peut-être aussi la chose n'arrivera pas, précisément parce qu'elle est probable. — Et vous, Monsieur le marquis, comment vivez-vous dans votre grande île? Mademoiselle Clémentine, qui aimait tant les tambours, n'est-elle point colonel de quelque corps de volontaires? J'imagine que vous êtes tous parfaitement Anglais. Êtes-vous tout à fait maîtres de la langue? Pour moi, quoiqu'elle me soit familière comme la mienne, ou peu s'en faut, lorsque je tiens un livre, je ne parviens point à entendre le discours, quoique j'aie ici de nombreuses occasions d'entendre parler. L'oreille est durcie. Il y a trop longtemps que je me présentai sottement à l'église de Saint-Léger, sur cette magnifique place que vous connaissez, pour me promener ensuite très-inutilement dans le monde. J'ai ramé toute ma vie : maintenant les bras me tombent, et je me trouve au beau milieu de la mer Pacifique, ne voyant que le ciel et l'eau, et n'ayant du pain que pour deux jours. L'image n'est pas gaie, mais elle est juste.

Le roi et la reine sont en Sardaigne, comme vous savez. Ma dernière lettre de Cagliari, écrite par Sa Majesté la reine, est du 24 avril, et je n'ai point encore eu de réponse à celles que j'ai écrites au commencement de février. Les circonstances nous condamnent encore à cette cruelle lenteur des communications. C'est, au pied de la lettre, le dernier supplice. Le roi a parcouru l'île, et s'occupe beaucoup à mettre l'ordre de tout côté.

Je prie madame la marquise de la Pierre d'agréer mes hommages respectueux et ceux de mon fils; je fais mille vœux pour votre famille. Je ne sais si ce petit peuple doit un jour se revoir. Élevons-le tout entier dans les bons principes; c'est notre affaire : le reste, c'est celle de Sa Majesté la Providence. Je vous embrasse de tout mon cœur, mon cher marquis, et vous prie de compter sur mon éternel et respectueux attachement.

33. — A M. le baron de Pauliani, à Nice.

Saint-Pétersbourg, 28 juillet (9 août) 1806.

Je ne sais, mon cher cousin, si vous reconnaissez cette écriture. Vous la reconnaîtrez sûrement, si elle n'a pas plus changé que le cœur de celui qui la trace : toujours vous m'avez été présent ; mais, au milieu des catastrophes du monde et de celles de ma famille en particulier, vous sentez les raisons qui m'ont fait supprimer plusieurs correspondances. Je mène, depuis quinze ou seize ans, une vie extrêmement agitée. De votre observatoire vous avez vu *mes phases*. De mon côté, j'ai su combien vous avez été agité sans changer de place : il faut baisser la tête. *Così si vuole là, dove si può quel che si vuole.* Je ne me rappelle pas le vers ; mais la prose est bien raisonnable. Vous m'avez dit souvent, mon cher parent, que lorsque vous me vîtes pour la première fois, peu de temps après mon arrivée dans le monde, je ne savais dire que *Ba !* aujourd'hui, je dis *Ha !* Voilà tout le changement qui s'est opéré en un demi-siècle : avouez que j'ai fait de grands progrès ! Et vous, mon cousin, que faites-vous, et comment vous portez-vous ? Donnez-moi aussi des nouvelles de madame votre sœur et de son mari. Êtes-vous toujours demeuré seul chez vous comme un anachorète, depuis la mort du digne abbé ? Lorsque je pense à vous, ce qui m'arrive souvent, il me semble que je vous vois faire toujours la même chose : je vous vois partir après dîner de la région de Sainte-Réparata, et vous acheminer du côté de la place Saint-Dominique (qui peut-être a changé de nom). Écrivez-moi si je me trompe, afin que mon imagination sache toujours où vous prendre. Heureux l'homme qui peut vieillir à côté des mêmes amis ! C'est le bonheur qui m'a été refusé ; si vous l'avez, rien ne vous manque.

Le 3 décembre 1778, sur les huit heures du soir, je pris congé tristement de deux personnes de votre connaissance ; vous étiez avec moi, si vous vous le rappelez, et m'accompagnâtes chez vous. Le 22 décembre 1797, je les revis à Turin ; mais l'aimable Apollonie était sur le point de changer de nom, et je m'aperçus que dans son cœur, trop occupé, il n'y avait plus de place pour l'amitié. S'appelle-t-elle aujourd'hui d'Ernest ? Est-elle heureuse ? Est-elle toujours auprès de madame sa mère ? Dans ce cas, supposé que vous me répondiez comme je l'espère, priez-la d'écrire de sa main *Poulon* dans votre lettre. Si cependant c'est une indiscrétion, je retire ma demande. Ce qui sûrement n'en est pas une, c'est de vous prier d'être auprès de la mère et de la fille l'interprète de mon tendre respect et de mon inaltérable attachement. Je ne vous dis rien de ma famille ; vous savez où elle est ; vous savez que je n'ai que mon fils auprès de moi, et que je ne connais pas la cadette de mes filles. Cette séparation, dont je ne vois pas le terme, est une plaie douloureuse. Je souffre pour moi, et je souffre pour la pauvre mère qui m'a donné souvent de vos nouvelles, et qui m'a fait connaître vos intentions délicates à mon égard. Rien, dans ce genre, ne peut me surprendre de votre part. Ô fontaine du Temple ! ô grotte de Magnan, que vous êtes loin, et dans le temps et dans l'espace !

L'homme n'a que des rêves : il n'est lui-même qu'un rêve. Exceptons cependant, pour nous consoler, l'amitié, la reconnaissance, tous les bons sentiments, tous ceux surtout qui sont faits pour unir les hommes estimables. Madame la comtesse vous a sans doute appris tout ce que je pourrais vous apprendre moi-même sur moi-même. Tombé comme tant d'autres, je suis plus heureux que d'autres. Je jouis de la plus noble et de la plus généreuse protection, de la liberté la plus parfaite, de mes livres et de mon fils. *Le reste est un vain songe.* Vous savez ce qui me manque; à cet égard, je n'ai pas d'espérances fixes, je n'ai peut-être pas même celles qui me seraient dues; mais je brise sur ce triste sujet. Adieu, mille fois, mon très-cher et digne parent. Adieu. J'aurais bien voulu vous voir encore sur cette abominable terre. — Elle l'est moins à côté des hommes qui vous ressemblent; mais il y a entre nous un invincible *veto*. Mon cœur, toujours le même pour vous, ne cessera de vous chérir.

---

34. — A madame de Saint-Réal.

Saint-Pétersbourg, 23 (10) août 1806.

Je profite avec empressement, ma chère amie, de l'occasion de M. le chevalier Manfredi, qui part sur l'escadre russe et qui touchera en Sardaigne, pour te griffonner quelques lignes. Tu le verras, tu lui parleras; il m'a vu, il m'a parlé : c'est une éponge que tu exprimeras à ton aise.

La défiance générale que j'ai pour tout ce qui se pense et se fait en Sardaigne, me fait encore défier (ou me défier) extrêmement de tes chères mines (1), et rien ne me fait faire plus mauvaise mine, car je voudrais bien te voir une fois jeter l'ancre, ma bonne amie; mais, hélas! qui peut jeter l'ancre? J'avance moi-même comme un colin-maillard, les bras tendus en avant, de peur de me cogner la tête, et toutefois sans répondre de rien. Certains côtés

---

(1) M. de Saint-Réal avait été nommé inspecteur général des mines.

de ma position sont favorables; d'autres ne le sont pas. Que ne donnerais-je pas pour te voir une demi-heure! je te dévoilerais de beaux mystères. Te rappelles-tu par hasard la servante d'un certain curé de notre connaissance, qui disait sur le tombeau de son cher maître, trépassé depuis un mois ou deux : *Monsieur le curé, dites-moi un mot seulement, un seul mot; je vous dirai comment les choses vont*. Moi je dis à peu près de même : *Ma chère Nane, dis-moi seulement un mot, un seul mot; dis-moi que tu m'entends*, et je te dirai comment les choses vont. Ah! comme elles iraient pour ton frère si, — si elles allaient mieux! Voilà qui est bien clair, et tu ne peux pas te plaindre que je t'épargne les détails. Tant il y a que, de ce côté, je ne puis être mieux traité que je ne le suis; mais il faut se mettre à ma place : outre que je ne suis pas chimiste, et que je n'ai même ni goût ni talent pour cette science, il me serait absolument impossible de faire donner des leçons de ce genre à mon petit Rodolphe. Ce pays est un autre monde, sur lequel on ne peut raisonner quand on ne le connaît pas à fond. Ton neveu apprend le russe pour tâcher de *se combiner* avec la fortune, ce que nul être de sa famille n'a su faire jusqu'à cette heure présente. Quant à l'*oxygène*, je suis son très-humble serviteur; mais j'espère qu'il continuera à se combiner dans la combustion sans que je m'en mêle, et sans qu'on sache ce que c'est que le feu mieux qu'on ne le savait il y a mille ans. Ah! madame la Chimie, allicz-vous, de grâce, à madame votre sœur la Minéralogie, pour donner une bonne maison à mon cher Alexis; et je vous célébrerai de tout mon cœur, et toute ma vie, et en fort bons termes. Mais si vous me ratez cette affaire, je vous traiterai de *souffleuse*.

Je suis fort content de ton ami Rodolphe; et, ce qui vaut beaucoup mieux, on en est fort content ici. Il est d'une sagesse extraordinaire, et va son train sans que je m'en mêle. Il me suit partout; et comme il est admis à l'*Ermitage,* son rang est fixé. Quoiqu'il ait crû d'un pouce et demi depuis son arrivée, il n'a pas l'air d'avoir plus de quinze ans; et quand on lui en donnerait dix-sept, ses manières ne seraient pas moins surprenantes, car elles en ont trente. Comme il n'a jamais vécu avec des enfants, on dirait qu'il ne l'a jamais été. Il est extrêmement prudent, et il opine sur tout, lorsque l'occasion s'en présente, d'une manière adulte qui t'amuserait. Tu penses bien que je n'aide pas mal à le faire valoir. Rien de nouveau sur ma famille; parle-moi toujours, toi, du pays que tu habites, et des espérances qu'il peut te donner.

Ton neveu, qui est là appuyé sur cette même table où j'écris, te présente ses tendres respects. Il déchiffre l'auguste langue illyrienne, et déjà il est en état d'être mon drogman pour les petites affaires courantes. Il fait volontiers toutes sortes d'affaires *aujourd'hui,* excepté cependant l'écriture : il n'écrit guère que *demain.* Je viens de lui lire cette phrase, dont il n'est pas content : il n'a pas voulu me répondre.

Bonjour, mon cœur; bonjour à toi et à ton digne Alexis, qui, de sa vie, n'a fait une meilleure *combinaison* que celle qu'il a opérée avec toi. Je le remercie à tout instant du bonheur qu'il te donne, et je ne doute pas que tu ne le payes comptant. Je ne sais pas finir avec toi. Adieu donc, mon cher enfant; je finis décidément.

35. — A madame Huber-Alléon, à Genève.

Saint-Pétersbourg, 26 septembre 1806.

Mille et mille grâces, Monsieur le comte; vous ne pouviez me faire un plus grand plaisir que celui de m'apporter une lettre de madame Hubert. Il est dur vraiment de ne recevoir que le 25 septembre une lettre du 10 juin; mais enfin ce n'est pas votre faute, et c'est bien ici le cas du proverbe : *Mieux vaut tard que jamais*. Encore une fois, soyez le bienvenu : c'est un véritable présent que vous me faites.

A présent, Madame, que j'ai satisfait aux devoirs de la politesse, je me tourne du côté de l'amitié, à qui j'ai un peu plus de choses à dire. Je commence d'abord par vous remercier de votre exclamation si tendrement et si honorablement injuste : *Ah! mon cher ami, c'est trop*. Oui, sans doute, ce serait trop, beaucoup trop, si j'avais passé deux ans sans vous écrire; mais je n'ai point commis ce crime, j'ai seulement suspendu toutes mes correspondances pendant quelques mois, et sans doute il ne faut pas toute votre justice pour m'excuser; ensuite je me suis réveillé, et j'ai commencé par vous, Madame. Ma dernière lettre est du 13 (25) mai dernier, adressée tout simplement à madame H. A., à Genève. Faites quelques recherches, peut-être vous la trouverez. Jamais je ne vous ai perdu de vue un seul instant. Vous qui *écoutez* toujours mes pensées, comment pourriez-vous ne pas les *entendre?* Une fois vous m'avez rendu justice pleinement contre toutes les apparences. On eut beau vous montrer le livre, vous eûtes la constance de dire : *Non, ce n'est pas vrai*. En disant cela, vous me rendiez justice, et je vous en ai su un gré infini; vous avez été juste à mon égard, et moi, Madame, je serai aussi juste que je dois l'être envers votre justice.

Je ne suis pas étonné que vous n'ayez pu tirer ni pied ni aile de madame Prudence (combien j'ai ri de ce mot!) à Turin, même à côté d'elle; il n'y a pas moyen, je ne dis pas de la faire parler sur moi, mais pas seulement de la faire convenir qu'elle a reçu une lettre de moi. Le contraste entre nous deux est ce qu'on peut imaginer de plus original. Moi je suis, comme vous avez pu vous en apercevoir aisément, le *sénateur pococurante*, et surtout je me gêne fort peu pour dire ma pensée. *Elle*, au contraire, n'affirmera jamais avant midi que le soleil est levé, de peur de se compromettre. Elle sait ce qu'il faut faire ou ne pas faire le 10 octobre 1808, à dix heures du matin, pour éviter un inconvénient qui arriverait autrement dans la nuit du 15 au 16 mars 1810. « *Mais, mon cher ami,* « *tu ne fais attention à rien, tu crois que personne ne* « *pense à mal. Moi, je sais, on m'a dit, j'ai deviné, je* « *prévois, je t'avertis*, etc. » — « *Mais, ma chère enfant,* « *laisse-moi donc tranquille. Tu perds ta peine, je pré-* « *vois que je ne prévoirai jamais ; c'est ton affaire.* » Elle est mon supplément, et il arrive de là que lorsque je suis garçon comme à présent, je souffre ridiculement de me voir obligé à penser à mes affaires; j'aimerais mieux couper du bois. Au surplus, Madame, j'entends avec un extrême plaisir les louanges qu'on lui donne, et qui me sont revenues de plusieurs côtés sur la manière dont elle s'acquitte des devoirs de la maternité. Mes enfants doivent baiser ses pas; car, pour moi, je n'ai point le talent de l'éducation. Elle en a un que je regarde comme le huitième don du Saint-Esprit : c'est celui d'une certaine persécution amoureuse au moyen de laquelle *il lui est donné* de tourmenter ses enfants du matin au soir pour *faire, s'abstenir* et *apprendre*, sans cesser d'en être tendrement aimée. Comment fait-elle ? Je l'ai toujours vu sans le comprendre ; pour moi, je n'y entends rien. Je suis charmé que vous ayez été si contente de la lettre de mon Adèle. C'est une enfant que j'aime par delà toute expression ; elle a commencé de la manière la plus extraordinaire. Longtemps elle n'a rien annoncé du tout ; elle dormait, au pied de la lettre, comme un ver à soie ; elle commença à filer en Sardaigne, et devint papillon à Turin. Je sais bien que, dans une maison où l'*entomologie* est si fort cultivée, on me querellera sur cette comparaison, à cause de l'état de chrysalide qui se trouve là mal à propos. Vous avez raison, Messieurs ; mais la plume a la bride sur le cou, comme disait madame de Sévigné, et vous êtes trop honnête pour exiger qu'on efface ou qu'on corrige. Pour en revenir donc à mon papillon, j'en suis fou. Elle aime passionnément les belles choses dans tous les genres : elle récite également bien Racine et le Tasse ; elle dessine, elle touche du piano, elle chante fort joliment ; et comme elle a dans la voix des cordes basses qui sortent du diapason féminin, elle a de même dans le caractère certaines qualités *graves* et *fondamentales* qui appartiennent à notre sexe quand il s'en mêle, et qui régentent fort bien tout le reste.

Un des plus grands chagrins de ma position, qui en suppose bien quelques autres, c'est d'être privé de cette enfant. Une seule chose me console : c'est qu'ici toute la bonne volonté et tout le talent de sa mère en fait d'éducation auraient été inutiles par le défaut de maîtres, car un étranger qui a trois enfants ici n'en peut élever aucun (j'entends relativement aux arts agréables), à moins qu'il ne soit ambassadeur d'Angleterre ou quelque chose de semblable. L'éducation d'une jeune demoiselle coûte dix mille francs ; c'est une chose dont vous n'avez pas d'idée. On manque ainsi de maîtres, parce qu'on ne peut en jouir. Je me suis donc passé de mes enfants pour leur propre avantage : cependant il faut bien que tout ceci finisse ; cette séparation devient tout à fait contre nature. — Ah ! mon Dieu, que j'aurais besoin d'une de ces soirées que vous avez la bonté de regretter, pour vous mettre au fait de tout, ensuite vous entendriez le moindre geste ; mais il n'y a pas moyen ! Allons donc, prenons patience. En général, on vous a dit vrai : je suis bien, ou, si vous voulez, point du tout mal. Je me rappelle qu'en quittant mon île *benedetta*, je vous écrivis, en tremblant de tous mes membres :

> *Vo solcando un mar credule*
> *Senza vele, senza sarte.*

Depuis, j'aurais pu ajouter (mais je n'y ai pas pensé) :

> *Freme l' onda, il ciel s' imbruna,*
> *Cresce il vento, e manca l' arie.*

Et maintenant, Madame, il ne tiendrait qu'à moi de chanter avec la plus grande justesse, quand même j'aurais la voix fausse :

> *Meco solo e l' innocenza*
> *Che mi porta a naufragar.*

J'éprouve beaucoup de bontés dans le monde et à la cour, mais je me tiens chez moi autant que me le permettent ma position, et la nécessité de promener raisonnablement mon jeune compagnon. J'ai force bons livres et j'étudie de toutes mes forces ; car enfin il faut bien apprendre quelque chose. Quant aux plaisirs suprêmes de l'amitié et de la confiance, néant. On vous a parlé souvent de l'hospitalité de ce pays, et rien n'est plus vrai, dans un sens : partout l'on dîne et l'on soupe, mais l'étranger n'arrive jamais jusqu'au cœur. Jamais je ne me vois en grande parure au milieu de toute la pompe asiatique, sans songer à mes bas gris de Lausanne et à cette lanterne avec laquelle j'allais vous voir à *Cour*. Délicieux salon de *Cour !* c'est cela qui me manque ici ! Après que j'ai bien fatigué mes chevaux le long de ces belles rues, si je pouvais trouver l'Amitié en pantoufle et raisonner pantoufle avec elle, il ne me manquerait rien. Quand vous avez la bonté de dire avec le digne ami, « Quels souvenirs ! quels regrets ! » prêtez l'oreille, vous entendrez l'écho de la Newa qui répète : « Quels souvenirs ! quels regrets ! » Je ne sais si vous avez entendu parler d'un fameux écho, qui ne peut être que dans le département du Mont-Blanc; lorsqu'on lui demande, *comment te portes-tu ?* il répond : *Très-bien !* Le mien n'est pas si habile, il ne change rien à ce que vous dites, surtout à l'accent.

Vous m'avez enchanté, Madame, par tous les détails que vous me donnez sur votre excellente famille. Croissez et multipliez. Je leur donne de tout mon cœur ma bénédiction de loin; très-probablement je ne connaîtrai jamais toutes vos acquisitions. Tout peut changer sans doute à cette mobile époque; mais, suivant toute apparence, ce pays est le mien. Soumettons-nous à n'être plus maîtres que de notre cœur; conservons chèrement des affections si précieuses !

Vous aurez appris sans doute que *madame Prudence* avait fait un voyage qui l'a beaucoup rapprochée de vous. Elle m'écrit de Chambéry, où elle a dû passer quelque temps avec ses deux filles. Adèle est pénétrée des sublimes choses qu'elle a vues : j'espère qu'elle m'en fera une bonne narration.

Mon frère jouit, en effet, d'une existence assez heureuse; il est directeur du Musée, cabinet de physique, de machines et de cartes, et de la bibliothèque, attaché à l'amirauté; tout cela réuni sous le nom Musée, avec deux mille roubles d'appointements, un logement, son grade militaire, et son ancienneté telle qu'il l'avait à notre service. Il n'y avait nulle raison d'espérer tout cela. Que ne dois-je pas à la bonté du maître? Quant à mon petit secrétaire, le roi lui a donné la croix de Saint-Maurice, avec dispense d'âge. Ici, il a été admis à l'*Ermitage,* qui est ce qu'on pourrait appeler le *sanctuaire de la cour;* de manière que nous ne nous quittons point. Cette faveur est pour moi d'une importance majeure ; mais il serait trop long de vous détailler tout cela par le menu. Je vous dis un peu de tout, et quand vous aurez tout lu, vous ne saurez à peu près rien de ce que j'avais à vous dire. Sur mon honneur, ce n'est pas faute de confiance.

Je ne saurais vous exprimer combien j'ai été touché de l'attention de mon excellent ami le comte Deodati, qui est venu tout exprès avec sa moitié d'Aix à Chambéry pour voir *dame Françoise* et ses deux poulettes. Ce que vous me dites du dérangement de sa santé m'a fait une peine infinie. J'ai chargé ma femme de lui demander une adresse pour écrire de ce côté ; demandez-la-lui aussi, je vous en prie. Je voudrais savoir aussi celle de madame Rillet-Huber, à qui vous m'obligeriez infiniment de vouloir bien faire passer mes tendres compliments.

Quant à votre cher François, que pourrais-je lui dire qui ne soit infiniment au-dessous de ce que je voudrais lui dire? Mon frère s'unit à moi pour lui adresser mille tendresses. Vous me disiez un jour qu'il avait quitté les sciences pour les dames, chose que j'avais infiniment approuvée dans une lettre que vous n'avez pas reçue ; aujourd'hui, le voilà de nouveau aux genoux des sciences. C'est un libertinage effréné. . . . .
. . . .
. . . .
Au reste, Madame, je ne puis jaser ni de ceci ni de cela.

Il est minuit; il y a quatre heures que j'écris : c'est une soirée que j'ai passée délicieusement avec vous; mais il n'y a si bonne compagnie qui ne se quitte. Adieu, mille fois, chère et respectable amie. Souvenez-vous toujours que ni le temps, ni l'espace, ni autre chose au monde, ne peut éteindre ni affaiblir les sentiments que vous m'avez inspirés pour la vie.

---

36. — † A mademoiselle Adèle de Maistre.

Saint-Pétersbourg, 8 octobre 1806.

Au moment où je me croyais tout à fait méprisé et regardé par-dessus l'épaule, voilà une jolie lettre de ma seconde femme, qui m'assure qu'il n'en est rien, et qu'elle me préfère à tous les messieurs possibles. J'ai bien compris tes ennuis, ma chère enfant; cependant il est possible de prendre patience toutes les fois qu'on peut marquer dans l'almanach la fin précise du crève-cœur. Ceux qui sont amers, insupportables, ce sont ceux dont on ne voit pas la fin : je ne sais si tu n'en connais pas de ce genre. Ma vie s'écoule tristement. Je regarde les minutes qui tombent l'une après l'autre dans l'éternité, je les compte, je les assemble, j'en fais des heures et des jours sans éprouver jamais qu'amertume. A mon âge, toutes les illusions sont finies : il ne reste que la famille, et c'est ce qui me manque. Je me traîne dans le monde; il le faut surtout pour ton frère, mais j'y sécherais d'ennui si je ne m'amusais continuellement avec l'idée charmante de m'en aller à telle heure précise. Je t'assure que je suis devenu un chrétien parfait pour *le monde et ses pompes :* ce n'est plus pour moi qu'une lanterne magique. Au moins si j'y voyais passer ma chère Adèle, — *et la voici, la voilà !* mais point du tout !

Je suis on ne peut plus content de tes lettres ; ton oncle, le comte Xavier de Maistre, ne l'est pas moins ; il t'est infiniment attaché, et ne parle jamais de toi sans un grand intérêt ; il s'ennuie tout comme moi, et à peu près par les mêmes raisons. Le bonheur est comme l'*oiseau vert* qui se laisse approcher, et puis qui fait un petit saut : je croirai cependant le tenir si vous arrivez. J'avais fait un jugement téméraire sur le compte de ton oncle, qui m'a très-gracieusement donné ton portrait. Il faut voir avec quel honneur je l'ai traité. C'est la mode ici, surtout pour les personnes qui ne portent point de boîte, de monter les portraits dans certains portefeuilles faits exprès, où on leur ménage une petite niche intérieure sur un fond de satin. Ils sont fort bien placés, je t'assure. Voilà donc ton portrait dans mon portefeuille, et le portefeuille dans la poche du frac qui est sur le cœur : ainsi, ma chère Adèle, ton image te baise.

Je n'ai pas quitté un instant le mont Cenis sur la fin du mois dernier, pour accompagner votre voiture et veiller à tous les accidents ; mais j'ai eu peu de peine, vu la beauté des chemins. Vous voilà, j'espère, bien à votre aise dans votre ancienne demeure. Enfin, après des siècles d'attente, j'ai reçu de madame la comtesse de M. une lettre dont l'écriture fait pitié : je crains bien que cette digne femme ne soit irrémissiblement malade ; ce serait grand dommage. Elle m'a mandé qu'en arrivant à Venise, elle avait trouvé sa mère morte depuis quinze jours, et sa maison pillée. Quelle charmante époque pour tout le monde ! armons-nous de patience pour ce que nous devons voir encore.

Adieu, ma très-chère Adèle. Il y a une chose que je déteste dans ton *caractère,* c'est que les lignes sont trop espacées, ce qui rend tes lettres trop courtes. Adieu donc, Adèle.

---

37. — A madame la comtesse de la Chavanne (1).

Saint-Pétersbourg, 10 novembre 1806.

Ma très-chère tante, toutes les lettres de ma femme, pendant qu'elle était à Chambéry, ne m'ont parlé que des amitiés dont vous l'avez comblée, et des douceurs infinies dont elle a joui chez vous. Ma chère petite Adèle, de son côté, fait chorus, et me conte dans ses lettres, toutes pleines de tendresse et de reconnaissance, comme quoi elle n'était *chez elle* que *chez vous*. Je sais que vous lui avez accordé une hospitalité entière, c'est-à-dire à elle et à ses portefeuilles, et qu'elle a trouvé dans votre maison une maman, des sœurs et des frères. Tout a changé pour moi, ma chère tante, excepté cette famille que rien ne peut changer. Souvent je pense que, si une bouffée de ce vent qui m'a tant promené s'avisait de me porter où vous êtes, je vous demanderais un petit coin chez vous, et que je ne voudrais plus en sortir : c'est là où toute ma patrie serait concentrée pour moi ; les autres cœurs me sont étrangers ; mais qu'importe, dès que je ne serai jamais étranger au vôtre et à ceux qui vous environnent? Vous n'avez sûrement pas oublié qu'à l'âge de quatre ou cinq ans je vous épousai formellement, que je vous appelais fort bien *ma femme* envers et contre tous, et que je voulais tuer les téméraires qui auraient osé concevoir des projets sérieux sur votre personne. Si depuis je vous cédai de bonne grâce à ce

(1) Tante maternelle de M. de Maistre.

digne comte de la Chavanne, de vénérable mémoire, pour sauver la chèvre et le chou, je ne tardai pas à vous déclarer ma mère : ainsi, vous voyez, ma chère tante, que mon cœur a constamment voulu ajouter au titre que la nature m'avait donné auprès de vous, quoique la bonne dame m'eût placé assez près. Chaque jour, je vous l'assure, mon imagination me transporte auprès de vous. C'est une de mes plus douces jouissances de me rappeler les scènes enfantines de mes premières années, où vous étiez toujours mêlée pour quelque chose. L'âge de la raison amena d'autres plaisirs; mais je ne me souviens pas d'en avoir goûté de réels hors de cette société, que je n'ai jamais remplacée. Tout ce que je vois, ma chère tante, n'est que du bruit. A mon âge on ne change pas de goût; je ne m'amuse réellement qu'avec mon petit compagnon : il s'occupe fortement de la langue du pays; il lit, il écrit, il *jacasse*. Nous ne nous quittons jamais : autant qu'un aussi proche parent en peut juger, il me semble qu'il a bien réussi ; mais je ne sais comment ce que je possède ne sert qu'à me faire rêver davantage à ce qui me manque. Je n'ai pour tout bien que les portraits de *ces trois créatures*, et c'est viande creuse. Savez-vous, ma chère tante, que ces aimables images ont demeuré dix-huit mois en route, et que je les croyais perdues sans ressources? mais, enfin, les voilà ! Je connais donc ma chère petite Constance et son chat : elle n'est pas aussi bien que sa sœur, mais il faut aussi dire qu'elle a été assez mal *tirée* (voyez, ma tante, si je me rappelle les bons termes); je lui trouve l'air spirituel, mais c'est peut-être une *paternalité*.

Voici ce mauvais sujet de Xavier qui veut que je lui rende la plume. Mais, Monsieur, attendez donc, j'ai encore une infinité de choses à dire : il faut que j'embrasse de tout mon cœur cette excellente Thérèse, qui est tout amour comme sa patronne, et qu'on ne saurait aimer assez. Je veux aussi faire ma révérence à l'aimable Rosette, et la prier de mettre mon petit cousin sur ses genoux, afin que je puisse le caresser à mon aise ; je la félicite de l'esprit et de l'amabilité de cet enfant, dont on m'écrit des merveilles. Mais combien je suis fâché des longues souffrances de ce pauvre Joseph ! je l'embrasse tendrement, ainsi que son frère : il y a toujours quelque chose qui va mal dans ce monde. Envoyez mes caresses, à travers les Alpes, à la grave Marianne ; je baise vos deux mains, ma chère tante, ma bonne maman ; je me recommande tendrement à votre souvenir, le mien vous poursuit, vous environne, vous assiége. Pour peu qu'il y ait de sorcellerie dans le monde, vous devez me voir quelquefois. Il y a des moments où il me semble que je réussis tout à fait, et que j'entre chez vous. Ah ! ma chère Thérèse, avance-moi donc un fauteuil ; je viens de loin, je suis bien las ; fais-moi donc du vin brûlé, j'ai bien froid. Mais quelle extravagance ! Cet homme est-il fou ? — Ma chère tante, si vous saviez pourquoi je ris, vous ne me blâmeriez pas. — C'est pour ne pas pleurer.

---

38. — † **A mademoiselle Adèle de Maistre.**

Saint-Pétersbourg, 7 janvier 1807.

J'ai été enchanté de ton enchantement, ma très-chère enfant, au sujet de ce piano qui te rend si heureuse ; j'aime à croire qu'il ne manquerait rien à ton bonheur si je pouvais t'entendre. Je regrette bien, ma bonne Adèle, que tu te sois si peu amusée pendant ce carnaval ; mais comment aurais-tu pu t'amuser ? Il est des devoirs sous lesquels il faut plier de bonne grâce sans faire la moindre grimace ;

à la manière dont tu t'exprimes, je croirais voir que tu envisages cette présentation du côté de la dépense. Quand j'aurais des millions, il n'en serait ni plus ni moins. Tu conçois parfaitement que, pendant que je suis ici, une présentation dans le pays où tu es vous ferait justement mépriser par ceux mêmes qui en seraient l'objet. Il y a des règles de décence et de délicatesse qui sont approuvées dans tous les pays et par toutes sortes de personnes; et pourvu qu'on n'y joigne aucune bravade (ce qu'il ne faut jamais faire), il est impossible qu'on ait lieu de s'en repentir. On ne hait dans le monde que la passion; la raison froide et l'observation des convenances ne font point d'ennemis. J'en suis une bonne preuve. Souvenez-vous toujours que vous êtes ce que je suis, que vous pensez ce que je pense, que nous avons les mêmes devoirs, et que la chose durera tant qu'il plaira à Dieu. Il ferait beau voir qu'après t'avoir acheté un si bon piano, tu me fisses une dissonance. Allons notre train, ma chère amie; pour moi, je suis fort tranquille de ce côté. Ce qui m'afflige, c'est cette intolérable séparation qui n'a pas de fin; mais cela même est arrangé pour le mieux, sans que nous en sachions rien. Une fois peut-être nous jaserons ensemble de notre singulière destinée, et, en jetant les yeux sur le passé, nous conviendrons probablement que les choses devaient aller ainsi. En attendant, je te vois toujours inconsolable de ne pas trouver *cette amie* telle que je te la désirerais. Ah! la belle dissertation que je te ferais sur ce chapitre, si j'avais l'honneur de te voir *un peu plus souvent!* Je me contente, quant à présent, de te renouveler mes respectueuses observations sur les goûts exclusifs et sur l'indispensable nécessité de vivre bien avec tous les hommes, même avec toutes les femmes, ce qui est bien plus difficile. Je suis bien aise qu'on ait pris où tu es le goût des belles perruques; quant à moi, je conserve intrépidement *le noble signe de la vieillesse,* car il me semble que ce serait un mensonge d'orner ma tête de cheveux qui n'auraient pas mon âge. *Rien n'est beau que le vrai, le vrai seul est aimable.* Voilà un des vers que je me rappelle, quoique je n'en lise plus depuis un siècle. Je suis tout à la prose, et à la prose grave; si tu étais ici, comme je te ferais écrire! Je t'apprendrais le *subjonctif.*

Je suis grandement aise que tu comprennes parfaitement et que tu goûtes notre dantesque Alfieri; il ne faudrait cependant pas l'aimer trop. Sa tête ardente avait été totalement pervertie par la philosophie moderne. Veux-tu voir d'un premier coup d'œil son plus grand défaut? C'est que le résultat de la lecture de tout son théâtre est qu'on n'aime pas l'auteur. Sa dédicace à l'ombre de Charles Ier est insupportable. La première fois que je lus sa *Marie Stuart,* et surtout la dure, inhumaine, abominable prophétie qui s'y trouve, je l'aurais battu. Tâche de te procurer une excellente petite brochure intitulée *Lettera dell' abate Stefano Arteaga a monsignor Antonio Guardoqui, intorno al Filippo.* Tu apprendras à juger précisément cette pièce que tu as avalée comme une limonade (de quoi je ne te blâme point du tout); aucun juge sage et instruit ne pardonnera à Alfieri d'avoir falsifié l'histoire pour satisfaire l'extravagance et les préjugés stupides du dix-huitième siècle. Tout cela, au reste, ne déroge nullement au mérite d'Alfieri, véritable créateur de la tragédie italienne, et distingué par une foule de grandes qualités littéraires. Il serait sans tache s'il n'avait pas trop appartenu à son siècle, qui a gâté une foule de grands talents. Je l'ai vu deux fois à Florence. La première fois, nous fûmes sur le point de nous heurter; la seconde, tout alla bien, nous nous rapprochâmes singulièrement; et si j'avais passé quelques jours de plus à Florence, nous aurions été fort bons amis. J'aime bien qu'on fasse des tragédies sans amour, comme *Athalie, Esther, Mérope, la Mort de César*: mais j'aime mieux l'amour que les passions haineuses, et Alfieri n'en peint pas d'autres; on ne saurait le lire sans grincer des dents; voilà ce qui me brouille un peu avec ce tragique. Les vers que tu me cites sont très-beaux; mais Philippe II aimait beaucoup sa femme et n'était pas moins bon père. Isabelle mourut dans son lit d'une fausse couche plusieurs mois après don Carlos, qui était un monstre dans tous les sens du mot, et qui mourut de même dans son lit et de ses excès. Quand nous lirons l'histoire ensemble, je te montrerai comment les protestants et les philosophes l'ont arrangée. Cherche cette lettre de l'abbé Arteaga.

Quoique je souffre autant que toi de notre cruelle séparation, quelquefois je suis tenté de la trouver bonne, à cause des vicissitudes étranges de ce globe. Tu sais si je voudrais vivre avec vous! Mais je voudrais *m'asseoir*, et n'avoir plus de changement devant les yeux. Rien n'est stable, ma chère enfant; encore un peu de patience. O paix! ô douce paix! — Mais je ne veux pas glisser dans la politique. Adieu donc, Adèle. Le chevalier-garde baise les mains de sa bonne mère et embrasse ses deux sœurs, et tous les deux ensemble nous serrons sur nos cœurs la veuve et les orphelines. *L' ingrato zio* t'embrasse amoureusement; il n'est avare que de lettres, mais sur ce point il a besoin d'absolution, et il est inutile de le prêcher.

---

39. — A M. le comte Deodati, à Genève.

Saint-Pétersbourg, 11 février 1807.

Mon très-cher comte, je vous répète ici, en toutes lettres, ce que je vous ai dit, à mots couverts, dans une autre lettre de la même date. Il a fallu me décider à donner un état à mon fils. Le temps s'écoule ; rien ne se décide. Nul homme dans l'univers ne peut se passer d'état et de souverain. Il a fallu prendre mon parti. Je ne sais quel mouvement intérieur, que je n'avais point prévu, a déterminé le jeune homme pour l'état militaire. Une bonté bien flatteuse, et à laquelle je n'avais nul droit, m'a aplani les routes. Le maître a bien voulu le considérer comme un de ses propres chambellans, et le recevoir en conséquence, en qualité d'officier, dans le premier corps de la garde à cheval, appelé des *chevaliers-gardes*, le dispensant ainsi de l'insupportable préliminaire de bas-officier. Il n'y a que trois grades dans ce corps : cornette, lieutenant, et capitaine. Le capitaine est lieutenant-colonel dans l'armée, et ne sort que pour avoir un régiment, ce qui peut fort bien arriver à vingt-cinq ou vingt-six ans, s'il n'aime mieux attendre dans son corps le commandement d'un escadron. Il ne monte la garde que dans le palais ; il est invité aux fêtes de l'intérieur, et il a les entrées. C'est un état, dans toute la force du terme. J'ai eu le plaisir d'entendre ces mots : « Ne soyez pas en peine d'un jeune homme qui a « pour protecteur Alexandre Ier. » Mais que tout cela coûte cher, mon digne ami ! Un second trait de bonté l'avait fait placer dans la réserve. Son âge, d'ailleurs (dix-sept ans), justifiait le repos, au moins pour quelque temps ; mais le jeune soldat m'a échappé, et a fait, à mon insu, les démarches les plus vigoureuses pour être employé. On n'a rien voulu décider sans avoir mon avis. J'ai répondu : « Décidez la chose comme il vous plaira, sans supposer seulement que je suis au monde. » En effet, il m'a paru clair que je n'avais le droit de dire ni *oui* ni *non*. Le *conscrit volontaire* l'a emporté. Il est parti ; il s'en va, faisant sept à huit lieues par jour, rencontrer... Ah ! mon cher comte, je n'ai point d'expression pour dire cela. La pauvre mère ne sait pas le mot de tout ce qui se passe ; et moi je suis ici sans femme, sans enfants, sans amis même, du moins de ceux avec qui l'on pourrait pleurer si l'on en avait fantaisie. Il a fallu avaler ce breuvage amer, et tenir le calice d'une main ferme. Enfin, mon cher comte, j'éprouve un triste plaisir à verser dans votre cœur mes épouvantables soucis. Si quelque chose les adoucit, c'est la résolution calme et inébranlable du jeune homme. Dites, dites-moi, je vous en prie, si vous pouvez vous représenter ce Rodolphe de Lausanne criant, l'épée à la main, *Mort et carnage!* dans une mêlée! Il a le diable au corps, et c'est un de ces diables froids, les plus diables de tous. Il parle français, latin, italien, allemand; et déjà, le croiriez-vous? cette difficile langue du pays assez couramment. Si Dieu me le conserve, il est bien acheminé. Mais je ne vis pas! Nul ne sait ce que c'est que la guerre, s'il n'y a son fils! Adieu ; tout à vous.

---

40. — † **Au comte Rodolphe.**

Saint-Pétersbourg, 26 février 1807.

J'ai reçu avec un extrême plaisir, mon cher enfant, votre billet d'hier ; et j'ai été encore bien plus agréablement surpris ce matin lorsque j'ai vu entrer chez moi votre jeune camarade, M. de Suchtelen, qui m'apportait de vos nouvelles de vive voix. Malgré la joie que m'aurait causée votre apparition, je trouve cependant que vous avez bien fait de ne pas venir aussi. Ce n'est pas un petit mérite que de savoir se refuser à propos certaines satisfactions. Il faut nous régler sur notre position, qui ne nous permet pas toute sorte de plaisirs. Au reste, cher enfant, vous sentez bien que je ne désire rien tant que de vous procurer tous les agréments qui dépendent de moi : ainsi écrivez-moi en détail tout ce que l'expérience vous aura appris sur les choses qui vous manquent, et d'abord vous l'aurez, car je ne m'appelle pas *Querulus,* et j'ai toujours fait grand cas du vers qui dit :

Le superflu, chose si nécessaire,

autant du moins que le permet la prudence.

Ce matin, j'ai éprouvé un grand serrement de cœur lorsque *Biribi* est entré en courant, et qu'il est sauté sur votre lit où vous n'êtes plus. Il a fort bien compris son erreur, et il a dit très-clairement à sa manière : *Je me suis trompé; où est-il donc?* Quant à moi, j'ai senti tout ce que vous sentirez si jamais vous exercez ce grand emploi de père. Écrivez-moi beaucoup, mais peu (vous entendez cela) ; je ne veux ni me priver ni vous lasser. Souvenez-vous que vous êtes toujours devant mes yeux comme mes paupières. Si jamais vous avez une aiguillée de fil, je voudrais bien que vous m'envoyassiez votre mesure exacte. J'avais cela en tête lorsque vous partîtes, je veux dire la veille. Mais le jour, je n'y pensai plus. Adieu, je vous serre sur mon cœur.

41. — † Au comte Rodolphe.

Saint-Pétersbourg, 18 avril 1807.

Mon très-cher enfant, je ne puis vous dire si votre dernière lettre de dimanche m'a fait plus de plaisir que de chagrin; je suis bien content, comme vous l'imaginez assez, de recevoir de vos nouvelles; mais quel regret pour moi de voir que vous ne m'accusez la réception d'aucune de mes lettres! voilà la quatrième au moins. Souvenez-vous toujours que je ne laisse pas échapper une seule occasion à moi connue pour vous écrire : vous savez bien que je n'ai pas de plus grand plaisir. Je ne veux pas m'appesantir sur votre destinée future : il est inutile de communiquer des *pensées molles*, telles qu'elles naissent involontairement dans le cœur d'un père. Allez bravement votre chemin, mon cher Rodolphe. Vive la conscience et l'honneur ! *Cætera dis permittenda. Ou cela, ou sur cela*, disait cette mère de Sparte. Elle avait raison. Jamais vous ne trouverez dans mes lettres ni craintes ni lamentations : c'est un mauvais ton à l'égard d'un soldat. Tout cela sans préjudice de ce qui se passe dans mon cœur, et dont vous vous doutez sans doute un peu. Certains mouvements intérieurs me disent, comme à vous, que les choses tourneront à bien; mais je réprime ces espérances *lusinghiere*. J'aurais l'ambition de savoir qu'il y a dans votre équipage un *Almanach;* ce n'est ni cher ni pesant. Datez vos lettres exactement pour le temps et le lieu ; rien n'est plus aisé, ce me semble. J'ai été extrêmement content de ce que vous me dites sur l'article de l'argent, et comme vous êtes raisonnable, je dois l'être aussi; je ferai pour vous tout ce qui dépendra de moi; il faudra seulement, lorsque vous aurez besoin d'argent, m'avertir d'avance, et vous régler sur le nécessaire. J'aime bien qu'en considérant vos collègues, vous puissiez dire : *O quantis non indigeo!* Cependant il faut vivre, rien n'est plus juste. Je n'ai pas besoin de vous dire que je suis toujours à côté de vous, que je m'occupe sans cesse de votre conservation, de votre santé, de votre avancement.

Ma vie est toujours telle que vous la connaissez, mais beaucoup plus maussade, comme vous pensez bien, depuis votre départ. Mon imagination a passé le Niémen avec vous, et ne cesse de se promener dans ce pays désolé. Vous allez voir une foule de choses tristes. Puisque vous y êtes, profitez-en. Apprenez surtout à connaître le pays, et à le dessiner dans votre tête comme un échiquier. J'ai en idée que cette science est presque tout le militaire. En vérité, je voudrais vous savoir pour quelque temps attaché à un corps de Cosaques, tant j'estime leur génie *topographique*, et leur talent pour arriver toujours où ils veulent, et savoir toujours où ils sont. Tout homme sait tirer un coup de fusil ; mais de savoir où il faut se placer pour le tirer le plus avantageusement possible, c'est une science qui n'est rien moins que vulgaire.

Que vous dirai-je encore ? Soyez toujours assez semblable aux autres pour ne pas leur déplaire, et assez différent pour ne déplaire ni à moi ni à vous. Battez-vous bien, mais ne faites de mal qu'à l'ennemi. Soyez honnête homme et bon enfant. Ne vous détachez point du petit livre latin. Je vous aime et vous embrasse de tout mon cœur, mon cher enfant : Dieu vous conserve !

42. — † A mademoiselle Adèle de Maistre.

Saint-Pétersbourg, 3 mai 1807.

Enfin, ma très-chère Adèle, après un grand siècle *je sais que tu sais* que ton portrait m'est arrivé. J'avais regret à la perte de cette lettre où je t'exprimais tout le plaisir que m'avait fait cette jolie image. Mais dis-moi un peu, petite vaurienne, petite petite-fille d'Ève, que signifie cette grande crainte que le portrait ne me paraisse moins joli que toi ? Est-ce que tu aurais de la vanité, par hasard, ou la prétention d'être jolie? Pas possible! jamais une demoiselle n'a eu de pareilles idées. Quoi qu'il en soit, le portrait a été trouvé fort joli par moi et par d'autres; permis à vous d'en être fâchée ou bien aise, à votre choix. Je loue infiniment ton goût pour la peinture, et j'approuve fort tout ce que tu me dis sur ce chapitre; mais comme la vie est toujours mêlée d'amertumes, je suis un peu fâché que tu n'aimes pas le paysage. Il faut se soumettre; ton oncle, qui a tant de succès dans ce genre, me tourmente d'une autre manière, en refusant de mettre dans ses paysages des chèvres et des sapins, deux choses que j'aime par-dessus tout. A cela près, il est devenu ce qu'on appelle un grand peintre; si tu étais ici, mon cher cœur, tu envierais bien son huile, mais je te contrarierais sur ce point.

Je suis fort content de ton jeune ami; il se porte à merveille et court le monde dans ce moment, ce qui est fort bon à son âge. Dans la première lettre que tu m'écriras, il faudra être un peu bavarde et serrer les lignes; car ces lignes que tu espaces outre mesure seraient une preuve que tu n'es pas ma fille, s'il n'y avait pas une foule de preuves du contraire. Il faudra donc serrer les lignes et me parler un peu de tout, car je ne sais rien de rien. Pour moi, je n'ai rien de nouveau à t'apprendre. Tout ce que tu aimes ici se porte bien, et quant à moi en particulier, je dois te répéter ce que je t'ai dit si souvent: jamais climat ne m'a convenu davantage. Je ne me plains ni des éléments ni des aliments; l'air serait très-bien, si telle et telle bouche le respiraient avec moi. Si jamais tu t'habitues à ne plus me voir, ne manque pas de m'en avertir. Pour moi, j'ai beau m'exercer, je ne profite point; mais c'est que, dans le fond, *je* ne m'exerce pas, *on* m'exerce. J'embrasse tendrement la *trinité féminine,* que j'aime toujours de tout mon cœur. Un, deux, trois, quatre, cinq, six ans! Ah! mon Dieu, c'est terrible! Adieu, mon Adèle.

---

43. — † Au comte de Blacas, à Mittau.

Saint-Pétersbourg, 16 juin 1807.

Je courais en très-bonne compagnie vers le Ladoga, mon très-cher comte, lorsque vous arriviez tristement à Mittau; sans cette course, vous auriez déjà reçu cette lettre. Grand Dieu! quel événement chez votre auguste maître! quel vide immense dans sa famille! L'abbé Edgeworth devait une fois faire une entrée publique à Paris, revêtu de la pourpre romaine. Tous nos projets nous échappent comme des songes, tous les héros disparaissent. J'ai conservé tant que j'ai pu l'espoir que les fidèles seraient appelés à rebâtir l'édifice, mais il me semble que de nouveaux ouvriers s'avancent dans la profonde obscurité de l'avenir, et que S. M. la Providence dit: *Ecce nova facio omnia.* Pour moi, je ne doute nullement de quelque événement extraordinaire; mais la date est indéchiffrable. En attendant, Monsieur le comte, je ne me lasse pas d'admirer la divine bizarrerie des événements. Le confesseur de Louis XVI, l'héroïque Edgeworth, mourant à Mittau d'une contagion gagnée en confessant, en consolant, en envoyant au ciel des soldats de Bonaparte, à côté de Louis XVIII : quel spectacle!

J'ai traduit à madame la princesse de Tarente l'épitaphe de l'excellent homme que vous regrettez. L'auguste auteur fait honneur à la langue latine en la faisant parler lui-même sur le marbre. Il ne saurait mieux prouver que le *roi très-chrétien est fils aîné de l'Église romaine*. Puisse ce titre de *roi très-chrétien* revivre plus brillant que jamais, et ne finir qu'avec cette même Église, qui ne peut finir qu'avec le monde !

Il y a bien longtemps, Monsieur le comte, que je contemple avec une admiration mêlée de terreur et de regret la marche des événements en Europe. Tout se fait *contre les Français,* qui souffrent tout ce qu'on peut souffrir ; mais tout se fait *pour la France,* qui est portée aux nues. Tout agit contre Louis XVIII ; mais tout agit *pour le roi de France.* Un très-grand résultat de tout ce que nous voyons depuis 1789 me paraît au rang des choses les plus certaines ; et peut-être que si jamais j'avais l'honneur de connaître votre auguste maître autrement que par ses bontés, j'aurais le courage de lui dire ce que j'entrevois dans l'avenir.

La prise de Dantzig est un morceau difficile à digérer. Que voulez-vous, Monsieur le comte? Dantzig devait y passer aussi. Toute l'Allemagne septentrionale sera broyée, repétrie et métamorphosée. Rien ne peut rétablir l'empire germanique ; rien ne peut rétablir la puissance prussienne ; rien ne peut rétablir, etc., etc., etc., peu m'importe, en vérité. Je ne dois rien à toutes les victimes qui ont voulu l'être, et qui m'ont étouffé dans leur sang froid et décoloré. Je ne dois rien qu'à l'empereur de Russie. Tous mes vœux sont pour lui. Je souhaite, autant qu'il est possible à l'homme de souhaiter, qu'il se tire de cette lutte mémorable avec un honneur immortel. Je sais bien que cette profession de foi est aussi la vôtre...

Mettez-moi, s'il vous plaît, aux pieds de votre auguste maître, qui a toujours daigné agréer avec bonté mon très-profond respect, et mon dévouement inaltérable à sa cause, qui est celle des peuples et des rois, peut-être plus des peuples que des rois.

Permettez-moi de finir sans compliment, en vous assurant de mon éternel attachement.

---

44. — A M. le comte Théodore Golowkin, à Moscou.

Saint-Pétersbourg, 30 (18) juin 1807.

Quelle mauvaise nouvelle vous m'avez fait donner, Monsieur le comte! Voilà donc ma pauvre amie, madame Huber, partie pour l'autre monde! On peut dire qu'à son âge elle avait fini son bail avec la nature; mais les amis sont comme les parents: le jour de leur mort, on ne les trouve jamais vieux. Depuis longtemps, je ne lui écrivais jamais sans me dire tristement : *Recevra-t-elle cette lettre?* Elle, de son côté, ne m'écrivait jamais sans me dire impitoyablement: *Mon cher ami, c'est probablement la dernière.* J'avais fini par lui dire que, si elle me répétait encore cette cruelle phrase, je ne lui écrirais plus. Qui sait si elle a reçu la lettre où je disais cela? C'est celle que vous eûtes la bonté d'acheminer vous-même, Monsieur le comte; mandez-moi, je vous prie, si cette lettre est arrivée avant sa mort : je veux tout savoir. Est-ce le fils genevois ou le fils romain qui vous a fait part de ce funeste événement? Vous ne sauriez croire à quel point cette pauvre femme m'est présente; je la vois sans cesse avec sa grande figure droite, son léger apprêt genevois, sa raison calme, sa finesse naturelle, et son badinage grave. Elle était ardente amie, quoique froide sur tout le reste. Je ne passerai pas de meilleures soirées que celles que j'ai passées chez elle, les pieds sur les chenets, le coude sur la table, pensant tout haut, excitant sa pensée et rasant mille sujets à tire-d'aile, au milieu d'une famille bien digne d'elle. Elle est partie, et jamais je ne la remplacerai. Quand on a passé le milieu de la vie, ces pertes sont irréparables (et je l'ai passé depuis longtemps, très-probablement). Séparé sans retour de tout ce qui m'est cher, j'apprends la mort de mes vieux amis ; un jour les jeunes apprendront la mienne. Dans le vrai, je suis mort en 1798 ; les funérailles seules sont retardées. Ces idées lugubres ne contrastent pas du tout avec les événements publics, qui ne sont pas, comme vous voyez, couleur de rose. Quelques étrangers ingrats sont peut-être *tristement Russes ;* moi, je suis russement triste !

Bonjour, Monsieur le comte, je ne sais plus tenir la plume ; permettez-moi de finir sans compliment, en me recommandant à votre *bonne souvenance.*

P. S. Je me flatte que vous avez reçu la lettre où je vous remerciais des nouvelles que vous m'aviez données de cette pauvre veuve, dont le mari n'est pas mort.

---

45. — A M. le chevalier Ganières, chargé d'affaires de S. M. à Vienne.

Saint-Pétersbourg, 30 (18) juin 1807.

Bien longtemps avant l'arrivée de cette lettre, Monsieur le chevalier, vous aurez reçu la nouvelle de la bataille du 14 juin. Il y aura sur cet événement beaucoup d'exagérations françaises, auxquelles vous ne devez pas croire. Les Russes se sont maintenus, dans cette occasion, au rang des soldats les plus intrépides, et très-certainement Bonaparte n'en a jamais combattu de supérieurs ; mais il est habile, il est accoutumé à vaincre, il est redouté, il ne se gêne pour rien ; il *prend* ce que les autres *achètent,* il *arrache* ce que les autres *sollicitent :* malgré ces avantages et beaucoup d'autres, je tiens pour sûr qu'il n'aurait pas avancé sans celui du nombre, dont il n'a jamais été possible de le priver. On ne contestera jamais aux Russes l'honneur de s'être noblement et bravement battus pour tout le monde : malheureusement tout le monde n'a pu se réunir pour combattre l'ennemi de tout le monde, qui recrutait dans tout le monde. — Tant pis pour tout le monde. Si ceci est un jeu de mots, j'en serai bien fâché, car il n'y a rien que je déteste comme les jeux de mots. Les Russes, au reste, se sont retirés en fort bon ordre, sans perdre, ainsi qu'on l'assure constamment, ni canons ni drapeaux. Tout est donc à sa place; mon cœur n'en est pas moins percé et transpercé de douleur de ce que les choses n'ont pas tourné comme nous devions l'espérer. Revenons donc à l'Horace de notre jeunesse : *Levius fit patientia*, etc. Mon fils se portait bien le 15.

J'ai l'honneur d'être.

---

46. — A madame de Saint-Réal.

Saint-Pétersbourg, 10 juillet 1807.

Ta lettre du 29 octobre 1806, ma très-chère petite sœur, m'est arrivée sans délai le 5 juillet 1807. Après cela, j'espère que tu ne te fâcheras pas contre les courriers, qui font leur devoir à merveille, comme tu vois. Vargas est devenu de l'histoire ancienne. J'ai dû répondre depuis longtemps à cette lettre, qu'il annonce dans la sienne de Livourne. Précédemment, je t'en avais envoyé une autre d'un style un peu différent, et que tu as remise, si tel a été ton bon plaisir. N'en parlons plus, il y a bien d'autres choses à dire !

La bataille de Friedland n'a pas été aussi meurtrière qu'on l'avait dit d'abord. Dix mille hommes environ ont péri de notre côté. Les Français, suivant les apparences, ont perdu beaucoup plus ; mais la perte des hommes n'est rien... *vaincre, c'est avancer*. Les Français ont avancé, ils ont vaincu, c'est-à-dire, ils ont passé, rien de plus ; mais Bonaparte, qui sait très-bien ce qu'il en coûte pour vaincre les Russes, s'est hâté de proposer un armistice, qui a été refusé par le général russe, et accordé par l'empereur. De ce moment, Bonaparte s'est jeté dans les bras d'Alexandre ; il l'a comblé de marques de déférence : il dit qu'il ne peut rien lui refuser, etc. Je ne me fie pas trop, comme tu sens, à cette belle tendresse. En attendant que nous en sachions davantage, on ne voit pas encore que rien soit signé. Qui sait comment l'on finira, et même si l'on finira ? Il faut toujours se trouver prêt à tout. Quels jours j'ai passés, ma pauvre amie ! Quelle nuit que celle du 21 au 22, que je passai tout entière avec la *certitude* que mon cher Rodolphe avait été tué à Friedland ; seul, du moins sans autre compagnie qu'un fidèle valet de chambre qui pleurait devant moi, me jetant comme un fou tantôt d'un sopha sur mon lit, et tantôt de mon lit sur un sopha, pensant à la mère, à toi, à tous, à je ne sais qui enfin ! A neuf heures du matin, mon frère vint m'apprendre que les chevaliers-gardes n'avaient pas donné. Tu me diras : « Et où avais-tu donc pris cette *certitude ?* » Je l'avais prise, ma chère, sur le visage de vingt personnes qui m'avaient fui évidemment le jour où la nouvelle arriva : c'était pour ne pas parler de la bataille ; je crus tout autre chose, et je lus sur leurs fronts la mort de Rodolphe comme tu lis ces lignes. Voilà ce que c'est que la puissante imagination paternelle. Enfin, mon cœur, je me rappellerai de cette nuit. A la bataille de Heilsberg, les chevaliers-gardes ont trotté quelque temps sous les boulets français, mais sans savoir pourquoi, et nul officier n'a été tué. *Ma* trêve est signée ; me voilà tranquille pour quelque temps. Je me trouve bienheureux quand je songe à une dame de ma connaissance (la comtesse Ogeroffsky), qui a perdu deux fils dans cette infernale bataille. L'un a disparu sans qu'il ait été possible ni aux Russes ni aux Français d'en trouver la moindre trace. L'autre devait suivre ailleurs le grand-duc en qualité d'aide de camp ; il voulut se battre. L'aîné de ses frères, qui est colonel (ils étaient trois), lui représenta qu'il devait suivre sa destination, et que c'était désobéir que de se battre. Le jeune homme ne voulut rien entendre, et prit place. A quelques pas de là, il fut blessé et tomba de cheval. Des soldats l'emportaient hors de la mêlée, lorsqu'un boulet de canon le partagea par le milieu et tua un des soldats. Cette pauvre mère fait compassion. Les premiers noms de la Russie ont combattu là à pied, en qualité de bas-officiers. Sous ce point de vue, je suis encore fort heureux, ma chère amie ; j'ai fait ce qu'un bon père devait faire ; je pourrai m'en *affliger* sans doute, mais jamais m'en repentir. Un jour peut-être tu en sauras davantage.

---

47. — A M. le comte d'Avaray.

Saint-Pétersbourg, 24 (12) juillet 1807.

Le roi, Monsieur le comte, attache trop de prix aux réflexions qui me furent dictées il y a quelque temps par l'intérêt sans bornes que je ne cesserai de prendre à sa personne ou à sa cause. Si la valeur d'une telle approbation était susceptible de plus et de moins, elle tirerait un nouveau prix du fidèle organe qui me l'a transmise.

Non, sans doute, Monsieur le comte, je ne m'attendais pas *précisément* à ce qui est arrivé; je n'aurais pu dire : « *On donnera là une bataille, et il arrivera cela.* » Mais croyez que mes espérances étaient bien timides. Il y a quinze ans que j'étudie la révolution française. Je me trompe peu sur les grands résultats, et jamais je n'ai trompé mon maître. Constamment je lui ai dit : « ***Tant que les Français supporteront Bonaparte, l'Europe sera forcée de le supporter.*** » Il n'est arrivé en dernier lieu que ce qui devait arriver. Supposons, si l'on veut, les forces égales (ce que je suis fort éloigné de croire), il ne s'ensuit pas que les chances fussent égales. Tout souverain légitime peut, sans désavantage, combattre son égal en champ clos; mais s'il est question d'un usurpateur, la chose change de face. Le roi militaire, en vertu même de son excellence et de sa supériorité intrinsèque, a tout à craindre d'un militaire roi (1); car l'or est aisément coupé par le fer. Celui qui se permet tout est terrible! On a beau dire qu'il y a des moyens aisés d'égaliser la partie : d'abord, j'en doute; ensuite, le monde est plein de choses aisées qui sont cependant impossibles. Enfin, c'est un cas particulier, une loi spéciale de la nature qui ne prouve rien, en général, ni contre le souverain ni contre son peuple. S'il existait un breuvage de consolation à la Chine, je me soumettrais volontiers à l'aller chercher à pied pour le présenter à l'empereur; mais la consolation n'est pas si loin, elle est chez lui. La Russie est à sa place, et son nom est aussi intact que ses frontières. La nation n'a aucune raison de perdre courage ou de s'estimer moins. Elle peut même tirer de grandes instructions de ce qui s'est passé. Elle peut, en

---

(1) Ne prenez ce mot de *roi* que pour ce qu'il vaut à cette place.

réfléchissant sur ce qui lui a manqué dans cette occasion, se mettre aisément au niveau des événements futurs, qui seront grands et mémorables à jamais.

Maintenant, nous allons voir un autre ordre de choses : une *nouvelle guerre,* ou si vous voulez une *guerre nouvelle,* sera déclarée à l'ordinaire par le traité de paix. La Bible dit fort bien : « *Ils diront : La paix! la paix! et il n'y aura point de paix.* » Toutes les parties du globe seront pressées. Quelle époque, Monsieur le comte! quel champ pour l'homme d'État! Bonaparte fait écrire dans ses papiers qu'il est l'*Envoyé de Dieu.* Rien n'est plus vrai, Monsieur le comte. Bonaparte vient directement du ciel... comme la foudre. — Mais, à propos de ce mot, il me vient en tête de vous faire observer que la foudre, qui brise les murailles, s'arrête devant un rideau de taffetas : belle image de la révolution! Contre elle, la véritable résistance était l'antipathie; mais de tous côtés elle a trouvé des *conducteurs.*

Allons notre train, Monsieur le comte! L'Europe est à Bonaparte, mais notre cœur est à nous. L'ordre des choses qui s'avance exige une prudence particulière. Heureusement, on peut être ferme sans être choquant ni embarrassant. L'inclination se gênant peu, elle fournira à l'empereur de nouvelles occasions de connaître les véritables Russes et de cribler son grain. Pour moi, je ne m'étonne de rien, et je ne vis plus que dans l'avenir.

Avant de connaître la bataille du 14 juin, j'avais écrit sans balancer, à notre ami commun : *Rien ne peut rétablir la puissance de la Prusse.* Vous voyez, Monsieur le comte, que je ne m'étais pas trompé. Les plus grands observateurs l'avaient prédit. Instruit par eux, il y a longtemps que j'ai prévu et annoncé cette catastrophe. J'ai eu, depuis que je raisonne, une aversion particulière pour Frédéric II, qu'un siècle frénétique s'est hâté de proclamer *grand homme,* mais qui n'était au fond qu'un *grand*

Prussien. L'histoire notera ce prince comme l'un des plus grands ennemis du genre humain qui ait jamais existé. Sa monarchie, héritière imperturbable de son esprit, était devenue un argument contre la Providence (pour les sots, bien entendu; mais il y en a beaucoup). Aujourd'hui, cet argument s'est tourné en preuve palpable de la justice éternelle. Cet édifice fameux, construit avec du sang, de la boue, de la fausse monnaie et des feuilles de brochures, a croulé en un clin d'œil, et c'en est fait pour toujours. Il a duré moins que l'habit de l'architecte; car le dernier habit de Frédéric II est à Paris en fort bon état, et il survivra longtemps à la monarchie prussienne. Lorsqu'on a porté au sénat l'épée du *grand homme*, le président Fontanes a prononcé un fort beau discours, dont on m'a cité cette phrase :

Grand exemple pour tous les souverains qui seraient tentés de fonder leurs empires sur des bases aussi fausses!

Entendez-vous, Monsieur le comte? Tout ce qui se dit là n'est pas faux. La France et la Prusse, telles que nous les avons connues, sont les plus grands sujets qui jamais aient été présentés à la méditation des hommes d'État et des philosophes. Si j'avais l'honneur de présider à l'éducation d'un prince, je croirais avoir bien employé *toute ma vie* en les lui expliquant *toute ma vie*.

On voit, d'un côté, comment les hommes que nous appelons *barbares* ont créé dans la nuit du moyen âge des institutions qui ont duré quatorze siècles, et n'ont cédé à la fin qu'aux efforts répétés d'une foule innombrable d'enragés ayant tous les vices de l'univers et l'enfer pour alliés.

Et comment, de l'autre côté, toute la science, tous les moyens du siècle de la philosophie, mis à la disposition de la souveraineté éclairée et absolue, ont produit un édifice qui a duré quatorze minutes, pour s'affaisser ignoblement au milieu de la quinzième, comme une citrouille qu'on écrase.

Chaque nation, en se comparant à ces deux modèles, peut se juger aussi certainement qu'un chimiste juge le métal dans la coupelle.

Dans un ouvrage anonyme que vous avez eu la bonté de citer quelquefois, il est dit que *chaque nation, comme chaque individu, est chargée d'une mission :* celle de vos Français, qui a toujours été la même, est bien extraordinaire dans ce moment. Je les vois qui s'avancent vers une gloire immortelle,

Quanta nec est, nec erit, nec visa prioribus annis.

Mais la France ne sait pas ce qu'elle fait : et c'est précisément parce qu'elle ne sait pas ce qu'elle fait, et parce qu'elle n'est pas digne de le savoir, et parce que ce qu'elle fait n'a point d'analogie avec ce qu'elle est, que je me crois bien fondé à croire que les hommes qui agissent dans ce moment du côté de la France ne sont que des météores passagers.

Je ne puis m'empêcher de croire que j'ai deviné ce qui se fait aujourd'hui dans le monde, et le but vers lequel nous marchons ; je tire même de cette persuasion un argument des plus forts contre la probabilité d'une durée qui doit être, pour le roi, l'idée la plus triste et la plus choquante. Je dis : Ce qui s'opère dans ce moment ne peut être exécuté que par une puissance illégitime et par les hommes dignes d'elle ; mais le grand œuvre achevé, les instruments deviendraient nuisibles, et seraient d'ailleurs, par leur seule existence, une anomalie, un scandale du monde moral. Donc, etc., etc.

C'est ce que j'avais en vue, Monsieur le comte, lorsque je disais, dans une dernière lettre au comte de Blacas, que, si j'avais eu l'honneur d'être connu du roi autrement que par ses bontés, j'aurais *peut-être* le *courage* de lui montrer la scène telle que je la vois.

C'est tout ce que je voulais vous dire; en vérité, en traçant ces lignes, je n'avais point l'idée funeste que vous avez cru apercevoir.

Cependant, Monsieur le comte, comme le roi est trop grand pour être flatté, non-seulement je suis persuadé qu'on ne doit point lui cacher les présages sinistres qui menacent son auguste famille, mais je crois utile de les présenter tels qu'ils sont.

Reculez de trois ans dans le passé. Écoutez le Corse, qui se dit à lui-même, après avoir jeté ses regards terribles sur toute l'Europe :

« Les branches étrangères ne sont rien pour moi; les Français n'en voudront point, il y a telle et telle raison contre elles; d'ailleurs elles sont sous ma main. Parmi ceux à qui les Français pourraient songer, les uns ne promettent plus rien à la perpétuité de la famille, d'autres portent un nom *funeste;* d'autres enfin, debout au bord du fleuve, y vieilliront comme le voyageur de la fable, attendant que toute l'eau soit passée. Mais je vois là, sur les bords du Rhin, un soldat résolu, plus près du but parce qu'il en est plus loin, et qui pourrait bien me faire des Bourbons avec une demoiselle; il faut le tuer. » — Et il le fit. — Dans vingt brochures j'ai lu : « C'est un crime inutile ! » — Badauds !

Vous me direz, Monsieur le comte : *Mais comment accordez-vous donc vos espérances avec cette sombre perspective ?*

Quelqu'un disait jadis à Copernic : « Si le monde était arrangé comme vous le dites, Vénus aurait des phases comme la lune; elle n'en a pas cependant : qu'avez-vous à dire ? »

Copernic répondit : « Je n'ai rien à répliquer; *mais*

Dieu fera la grâce qu'on trouvera une réponse à cette difficulté. »

En effet, *Dieu fit la grâce* que Galilée inventa les lunettes avec lesquelles on vit les phases ; — mais Copernic était mort.

Je réponds comme lui, Monsieur le comte : *Dieu fera la grâce* que nous sortirons de ce défilé. *Omnis masculus adaperiens vulvam sanctus Domino vocabitur.* Il arrivera cela, ou bien autre chose ; mais enfin il arrivera quelque chose. En pensant au roi, votre maître, je dis du fond du cœur, avec un sentiment mêlé de courage et d'espérance : *Serus in cœlum redeat!* Si cependant il est écrit qu'il doit retourner chez lui avant que les affaires de sa famille soient terminées, il pourra dire en partant : *Spem bonam certamque domum reporto.* Je n'en sais pas davantage, je n'affirme ni n'exclus rien.

Ce qui se passe, Monsieur le comte, me paraît jeter un grand jour sur des questions importantes, notamment sur celle du serment, l'une des plus ardues de la morale. J'ai toujours pensé, je vous l'avoue franchement, que le serment au souverain de fait est indispensable quant à la masse, et n'a rien de criminel. Quelques individus peuvent blesser, en le prêtant, l'honneur et la délicatesse, sans blesser la *morale* proprement dite. Ce peut être une *bassesse*, sans être un péché.

Il est bien essentiel qu'on croie en France que telle est l'opinion du roi ; qu'il ne blâme rien de ce que la nécessité exige, et que si les circonstances changeaient, il compterait toujours sur les Français, surtout sur les deux premiers ordres. Je ne sais ce qu'il en est ; mais n'importe, il faut qu'on le croie.

Propager les idées utiles est tout ce que peuvent faire les amis du roi, dans un moment de repos parfait et indispensable.

Voici, au reste, sur le chapitre de l'espérance, un passage de Bossuet que je veux avoir le plaisir de vous citer. Cet homme est mon grand oracle. Je plie volontiers sous cette trinité de talents qui fait entendre à la fois dans chaque phrase un logicien, un orateur et un prophète. Voici donc ce qu'il dit dans un fragment de sermon :

Quand Dieu veut faire voir qu'un ouvrage est tout de sa main, il réduit tout à l'impuissance et au désespoir ; puis il agit.

Mille fois cette pensée m'est venue en tête en songeant à vos affaires, qui sont celles du monde, sans pouvoir m'empêcher d'ajouter chaque fois, comme le fait immédiatement Bossuet : *Sperabamus.*

Le plus ardent ami de vos maîtres et le plus grand ennemi de ses ennemis ne pourrait cependant se dispenser d'applaudir à la paix. L'empereur, en la signant, n'a fait qu'obéir à la prudence, à la nécessité, à son amour pour ses peuples. Ceux qui pourraient le blâmer ne savent ce qu'ils disent : même on ne voit pas à l'œil nu une époque future où il puisse être utile de la rompre. Il semble donc que tout est dit. Pas du tout, Monsieur le comte ; jamais je n'en conviendrai, et c'est le raisonnement le plus calme qui me conduit dans les vastes plaines de l'espérance.

Il n'y a plus de poésie dans le monde, Monsieur le comte ; et comment y en aurait-il ? disait si bien Marmontel, il n'y a plus de religion ni d'amour ; mais si jamais elle venait, la révolution française formera le plus noble sujet d'un poëme épique. Les longues *erreurs* de votre maître formeront un riche épisode de ce poëme. C'est bien lui qui aura vu *les villes et les mœurs de plusieurs peuples*. Il aura vu tomber deux empires le lendemain du jour où il en fut repoussé, et je ne crois pas que le poëte sorte des bornes légitimes d'un élan poétique, en ajoutant tout de suite : *Tant il était dangereux de l'affliger !* Parvenu au séjour de Mittau, j'imagine que ce poëte, pour animer un peu une scène monotone de sa nature, mettra en action quelque personnage vénérable, l'abbé Edgeworth, par exemple; il en fera un prophète, et l'enverra révéler au roi cet avenir que nous attendons. L'inspiré dira à votre maitre, en lui touchant les yeux :

> *Adspice; namque omnem quæ nunc obducta tuenti*
> *Mortales hebetat visus tibi, et humida circum*
> *Caligat, nubem eripiam.*
>
> Én., liv. II, 604.

A peine le roi aura-t-il recouvré la vue, que l'homme de Dieu continuera :

> *Nunc age,* Borboniam *prolem quæ deinde sequatur*
> *Gloria, qui maneant* illa *de gente nepotes,*
> *Illustres animas* clarumque *in nomen ituras,*
> *Expediam dictis, et te tua fata docebo.*
>
> Én., liv. VI, 756.

Voilà bien du latin, Monsieur le comte; en vérité, je crains que cela ne soit par trop pédant. Souffrez donc que, sans autre cérémonie, je vous serre dans mes bras en Français.

P. S. Vous avez appris, Monsieur le comte, de quelle manière l'administration des vivres s'est conduite pendant cette campagne. On peut en parler sans mystère, puisque le souverain lui-même en a fait le sujet d'un ukase. Songez, je vous prie, à ces braves Russes qui se battent pour vous, pour moi, pour tous les honnêtes gens du monde, et qu'on affame pour gagner de l'argent. En vérité, je doute que le parricide soit au-dessus d'un tel forfait. Mais vous voyez que tout était contre nous : l'avantage naturel d'un usurpateur, le défaut de subsistance, et le nombre. Ne faisons le procès à personne : supposons que d'autres ont eu de fort bonnes raisons pour se tenir tranquilles. La

Russie, de son côté, en a eu de fort bonnes pour sortir de l'arène. C'était fort beau à elle de se battre *pour le monde*; mais *contre le monde*, personne ne peut l'exiger.

Plions donc la tête, Monsieur le comte, mais sans laisser éteindre jamais l'espérance. La révolution française, *qui va son train*, ressemble à la lance d'Achille, qui avait la vertu de guérir les plaies qu'elle avait faites. — Amen.

---

48. — A M. le comte Deodati, à Genève.

Saint-Pétersbourg, 28 (16) juillet 1807.

J'ai lu avec une extrême reconnaissance, Monsieur le comte, votre longue et *confortable* lettre du 4 (16) de ce mois. Je vous remercie de tout ce qu'elle contient d'obligeant et de consolant; mais, pour commencer par ma situation personnelle, tout me dit qu'elle est sans remède. Lorsque les Français entrèrent en Savoie en 1792, et que je passai les Alpes pour suivre la fortune du roi, je dis à la compagne fidèle de toutes mes vicissitudes, bonnes ou mauvaises, à côté d'un rocher que je vois encore d'ici : *Ma chère amie, le pas que nous faisons aujourd'hui est irrévocable, il décide de notre sort pour la vie.* Obligé depuis, par une aventure romanesque, de rentrer en Savoie, je vis la révolution française de plus près, et je l'abhorrai davantage; je sortis de nouveau, et ce fut pour toujours. De l'autre côté de la frontière, à Lausanne, sur le lac de Genève, je vis confisquer mes biens sans être tenté de rentrer : dès lors, l'espérance m'a souri quelquefois, mais ce n'était qu'un éclair dans la nuit; ma situation n'a fait qu'empirer. Je me suis vu successivement frappé en Savoie, en Suisse, en Piémont, à Venise, et enfin en

Russie. La journée de Friedland ne m'a plus rien laissé. Patrie, biens, famille, souverain même, suivant les présages, tout est perdu. Maintenant, Monsieur le comte, que voulez-vous que je devienne? La fortune est femme, elle n'aime que les jeunes gens. Elle sait que j'ai cinquante-trois ans. Quelle apparence qu'elle veuille m'épouser? Elle n'est pas si bête. Au reste, ne croyez pas que je sois couché à terre: je puis vous dire à peu près comme notre vieux Malherbe:

> Déjà plus d'une fois de cette même foudre
> Je me suis vu perclus;
> Et toujours la raison m'a si bien fait résoudre,
> Qu'il ne m'en souvient plus.

Il ne m'en souvient plus est trop dire, sans doute; mais il ne m'en souvient pas assez pour perdre courage. Il n'y a que deux maux bien réels dans le monde : le remords et la maladie; le reste est idéal. Je me porte bien, je ne me repens de rien, je puis donc me tenir debout; s'il fallait recommencer, je ne changerais pas de conduite. Ce qu'il y a de plus amer pour moi, c'est de me voir séparé d'une famille chérie, sans aucun moyen imaginable de l'approcher de moi ou d'aller à elle. Dans cette situation cruelle, l'étude est pour moi ce que l'opium est pour les Orientaux : elle m'étourdit avec autant d'effet et moins de danger. Je serais plus courageux encore si j'avais pu recevoir des lettres de consolation de notre amie commune; mais elle s'en est allée. Tout me ramène à ce mélancolique sujet. Par ce que vous me dites du *Genevois* et du *Romain*, je soupçonne que vous n'êtes pas au fait des aventures de ce dernier. Étant, il y a bien des années, à Rome, il se prit d'inclination pour une belle personne de ce pays, et pour l'épouser il se fit catholique. Imaginez l'effet de cette démarche à Genève. Au reste, les idées de

Genève ne font rien à la chose. Si M.... agit alors par conviction, je l'approuve et le respecte; s'il se laissa séduire par l'amour, sans nier le tort, je le pardonne; s'il agit avec légèreté et par indifférence, je le méprise profondément. Quoi qu'il en soit, Monsieur le comte, après bien des années il a fallu enfin amener la Romaine, et avec elle un petit Romain qui promettait, à ce que m'a dit souvent la grand'maman, tout ce qu'on peut promettre. Elle s'est coiffée de l'enfant, comme vous l'imaginez bien, et s'en est emparée d'une manière exclusive : cela seul suffisait pour choquer la mère. Mais il y avait bien une autre source de *dissapori;* madame... était protestante, et d'ailleurs elle avait appartenu à l'ancienne école de Voltaire, dont son mari, de charmante mémoire, était l'ami intime. D'un autre côté, elle avait des amis catholiques qui lui donnaient souvent beaucoup à penser. Il était résulté du tout, à ce qu'il me semble, une assez grande différence sur la plus grande de toutes les questions, ou, pour mieux dire, *la seule;* car toute question qui finit à la mort de l'homme vaut *à peine la peine* d'être examinée. Jugez comment un tel précepteur plaisait à la mère romaine! Il doit y avoir eu des scènes terribles. Et rien, à mon avis, ne ressemble à feu M. Damiens au milieu des chevaux tirant en sens contraire, comme un pauvre homme placé entre sa mère et sa femme, qui le tirent chacune de leur côté. Le pauvre Jeannot, ainsi partagé en deux, s'est trouvé tout entier par la mort de sa mère. Et peut-être qu'il a trop fait sentir le plaisir et le prix de l'émancipation. Je vous dis tout ceci à sa décharge, sans prétendre l'excuser tout à fait, car je le crois véritablement un peu faible sur la morale.

Je reçois avec un extrême plaisir, Monsieur le comte, l'aimable *substitution* que vous me proposez. Prenons date, je vous en prie, et que la chose soit invariable. Il me serait fort agréable de jaser avec vous sur toutes ces choses *qui sont arrivées depuis vingt-cinq ans.* Mais ce serait, à ce qu'il me semble, une affaire de pure conversation, où l'encre n'entre pour rien. Je ne sais malheureusement quand il nous arrivera de nous revoir, car nous paraissons fort immobiles chacun à notre place. En attendant, Monsieur le comte, j'accepte avec la plus grande reconnaissance l'offre que vous me faites de faire parvenir une lettre à ma femme. J'ai éprouvé que vos correspondances sont très-bonnes; ainsi je vous prie de vouloir bien acheminer la lettre ci-jointe à madame Valin : c'est le nom de ma femme, et moi je m'appelle madame de Villeneuve. Tous les décacheteurs d'ici jusqu'à Turin ont eu tout le temps possible, depuis six ans, d'apprendre ces deux noms par cœur.

Je reçois avec une égale reconnaissance, et sans aucune restriction, le compliment que vous me faites sur la nomination de mon fils. Permis aux dames lacédémoniennes de regarder d'un œil sec le corps de leurs fils qu'on rapportait sur leurs boucliers. Pour moi, je ne suis pas si sublime. Plutôt la mort sans doute, et mille fois la mort, je ne dis pas que la plus petite lâcheté, mais que la plus petite grimace antimilitaire! mais aussi, plutôt la vie que la mort même la plus honorable! Ce n'est pas l'avis de mon fils, et c'est dans l'ordre ; mais c'est le mien, et c'est aussi dans l'ordre. Il a voulu faire cette campagne sans y être obligé; pouvant m'y opposer, je ne l'ai pas fait. Mon héroïsme ne va pas plus loin. Je suis content de mon fils et de moi. Au reste, il n'est pas encore de retour. Lorsqu'il avançait vers les canons français, je le voyais aller comme une flèche. Aujourd'hui qu'il revient à moi, c'est une tortue.

Je vous remercie de nouveau, Monsieur le comte, des *pacta conventa* que vous me proposez. Je les signe de tout mon cœur. Et comme tout *contrat social* acquiert la sainteté par l'ancienneté, j'aime à croire qu'il aura le temps de gagner avant ma mort cette mousse vénérable qui a tant de prix.

Tout à vous, Monsieur le comte.

---

49. — A M. le comte d'Avaray, à Mittau.

Saint-Pétersbourg, 24 juillet 1807.

Je ne saurais trop vous remercier, Monsieur le comte, de votre aimable et éloquente lettre du 29 janvier dernier. Le roi me fait trop d'honneur, en daignant attacher quelque importance aux réflexions que j'avais adressées au comte de Blacas : je vous prie en grâce, Monsieur le comte, de vouloir bien mettre à ses pieds mes très-humbles remercîments. Je vois, au reste, que, dans un endroit de cette lettre, je m'étais mal exprimé; mais je ne m'étends pas sur ce point. Votre lettre ayant excité mes idées sur divers chapitres, je me suis mis à écrire il y a deux ou trois jours; voyant ensuite que les pages se multipliaient, je me suis réservé de vous envoyer le reste à mon aise. Si vous y trouvez quelques lignes dignes de votre maître, vous aurez la bonté de lui en faire hommage.

Voilà, sans doute, un grand changement de choses; mais il fallait s'y attendre. Je n'ai cessé d'avertir mon maître de se tenir prêt pour cette finale. La paix était nécessaire; l'empereur la devait à la prudence, à la nécessité, à son amour pour son peuple. Il n'a point manqué à l'Europe; c'est l'Europe qui lui a manqué : depuis seize ans elle nourrit de sa propre main le monstre qui la dévore aujourd'hui. Il y a dans cet aveuglement quelque chose de divin, qui ne peut échapper à aucun œil de bon sens. Nous assistons à une des grandes époques du genre humain. *Une certaine accumulation de vices rend une certaine révolution nécessaire.* Voilà ce que toute l'histoire nous prêche; nous avons maintenant ce que nous avons bien mérité. L'Europe paye d'anciennes dettes, et nous marchons si clairement vers un certain but, qu'en vérité exposer la chose, c'est la démontrer.

Depuis le premier moment de la première coalition, on est toujours parti de ce principe également faux et fatal : *Il faut vaincre avant de reconnaître le roi.* Le véritable principe était : *Pour vaincre, il faut reconnaître le roi;* et comme une erreur n'est jamais isolée, on a constamment étayé la première par une seconde, en disant *qu'il ne faut jamais se compromettre,* tandis qu'il faut, au contraire, faire ce qui est bon, juste et noble, sans s'embarrasser de l'avenir; car jamais la paix, quand elle est devenue nécessaire, n'est empêchée par ce qui s'est fait ou dit auparavant : je m'en rapporte au bon sens et à la mémoire de tout le monde.

Si tous les yeux se sont fermés à des vérités si simples, c'est que la chose était nécessaire : une grande révolution était décrétée; il faut qu'elle s'accomplisse. Lorsqu'une postérité, qui n'est pas fort éloignée, verra ce qui a résulté de la conjuration de tous les vices, elle se prosternera, pleine d'admiration et de reconnaissance.

Je ne suis cependant pas fataliste, Dieu m'en préserve ! *L'homme doit agir comme s'il pouvait tout, et se résigner comme s'il ne pouvait rien.* Voilà, je crois, le fatalisme de la sagesse. Si un homme tombe au milieu d'un fleuve, *certainement* il doit nager, car s'il ne nage pas, il sera *certainement* noyé; mais il ne s'ensuit pas qu'il aborde où il veut, car le courant conserve toujours ses droits. Nous sommes tous plongés dans le courant, et dans les révolutions il est plus rapide. Nageons donc, Monsieur le comte ; et si les forces ne nous manquent pas (ce qui n'est pas clair, à beaucoup près), nous irons nous sécher je ne sais où.

Maintenant il faut, comme disent les ascétiques, *posséder nos âmes*. Les circonstances exigent un changement de ton dans la musique. Toutes ces variations me contentent peu : mais prêt à tout depuis longtemps, je ne m'étonne plus de rien. Comme j'ai eu l'honneur de vous le dire dans une autre lettre, *l'Europe est à Bonaparte, mais nos cœurs sont à nous*. C'est là où résident nos principes ; le reste est une force humaine semblable à mille autres. Je ne vous dis rien de mes angoisses ministérielles ; vous les sentez assez. Je ne sais qu'une chose que je savais le lendemain de mon arrivée, il y a six ans, que *le roi aura tout ce qui sera au pouvoir de son grand ami*. Qui jamais a pu demander ou espérer davantage ? Je dors sur ce coussin, mais je rêve beaucoup.

Mille et mille grâces, Monsieur le comte, de l'intérêt que vous voulez bien prendre à mon fils. Le voilà qui revient sain et sauf, malheureusement à pas de tortue ; et, jusqu'à nouvel ordre, nous n'avons plus qu'à jouir tranquillement des bontés de l'empereur. J'aurais voulu pousser l'éducation un peu plus loin ; mais l'exercice est venu la couper ; il fera, au reste, comme tous les militaires qui ont reçu de bons principes : après avoir bien battu les buissons, ils se *donnent* ou se *redonnent* à eux-mêmes une certaine éducation, qui en fait, je crois, ce qu'il y a de meilleur dans la société. Quelquefois je me rappelle, au sujet de mon fils, ce mot plaisant d'une dame de Paris, en parlant d'un magistrat : *C'est le premier violon du parlement ;* je puis louer tout aussi bien mon fils en disant : *C'est le premier latiniste de la garde impériale.*

Agréez, Monsieur le comte, l'assurance de mon éternel et invariable attachement.

---

50. — A M. le chevalier de ...

Saint-Pétersbourg, 13 (28) décembre 1807.

J'ai eu l'honneur de vous faire part de mes craintes au sujet de la position que j'allais avoir dans ce pays. Ces craintes étaient suffisamment justifiées par l'affectation de Bonaparte à rayer le nom de S. M. de tous les almanachs qui lui obéissent, et à chasser les agents du roi de toutes les villes dont il s'est emparé. Les discours diaboliques du général Savary, dont je vous ai fait connaître une très-légère partie, venaient encore fortifier ces cruelles présomptions; cependant elles ne se sont pas vérifiées. Caulincourt, arrivé ici le 18, nous a donné le 20 ses billets de notification, et le mien porte sur l'adresse : «... envoyé extraordinaire, ministre plénipotentiaire de S. M. Sarde. » Il a évité également *roi de Sardaigne* et *roi de l'île de Sardaigne*. Comme on disait anciennement *S. M. Sarde*, il n'y a pas de mal. Ensuite de la notification, j'ai fait ma visite comme les autres ministres, et dans les vingt-quatre heures elle m'a été rendue; ainsi me voilà d'abord tranquille sur ce point. Le duc de Serra-Capriola n'a pas reçu la notification; vous voyez la différence très-prononcée : paix d'un côté, et guerre de l'autre. Savary me dit dans cette fameuse conversation, en me parlant de la Sicile : *Nous l'aurons ou par paix ou par guerre.*

La première visite se faisant par billet, la première fois que j'ai rencontré l'ambassadeur français dans une maison tierce, je ne lui avais point encore parlé. Une personne de sa connaissance me présenta à lui. Il me fit beaucoup de politesses. Il n'a point les formes soldatesques de Savary ; mais de savoir s'il a autant de talent et de franchise, c'est une question à laquelle je ne puis répondre encore. Je suis charmé qu'il ne m'ait pas déclaré la guerre ; car, en vérité, je n'aurais su comment me tenir ici. Quand je pense à tout ce que j'ai dit, fait et écrit depuis seize ans, je trouve les Français fort honnêtes à mon égard. Je vous ai raconté les mesures *profondes* de l'ambassadeur d'Autriche au sujet du pas. Celui de France a pris tranquillement la première place partout. Hier, il y eut bal et souper chez l'impératrice mère à l'occasion de la naissance de l'empereur. Caulincourt dansa le premier avec les deux impératrices. Si quelque nation peut prétendre à l'alternative, ce serait l'Angleterre, puisqu'elle seule n'a pas passé sous le joug. Quant aux puissances continentales, je n'imagine pas seulement une objection sérieuse contre la suprématie de la France. Les hommes sont extrêmement conduits par les mots. Celui d'*empereur des Romains*, qui n'était réellement qu'un son, en imposait néanmoins par une certaine succession imaginaire ; et Louis XIV, dans tout son éclat, ne pensa pas à disputer la première place à l'empereur de son temps, qui lui était cependant extrêmement inférieur en puissance et en noblesse souveraine (s'il est permis de s'exprimer ainsi) : on ne sait combien aurait pu durer ce rêve ; mais à présent qu'il s'est dissipé, et que l'empereur des Romains est détruit même grammaticalement, sur quoi reposeraient les prétentions à la première place, et même à l'alternative ? Et, comme j'ai eu l'honneur de vous le dire, quand un Bourbon remonterait aujourd'hui sur le trône, demain il prétendrait à la première place, et s'y tiendrait ; car la grandeur appartient aux nations, et jamais elles ne reculent. Cette grandeur, qui résulte de quatre éléments, *nombre*;

richesse, génie et *courage*, est concentrée dans la personne du souverain qui *l'administre* en quelque façon et la fait valoir. Mais il n'importe nullement que le souverain s'appelle Charles ou Philippe, qu'il soit légitime ou illégitime, etc. ; et la nation va toujours son train, et jamais on ne la fera reculer, à moins qu'on ne l'affaiblisse dans ses éléments.

Je sais tout ce qu'on peut dire contre Bonaparte : il est *usurpateur*, il est *meurtrier;* mais faites-y bien attention, il est *usurpateur* moins que Guillaume d'Orange, *meurtrier* moins qu'Élisabeth d'Angleterre. Il faut savoir ce que décidera le temps, que j'appelle le premier ministre de la Divinité au département des souverainetés ; mais en attendant, Monsieur le chevalier, nous ne sommes pas plus forts que Dieu. Il faut traiter avec celui à qui il lui a plu de donner la puissance. Rien ne prouve que Bonaparte établisse une dynastie ; plusieurs raisons même prouvent le contraire. Mais tout annonce que son règne sera long, et que ses actes tiendront, du moins en grande partie. Il y a dix ans, je crois, que j'eus l'honneur de vous écrire : **S. *M. Sicilienne croit que l'Angleterre et la Russie la rétabliront; pas plus que moi, Monsieur le chevalier.*** Il n'y a de salut que par la France sous une forme ou sous l'autre. Essayons donc ; voilà ce qui m'a déterminé. Le secret a été rigoureusement gardé par le petit nombre de personnes qui le connaissent. J'observe que l'ambassadeur de France n'ayant mis, à ce qu'il m'a dit lui-même, que dix-huit jours de Paris ici, a pu *avoir* connaissance de cette affaire avant de partir. Cependant il en a parlé ici comme l'ayant apprise du général Savary, et il en a **parlé** très-favorablement. L'entremetteur que je vous ai nommé, le seul homme existant à Pétersbourg qui ait pu s'en mêler, persiste à croire que je partirai. Le ministre, comme je me rappelle vous l'avoir dit, pense le contraire, et croit la chose sans remède. Nous verrons. Pour moi, je n'oserais rien affirmer ; si cependant il fallait absolument gager, je pencherais pour l'affirmative, à cause d'un certain vent favorable qui a soufflé dans cette occasion, et qui n'a point de nom. Je compte aussi beaucoup sur un certain instinct qui pousse l'homme quelquefois, et qui en sait plus que la raison, quoique la raison joue bien aussi son rôle dans ce moment.

51. — A M. le comte de Vargas, à Cagliari.

Saint-Pétersbourg, 20 octobre (1ᵉʳ novembre) 1807.

Monsieur le comte,

Au moment où je reçus votre lettre du 14 juin, j'avais précisément chez moi le docte comte Jean Potocki, qui m'honore de son amitié et qui a mille bontés pour moi, entre autres celle de me fournir tous les livres qui me passent dans la tête. Il s'empara d'abord de votre lettre pour la montrer aux savants que vous y nommez, et former ensuite la correspondance que vous désirez ; mais ces savants sont, comme le climat, extrêmement froids. D'ailleurs, ils ne connaissent pas cette académie italique, et je suis dans la même ignorance, à vous parler franchement ; de manière qu'il me paraîtrait à propos, Monsieur le comte, de la légitimer en envoyant les statuts, le tableau des académiciens, et surtout le diplôme d'institution. Je crois que cela se pratique ainsi, et que vous ne trouverez aucune pointillerie déplacée dans la réserve de ces messieurs.

Vous auriez bien plus de raison, Monsieur le comte, de me quereller moi-même sur mon retard à vous répondre ;

mais le comte Potocki, ayant changé d'appartement, a commencé par égarer ma lettre dans le fond d'un portefeuille, dont elle n'est sortie que longtemps après. Ensuite, de grands malheurs et de grandes occupations ont occupé ma tête, au point que j'ai suspendu toutes mes correspondances. J'espère donc, Monsieur le comte, que vous me pardonnerez, d'autant que je ne suis pas plus coupable envers vous qu'envers mille autres. L'excuse n'est pas trop bonne peut-être, mais je vous dis la vérité.

Pour en venir enfin au sujet principal de votre lettre, j'ai bien peur, Monsieur le comte, que nous ne soyons pas trop d'accord sur certains principes fondamentaux de l'histoire de l'homme et de son habitation. Moïse a tout dit, Monsieur le comte : avec lui, on sait tout ce qu'on doit savoir sur ces grands objets; et, sans lui, on ne sait rien. L'histoire, la tradition, les fables même, et la nature entière, lui rendent témoignage. Le déluge surtout est prouvé de toutes les manières dont ce grand fait peut être prouvé. Lisez le livre du docteur Lardner (*Indian testimonies*); lisez celui du fameux Addison et celui du père de Colonia sur ce même sujet des *témoignages rendus à la révélation par l'antiquité profane;* lisez les notes de Grotius et le premier livre de son bel ouvrage, *De veritate Rel. christ.*, etc... vous serez surpris et totalement entraîné par l'universalité de cette croyance. On l'a trouvée jusque parmi les sauvages de l'Amérique; on l'a trouvée en Chine; on l'a trouvée surtout dans les Indes, où la compagnie savante de Calcutta fouille depuis quelques années avec une constance infatigable la mine la plus riche et la plus nouvelle. Dans les livres sacrés des Indiens, écrits dans une langue morte depuis plus de deux mille ans, et livrés enfin à la curiosité européenne par les travaux de cette savante compagnie, on trouve avec étonnement Noé, le déluge universel, l'arche, la montagne, la colombe, etc..., comme on les trouve dans Lucien (*de Dea Syria*), qui jamais n'avait ouï parler de la langue sanscrite.

Je vous prie, Monsieur le comte, Ovide avait-il lu dans la Bible, *Omnia pontus erant, deerant quoque littora ponto?* Il exprimait l'ancienne et universelle tradition du *genre humain renouvelé par une famille seule, sauvée miraculeusement d'un naufrage général.*

Mettez d'un côté un livre unique sous tous les rapports, portant tous les caractères de l'inspiration, et de l'autre tout le genre humain de tous les siècles, qui lui rend témoignage par des traditions plus ou moins défigurées, et vous verrez que, sans aller plus loin, jamais fait n'a été plus rigoureusement démontré que celui du déluge.

Quod semper, quod ubique, quod ab omnibus. Ce passage si connu, employé par un pieux auteur en faveur des dogmes catholiques, n'est pas moins décisif en faveur de ces *dogmes catholiques* dans un autre sens, c'est-à-dire qui ont appartenu *partout* et *dans tous les temps à l'universalité* de la famille humaine.

Que sera-ce encore, Monsieur le comte, si, à toutes ces preuves historiques et générales, déjà si décisives par elles-mêmes, nous ajoutons les preuves physiques, qui sont éblouissantes? Au moment où je vous parle, les hommes qui savent admirer peuvent admirer à l'aise le *mammouth* trouvé l'année dernière à l'embouchure de la Lena, par le soixante-quatorzième degré de latitude. Cet animal était incrusté (notez bien) dans une masse de glace, et *élevé de plusieurs toises au-dessus du sol*. Cette glace s'étant mise à diminuer par je ne sais quelle cause physique, on a commencé à voir l'animal depuis cinq ans. — Hélas! dans un pays plus fertile en connaisseurs actifs, nous posséderions une merveille qu'on serait venu voir de toutes les parties du monde, comme les musulmans allaient à la Mecque,

— un animal antédiluvien entier jusque dans ses moindres parties, et susceptible d'embaumement; on aurait pu tenir dans ses mains un œil qui voyait, un cœur qui battait il y a quatre mille ans! *Quis talia fando temperet a lacrymis?* Mais lorsqu'il s'est trouvé entièrement dégagé, l'animal a glissé au bord de la mer, et là il est devenu la pâture des ours blancs, et les sauvages ont scié les défenses, qu'il n'a plus été possible de trouver. Tel qu'il est cependant, c'est encore un trésor qui ne peut être déprécié que par l'idée de ce qu'on aurait pu avoir. J'ai soulevé la tête pour ma part. C'était un poids pour deux maîtres et deux laquais. J'ai touché et retouché l'oreille, *encore tapissée de poil.* J'ai tenu sur une table et examiné tout à mon aise le pied et une petite portion de la jambe. La sole, en partie rongée, avait plus d'un pied de diamètre. La peau est parfaitement conservée; les chairs racornies ont abandonné la peau, et se sont durcies autour de l'os; cependant l'odeur est encore très-forte et très-désagréable. Cinq ou six fois de suite, j'ai porté le nez sur cette chair. Jamais l'homme le plus voluptueux n'a humé le plus délicieux parfum de l'Orient avec la suavité du plaisir que m'a causé l'odeur fétide d'une chair antédiluvienne putréfiée. — Maintenant, Monsieur le comte, que M. de Buffon vienne nous faire des contes de fées sur le refroidissement du globe! Si l'on cueillait la pêche et l'ananas sur les bords délicieux du Waigatz; si les animaux du tropique vivaient dans ces belles contrées, quelle magie a conservé les parties tendres de leurs cadavres, je ne dis pas dans les premières couches de terre meuble, mais au-dessus même de la surface de la terre, comme vous venez de le voir? La montagne de glace qui entourait le mammouth s'est-elle formée pendant qu'il faisait chaud? ou bien le cadavre s'est-il conservé en attendant qu'il fit froid, etc.?

Je ne puis sortir du déluge avant de vous avoir fait remarquer l'ineffable ridicule de la philosophie moderne, qui s'est d'abord époumonnée à nous démontrer l'impossibilité du déluge par le défaut d'eau nécessaire pour la submersion du globe; mais du moment où elle a eu besoin d'eau pour je ne sais quelle chimère de cristallisation universelle ou pour d'autres idées tout aussi creuses, sur-le-champ elle nous a accordé une *petite calotte* de trois ou quatre lieues d'épaisseur tout autour du globe. En vérité, c'est bien honnête! Voyez Buffon, voyez la Mettrie, voyez Deluc et tant d'autres.

Le déluge étant prouvé à l'évidence, sa nouveauté ne l'est pas moins. Je vous invite à lire les lettres géologiques de M. Deluc au professeur Blumenbach; ce livre, infiniment répréhensible à certains égards, n'ajoute pas moins le poids d'une foule de preuves physiques à celui des preuves morales qui établissent que tout est nouveau sur la terre, et qu'en particulier la catastrophe qui détruisit jadis l'habitation de l'homme n'est pas plus ancienne que la date assignée par Moïse.

Cela posé, Monsieur le comte, que deviennent les antiquités égyptiennes, indiennes et chinoises? Buffon et Bailly avaient sans doute tout le talent nécessaire pour être de vrais philosophes; cédant à l'influence d'un siècle extravagant, ils ont mieux aimé n'être que des poëtes et des romanciers. Il ne faut pas disputer des goûts, mais j'avoue que, romans pour romans, j'aime mieux *Don Quichotte* que les *Époques de la nature*.

Vous avez sans doute entendu tout le bruit qu'a fait Dupuis avec son calendrier égyptien de douze mille ans. Les Français ayant rapporté de leur expédition d'Égypte un calendrier sculpté sur les murs du temple de Tentyra, on n'a pas manqué d'emboucher la trompette pour annoncer la preuve sans réplique, *la démonstration de la démonstration*; mais pendant que l'on criait victoire à Paris, les astronomes de Rome et de Londres prouvaient que le monument était nouveau, et postérieur même, peut-être, à la réforme julienne ; et ils ont dit de si bonnes raisons aux Parisiens engoués, que ces messieurs ont pris le parti de ne point répondre.

Me voilà donc très-tranquille, Monsieur le comte, sur toutes ces antiquités. Si les patriarches ont connu la période de six cents ans avant le déluge, j'en suis bien aise, et je n'y vois nul inconvénient. Ces périodes, pour le dire en passant, ne sont pas une grande merveille. Quand une fois on sait l'astronomie jusqu'à un certain point, il ne faut, pour trouver ces cycles, que de la patience et du tâtonnement. *Ces connaissances*, me dites-vous, *supposent au moins deux à trois mille ans d'études*, etc. — Non, en vérité, Monsieur le comte, puisque les nations qui les possédaient étaient si nouvelles. Je ne veux point m'enfoncer dans la question de l'origine des sciences : c'est un sujet trop vaste pour une lettre, et j'aime mieux le passer sous silence que de ne lui consacrer que quelques lignes. D'ailleurs, les faits étant certains, nous pouvons bien ajourner la métaphysique, qui est cependant mon fort.

Le pays sur lequel vous avez fait de si belles spéculations est, je puis vous l'assurer, Monsieur le comte, le moins propre à vous satisfaire sur les grands objets dont vous me parlez. Ces cités, ces temples, ces monuments, ne sont rien. C'est ce qu'on voit à présent, et rien de plus. L'Asie est ravagée depuis qu'elle est connue. Les villes détruites dont vous parlez sont modernes (du moins par rapport à cette haute antiquité que vous imaginez). Elles sont nommées dans les annales de la Chine, et l'on sait le moment de leur destruction. Les joujoux qui ont occupé Buffon sont encore les mêmes d'aujourd'hui ; il peut se faire qu'on ait trouvé çà et là quelques bribes du grand pillage de Gengis-Khan : voilà tout.

Quant aux manuscrits, il est vrai qu'il y en a ici, mais pas, que je sache, en langue inconnue. J'en ai vu de chinois, de japonais, de tartares, de thibétains ; jamais on ne m'a dit : *En voilà un dont on ignore la langue.* M. Schubert, très-habile astronome, de l'Académie des sciences et bibliothécaire en chef, me disait un jour, bien sagement, en me les montrant : « *Que nous sommes fous d'aller chercher ces guenilles ! Nos moindres livres européens valent mieux.* » Il avait grandement raison. Au moment où je vous écris, un Indou musulman a traduit en arabe, sous la direction d'un mathématicien anglais, le livre des *Principes de Newton.* Si jamais les Indous comprennent bien ce livre, ils pâmeront de rire, en voyant les Européens venir leur demander des instructions.

Par quelques passages de votre lettre, je vois que vous regardez comme réel ce fameux peuple inventé par Bailly. Je vous prie, Monsieur le comte, de revenir sur cette question : jamais ce peuple n'a existé. Tout part de la Chaldée, et c'est de là que le feu sacré s'est répandu dans tout l'univers. C'est de quoi je m'assure que vous ne douterez pas, si vous prenez seulement la peine de lire les mémoires de l'Académie de Calcutta et l'histoire de l'Indostan de Maurice. Il ne s'agit pas moins que de dix ou douze mortels volumes in-4°. Je les ai lus patiemment, la plume à la main, sans pouvoir dire : *Deus nobis hæc otia fecit.* — Au contraire, c'est le diable. On a commencé à traduire le premier volume en français ; mais le traducteur me paraît découragé : ces livres graves, solides, fondamentaux, ne se lisent pas en France. — Maurice n'est pas traduit. Si vous entendez l'anglais, Monsieur le comte, et que vous ajoutiez à ces lettres celles de *Bryant's Mithology explained*, vous verrez d'abord de quelle école je suis.

52. — A M. de Launay, ancien conseiller au parlement.

Saint-Pétersbourg, 1807.

N'ayant point Eusèbe sous la main, je ne puis vérifier le texte cité par M. de Launay ; mais la chose est parfaitement égale. Il faudrait n'avoir aucune connaissance de l'antiquité pour ignorer son génie allégorique. Pourquoi donc donner une existence réelle à des personnages imaginaires qu'elle a créés pour voiler à sa manière des vérités morales religieuses et astronomiques? N'ayant pas le temps de donner une forme régulière à ce mémoire sur les deux inscriptions qui m'ont été transmises par M. de Launay, il voudra bien permettre que je le cite lui-même en ajoutant mes réflexions.

Mon père est Chronos, le plus jeune des dieux. Chronos (Χρόνος) est le Temps ou Saturne, le plus vieux tout à la fois et le plus *jeune* des dieux : le plus vieux, par rapport à tout ce que nous voyons; et le *plus jeune*, par rapport à un ordre supérieur. En passant sur plusieurs idées intermédiaires, je rappellerai seulement les traditions indiennes de la plus haute antiquité, suivant lesquelles l'époque où nous vivons s'appelle *cali-yug*, c'est-à-dire l'*époque du temps;* car il est bien remarquable que le mot de *cali* en langue sanscrite est synonyme de *chronos;* et voilà comment Saturne est le *plus jeune des dieux* : rien n'empêche qu'on ne soit très-vieux, et cependant le cadet de la famille.

Je suis le roi Osiris. C'est-à-dire le *Soleil*, comme Bacchus et Hercule : il n'y a plus de doute sur ce point. *J'ai porté mes armes par toute la terre.* Sans doute, tout comme *Apollon*, après le déluge, perça *de ses traits le serpent Pithon*, né de la fange de la grande inondation.

Rien de si clair pour ceux qui ont vu une rizière du Piémont après l'inondation et la récolte.

Je suis le fils aîné de Chronos. — Et le père de l'immense famille des almanachs.

Je suis le rejeton d'une belle et noble race. Passons sur cette généalogie, qui nous mènerait trop loin : en fait de noblesse, il faut être réservé pour ne choquer personne.

Je suis le parent du jour. Oh! pour cela il n'y a pas la moindre difficulté. — *Il n'y a point de lieu où je n'aie été.* — D'accord, surtout entre les tropiques.

Seconde inscription.

Je suis Isis. — Qui ne connaît Isis aux nombreuses mamelles? — C'est la nature, qui est tout et qui nourrit tout; c'est elle dont la fameuse inscription égyptienne disait, autant qu'il m'en souvient : « *Je suis tout ce qui est, tout ce qui a été, et tout ce qui sera; nul mortel ne peut soulever le voile qui me couvre, etc.* » C'est l'Isan ou l'Isis des Indiens. — *J'ai été instruite par Toüe* (Thot ou Thaut); c'est le Buddha du Bengale, le Foë des Chinois, l'Hermès des Grecs, le Mercure des Latins; c'est le fils de Maja (même aux Indes), le génie de la planète de ce nom et du 4e jour de la semaine de Bénarès à Athènes; c'est le postillon de Jupiter et le bedeau des enfers; c'est l'inventeur de l'écriture; c'est *lui qui joua un jour aux échecs avec la Lune, et qui lui gagna la 72e partie de chaque jour* (Plut., *De Iside et Osir.*). En un mot, il n'y a pas de *factotum* de cette force, et je ne doute pas qu'il n'ait appris bien des choses à la reine Isis.

Je suis la fille aînée de Chronos. Je n'ai rien à dire contre cette filiation; et M. de Saint-Martin, si on voulait l'entendre, en dirait de belles sur cet article.

Je suis la femme du roi Osiris. — Ce mariage est connu

de toute antiquité, et il a cela de particulier que la femme n'est jamais infidèle, et qu'elle conçoit tous les ans.

> *Vere tument terræ, et genitalia semina poscunt :*
> *Tum pater omnipotens fecundis imbribus æther*
> *Conjugis in gremium lætæ descendit, etc.*
>
> VIRG., Géorg., liv. II, 324.

> *Fidèle amante du Soleil,*
> De fleurs, de perles couronnée,
> *La Nature* sort du sommeil,
> Comme une épouse fortunée
> Dont l'amour hâte le réveil.
> Vers l'astre bienfaisant du monde
> Elle étend ses bras amoureux :
> Il brille, et l'éclat de ses feux
> La rend plus belle et plus féconde.
>
> BERNIS.

On ne saurait mieux dire en latin et en français ; et voilà le tempérament amoureux de la reine Isis bien mis à découvert.

Ces deux inscriptions n'étaient sûrement pas en langue hiéroglyphique. Si Eusèbe ne le dit pas, qu'en savons-nous? Il est très-probable, au reste, que si elles ont réellement existé, elles étaient en caractères hiéroglyphiques, puisque les Égyptiens ne nous en ont pas laissé d'autres sur leurs monuments. — Ni en *cuffite*. — Je ne connais point de langue cuffite, mais seulement un *caractère cuffique* pour la langue arabe. Ce caractère tire sans doute son nom de la ville de Cuffa, et c'est comme qui dirait l'*estrangelo* pour le syriaque. — *Osiris et Isis y parlent (en personne)*. — Précisément comme les héros de l'antiquité parlent *en personne* sur nos théâtres. — *Ces deux personnages* (Isis et Osiris) *sont fort antérieurs à Moïse.* — Antérieurs même à Adam, qui ne fut créé que le sixième jour, lorsque Isis et Osiris étaient déjà en train pour le recevoir.

Je crois, au reste, très-peu à toutes ces colonnes et à

toutes ces inscriptions, du moins à leur antiquité. On a paru, dans ce siècle, accorder quelque foi à ces monuments pour contredire Moïse. Si un apologiste de la religion citait, en faveur des traditions hébraïques, des colonnes de brique antédiluvienne, portant des inscriptions hiéroglyphiques traduites, on ne sait quand, par un Grec nommé *Agathodémon* (bon génie), ensevelies pendant des siècles dans le fond d'un temple égyptien, et traduites enfin, dans le troisième siècle de notre ère, par un prêtre égyptien et courtisan, dont l'ouvrage encore ne nous est connu que par un diacre du huitième, on pâmerait de rire. Mais contre Moïse on écoute ces sornettes. Chaque siècle a ses ridicules, qu'il faut laisser passer. Les chicaneurs tombent l'un après l'autre, comme les feuilles d'automne, et Moïse reste.

53. — † A mademoiselle Adèle de Maistre.

Saint-Pétersbourg, 8 novembre 1807.

J'ai été enchanté, ma chère Adèle, de ta charmante petite lettre du 28 août. J'ai reçu *con pienissima soddisfazione* les assurances que tu me donnes que le temps et l'absence ne font nul tort à M. ton père dans la mémoire et dans le cœur de sa petite Adèle. Il faut avouer que l'absence, qui est si cruelle, fait rire cependant, à cause des jolies phrases qu'elle introduit dans les lettres. Tu me dis, par exemple : *Quand vous écrirez à Rodolphe, ne manquez pas.* Tu m'écrivais cela le 28, et dans ce moment je tenais le cher enfant depuis six jours, et je le possédais depuis deux mois quand j'ai reçu ta lettre ; tu en verras la preuve dans cette même dépêche. J'assure ta mère que je suis fort content de ce jeune homme ; la guerre ne l'a nullement gâté, ni pour le goût de l'occupation, ni pour des choses plus essentielles. Il a couché trois mois dans l'eau ; tu crois peut-être que c'est une façon de parler, c'est au pied de la lettre. La nuit, les grenouilles leur sautaient sur le visage, comme les puces ailleurs. Il n'a jamais été enrhumé, il a grandi, et se porte à merveille : du reste, je puis t'assurer que tout le monde est ici extrêmement étonné de sa sagesse (ceci est dit en confidence).

Tu es une folle avec ta *peinture à l'huile ;* ton oncle rit beaucoup de ta grandeur d'âme, et te conseille de ne faire que des tableaux d'histoire. Pour moi, je suis d'un avis contraire et plus grossier. Comme je serais très-mortifié de te voir danser comme une danseuse de l'Opéra, je ne vois pas pourquoi tu devrais peindre comme un artiste. Toute comparaison cloche, et celle-ci cloche beaucoup ; car il y a bien de la différence entre la danse, etc., etc.., cela s'entend. Mais il y a quelque chose de vrai. Je tiens pour la miniature et pour le paysage. A propos, as-tu appris le latin ? Je m'en douterais quand je t'entends dire *Cosi francamente ; sinite pueros.* Si tu sais le latin à fond, je te conseille le grec, surtout le *Kyrie eleison.*

Il me semble que ce n'est point encore temps pour toi de lire l'Arioste. Il y a des strophes trop choquantes. Tu pourrais le lire avec quelqu'un qui passerait certains endroits. Au reste, ma chère enfant, je m'en tiens à l'épithète *choquantes*, mais je ne dirai pas *dangereuses;* car je suis bien persuadé qu'il n'y a plus rien de *dangereux* pour mon Adèle : mais je ne te conseillerai jamais de regarder dans un bourbier, quand même il ne te ferait certainement aucun mal. Il ne me reste que le temps et le papier nécessaires pour dire une tendresse à cette dame qui est là à côté de toi, qui élève si bien ses poussins, que j'aime de tout mon cœur. Écris-moi souvent, conte-moi tes occupations. Envoie-moi quelque chose si tu peux. Embrasse ma Constance. Je n'ai plus de place. Adieu, mon cœur.

---

54. — † A mademoiselle Adèle de Maistre.

Saint-Pétersbourg, 23 décembre 1807.

Voici donc, mon petit enfant, quelques ouvrages, ou, pour parler plus correctement, deux ouvrages de monsieur ton oncle pour ton maître M. Bussolini, qui se plaint beaucoup de ton excessive application. Ce crime n'est pas commun, cependant c'est un crime, contre toi-même à la vérité, et non contre les autres : mais enfin c'est un crime ; il y a longtemps que je t'ai annoncé la punition. Pour revenir à la peinture, tu seras sans doute enchantée de la tête d'après le Guide; le paysage est aussi joli dans son genre; mais ce n'est pas du tout dans ce petit champ que se déploie le talent de ton oncle : il faut voir ses grands paysages à l'huile. Tu penses bien, ma chère Adèle, que je voudrais fort t'envoyer le portrait de ton vieux papa fait de cette main habile; mais jusqu'à présent il n'y a pas eu moyen ; ce n'est pas qu'il ne dise souvent : *A propos, il faut que je fasse ton portrait!* Mais bientôt une idée vient à la traverse, et les jours passent ainsi. C'est un excellent homme, qu'il faut prendre comme il est; chez lui, tout dépend de l'inspiration : un jour peut-être il m'enverra réveiller pour faire ce portrait. Si tu lui avais écrit une fois : *Allons donc, mon oncle, envoyez-nous cette image!* nul doute qu'il n'eût commencé sur-le-champ. En attendant, ma très-chère, je t'envoie un autre portrait fait à la plume, et que je n'ai pas le front de copier; je t'envoie l'original; il est mieux dans tes mains que dans les miennes; car tu le croiras ressemblant, ce que je ne crois pas du tout (1). Ton oncle le commença en 1798, et il l'a heureusement achevé l'année dernière : voilà l'homme. Huit ans pour une ode, c'est honnête. De Moscou, où il était alors, il m'en envoya une première édition, dont le commencement était en contradiction avec la fin, en me disant : *Tu sais que je ne fais jamais ce que je veux; d'ailleurs, ce n'est qu'une inconséquence de plus.* Cependant, arrivé ici, il remit la pièce sur le métier, et, moyennant la date primitive de 1798, tout va à merveille. Il se moque de lui-même, sur ses lubies, de la meilleure grâce du monde. Un jour tu me feras une copie de cette pièce un peu plus élégante : pour moi, je te l'envoie telle quelle; je ne la conserve point.

Ma chère, mon aimable enfant, quand est-ce donc que je te reverrai, que je pourrai t'embrasser et te parler sans encre? Tu sais, du reste, que tu es ma bien-aimée; ce n'est pas que tu le mérites, mais l'amour est aveugle, et jamais il n'ouvrira les yeux. Pendant que je griffonne ces lignes, on m'apporte une invitation, que j'enferme encore sous cette enveloppe pour savoir si je pourrai te tenter. Viens, ma chère enfant, je te mènerai avec moi. Que veux-tu que je fasse depuis sept heures du soir jusqu'à neuf heures du matin chez cette noble dame qui m'invite à un bal, divisé par un petit souper de quatre cents couverts? Je traîne ma tristesse sur l'acajou d'une chambre à l'autre; je n'entends pas la musique. Au milieu des diamants, des perles, des jaspes, du vermeil et du cristal de roche, je ne vois rien, sinon que je ne vous vois pas. Mais si je te voyais danser ! si je pouvais te verser *una gocciolina* de tous ces vins du midi que je trouve fades... comme je se-

---

(1) Il s'agit d'une ode adressée au comte Joseph par son frère le comte Xavier.

rais heureux ! Mais il ne faut pas trop s'échauffer la tête. Adieu donc, petite demoiselle de mon cœur. Je t'embrasse sans miséricorde, comme j'en ai bien le droit, ce me semble.

---

55. — † **A mademoiselle Adèle de Maistre.**

Saint-Pétersbourg, 10 janvier 1808.

Mon cher cœur, dans une lettre qui peut-être ne te sera point encore parvenue lorsque tu recevras celle-ci, je te disais que je n'avais pas la moindre espérance de t'envoyer mon portrait, qui ne se faisait jamais que *demain*. Le même jour j'allai chez Xavier. Tout à coup il me dit, *à propos* de toute autre chose : « *A propos*, il faut que je fasse « ton portrait ; voyons si j'ai des ivoires. — Non, rien ne « me contente ; il faut que je le peigne sur cette palette « qui est forte, je vais la laver ; fort bien. Allons vite. — A « propos, j'ai pensé qu'il fallait le faire graver, j'ai déjà « parlé au graveur. — Tu as beaucoup d'amis, cette gra-« vure est nécessaire. » — Et voilà, ma chère, comment tu auras dans peu de temps ma chienne de figure. Tu auras peine à me reconnaître, tant j'ai vieilli. Je ne suis pas *gris comme un âne*, comme disait notre ami Costa, *mais blanc comme un cygne*. Cela est plus élégant et plus triste. Que veux-tu, ma chère Adèle? il faut obéir au temps.

Son vol impétueux me presse et me poursuit.
Je n'occupe qu'un point de la vaste étendue,
Et mon âme éperdue
Sous mes pas chancelants voit ce point qui s'enfuit.

J'aurais cependant bien mauvaise grâce de me plaindre

d'être ainsi poussé par le temps; ce qui me fâche, c'est de faire le voyage loin de toi, et de ne pouvoir jaser avec toi pendant que la barque vole. Ma plume ressemble un peu (et en cela seul) à celle de madame de Sévigné : elle a la bride sur le cou. Elle pouvait bien se dispenser, par exemple, de griffonner ces lugubres moralités sur le temps; mais qui peut arrêter certaines plumes?

Nos *santés respectives* sont parfaites. Ton frère est toujours à cheval, et me mange *plus d'argent que je ne voudrais*; mais je ne puis me plaindre, puisqu'il en mange *moins qu'il ne faudrait*. Si l'on te faisait chevalier-garde, tu ne serais pas plus sage. L'on me complimente beaucoup sur son éducation; mais, comme il est de toute justice, j'en renvoie tout l'honneur à ta mère, car je n'ai rien tant en horreur que de posséder le bien d'autrui. — Si tu ne trouves pas dans cette lettre une feuille de sa façon, il ne faut pas lui en vouloir, il allait prendre la plume lorsqu'il a été commandé. *Gloire, tu commandes; adieu mes amours!* Cette gloire pacifique ne m'ôte pas le sommeil. Je ne me rappelle jamais l'autre sans terreur.

Je t'avais invitée, par écrit, à un souper où tu n'es point venue : je t'attendis en bâillant jusqu'à deux heures du matin. Tu as commis là une grande indignité,

> Et le Caucase affreux, t'engendrant en courroux,
> Te fit le cœur plus froid, plus dur que ses cailloux.

Peut-on finir plus amoureusement? Mille tendresses à mes trois femmes.

56. — A M. le chevalier de Maistre.

Saint-Pétersbourg, 7 (19) janvier 1808.

Je ne sais, mon cher Nicolas, si tu as jamais lu ou entendu une description de la cérémonie de la bénédiction des eaux : dans le doute, je t'en envoie une petite narration. Ce ne peut être que du papier perdu, le plus léger des inconvénients.

On bâtit sur la Néva une espèce de pavillon, ou, si tu veux, un temple en rotonde antique, formé par un circuit de colonnes et ouvert de toutes parts. Dans cette enceinte on fait un trou à la glace, qui met à découvert les eaux de la Néva, et l'on remplit un baquet qu'on bénit, et dont l'eau sert ensuite à baptiser les enfants nouveau-nés qu'on y présente, et à bénir les drapeaux de tous les corps de troupes qui sont à Pétersbourg. La cérémonie faite, on verse l'eau du baquet dans le puits; et voilà comment toute la Néva se trouve bénite par communication. Jadis on apportait une grande importance à faire baptiser les enfants avec cette eau : on les plongeait immédiatement, suivant le rit grec, dans l'eau de la Néva; et quelques voyageurs ont raconté sérieusement que, lorsque l'archevêque laissait échapper de ses mains, pétrifiées par le froid, quelqu'un de ces enfants, il disait froidement : *Davai drougoi* (Donnez-m'en un autre). C'est un conte fondé, comme il arrive toujours, sur quelques cas particuliers, généralisés par la malice. Au surplus, le Gange voit souvent des choses tout aussi extravagantes.

Le matin de l'Épiphanie, le clergé, avec ses plus beaux habits de cérémonie, part du palais d'hiver en procession pour se rendre sur la Néva, et toute la cour suit à pied. Maintenant les princesses seules et les petits princes se trouvent à cette procession, l'empereur et le grand-duc Constantin, son frère, étant à cheval à la tête des troupes. La cérémonie dure plus d'une heure, et je n'ai pas encore vu, depuis six ans, que les princesses s'en soient dispensées. A leur retour, elles viennent se placer sur un grand balcon, ou, pour mieux dire, sur une petite terrasse attenante à l'une des grandes salles du palais. C'est là où nous leur faisons notre cour, pendant que les troupes défilent devant elles. Cette seconde procession n'a pas duré hier moins de deux heures mortelles ; et je ne doute pas, en considérant ce temps et l'immense espace que les troupes occupaient, et ayant pris d'ailleurs l'avis des hommes les plus instruits, que nous n'ayons vu défiler trente mille hommes. Toutes ces troupes (d'une beauté incomparable) ont fait, pendant la procession, trois salves divisées par corps, et ont tiré d'une manière détestable. Nos milices auraient été punies pour une pareille lourdise. Ici il ne m'a guère paru qu'on y ait fait la moindre attention. J'ai déjà observé ce phénomène d'autres fois. Un tiers des fusils peut-être a gardé le silence. Les yeux français et autrichiens ont bien aperçu cette circonstance, qui a été attribuée au défaut des armes ; mais j'en doute beaucoup. Outre l'envie de garder la poudre, il y a une autre cause qui te paraîtra bien étrange, mais dont je ne suis pas moins parfaitement assuré : c'est la peur des recrues qui craignent de tirer !

Pendant cette marche de deux heures, les impératrices et l'auguste famille n'ont jamais remué. Tu entends bien qu'elles sont enveloppées, de la tête aux pieds, de tout ce qu'il y a de plus chaud et de plus magnifique en fait de pelisses ; cependant c'est une corvée, à cause du visage surtout.

Quant à ceux qui font leur cour, ils ne sont point gênés : ils rentrent dans la salle, se chauffent, boivent du vin, des liqueurs, et mangent toutes les fois qu'ils en ont fantaisie.

Un spectacle précieux était celui de l'ambassadeur de France, pénétré et transi de froid, rouge comme une crête de coq, et tremblant comme un roseau. Il nous a beaucoup divertis; mais, en récompense, il a été comblé d'honneurs. Le matin, S. M. I. a envoyé chez lui le grand maréchal de la cour (note bien, je te prie) pour l'inviter à suivre l'empereur à la parade. En même temps il lui était recommandé de ne point s'inquiéter, et de demeurer tranquille chez lui jusqu'à dix heures. — A dix heures donc, S. M. I. lui a envoyé un cheval pour lui, et trois autres pour les trois aides de camp qu'il voudrait choisir. L'un des élus lui a dit : *Mon général, j'aimerais mieux une bataille que la journée d'aujourd'hui!* — Comment donc? — *Mais oui; on se tire des coups de fusil, mais au moins cela sert à quelque chose.* De son côté, Monseigneur le grand-duc envoya un message fort poli à monsieur l'ambassadeur, lui faisant dire qu'*il ne lui envoyait point de chevaux, parce qu'il savait que son frère lui en envoyait; mais qu'il serait enchanté de pouvoir lui être utile à quelque chose.* M. de Caulincourt a donc eu le très-grand, mais très-froid honneur d'accompagner S. M. I. à la parade; et ce fut de là qu'il nous rapporta ces belles couleurs et ce grelottement qui amusa beaucoup le balcon.

Il n'y avait hier que six degrés de froid; mais il y avait malheureusement du vent, ce qui double l'effet du froid. Les troupes demeurèrent huit heures de suite sous les armes. Parmi cette foule de soldats, aucun peut-être n'avait mangé, et très-peu avaient dormi, à cause de la toilette militaire. Ils ont dû beaucoup souffrir; quelques-uns s'évanouirent et tombèrent. Qui sait ce qui se rend aujourd'hui dans les hôpitaux? C'est de quoi on s'embarrasse fort peu; ce qu'on ne voit pas ne fait nul effet. Ce qu'on vit malheureusement très-distinctement, ce fut le malheur arrivé à un jeune chevalier-garde, M. Walouieff. Il montait un jeune cheval qui n'avait pas encore vu ou assez vu le feu. Aux premières décharges, l'animal se cabra et s'emporta d'une manière terrible. Le jeune homme était gelé, privé de mouvement et de tact; ne pouvant tenir la bride, il fut renversé comme une bûche. Le pied resta pris dans l'étrier, et le cheval se mit à traîner ce malheureux officier sur la grande place d'armes : ce fut un spectacle épouvantable. On arrêta à la fin le cheval, mais le cavalier était bien maltraité. D'abord on le dit mort, comme il arrive toujours; mais aujourd'hui j'entends dire qu'il est mieux. Au reste, on dit qu'il avait mérité son malheur en buvant beaucoup de liqueurs pour s'échauffer, chose qu'il ne faut jamais faire lorsqu'on est dans le cas de s'exposer au froid; nous avions souvent l'occasion de faire cette expérience dans les Alpes. Adieu, cher ami; je joins cette feuille à ma lettre de ce jour pour l'amusement de toi et des nôtres.

---

57. — A M. le général Pardo, ministre d'Espagne.

Saint-Pétersbourg, 20 mars (1ᵉʳ avril) 1808.

Monsieur le général,

Je viens de lire avec un plaisir infini votre *Examen analytique du tableau de la Transfiguration*, qui est, dans le vrai, un traité complet sur la peinture antique et moderne. Cet ouvrage réunit tous les genres de mérites : logique saine, observations fines, analyses déliées, érudition choisie, toujours prise aux sources mêmes, et jamais dans les dictionnaires ou dans les tables de matières. Bon ton d'ailleurs, style de bonne compagnie, et grâce castillane revenue de Paris. Rien n'y manque, à mon avis; et le titre même a un grand mérite, en ce qu'il ne promet qu'une très-légère partie de ce que vous donnez.

Tout de suite j'ai fait passer cet excellent livre à mon digne ami M. le comte de Blacas, qui ne s'amusera peut-être pas autant que moi avec les passages de Platon et d'Aristote, mais qui est bien plus digne, en revanche, de rendre à l'auteur toute la justice qui lui est due en qualité de connaisseur.

S'il vous était jamais possible, Monsieur le général, lorsque le livre sera retourné dans vos mains, de vous en séparer de nouveau pour quelques jours en ma faveur, je trouverais peut-être le courage de vous présenter quelques doutes qui flottent depuis longtemps dans ma tête sur le beau en général, et sur d'autres objets moins abstraits. En attendant, Monsieur le général, me permettrez-vous d'arrêter votre attention sur un passage de Quintilien extrêmement précieux, mais que vous ne paraissez pas avoir traduit avec le même bonheur qui vous l'a fait trouver, — page 127 : *Nec pictura in qua nihil circumlitum est eminet : ideoque artifices, etiam quum plura in eadem tabula opera contulerunt spatiis distinguunt, ne umbræ in corpora cadant.* Vous traduisez : *Ni tampoco sobresale una pittura quando esta circumdada de obscuridad*, etc. Si je ne me trompe infiniment, Monsieur le général, c'est tout le contraire. Quintilien veut dire qu'*une figure n'a point de saillie lorsqu'elle n'est pas* ENCADRÉE *dans l'ombre. Et voilà pourquoi*, ajoute-t-il, *les anciens artistes, lors même que leurs tableaux contiennent plusieurs figures, ne les groupent jamais; ils les isolent constamment, de peur que l'une ne tombe dans l'ombre de l'autre et n'en soit éclipsée.* Voilà, Monsieur le général (avec un peu de paraphrase), le véritable sens du passage. Vous me demanderez peut-être pourquoi je m'avise de traduire *anciens artistes?* A cause de *contulerunt*, qui me paraît se rapporter assez clairement au temps passé. On n'avait pas droit, ce me semble, de traduire *introduycen*, il fallait dire *introduycieren* (je barbarise peut-être, mais vous m'entendez). Quand l'expression *contulerunt* ne ferait naître qu'un doute, je vous tiens pour obligé *en conscience* de le laisser subsister.

Pour ce qui est des conséquences qu'on a droit de tirer de ce passage sur la manière des anciens peintres, nous en parlerons, j'espère, une autre fois. Mais, quoi qu'il en soit, je crois comme vous, et peut-être plus que vous (car je ne suis point obligé d'être modeste pour vous), que vous avez indiqué un passage décisif.

Afin de payer faiblement, mais au moins en monnaie qui ait cours chez vous, le plaisir que vous m'avez procuré, j'ai l'honneur de vous adresser le premier volume de la philosophie de Stay. Je ne connais pas de plus grand effort de latinité moderne. Voyez, je vous prie, sans aller plus loin (Préf., p. xviij), comme il a exprimé les deux règles : que *la vitesse est comme les temps divisés par l'espace;* et que *les solides semblables sont comme les cubes de leurs côtés homologues.*

Agréez, je vous prie, l'assurance de la haute considération...

58. — A M. le chevalier de ...

Saint-Pétersbourg, mai 1808.

Monsieur le chevalier,

J'ai promis, dans un de mes précédents numéros, de vous donner *pleine satisfaction* sur une tentative qui vous a paru si étrange. Je m'acquitte aujourd'hui de ma parole, en vous priant néanmoins, avant tout, de ne donner à tout ce que vous allez lire que le nom d'*éclaircissement*; car, pour les *apologies*, je les abandonne volontiers à ceux qui en ont besoin.

Les États du roi sont conquis et possédés par un homme rare, extraordinaire, etc. (je lui donnerai volontiers toutes les épithètes qu'on voudra, excepté celle de *grand*, laquelle suppose une moralité qui lui manque). Cet homme est surtout remarquable, ainsi que tous ses collègues qui figurent dans l'histoire, par une volonté invincible. Avant d'agir, il réfléchit; mais dès qu'il a pris son parti, jamais on ne l'a vu reculer. C'est un instrument visiblement choisi par la Providence pour opérer l'une des plus grandes révolutions qu'on ait vues sur la terre.

Dans les vastes projets qui remplissent cette tête, l'Italie occupe l'un des premiers rangs. Il y tient d'une manière inflexible; et le Piémont, qui est la clef de ce beau pays, est aussi la province qu'il a serrée le plus fortement dans ses bras de fer. Il s'en est occupé sans relâche; il y a tout détruit et tout changé. Il l'a, pour ainsi dire, *pétri* pour l'amalgamer avec la France, et il se plaît à dire qu'*il faudrait trois siècles pour rétablir ce qui existait.*

On peut dire que, depuis la bataille de Marengo, la restauration du Piémont a cessé d'être possible. Cependant on pouvait encore se flatter ; mais, depuis celle d'Austerlitz, aucun homme usant de sa raison n'a pu conserver d'espérance. Tout se réduit donc *dans ce moment*, pour S. M., à une indemnité plus ou moins disproportionnée. Pour l'obtenir, nous comptions sur deux amis puissants : l'un a disparu comme un brouillard (du moins pour quelque temps) ; que fera l'autre? Je n'en sais rien. Un prophète qui était roi a dit : *Ne vous fiez pas aux rois (Nolite confidere in principibus)*. Certainement, Monsieur le chevalier, ce grand et saint personnage n'a pas voulu déprimer un ordre auguste dont il était membre lui-même ; il a voulu seulement exprimer une vérité toute simple : c'est que tous les actes des souverains étant nécessairement soumis à la raison d'État, laquelle obéit à son tour aux agitations éventuelles du monde politique et moral, faire dépendre sa sûreté et son salut des dispositions constantes d'une cour quelconque, c'est, au pied de la lettre, se coucher, pour dormir à l'aise, sur l'aile d'un moulin à vent.

Outre ces observations générales, j'en ai de particulières à l'Angleterre. Les gouvernements mixtes forment toujours des alliés équivoques. Je n'entends point manquer de respect à ce gouvernement, je le vénère, au contraire, et l'admire infiniment (à sa place néanmoins, et non ailleurs) ; mais il est cependant vrai que ces sortes de gouvernements rendent les alliances bien précaires. Il faut accorder une foule de volontés. L'opinion tient le sceptre. La guerre et la paix sont déclarées souvent à la Bourse avant de l'être à Saint-James, et nul ministre ne peut résister à la volonté de la nation bien exprimée. **Le roi**, d'ailleurs, touche à la fin de sa noble carrière. **A sa place**, nous voyons arriver un élève de Fox, sur lequel je compte fort peu. Même dans toute la vigueur du règne actuel et du ministère passé, je vois Pitt, accusé de nous avoir abandonnés.

dire en plein parlement : « *Nous aurions rendu un fort mauvais service au roi de Sardaigne en le plaçant en contact avec ces républiques incendiaires d'Italie.* » Je vois S. M. mise dans la balance, au traité d'Amiens, avec l'île de Ceylan, et complétement sacrifiée sans balancer. Je lis enfin les lettres anciennes du digne comte de Front, où il ne cesse de me répéter que, *si les deux puissances n'agissent pas de concert, il a bien peu d'espérance.* Aujourd'hui que non-seulement elles n'agissent pas de concert, mais en sens contraire, que pourra et que voudra l'Angleterre? C'est ce que j'ignore. Ajoutons que la haine mortelle que Napoléon a vouée à cette puissance retombe sur nous, et que, du moment où il nous a vus sous sa tutelle seule, il était de toute évidence qu'il allait tomber sur nous, quand ce ne serait que pour étouffer sur-le-champ la petite faveur qu'allait prendre notre pavillon, et prévenir l'utilité dont il pourrait être aux Anglais pour leurs spéculations dans la Méditerranée. En attendant, sa haine épouvantable se déploie de toutes les manières contre S. M. Il refuse de la reconnaître pour souverain ; il fait disparaître son nom de tous les calendriers qui lui obéissent, etc.

Et lorsqu'avec cet homme qui tient l'Europe dans sa main, on en viendra enfin à une paix finale (supposé cependant qu'elle soit possible), s'il vient à s'obstiner irrémissiblement, et à faire des offres acceptables à l'Angleterre sans vouloir entendre parler de nous, fera-t-elle la guerre pour le roi?

Au moment où je m'occupais le plus fortement de ces tristes idées, il arrive ici un favori de Napoléon. Cet homme se prend de quelque intérêt pour moi, sans savoir pourquoi, car je ne lui avais pas même fait une visite. De plus, il est présenté dans une maison avec laquelle je suis fort lié ; et le chef de cette maison, qui est un Français naturalisé dans ce pays, et chambellan de S. M. I., est un homme délié, qui est fait exprès pour conduire une affaire, et qui me veut d'ailleurs beaucoup de bien. Je réfléchis sur tout cela, et je me demande s'il n'y aurait pas moyen de tirer parti des circonstances en faveur de S. M. Les hommes extraordinaires ont tous des moments extraordinaires; il ne s'agit que de savoir les saisir. Les raisons les plus fortes m'engagent à croire que, si je pouvais aborder Napoléon, j'aurais des moyens d'adoucir le lion, et de le rendre plus traitable à l'égard de la maison de Savoie. Je laisse mûrir cette idée, et plus je l'examine, plus elle me paraît plausible. Je commence par les moyens de l'exécuter, et, à cet égard, il n'y a ni doute ni difficulté. Le chambellan, M. de Laval, dont il est inutile que je vous parle plus longuement, était, comme je vous le disais tout à l'heure, *fait exprès*. Il s'agissait donc uniquement d'écarter de cette entreprise tous les inconvénients possibles, et de prendre garde avant tout de ne pas choquer Napoléon. Pour cela, je commence par dresser un mémoire écrit avec cette espèce de coquetterie qui est nécessaire toutes les fois qu'on aborde l'autorité, surtout l'autorité nouvelle et ombrageuse, sans bassesse cependant, et même, si je ne me trompe, avec quelque dignité. Vous en jugerez vous-même, puisque je vous ai envoyé la pièce. Au surplus, Monsieur le chevalier, j'avais peu de craintes sur Bonaparte. La première qualité de l'homme né pour mener et asservir les hommes, c'est de connaître les hommes. Sans cette qualité, il ne serait pas ce qu'il est. Je serais bien heureux si S. M. me déchiffrait comme lui. Il a vu, dans la tentative que j'ai faite, un élan de zèle; et comme la fidélité lui plaît depuis qu'il règne, en refusant de m'écouter il ne m'a cependant fait aucun mal. Le souverain légitime, intéressé dans l'affaire, peut se tromper sur ce point; mais l'usurpateur est infaillible.

Tout paraissant sûr de ce côté, et m'étant assuré d'ailleurs de l'approbation de cette cour, et même de la protection que les circonstances permettaient, il fallait penser à l'Angleterre, et prévenir tout mécontentement de sa part, et prendre garde surtout de lui fournir un moyen d'échapper à ses engagements en nous disant : *Puisque vous agissez sans moi, vous n'avez pas besoin de moi.* Je me rends donc chez l'ambassadeur d'Angleterre, qui était sur le point de partir, et je lui fais part de mon projet, en lui expliquant que l'idée appartenait uniquement à moi, et le priant d'en parler dans ce sens en Angleterre, si je venais à partir, ce qui était douteux. Il ne me fit qu'une seule objection : *Ne vaudrait-il point mieux peut-être attendre ce qu'on pourra faire pour le roi à la paix générale?* Je lui répondis : *Mylord, V. E. pourrait-elle m'assurer que l'Angleterre, dans un traité de paix, insistera sur l'indemnisation du roi?* — Il se tut. Je continuai sans insister. — *Je voudrais tâcher, mylord, d'adoucir cet homme, et de lui faire adopter des idées plus modérées, afin qu'il soit plus traitable lorsque la générosité de S. M. B., de qui nous attendons tout, lui proposera des indemnisations pour nous.* Il me remercia de ma confiance, et n'insista plus de son côté sur l'objection. Je lui remis une lettre pour M. le comte de Front, dans laquelle j'instruisais ce dernier de tout ce qui s'était passé, l'autorisant à déclarer, dans le cas où je partirais, que S. M. ignorait cette démarche, faite absolument à mes périls et risques.

Et la même déclaration était insérée dans le mémoire sur mon expresse parole d'honneur, et certainement on y croira. Ainsi, Monsieur le chevalier, nul inconvénient possible pour S. M. : tout est prévu. Cependant, pour abonder, je déclare par écrit, dans ma lettre d'accompagnement au général Savary, que, si mes qualités ne sont pas exprimées dans mon passe-port, je ne partirai point. En effet, il ne me convenait nullement de montrer un écrit qui aurait supposé que S. M. n'est pas ce qu'elle est. Enfin, comme une certaine supposition absolument hors de la sphère des probabilités n'était cependant pas tout à fait hors de celle des possibles, je priai S. M. de vouloir bien se rappeler une lettre que j'avais eu l'honneur de lui écrire une fois; et, de mon côté, j'avais pris mes mesures pour n'être embarrassé dans aucune supposition.

Tout étant donc scrupuleusement prévu, et la consultation préliminaire étant impossible, je me déterminai. Maintenant, Monsieur le chevalier, raisonnons. Que pouvait-il arriver? Ou Napoléon me recevait, ou non; dans le dernier cas, il n'y a ni bien ni mal de fait : ce n'est rien, et tout reste à sa place. Dans le second, je vous avoue que j'avais de grandes espérances. Pour ôter les épines du passage, j'avais exclu le mot *restitution ;* quelle puissance de l'Europe oserait le prononcer? Mais je savais quelles cordes je devais toucher, et il ne s'agissait pour moi que d'arriver. Quand je n'aurais fait qu'amortir la haine et l'infatigable persécution qui nous font tant de mal, j'aurais beaucoup fait. Le nom de S. M. rétabli dans toutes les listes royales, ses ministres admis à Paris et reconnus partout, son pavillon respecté, le commerce de ses sujets libre, etc., c'était beaucoup; mais vous entendez assez que, si j'avais trouvé les chemins ouverts, j'aurais entrepris d'autres choses. Je comptais commencer la conversation à peu près de cette manière : *Ce que j'ai à vous demander avant tout, c'est que vous ne cherchiez point à m'effrayer, car vous pourriez me faire perdre le fil de mes idées, et fort inutilement, puisque je suis entre vos mains. Vous m'avez appelé, je suis venu; j'ai votre parole. Faites-moi fusiller demain, si vous voulez; mais écoutez-moi aujourd'hui.*

Quant à l'épilogue que j'avais également projeté, je puis aussi vous le faire connaître. Je comptais dire à peu près : *Il me reste, Sire, une chose à vous déclarer : c'est que jamais homme vivant ne saura un mot de ce que j'ai eu l'honneur de vous dire, pas même le roi mon maître; et je ne dis point ceci pour vous, car que vous importe? Vous avez un bon moyen de me faire taire, puisque vous me tenez. Je le dis à cause de moi, afin que vous ne me croyiez pas capable de publier cette conversation. Pas du tout, Sire! Regardez tout ce que j'ai eu l'honneur de vous dire comme des pensées qui se sont élevées d'elles-mêmes dans votre cœur. Maintenant je suis en règle; si vous ne voulez pas me croire, vous êtes bien le maître de faire tout ce qui vous plaira de ma personne, elle est ici.* — En effet, si Napoléon m'avait cru assez fou pour me vanter de ce que j'avais dit dans cette occasion, il ne devait plus me laisser voir le jour; et il n'y avait nulle raison de m'exposer à ce danger sans utilité pour S. M.

Voilà, Monsieur le chevalier, ce que j'avais à vous dire sur ce point. Il en résulte, avec l'évidence la plus complète : 1° que la tentative que j'ai faite a été calculée avec toute la prudence imaginable; 2° qu'elle pouvait être d'une utilité immense à S. M.; 3° qu'elle ne pouvait lui faire aucun mal; 4° que toutes les chances favorables étaient pour elle, 5° et tous les dangers pour moi.

Que Bonaparte et sa race doivent tomber, c'est ce qui me paraît infaillible; mais quelle sera l'époque de cette chute? c'est ce que personne ne sait. Or, comme cette suspension peut détruire la maison de Savoie de deux manières et sans retour, pour écarter ce danger autant que la chose est possible, que fallait-il faire? Ce que j'ai fait : il n'y a pas deux réponses.

Comment donc cette idée a-t-elle été si mal accueillie à Cagliari? Je crois que vous m'en dites la raison sans le savoir, dans la première ligne chiffrée de votre lettre du 15 février, où vous me dites que la mienne *est un monument de la plus grande surprise.* Voilà le mot, Monsieur le chevalier; le cabinet est surpris. Tout est perdu. En vain le monde croule, Dieu nous garde d'une idée imprévue! et c'est ce qui me persuade encore davantage que je ne suis pas votre homme; car je puis bien vous promettre de faire les affaires de S. M. aussi bien qu'un autre, mais je ne puis vous promettre de ne jamais vous surprendre. C'est un inconvénient de caractère auquel je ne vois pas trop de remède. Depuis six mortelles années, mon infatigable plume n'a cessé d'écrire chaque semaine que, *S. M. comptant absolument sur la puissance ainsi que sur la loyauté de son grand ami, et ne voulant pas faire un pas sans son approbation,* etc. : c'est cela qui ne surprend pas! Dieu veuille bénir les armes de M. de Front plus que les miennes! Quand j'ai vu qu'elles se brisaient dans mes mains, j'ai fait un effort pour voir si je pourrais *rompre la carte;* l'ennemi n'a pas voulu m'entendre : si vous y songez bien, vous verrez que c'est une preuve certaine que j'avais bien pensé. Il a jugé à propos, au reste, de garder un silence absolu sur cette démarche; car je n'ai nulle preuve qu'il en ait écrit à son ambassadeur ici, et je suis sûr qu'il n'en a pas parlé au comte Tolstoï à Paris.

Au surplus, Monsieur le chevalier, sans me permettre des communications imprudentes, je ne m'en suis pas cependant tout à fait fié à moi-même. J'ai discuté la chose, par exemple, avec l'ami qui était confident nécessaire et dont j'estime la dextérité, avec le ministre des affaires étrangères, avec le ministre adjoint, l'un des hommes les plus sages de ce pays, avec le prince Czartorisky, qui est d'un autre parti. Pas un ne m'a fait la moindre objection contre le projet, et presque tous l'ont jugé très-utile, si je pouvais l'exécuter. Or, permettez-moi de vous le dire, Monsieur le chevalier, lorsqu'une idée née dans une tête saine qui surmonte un cœur droit a de plus été examinée attentivement et approuvée par quatre ou cinq hommes de poids, elle ne saurait plus être absurde ni condamnable ; elle peut être simplement désapprouvée, mais c'est bien différent. Tout ministre qui agit de son chef, dans ces occasions rares où il ne lui est pas possible de consulter, sait bien que son maître peut dire oui ou non ; mais lorsque vous me dites que *S. M., sans donner de sinistres interprétations à mes démarches,* etc., c'est précisément comme si vous aviez écrit au maréchal Souwaroff : *Le roi, Monsieur le maréchal, sans croire que vous êtes un poltron, pense néanmoins,* etc. Je n'en dis pas davantage sur ce point, vu qu'il est aisé de s'échauffer en écrivant comme en parlant.

C'est un principe incontestable en diplomatie, et sans lequel même il n'y a point de diplomatie, qu'un ministre peut signer *sub spe rati* tout ce qui lui paraît utile à son maître, et qui ne peut souffrir délai. Si nous avions été admis, le duc et moi, à Tilsitt, n'aurait-il pas fallu signer ? et si, dans ce moment même, Napoléon exigeait sur la frontière une négociation soudaine sur les intérêts du roi, menaçant de ne plus écouter au delà du court délai qu'il fixerait, faudrait-il répondre, votre lettre à la main, que je ne puis entamer aucune négociation, à moins que mon gouvernement ne m'en ait prescrit d'avance tous les détails ? Impossible, Monsieur le chevalier. Tant que je serai ministre, je ferai le ministre. Si les propositions me paraissaient blesser les intérêts de Sa Majesté, je refuserais de signer ; mais si je les trouvais bonnes ou tolérables, je signerais *sub spe rati,* et Sa Majesté ferait ensuite ce qui lui paraîtrait convenable. — Mais il y a plus, dans ce cas. Permettez-moi de vous demander dans quel endroit de mes dépêches vous avez trouvé le mot ou l'idée de *négociation ?* Il n'y a pas d'idée que j'aie exclue plus exactement. Tout se réduit à la demande d'une simple conversation *comme simple particulier.* Jamais je n'ai dit un mot de plus. Si j'avais pu arriver, je serais allé, sans avoir écrit un mot, dire à Sa Majesté : *Voilà, Sire, ce qui m'a été dit; Votre Majesté en fera l'usage qu'elle jugera à propos.*

Si cela s'appelle une *négociation*, j'entends bien mal le sens des mots. J'en reviens donc toujours à la *surprise*. Il n'y a que cela.

Une circonstance bien remarquable, c'est que, pendant que mon mémoire marchait à sa destination, vous approuviez mot à mot ma conduite dans votre numéro 29 du 19 novembre ; de manière que ce fut, suivant mon usage, avec une parfaite bonne foi que, dans ma réponse à cette lettre (médiate ou immédiate, il ne m'en souvient plus), je me félicitai d'avoir rencontré précisément votre idée. En effet, vous me dites dans cette lettre : *Nous tâcherons, avec l'adresse convenable, d'amener le rapprochement que vous conseillez* (ne vous fâchez pas, je vous prie, si je vous dis en passant que dans ce genre toute adresse est maladresse). Vous continuez : *Mais Sa Majesté pense que vous pourriez y contribuer vous-même, au moins indirectement* (c'est ce que j'ai tâché de faire), *par l'entremise du ministère de Russie lui-même* (c'est ce que j'ai fait), *ou par quelque personne en liaison avec le négociateur* (c'est encore ce que j'ai fait); il est vrai que vous ajoutez, *sans vous compromettre*. Mais vous savez de reste que ces formules de bureau n'ont absolument point de sens, et signifient au fond : *Dites et ne dites pas ; faites et ne faites pas.* D'ailleurs, Sa Majesté n'était nullement compromise dans aucune supposition possible, et moi-même je ne l'étais point comme ministre. A la rigueur, je pouvais l'être personnellement, car on était maître sans doute de m'emprisonner ou même de m'étrangler à Paris; mais tout cela, sauf l'intérêt de bonté, ne fait rien du tout à Sa Majesté.

59. — A mademoiselle Constance de Maistre.

Saint-Pétersbourg, 1808.

Tu me demandes donc, ma chère enfant, après avoir lu mon sermon sur la science des femmes, *d'où vient qu'elles sont condamnées à la médiocrité?* Tu me demandes en cela la raison d'une chose qui n'existe pas et que je n'ai jamais dite. Les femmes ne sont nullement condamnées à la médiocrité ; elles peuvent même prétendre au sublime, mais au sublime *féminin*. Chaque être doit se tenir à sa place, et ne pas affecter d'autres perfections que celles qui lui appartiennent. Je possède ici un chien nommé *Biribi*, qui fait notre joie ; si la fantaisie lui prenait de se faire seller et brider pour me porter à la campagne, je serais aussi peu content de lui que je le serais du cheval anglais de ton frère, s'il imaginait de sauter sur mes genoux ou de prendre le café avec moi. L'erreur de certaines femmes est d'imaginer que, pour être distinguées, elles doivent l'être à la manière des hommes. Il n'y a rien de plus faux. C'est le chien et le cheval. Permis aux poëtes de dire :

Le donne son venute in excellenza
Di ciascun arte ove hanno posto cura.

Je t'ai fait voir ce que cela vaut. Si une belle dame m'avait demandé, il y a vingt ans, « Ne croyez-vous pas, Monsieur, qu'une dame pourrait être un grand général comme un homme? » je n'aurais pas manqué de lui répondre : « Sans doute, Madame. Si vous commandiez une armée, l'ennemi se jetterait à vos genoux, comme j'y suis moi-même ; personne n'oserait tirer, et vous entreriez dans la capitale ennemie au son des violons et des tambourins. » Si elle m'avait dit, « Qui m'empêche d'en savoir en astronomie autant que Newton? » je lui aurais répondu tout aussi sincèrement : « Rien du tout, ma divine beauté. Prenez le télescope, les astres tiendront à grand honneur d'être lorgnés par vos beaux yeux, et ils s'empresseront de vous dire tous leurs secrets. » Voilà comment on parle aux femmes, en vers et même en prose. Mais celle qui prend cela pour argent comptant est bien sotte. Comme tu te trompes, mon cher enfant, en me parlant du *mérite un peu vulgaire de faire des enfants!* Faire des enfants, ce n'est que de la peine ; mais le grand honneur est de faire des hommes, et c'est ce que les femmes font mieux que nous. Crois-tu que j'aurais beaucoup d'obligations à ta mère, si elle avait composé un roman au lieu de faire ton frère? Mais *faire ton frère,* ce n'est pas le mettre au monde et le poser dans son berceau ; c'est en faire un brave jeune homme, qui croit en Dieu et n'a pas peur du canon. Le mérite de la femme est de régler sa maison, de rendre son mari heureux, de le consoler, de l'encourager, et d'élever ses enfants, c'est-à-dire, *de faire des hommes* : voilà le grand accouchement, qui n'a pas été maudit comme l'autre. Au reste, ma chère enfant, il ne faut rien exagérer : je crois que les femmes, en général, ne doivent point se livrer à des connaissances qui contrarient leurs devoirs ; mais je suis fort éloigné de croire qu'elles doivent être parfaitement ignorantes. Je ne veux pas qu'elles croient que Pékin est en France, ni qu'Alexandre le Grand demanda en mariage une fille de Louis XIV. La belle littérature, les moralistes, les grands orateurs, etc., suffisent pour donner aux femmes toute la culture dont elles ont besoin.

Quand tu parles de l'éducation des femmes qui éteint le génie, tu ne fais pas attention que ce n'est pas l'éducation qui produit la faiblesse, mais que c'est la faiblesse qui souffre cette éducation. S'il y avait un pays d'amazones qui se procurassent une colonie de petits garçons pour les élever comme on élève les femmes, bientôt les hommes prendraient la première place, et donneraient le fouet aux amazones. En un mot, la femme ne peut être supérieure que comme femme ; mais dès qu'elle veut *émuler* l'homme, ce n'est qu'un singe.

Adieu, petit *singe*. Je t'aime presque autant que *Biribi*, qui a cependant une réputation immense à Saint-Pétersbourg.

Voilà M. *la Tulipe* qui rentre, et qui vous dit mille tendresses.

60. — † Au comte Rodolphe.

29 mai 1808.

J'ai reçu avec un extrême plaisir, mon très-cher enfant, votre lettre de Saint-Michel, du 19 mai. Je commençais à m'impatienter ; car vous savez que celui qui demeure trouve toujours le temps plus long que celui qui court le monde. Vous avez pris le bon parti que je vous ai toujours recommandé, celui d'écrire quatre lignes par jour, où vous pouvez et quand vous pouvez, en attendant le bon plaisir d'un courrier. Mais il faut mettre la date du jour où vous terminez, ou en mettre deux. Je suis bien aise que vous ayez tout de suite été mis en activité, et j'espère que cette campagne vous sera fort utile. Vous faites la guerre dans un pays extrêmement difficile, et vous avez d'excellentes cartes sous la main ; profitez-en pour vous faire *un œil géographique :* c'est là tout le militaire. Je ne parle pas de la valeur, celui qui n'en a pas doit filer ; mais vous ne sauriez croire combien je suis entiché de ce coup d'œil *géographique*, et même *topographique;* ou je me trompe fort, ou c'est lui qui fait les généraux. J'aime fort que vous n'ayez peur de rien, quand il le faut; mais j'ai peur qu'il n'y ait de la témérité stérile à nager en Finlande avant la naissance des feuilles. Vous ferez bien, au reste, de vous exercer à la natation lorsque l'occasion s'en présentera. — J'ai bien ri du dialogue entre les deux militaires, et j'ai trouvé assez plaisant que vous ayez été l'ambassadeur de cette affaire ; j'espère que les choses se calmeront. La pauvre marquise se mourrait de peur que la *collision* de ces deux têtes ne produisît quelque fâcheuse tempête; mais je vois que le jeune homme s'y est fort bien pris. D'ailleurs, il est aisé au supérieur d'être philosophe.

Je n'ai pas besoin de vous dire combien je désire vous revoir, puisque vous ne pouvez revenir que par une raison heureuse pour vous ; mais, dans ce moment, je n'ose me livrer à aucune espérance : *l'heure n'est pas bonne.* Vous saurez, mon cher ami, que j'ai pris le parti d'aller passer quinze jours ou trois semaines à la campagne, pour y vivre en parfaite solitude et jouir à mon aise de ma mauvaise humeur. C'est le comte de Czernicheff qui m'a déterminé. Ainsi, si vous arrivez ici, ne soyez pas surpris de ne pas me trouver; tout de suite je serai en ville. C'est un saut, comme vous savez : ma petite *villegiatura* ne gêne point le cours des lettres.

Point de nouvelles politiques, *excepté* que le roi d'Espagne a *cédé* ce royaume à l'empereur de France, ce qu'on ne saurait trop approuver; car pourquoi verser du sang inutilement? *céder* est toujours mieux. Je vous recommande de toutes mes forces l'orthographe, mon cher enfant. Ceci n'est pas pédanterie paternelle : la connaissance du latin me rend ces fautes inexplicables. Bien entendu que si jamais vous gagnez des batailles, je n'en parle plus, car le maréchal de Villars et cent autres ne savaient pas écrire; je parle, *en attendant*. Adieu, mon cher enfant; vous savez si je m'occupe uniquement de vous. *Vale, Rodolphule mi suavissime.*

---

61. — A mademoiselle Constance de Maistre.

Saint-Pétersbourg, 24 octobre (5) novembre 1808.

J'ai reçu avec un extrême plaisir, ma chère enfant, ta dernière lettre non datée. Je l'ai trouvée pleine de bons sentiments et de bonnes résolutions. Je suis entièrement de ton avis : celui qui *veut* une chose en vient à bout; mais la chose la plus difficile dans le monde, c'est de *vouloir*. Personne ne peut savoir quelle est la force de la volonté, *même dans les arts*. Je veux te conter l'histoire du célèbre Harrisson, de Londres. Il était, au commencement du dernier siècle, jeune garçon charpentier au fond d'une province, lorsque le parlement proposa le prix de 10,000 livres sterling (10,000 louis) pour celui qui inventerait une montre à équation pour le problème des longitudes (si jamais j'ai l'honneur de te voir, je t'expliquerai cela). Harrisson se dit à lui-même : «*Je veux gagner ce prix.*» Il jeta la scie et le rabot, vint à Londres, se fit garçon horloger, TRAVAILLA QUARANTE ANS, et gagna le prix. Qu'en dis-tu, ma chère Constance? cela s'appelle-t-il *vouloir?*

J'aime le latin pour le moins autant que l'allemand; mais je persiste à croire que c'est un peu tard. A ton âge je savais Virgile et compagnie par cœur, et il y avait alors environ cinq ans que je m'en mêlais. On a voulu inventer des *méthodes faciles*, mais ce sont de pures illusions. Il n'y a point de méthodes faciles pour apprendre les choses difficiles. L'unique méthode est de fermer sa porte, de faire dire qu'on n'y est pas, et de travailler. Depuis qu'on s'est mis à nous apprendre, en France, comment il fallait apprendre les langues mortes, personne ne les sait, et il est assez plaisant que ceux qui ne les savent pas veuillent absolument prouver le vice des méthodes employées par nous qui les savons. Voltaire a dit, à ce que tu me dis (car, pour moi, je n'en sais rien : jamais je ne l'ai tout lu, et il y a trente ans que je n'en ai pas lu une ligne), que *les femmes sont capables de faire tout ce que font les hommes, etc.;* c'est un compliment fait à quelque jolie femme, ou bien c'est une des cent mille et mille sottises qu'il a dites dans sa vie. La vérité est précisément le contraire. *Les femmes n'ont fait aucun chef-d'œuvre dans aucun genre.* Elles n'ont fait ni l'Iliade, ni l'Énéide, ni la Jérusalem délivrée, ni Phèdre, ni Athalie, ni Rodogune, ni le Misanthrope, ni Tartufe, ni le Joueur, ni le Panthéon, ni l'église de Saint-Pierre, ni la Vénus de Médicis, ni l'Apollon du Belvédère, ni le Persée, ni le livre des Principes, ni le Discours sur l'histoire universelle, ni Télémaque. Elles n'ont inventé ni l'algèbre ni les télescopes, ni les lunettes achromatiques, ni la pompe à feu, ni le métier à bas, etc. ; mais elles font quelque chose de plus grand que tout cela : c'est sur leurs genoux que se forme ce qu'il y a de plus excellent dans le monde : *un honnête homme et une honnête femme.* Si une demoiselle s'est laissé bien élever, si elle est docile, modeste et pieuse, elle élève des enfants qui lui ressemblent, et c'est le plus grand chef-d'œuvre du monde. Si elle ne se marie pas, son mérite intrinsèque, qui est toujours le même, ne laisse pas aussi que d'être utile autour d'elle d'une manière ou d'une autre. Quant à la science, c'est une chose très-dangereuse pour les femmes. On ne connaît presque pas de femmes savantes qui n'aient été ou malheureuses ou ridicules par la science. Elle les expose habituellement au *petit* danger de déplaire aux hommes et aux femmes (pas davantage) : aux hommes, qui ne veulent pas être égalés par les femmes; et aux femmes, qui ne veulent pas être surpassées. La science, de sa nature, aime à paraître; car nous sommes tous orgueilleux. Or, voilà le danger; car la femme ne peut être savante impunément qu'à la charge de cacher ce qu'elle sait avec plus d'attention que l'autre sexe n'en met à le montrer. Sur ce point, mon cher enfant, je ne te crois pas forte; ta tête est vive, ton caractère décidé : je ne te crois pas capable de te mordre les lèvres lorsque tu es tentée de faire une petite parade littéraire. Tu ne saurais croire combien je me suis fait d'ennemis jadis, pour avoir voulu en savoir plus que mes bons Allobroges. J'étais cependant bien réellement homme, puisque depuis j'ai épousé ta mère. Juge de ce qu'il en est d'une petite demoiselle qui s'avise de monter sur le trépied pour rendre des oracles! Une coquette est plus aisée à marier qu'une savante; car, pour épouser une savante, il faut être sans orgueil, ce qui est très-rare; au lieu que pour épouser la coquette, il ne faut qu'être fou, ce qui est très-commun. Le meilleur remède contre les inconvénients de la science chez les femmes, c'est précisément le *taconage* (1) dont tu ris. Il faut même y mettre de l'affectation avec toutes les commères possibles. Le fameux Haller était un jour, à Lausanne, assis à côté d'une respectable dame de Berne, très-bien apparentée, au demeurant *cocasse* du premier ordre. La conversation tomba sur les gâteaux, article principal de la constitution de ce pays. La dame lui dit qu'elle savait faire quatorze espèces de gâteaux. Haller lui en demanda le détail et l'explication. Il écouta patiemment jusqu'au bout, sans la moindre distraction, et sans le moindre air de berner la Bernoise. La *sénatrice* fut si enchantée de la *science*

---

(1) Mot piémontais, qui signifie *ravaudage*.

et de la courtoisie de Haller, qu'à la première élection elle mit en train tous ses cousins, toute sa clique, toute son influence, et lui fit avoir un emploi que jamais il n'aurait eu sans le beurre et les œufs, et le sucre, et la pâte d'amande, etc... Or donc, ma très-chère enfant, si Haller parlait de gâteaux, pourquoi ne parlerais-tu pas de bas et de chaussons? Pourquoi même n'en ferais-tu pas, pour avoir part à quelque *élection?* car les *taconeuses* influent beaucoup sur les élections. Je connais ici une dame qui dépense cinquante mille francs par an pour sa toilette, quoiqu'elle soit grand'mère, comme je pourrais être aussi grand-père, si quelqu'un avait voulu m'aider. Elle est fort aimable et m'aime beaucoup, n'en déplaise à ta mère; de manière qu'il ne m'arrive jamais de passer six mois sans la voir. Tout bien considéré, elle s'est mise à tricoter. Il est vrai que, dès qu'elle a fait un bas, elle le jette par la fenêtre et s'amuse à le voir ramasser. Je lui dis un jour que je serais bien flatté si elle avait la bonté de me faire des bas; sur quoi elle me demanda combien j'en voulais. Je lui répliquai que je ne voulais point être indiscret, et que je me contenterais d'*un*. Grands éclats de rire, et j'ai sa parole d'honneur qu'elle me fera *un* bas. Veux-tu que je te l'envoie, ma chère Constance? il t'inspirera peut-être l'envie de tricoter, en attendant que ta mère te passe cinquante mille francs pour ta toilette.

Au reste, j'avoue que, si vous êtes destinées l'une et l'autre à ne pas vous marier, comme il paraît que la Providence l'a décidé, l'*instruction* (je ne dis pas la *science*) peut vous être plus utile qu'à d'autres; mais il faut prendre toutes les précautions possibles pour qu'elle ne vous nuise pas. Il faut surtout vous taire, et ne jamais citer jusqu'à ce que vous soyez *duègnes*.

Voilà, mon très-cher enfant, une lettre toute de morale. J'espère que mon petit sermon pourtant ne t'aura pas fait bâiller. Au premier jour, j'écrirai à ta mère. Embrasse ma chère Adèle, et ne doute jamais du très-profond respect avec lequel je suis, pour la vie, ton bon père.

Quand tu m'écris en allemand, tu fais fort bien de m'écrire en lettres latines. Ces caractères tudesques n'ont pu encore entrer dans mes yeux, ni, par malheur, la prononciation dans mes oreilles.

---

62. — A M. le comte de ...

Saint-Pétersbourg, 19 janvier 1809.

Ma situation, dans ce pays, mon cher comte, est devenue une espèce de spectacle. S. M. étant en guerre avec la France, comment puis-je me soutenir ici? La chose est si peu probable, que certaines personnes croient que j'ai cessé mes fonctions; et j'ai reçu une lettre de Vienne dont l'adresse portait bonnement : *ci-devant ministre de S. M. S.* Mon attachement au duc de Serra-Capriola est connu; je le vois tous les jours : c'est une intimité de sept ans. Je suis fort lié avec les plus grands ennemis du parti français; je vois beaucoup le comte Stroganoff et sa belle-fille, la princesse Galitzin-Woldemar, mère de cette dernière, le comte Grégoire Orloff, etc., etc. Ces maisons ont levé le masque au point qu'elles ne reçoivent pas l'ambassadeur de France. Je ne cache d'ailleurs nullement ma manière de penser (je ne m'abstiens que de l'insulte, qui est toujours une sottise); cependant cela ne me nuit aucunement auprès de la légation française. Tous me font des politesses, quoique sans aucune avance de ma part, pas même celle d'un billet de visite. L'ambassadeur, naturellement, ne peut pas me parler. Cependant il est arrivé l'autre jour une chose marquante : j'avais manqué deux fois de suite à l'assemblée ordinaire du mercredi chez le ministre de la marine. Caulincourt lui dit : *Je ne vois point le comte de Maistre; est-il malade ?* Et il s'exprima en termes très-honorables. Ce discours a paru extraordinaire, d'autant plus que jamais je ne lui ai adressé la parole.

Le jour de l'an, à la cour, M. Lesseps, l'un des principaux membres de la légation, s'approcha de moi, et me dit : « *Monsieur le comte, je vous souhaite de tout mon cœur une heureuse année.* » Je lui répondis avec un sourire triste : « *Monsieur, je n'accepte point le compliment; il y a longtemps que je me suis arrangé pour ne plus avoir d'années heureuses.* »

Au reste, ni les Français ni leurs alliés (ou esclaves, comme il vous plaira) ne cherchent à me faire de la peine à la cour. Au contraire, ils me laissent prendre l'alternative, et semblent quelquefois me l'offrir; j'en use librement, mais sans affectation.

Croyez-vous, mon cher comte, que tous ces messieurs se conduisissent ainsi à mon égard, s'ils n'avaient point d'instructions ? Pour moi, j'en doute. Le général Pardo a fait un pas plus hardi que tous les autres : il me vint voir il y a peu de temps : je lui restituai la visite; j'arrivai par hasard au moment où il venait d'apprendre la prise de Madrid. *Eh bien!* lui dis-je, *Monsieur le général, point de nouvelles! Hélas!* me répondit-il, *il n'y en a que trop : Madrid est pris;* et il me montra *le Moniteur.* Il m'ajouta : *Il n'y a plus moyen de vivre en Europe, je m'en vais en Amérique.* Comment trouvez-vous ce discours de la part de l'envoyé de Joseph ? Je lui répondis : « *Vous avez bien raison, Monsieur le général; que voulez-vous faire ici ? Quelques personnes qui vous connaissent auront pitié de vous, mais tout le reste vous blâmera et se moquera de vous. Tirez-vous de là, et allez-vous-en en Amérique.* »

Avouez que cela paraît fabuleux. Quel dommage que cet homme se soit laissé entraîner à présenter les lettres de créance de Joseph ! On disait précédemment dans l'armée d'Espagne : « *Quand Pardo a parlé, il n'y a plus besoin de conseil de guerre.* » Il appartient à une famille qui a la grandesse : il avait épousé la fille du dernier vice-roi du Mexique ; et le voilà qui donne à Joseph un bras, *quo graves Galli melius perirent*. Qu'est-ce que l'homme? Qu'est-ce que l'homme? Qu'est-ce que l'homme?

Le duc de Mondragone, autre phénomène du même genre (grand d'Espagne, ambassadeur de Murat), n'a pas d'abord fait plus d'attention à moi que je n'en faisais à lui. Il ne m'a pas envoyé son billet : en un mot, il me traitait absolument sur le pied de guerre ; et quant à moi, je ne le regardais pas seulement dans le monde. Mais, après quelque temps, il s'est mis à m'adresser la parole, et, le jour de l'an, il m'a envoyé son billet, que je lui ai restitué.

Quand je songe que Napoléon a tenu entre ses mains, et que la plupart des généraux ont acheté à Milan la cinquième édition des *Considérations sur la France*, que je n'avouais pas, à la vérité, mais que tout le monde m'attribuait ; qu'il a saisi une lettre de S. M. le roi de France, qui me remerciait de ce livre, et me priait de le faire circuler en France par tous les moyens possibles, croyant aussi que j'en étais l'auteur !

Quand je pense qu'à l'occasion de la fameuse loi de 1802 sur les émigrés, et sur ma demande claire et précise d'être rayé de la liste comme étranger, *n'ayant jamais été Français et ne l'étant pas, ne voulant jamais l'être et ne pouvant rentrer en France, j'ai été rayé de la liste des émigrés et autorisé à rentrer en France, sans obligation de prêter serment, et sans obligation de quitter le service du roi !*

Quand j'ajoute à cela tout ce qui se passe à présent, je tombe dans un étonnement qui tient de la stupeur. Je vous expose les faits sans y rien comprendre. Je ne doute pas, au reste, que la tentative que j'ai faite l'année dernière pour lui parler en faveur de S. M., ne lui ait été agréable. S'il en avait été autrement, il me l'aurait assez fait sentir ici, où il est maître.

Il y a, au reste, à l'égard de ce fameux personnage, deux erreurs dont il faut se garder également. L'une est de croire sa puissance légitime et sa dynastie établie, ce qui n'est propre qu'à décourager tout le monde, surtout les princes, et à établir dans le monde des principes faux et dangereux. L'autre est de le regarder comme un aventurier coupable, auquel il n'est pas permis de parler. Ces deux opinions sont également fausses, et la dernière l'est peut-être plus que l'autre. Celui qui a dit que *la première qualité d'un politique était de savoir changer d'avis*, a dit une grande vérité. Le temps est un grand élément dans la politique. Un usurpateur qu'on arrête aujourd'hui pour le pendre demain ne peut être comparé à un homme extraordinaire qui possède les trois quarts de l'Europe, qui s'est fait reconnaître par tous les souverains, qui a mêlé son sang à celui de trois ou quatre maisons souveraines, et qui a pris plus de capitales en quinze ans que les plus grands capitaines n'ont pris de villes dans leur vie. Un tel homme sort des rangs. C'est un grand et terrible instrument entre les mains de la Providence, qui s'en sert pour renverser ceci ou cela. Tout ce qu'elle a déplacé n'est pas proscrit. J'avais l'honneur d'écrire l'année dernière, à l'auguste beau-frère de S. M. : « *Bonaparte vient de s'intituler* Envoyé de Dieu... *Jamais on n'a rien dit de plus vrai, il est parti du ciel comme la foudre.* » En effet, la foudre en vient tout comme la rosée. Si donc on trouvait quelque moyen d'adoucir cet homme, ou d'en tirer quelque parti, on ferait très-mal d'en laisser échapper l'occasion.

---

63. — † **A mademoiselle Adèle de Maistre.**

Saint-Pétersbourg, 11 juillet 1809.

J'ai juré, ma chère enfant, que ma première lettre serait pour toi ; je m'acquitte de mon vœu, quoique j'aie des dettes envers ta mère et ta sœur. Je te remercie de m'avoir fait connaître l'irrévérence commise contre la mémoire de notre célèbre Alfieri par le marquis de Barol ; sûrement il aura beaucoup déplu aux nombreux partisans du poëte, et surtout à son respectable ami l'abbé de Caluso. Cependant, je t'avoue que je n'ai pas trouvé un grand *sproposito* dans l'exclamation que tu me rapportes : *Misericordia!* A propos des comédies posthumes, la première qualité d'un comique, c'est d'être *bonhomme*. Le plaisant et l'ironique n'ont rien de commun avec le comique. Voilà pourquoi Voltaire n'a jamais pu faire une comédie ; il fait rire les lèvres, mais le rire du cœur, celui qu'on appelle le *bon rire*, ne peut être éprouvé ni excité que par les bonnes gens. Or donc, ma chère Adèle, quoique Alfieri n'ait point été méchant (il y aurait beaucoup d'injustice à lui donner ce titre), cependant il avait une certaine dureté et une aigreur de caractère qui ne me paraissent point s'accorder avec le talent qui a produit *l'Avare* et *les Femmes savantes*. Toutes les fois qu'il ouvrait les lèvres, je croyais en voir partir un jet de bile, et je me détournais pour n'en être pas taché. Je suis donc fort trompé, si ses comédies sont bonnes ; peut-être ce seront des *sarcasmodies :* nous verrons. Il faut que tu saches que j'ai vu deux fois ce personnage. La première fois, nous nous choquâmes un peu ; il me dit des extravagances sur la langue française, qui est la mienne plus peut-être que l'italienne n'était la sienne. J'écrivis à l'abbé de Caluso : *Il a raison de ne pas aimer cette langue; aucune ne lui fait plus de mal.* L'abbé ne s'en fâcha pas. La seconde fois que je vis Alfieri, nous nous convînmes beaucoup plus ; je me rappelle, entre autres, d'une certaine soirée où je m'avançai tout à fait dans son esprit. Je l'entrepris sur la politique, sur la liberté, etc., etc. Je lui dis : *Gageons, Monsieur le comte, que vous ne savez pas quel est le plus grand avantage de la monarchie héréditaire, et à quoi elle sert principalement dans le monde?* Il me demanda ma pensée ; je lui fis une réponse originale et perçante, que je te dirai un jour. Il me dit, en regardant le feu (je le vois encore) : « Je crois que vous avez raison. » Bref, je suis persuadé que si j'avais séjourné à Florence, nous aurions fini par nous entendre ; mais je devais partir le lendemain, et pour ne plus le revoir. Quant à son mausolée, laisse faire la comtesse d'Albani. Je voudrais bien, au reste, voir le fond du cœur de cette adorable femme. Qui sait si tout ce beau marbre ne la met pas un peu plus à son aise ? Quand une fois on a pris un certain parti, ce qu'on a de mieux à faire, c'est de le soutenir; mais Alfieri, avec toute sa tendresse, était si despote, qu'il a dû, si je ne me trompe infiniment, rendre la vie assez dure à la dame de ses pensées. J'ai été une fois fort scandalisé d'une de ses réponses à cette excellente femme. Elle cita un livre, pendant le déjeuner, au milieu d'un cercle d'amis. Alfieri lui dit, et même d'un ton fort sec : *Vous n'avez pas lu ce livre, Madame.* Elle fut un peu étourdie d'une telle brutalité, et lui dit avec beaucoup de douceur qu'elle l'avait sûrement lu ; mais le bourru répliqua, *Non, Madame, vous ne l'avez pas lu,* avec encore plus de dureté, et même avec je ne sais quel signe de mépris. Je jugeai par cet échantillon que le tête-à-tête devait être souvent orageux. Parmi les œuvres posthumes d'Alfieri, on a publié fort mal à propos les Mémoires de sa vie, pleins de turpitudes à la manière de Jean-Jacques, du moins à ce qu'on mande de France, car je ne les ai point encore lus. Donne-toi bien de garde de regarder seulement ce livre.

Tu m'avais demandé quatre vers pour le portrait de ta mère; tu m'auras soupçonné de *pococuranza* : point du tout; mais c'est que je me rappelle le proverbe espagnol, qui dit qu'*il faut être bien sot pour ne pas savoir faire deux vers, et bien fou pour en faire quatre*. Tout homme qui n'est pas né poëte doit faire profit de cette sentence. Ce n'est pas qu'à force de me frotter la cervelle, il ne me fût possible peut-être d'en tirer quelque chose de tolérable; mais d'abord, en fait de poésie, le tolérable est intolérable; d'ailleurs, le temps est si précieux, qu'il ne faut l'employer qu'à ce qu'on fait bien. Je me suis recommandé à Redi pour écrire quelque chose de supérieur au *tolérable*, sur le revers du portrait de ta mère, que j'ai ici.

Santi costumi, e per virtù baldanza;
Baldanza umile ed innocenza accorta,
E fuor che in ben oprar nulla fidanza.

Qu'en dis-tu? il me semble que cet italien est assez bon. Si tu m'en crois, tu feras comme moi : feuillette tes livres, jusqu'à ce que tu aies trouvé quelque chose qui te contente.

Adieu, chère enfant; il me semble sentir encore au fond du cœur quelque reste d'une vieille tendresse, mais c'est si peu que rien. Ton frère marche toujours extrêmement droit, et nous faisons une très-bonne vie; mais je l'avertis toujours de n'avoir point d'orgueil, et de ne pas s'imaginer qu'il puisse remplacer les femmes, qui valent bien mieux, comme tout le monde en demeure d'accord.

64. — A mademoiselle Constance de Maistre.

Saint-Pétersbourg, 11 août 1809.

A toi, petite amie ! Il y a mille ans que je te dois une réponse, et je ne sais comment il ne m'a jamais été possible de payer ma dette. La première chose que je dois te dire, c'est que j'ai été extrêmement content d'apprendre combien tu avais été toi-même contente de ma petite pacotille, et de ce qu'elle contenait de particulier pour toi. Il faudrait, pour mon bonheur, qu'il me fût possible de faire partir souvent de ces boîtes ; mais que je suis loin d'en avoir *les moyens !* Un de ces moyens vient encore d'être entravé, car l'on ne reçoit plus ici à la poste les lettres pour l'Italie : il faut que je fasse passer ce numéro et le précédent par la France : nouvel embarras et nouveau guignon. Les vôtres m'arrivent toujours avec une exactitude et une prestesse admirables.

J'ai vu par ta dernière lettre, ma chère enfant, que tu es toujours un peu en colère contre mon impertinente diatribe sur les femmes savantes ; il faudra cependant bien que nous fassions la paix au moins avant Pâques ; et la chose me paraît d'autant plus aisée, qu'il me paraît certain que tu ne m'as pas bien compris. Je n'ai jamais dit que les femmes soient des singes : je te jure, sur ce qu'il y a de plus sacré, que je les ai toujours trouvées incomparablement plus belles, plus aimables et plus utiles que les singes. J'ai dit seulement, et je ne m'en dédis pas, que les femmes qui veulent faire les hommes ne sont que des singes :

or, c'est vouloir faire l'homme que de vouloir être savante. Je trouve que l'Esprit-Saint a montré beaucoup d'esprit dans ce portrait, qui te semble, comme le mien, un peu triste. J'honore beaucoup cette demoiselle dont tu me parles, qui a entrepris un poëme épique; mais Dieu me préserve d'être son mari ! j'aurais trop peur de la voir accoucher chez moi de quelque tragédie, ou même de quelque farce ; car une fois que le talent est en train, il ne s'arrête pas aisément. Dès que ce poëme épique sera achevé, ne manque pas de m'avertir; je le ferai relier avec la *Colombiade* de madame du Bocage. J'ai beaucoup goûté l'injure que tu adressais à M. Buzzolini, — *donna barbuta*. C'est précisément celle que j'adresserais à toutes ces *entrepreneuses* de grandes choses : il me semble toujours qu'elles ont de la barbe. N'as-tu jamais entendu réciter l'épitaphe de la fameuse marquise du Châtelet, par Voltaire ? En tout cas, la voici :

> L'univers a perdu la sublime Émilie ;
> Elle aima les plaisirs, les arts, la vérité.
> Les dieux, en lui donnant leur âme et leur génie,
> Ne s'étaient réservé que l'immortalité.

Or, cette femme incomparable, à qui *les dieux* (puisque les dieux il y a) avaient *tout* donné, excepté l'immortalité, avait traduit Newton : c'est-à-dire que le chef-d'œuvre des femmes, dans les sciences, est de comprendre ce que font les hommes. Si j'étais femme, je me dépiterais de cet éloge. Au reste, ma chère Constance, l'Italie pourrait fort bien ne pas se contenter de cet éloge, et dire à la France : *Bon pour vous;* car mademoiselle Agnesi s'est élevée fort au-dessus de madame du Châtelet, et je crois même de tout ce que nous connaissons de femmes savantes. Elle a eu, il y a un an ou deux, l'honneur d'être traduite et imprimée magnifiquement à Londres, avec des éloges qui auraient contenté *qualsisia ente barbuto*. Tu vois que je suis de bonne foi, puisque je te fournis le plus bel argument pour ta thèse. Mais sais-tu ce que fit cette mademoiselle Agnesi de docte mémoire, à la fleur de son âge, avec de la beauté et une réputation immense? Elle jeta un beau matin plume et papier; elle renonça à l'algèbre et *à ses pompes*, et elle se précipita dans un couvent, où elle n'a plus dit que l'office jusqu'à sa mort. Si jamais tu es comme elle professeur public de mathématiques sublimes dans quelque université d'Italie, je te prie en grâce, ma chère Constance, de ne pas me faire cette équipée avant que je t'aie bien vue et embrassée.

Ce qu'il y a de mieux dans ta lettre et de plus *décisif*, c'est ton observation sur les matériaux de la création humaine. A le bien prendre, il n'y a que l'homme qui soit vraiment *cendre et poussière*. Si on voulait même lui dire ses vérités en face, il serait *boue;* au lieu que la femme fut faite d'un limon déjà préparé, et élevé à la dignité de *côte*. — *Corpo di Bacco! questo vuol dir molto!* Au reste, mon cher enfant, tu n'en diras jamais assez à mon gré sur la noblesse des femmes (même bourgeoises); il ne doit y avoir pour un homme rien de plus excellent qu'une femme; tout comme pour une femme, etc... Mais c'est précisément en vertu de cette haute idée que j'ai de ces *côtes sublimes*, que je me fâche sérieusement lorsque j'en vois qui veulent devenir *limon primitif*. — Il me semble que la question est tout à fait éclaircie.

Ton petit frère se porte à merveille, mais il n'est pas avec moi dans ce moment; *il est au vert*. Son régiment campe dans un petit village à quatre ou cinq werstes d'ici (une fois pour toutes, tu sauras qu'il y a cinq werstes à la lieue de France). Nous nous voyons souvent ici ou dans les maisons de campagne, où nous nous donnons rendez-vous pour dîner, lorsqu'il ne monte pas la garde. La vie dans cette saison est extrêmement agitée ; on ne fait, au pied de la lettre, que courir d'une campagne à l'autre.

Le 3 de ce mois, nous avons eu la fête ordinaire de Peterhoff (palais de l'empereur, à trente werstes de la ville) : dîner, promenade au travers des jardins dans les voitures de la cour, illumination magnifique, souper, feu d'artifice, enfin tout. Mais pour manger, ma chère enfant, il faut avoir appétit : dès que j'entends un violon, je suis pris d'un serrement de cœur qui me pousse dans ma voiture, et il faut que je m'en aille ; c'est ce que je fis d'abord après dîner. Cependant, comme je m'étais arrêté dans le voisinage, nous nous rapprochâmes le soir avec quelques dames pour voir le *bouquet*. C'est un faisceau de trente mille fusées partant sans interruption, éclatant toutes à la même hauteur, avec des feux de différentes couleurs et un *crescendo* tout à fait merveilleux. Malheureusement j'avais beau regarder de tout côté, je ne vous voyais pas là ; c'est le poison de tous les plaisirs !

Voilà, ma chère Constance, la petite *cicalata* que je te devais depuis longtemps. Embrasse ma bonne Adèle pour mon compte, et fais mes compliments à ceux qui ont la gigantesque bonté de se rappeler de moi. Adieu, petite enfant. Dans un an, plus ou moins, si nous sommes encore séparés, je veux que tu m'envoies un second portrait de toi, et tu écriras derrière :

Ich bin ein Savoyisch Mædchen !
Mein Aug' ist blau und sanft mein Blick
Ich' habe ein Herz
Das edle ist und Stolz und gut.

Mais il faut que la mère signe. Je suis persuadé qu'elle lit Klopstock tout le jour ; ainsi ces vers lui sont connus. Il ne manquera que son approbation, qui ne manquera pas. Adieu.

65. — A M. le comte de ...

Saint-Pétersbourg, 2 octobre 1809.

Mon cher comte, tous les yeux sont ouverts sur l'Espagne. Il y a bien longtemps qu'un plus grand spectacle n'a été donné aux hommes ; quel sera le dénoûment ? C'est ce que tout ce qui possède un cœur attend avec une anxiété qui ne peut s'exprimer. J'ai toujours dit que, si l'on pouvait attendre une résistance efficace, elle partirait de la nation qui n'a pas lu nos brochures. Mais, sans jeter nos regards dans l'avenir, voyons dans ce moment que les nations les plus puissantes n'ont pu jusqu'à présent porter à Bonaparte un coup aussi sensible que celui qu'il reçoit de la sainte insurrection d'Espagne (pour ce coup, on peut l'appeler *le plus saint des devoirs*). Je me plais à contempler ce qu'il a perdu d'un seul coup : cinquante vaisseaux de guerre qui étaient à ses ordres se sont tournés contre lui, la différence est de cent ; cinq des siens ont été pris à Cadix, la différence est de dix. Vingt-quatre vaisseaux anglais, employés à bloquer les ports espagnols, deviennent libres, et ne perdront pas leur temps. Les ports espagnols ne seront plus ouverts qu'à ses ennemis. Il perd une mine inépuisable de conscrits qu'il aurait jetés sur l'Autriche ; il perd l'or de l'Amérique, qui n'était plus que pour lui. Mais la perte qui passe toutes les autres, la perte réellement incalculable, c'est celle de l'opinion. Des généraux battus, des armées prisonnières, des *Fourches Caudines*, voilà, voilà la plaie sensible. Nous sommes ici à vingt degrés de ces événements ; d'ailleurs les nouvelles sont arrêtées par tous les moyens possibles, de manière qu'elles nous arrivent très-tard. Au moment où j'écris ces lignes, nous en sommes à la nouvelle des deux batailles de Zambueica et Vimiera en Portugal, et le sort même de Junot ne nous est pas connu. Ces deux affaires sont belles, et sont les seules, avec celle d'Aboukir, où les Anglais aient complétement réussi sur terre, parce qu'ils ont agi *par eux et pour eux*. Le Portugal est une province anglaise ; ils l'ont bien défendu, parce qu'ils ont agi à leur manière, sans autre conseil que leur génie et leur courage. Quant à l'Espagne, je persisterai toujours à désirer que les deux nations ne se mêlent pas. Elles ne sont point homogènes. En faisant les retranchements que le bon sens exige sur les rapports officiels au sujet des morts et de celui des combattants, ces deux batailles ne sont pas moins de la plus haute importance : ce n'est pas le nombre d'hommes qui décide de l'effet des batailles, ce sont les circonstances ; souvent cent mille hommes se sont choqués sans aucun effet. A Culloden, douze mille hommes détrônèrent une famille et en couronnèrent une autre. J'espère beaucoup des deux combats du 17 et du 22 août, si, comme je le souhaite, ils ont été suivis de la prise de Junot, etc.; mais je ne suis pas sans alarme sur ce point, à cause de cette suspension que je vois dans les papiers anglais.

Je ne veux point contester les talents de Bonaparte, ils ne sont que trop incontestables. Cependant, il faut convenir qu'il a fait, cette année, trois choses dignes d'un enfant enragé : je veux parler de sa conduite à l'égard de la Toscane, du Pape, et de l'Espagne. Il était maître absolu dans ce pays, il y régnait par la famille régnante ; il enlève cette famille auguste, et, par ce beau coup, il met la nation dans l'état de nature au pied de la lettre, c'est-à-dire dans la seule position qui puisse résister à un usurpateur de génie menant une révolution à sa suite. On n'a jamais fait une plus grande faute.

Maintenant, Monsieur le comte, nous allons voir (*si l'Espagne se soutient*) un des plus grands et des plus singuliers spectacles qu'on ait jamais vus : une grande et auguste nation accoutumée à la monarchie, constituée par la force invincible des circonstances en république, et agissant toujours au nom d'un roi nominal, sans qu'il soit possible de prévoir la fin d'un tel état. Au moment où j'écris, il y a une véritable convention nationale en Espagne. Qu'arrivera-t-il de ce singulier état de choses? Dieu le sait. Ce qu'on peut très-légitimement penser, c'est que le peuple proprement dit, étant moins corrompu, moins sophistiqué qu'il ne l'était dans nos pays, sera plus aisément retenu; qu'il pliera sous l'autorité du clergé, surtout de l'épiscopat espagnol, qui est au rang de tout ce qu'il y a de plus respectable dans l'univers; et qu'il ne troublera point la besogne des grandes perruques. Cependant, comme toutes les classes en général, et les plus hautes surtout, sont irritées à l'excès du plat et insolent despotisme du prince de la Paix, et que, parmi ces dernières, les idées philosophiques n'ont pas laissé que de faire de grands progrès, il y a tout à parier qu'on voudra profiter de l'occasion pour remédier à beaucoup de choses. S'ils ne veulent que *rajeunir* l'Espagne, *peut-être* auront-ils quelques succès; mais s'ils veulent la *refaire*, gare! On peut attendre de la sagesse de ce peuple (le plus législateur qui ait existé dans les temps modernes) que, s'il avance trop, il ressemblera au moins à un fleuve qui déborde sans abandonner la direction de son lit et de son courant naturel, au lieu que les Français furent du premier moment un peuple extravasé.

Mais tout cela, Monsieur le comte, est dans la supposition où l'Espagne pourra résister : le pourra-t-elle? c'est la grande question. Plusieurs experts, plusieurs militaires, sont pour la négative, d'autant plus qu'ils croient les forteresses des Pyrénées entre les mains des Français. Il est vrai qu'en comptant les hommes, et comparant sur la carte les moyens respectifs, on est tenté de perdre courage. Mais dès qu'il s'agit d'enthousiasme, il ne s'agit plus d'arithmétique. L'opinion peut être comparée à la vapeur. Pour la former, il faut du feu ; mais quand une fois elle est formée, elle soulèverait des Pyrénées. Alors les hommes ne se comptent plus à la manière ordinaire, ils ne s'ajoutent plus ; ils se multiplient les uns par les autres : trois et trois font neuf ; cela s'est toujours vu. Quel rapport existe-t-il entre un Espagnol exalté, combattant pour sa foi, pour son existence politique, pour l'honneur national et personnel, pour sa femme et ses enfants, et l'*automate bleu*, comme disait Voltaire, qui tire devant lui pour dix sous, sans savoir pourquoi on se bat ? D'ailleurs, Bonaparte va voir un nouveau jeu, c'est-à-dire, *une guerre à ses dépens*. Il est aisé de prononcer 200 mille hommes ; mais ils coûtent 200 millions par an, et il faut leur fournir 200 mille livres de pain par jour au delà des Pyrénées. Enfin, il y a une considération qui les passe toutes : c'est que l'insurrection espagnole suspend sur la tête de Bonaparte l'épée de Damoclès, et qu'il n'y a pas un moment où le crin ne puisse être coupé. Des événements aussi mortifiants et aussi peu attendus l'ont rendu furieux comme un sanglier acculé. Il insulte, il dégrade ses généraux ; ce que nous devons souhaiter le plus, c'est qu'il en fasse fusiller quelqu'un. Ceux qui disent, *La nation française est abattue et incapable d'un effort*, sont bien peu réfléchis. Il ne s'agit plus de révolutions nationales, elles ne peuvent avoir lieu que chez les nations, et non chez les troupeaux, tels que sont devenus les Français. Pour se défaire de Caligula ou de Domitien, fallait-il des armées ? Un prétorien de mauvaise humeur suffisait. C'est ce qui arrivera, suivant les apparences. Ainsi, mon cher comte, je me crois fondé à regarder le succès des Espagnols non-seulement comme possible, mais comme probable. Si, par malheur, il en était autrement, il arriverait une autre révolution. Tout ce qui a un nom en Espagne, tout ce qui s'est mêlé de cette grande entreprise fuirait en Amérique sur *tous* les vaisseaux espagnols et sur les vaisseaux auxiliaires, et la grande séparation serait faite pour toujours. Il y aurait donc, d'une manière ou d'une autre, un grand changement dans le système politique.

Les opinions humaines étant sans contredit l'objet le plus digne des réflexions de l'homme d'État, je crois devoir appeler votre attention, mon cher comte, sur l'étrange manière dont l'insurrection espagnole a été envisagée en Angleterre par une grande partie de la nation. Les wighs, les puritains, les partisans de la réforme parlementaire, les philosophes à la mode, toute la gent écrivante, etc., ont vu, dans cette insurrection, non l'effort d'une nation qui défend son indépendance contre un usurpateur étranger, mais celui d'une nation qui revendique sa liberté contre le despotisme de son propre souverain; et c'est sous ce point de vue que ce grand mouvement leur paraît juste et admirable. *Que demandent les Espagnols?* ont-ils dit, *leur liberté, leurs droits, une représentation nationale*, etc. Leur ancien gouvernement, il faut l'avouer, n'était qu'un despotisme parfait; ils ne demandent que ce que nous demandons. Ils sont donc nos frères, etc.

Vous voyez la théorie invariable des Anglais, que partout où il n'y a pas une chambre des pairs et des communes (c'est-à-dire, dans tout le monde, l'Angleterre exceptée), il ne peut y avoir que tyrans et esclaves. Blackstone, leur grand jurisconsulte, a mis formellement sur la même ligne l'*ancien gouvernement de France et celui de Turquie*. Les mots que j'ai soulignés plus haut se lisent dans une foule de papiers publics : ils ont été répétés dans toutes ces assemblées délibérantes (meetings) qui précèdent les adresses dans ce pays. Lorsque j'ai commencé à m'occuper de cette affaire, je ne concevais pas pourquoi les catholiques étaient suspectés à ce sujet, ni comment on pouvait les soupçonner de ne pas approuver ce qui se passe en Espagne ; mais ensuite j'ai compris : c'est que la révolte, suivant le dogme catholique, n'étant jamais permise, quel que soit l'abus d'autorité de la part du gouvernement, et l'insurrection espagnole étant faite pour la liberté et la réparation des abus, les catholiques devenaient suspects, de manière que dans quelques endroits ils ont été obligés de **faire des déclarations** ; j'ai sous les yeux, entre autres, celles du *Queen's county*. En Irlande, les catholiques *Free holders* y déclarent qu'*ils adhèrent de cœur et d'âme à tout ce qui se fait en Espagne, etc.* ; mais rien n'égale ce qui s'est passé à Londres. Vous avez sûrement admiré l'adresse, véritablement admirable, de la Cité de Londres à S. M. Britannique au sujet des affaires d'Espagne ; mais croyez-vous que toute cette chaleur soit zèle ou affection? Point du tout, Monsieur le comte ; le grand motif d'approbation était le droit à l'insurrection attribué au peuple, et sanctionné tacitement par le roi au moyen de l'assistance qu'il donne à l'Espagne. Dans la délibération qui précède l'adresse, un des *aldermen* dit en propres termes : « *Le jour « où nous nous assemblons, le 14 juillet, est un jour so- « lennel, puisqu'il est l'anniversaire de la prise de la Bas- « tille* (belle époque, comme vous voyez!). *Pour moi, je « ne mets aucune différence entre le peuple français, re- « vendiquant ses droits sacrés, et le peuple espagnol com- « battant aujourd'hui pour sa liberté et son indépen- « dance.* » Ainsi, Monsieur le comte, une révolte insensée et sacrilége, commise contre tout ce qu'il y a de plus saint dans l'univers, couronnée par un énorme parricide, et qui a couvert l'Europe de larmes et de sang, est mise à Londres en 1808, dans le conseil général de la Cité, et sous le règne de George III, en parallèle parfait avec le noble mouvement d'une illustre nation, pleine de religion, de loyauté et de courage, qui se dévoue pour son roi et n'agit qu'en son nom. J'ai lu quelques pages dans ma vie, mais je ne me rappelle pas d'avoir vu une telle prostitution de la raison humaine. Les nations sont, comme les individus, un assemblage de contradictions. Londres est le séjour des connaissances les plus profondes et des plus incroyables préjugés; comme Paris est la patrie de l'esprit proprement dit et des plus grands badauds de l'univers. Je suis porté à croire qu'on n'a fait nulle attention à Londres aux choses que je vous fais remarquer, par la raison que je me rappelle vous avoir dite un jour, que *l'œil ne voit point ce qui le touche.* Mais tout se trouvera une fois. Si ces idées se propagent en Espagne, ce sera un grand malheur; mais j'espère, par les raisons que j'ai eu l'honneur de vous dire, que les esprits demeureront plus calmes qu'on n'aurait droit de l'attendre en tout autre pays. Cependant, il y a lieu de croire que les Espagnols, trop impatientés par le dernier état de choses, présenteront une charte à signer. — Mais à qui? Un prince qui est descendu volontairement du trône n'y remonte guère; quelque chose ou quelqu'un s'y oppose toujours: d'ailleurs, Bonaparte ne lâchera point sa proie. Et qu'arrivera-t-il, bon Dieu, pendant cette suspension si extraordinaire? On ne peut compter, dans les règles de la probabilité, sur la restauration ni même sur la conservation des augustes exilés. A qui appartiendra ce sceptre? L'offrira-t-on conditionnellement à quelqu'un? Relégué sous le pôle, privé de nouvelles, et ne raisonnant que sur des hypothèses, je verse ces idées sur le papier pour me désennuyer moi-même, et au risque de vous ennuyer. Au moment où vous les recevrez, le temps aura peut-être décidé si elles sont justes ou non, du moins en partie.

En attendant, je m'applaudis d'avoir toujours de nouvelles raisons de vous assurer que la révolution dure toujours, qu'il n'y a point d'exclusion, point d'établissement fixe, et que personne n'a le droit de dire : *C'est fini*. On l'a dit après la bataille de Marengo, on l'a dit après la bataille d'Austerlitz, on l'a dit après celle de Friedland; mais, malgré toutes les apparences possibles, toujours on s'est trompé. Qui aurait pu prévoir les événements d'Espagne? Toujours il sortira quelque chose de dessous terre qui prolongera les convulsions, et l'on ne cessera de se massacrer jusqu'à ce que la maison de Bourbon soit à sa place. Lorsqu'on arrache une maison royale de la sienne, le vide qu'elle laisse se remplit tout de suite de sang humain; mais le vide laissé par la maison de France est un gouffre, et quel sang n'y a pas coulé depuis Calcutta jusqu'à Tornéo! Cependant, l'opinion n'est point pour elle. Il n'est pas rare d'entendre dire aux Français : *On supporte surtout Bonaparte, parce qu'on ne sait que mettre à sa place*; d'autres disent que *Henri IV se serait bien conduit différemment à la place de Louis XVI*; comme s'il y avait une manufacture où l'on fît des Henri IV pour l'instant du besoin? Toutes les apparences sont contre cette grande maison : de tous les princes qui la composent, les uns n'ont point d'enfants, et les autres n'en peuvent avoir. D'autres sont prisonniers; deux sont morts dans une année. Celui qui avait deviné que, pour une fois, et sans conséquence pour d'autres temps, un prince de cette maison pouvait bien demander des Bourbons à quelque noble et grande demoiselle, a été pris et tué (précisément par cette raison, suivant les apparences); d'autres attendent des princesses imaginaires qui n'arriveront jamais. Tout semble donc annoncer la fin de cette grande maison : n'importe, je persiste à croire qu'elle reviendra sur l'eau.

Sans doute elle devait quelque chose à l'inévitable justice, mais je crois qu'elle a payé. S'il en est autrement, la meilleure vue ne peut apercevoir dans l'avenir les traités qui mettront fin aux malheurs que nous voyons. Les pères des plénipotentiaires qui doivent signer ces traités ne sont pas nés.

La cause du genre humain se décide aujourd'hui en Espagne, et tous les yeux doivent se tourner vers cette nation. *Elle n'a pas voulu souffrir un illustre usurpateur au moment où elle souffrait tout de ses maîtres.* Voilà le mot que l'histoire écrira en lettres d'or, et qui met ce peuple au-dessus de tous les autres, quel que soit l'événement final qui dépend de la Providence, et qu'elle rendra peut-être conforme à nos vœux, malgré toutes les probabilités contraires. Il paraît que l'Angleterre n'épargne aucun effort pour la soutenir; rien n'est plus sage, et rien n'est plus glorieux. L'état où je vis ici, en attendant les nouvelles, pourrait s'appeler *travail* comme les douleurs d'une femme. Que verrons-nous paraître?

---

66. — † A la reine Marie-Thérèse d'Este, reine de Sardaigne.

Saint-Pétersbourg, décembre 1809.

Madame,

Londres et Trieste m'étant fermés, il ne me reste d'autre voie que celle de Constantinople pour faire arriver une lettre en Sardaigne. Dans cette position embarrassante, j'ai pensé que je ne pouvais rien imaginer de mieux que de faire parvenir cette lettre sous le couvert de Votre Majesté, entre les mains de son auguste sœur l'impératrice d'Autriche. J'y trouve moi-même l'occasion très-flatteuse de me mettre aux pieds de Votre Majesté, et de lui présenter directement l'hommage de mon très-respectueux dévouement.

Ce n'est point sans une profonde douleur, Madame, que nous avons vu s'évanouir un nouvel espoir, en apparence si fondé : cependant, au milieu de si grands malheurs, on peut encore féliciter Votre Majesté de ce que les choses ne sont pas allées aussi mal qu'on a pu le craindre légitimement. François Ier disait : *Tout est perdu, fors l'honneur;* François II a sauvé, avec l'honneur, dix-huit millions de sujets fidèles, et ses armées n'ont succombé qu'à la magie, heureusement passagère, qui entraîne tout.

Je suis mortellement fâché de voir Votre Majesté confinée d'une manière si peu digne d'elle ; mais, d'un autre côté, elle est indépendante, et n'est point exposée à faire le voyage de Paris. A cette consolation, qui est certainement très-grande, elle en joint une autre encore plus chère à son cœur, faite pour adoucir tous les chagrins : la réputation de son auguste fille, madame Béatrix, s'étend déjà de tous côtés; son esprit, ses grâces, sa bonté, sa pénétration, ont fait l'admiration de tous ceux qui ont eu l'honneur de l'approcher. En prêtant une oreille avide aux louanges les plus désintéressées, je me suis souvent rappelé avec un extrême intérêt le temps où j'amusais son aimable enfance, lorsque avec ma vue basse je rencontrais sa poupée suspendue dans l'embrasure d'une porte. C'était hier, à ce qu'il me semble ; aujourd'hui elle pourrait commander à des hommes, et même les instruire. J'exprimerais difficilement à Votre Majesté la part que je prends au plus grand bonheur dont elle puisse jouir.

Je n'ai point l'honneur d'être personnellement assez connu de Votre Majesté pour me permettre d'ajouter d'autres considérations sur un état de choses que je ne crois point sans remède, malgré l'aspect lugubre qu'il présente dans ce moment. Je me borne donc à supplier Votre Majesté de vouloir bien agréer, avec sa bonté ordinaire, l'intérêt sans bornes que je ne cesserai de prendre aux moindres événements liés de quelque manière à son sort et à son bonheur, et le très-profond respect, etc.

---

67. — Au roi.

Saint-Pétersbourg, décembre 1809.

Sire,

L'empereur a été reçu à Moscou avec des transports de joie véritablement attendrissants. Parti d'ici le 10 (vieux style) après midi, il était arrivé le lendemain à Twer à dix heures du soir. La distance est de 460 verstes; voilà ce qu'on peut faire dans un traîneau découvert qui ne portait que lui et son grand maréchal. Le lundi 16, il est arrivé à Moscou, où il est entré à cheval absolument seul, n'ayant pas même un domestique à sa suite. Il a marché, depuis la porte de la ville jusqu'au palais et à l'église du Kremlin (ancienne résidence des czars), au milieu de deux cent mille hommes qui serraient son cheval. A peine l'empereur pouvait avancer. On se jetait sur lui, au pied de la lettre. On baisait sa botte, les harnais, la tête de son cheval. On lui prodiguait une foule d'expressions tendres reçues dans la langue russe : *papa, bel empereur, ange*, etc. C'est au milieu de ce cortége et de ces acclamations qu'il est arrivé, en pleurant de joie. Son séjour n'a plus été qu'une succession de réjouissances. La noblesse et les marchands lui ont donné des bals. Il en a donné un à son tour, et il a bien voulu, en dérogeant à son premier projet, passer à Moscou le jour de sa naissance ; de sorte que c'est l'impératrice qui a fait les honneurs, et qui a donné aux trois premières classes de l'empire le bal et le souper d'usage ce jour-là. L'empereur s'étant rendu au théâtre, on y joua une pièce russe qui avait beaucoup de rapport à la circonstance. Mais comme S. M. n'aime point qu'on la loue en face, on avait cru devoir supprimer un couplet qui se rapportait trop directement à elle ; mais l'assemblée a demandé le couplet à grands cris, et a forcé l'artiste de le chanter. Enfin, rien n'a manqué au triomphe paternel de S. M. I. Les fêtes ont fini par un grand bal masqué donné par l'empereur, à la suite duquel il a dû partir, dans la nuit du 25 au 26 (nouveau style). On lui a donné un spectacle d'un genre singulier, et qui n'appartient qu'à ce pays. L'immense ville de Moscou renferme des étangs qui peuvent s'appeler lacs. On a choisi l'un des plus grands, dont on a ôté la moitié de la glace, qu'on a emportée sur des chariots. Sur cette moitié dégagée, on a établi une infinité de chaloupes illuminées, et sur l'autre partie une foule d'enfants du peuple, couverts de lumières, patinaient en tous sens. On dit que cette double illumination mobile formait un coup d'œil admirable. L'empereur a dit qu'il se repentait de n'avoir pas vu assez son bon peuple de Moscou, mais qu'à l'avenir ses visites seraient plus fréquentes. C'est ce que nous verrons.

Ce voyage, Sire, a l'air d'un impromptu ou d'un à-propos ; mais pour moi, je le crois médité d'avance et fait dans des vues profondes. Si je ne me trompe beaucoup, l'empereur a voulu parler à de certaines personnes qu'il ne voulait pas faire venir ici. Il a eu une longue conférence avec le comte de Rostopchin, fort connu de V. M. ; si ce personnage rentre dans les affaires, ce qui me paraît probable, il en amènera sûrement d'autres à sa suite.

L'ambassadeur de France a vu ce voyage de Moscou avec

beaucoup de déplaisir. J'ai eu l'honneur de faire connaître à V. M. la déclaration expresse par lui faite à l'empereur, « qu'il avait ordre de son maître de ne jamais s'éloigner pendant vingt-quatre heures de S. M. I. » Cependant l'empereur lui a échappé, en ne parlant d'abord que de la visite à sa sœur, et sans doute encore par d'autres mesures que j'ignore. J'ai lieu de croire qu'il y a eu quelques notes d'échangées avant son départ; mais enfin il est parti seul. Qui sait si Caulincourt échappera à une tempête de Paris, pour n'avoir pas su accompagner l'empereur à Moscou ? Ce qu'on pourrait dire ici, c'est que le P. Kourakin n'est pas de toutes les courses qui se font en France ou hors de France : mais on peut douter que ce raisonnement fût trouvé bon.

Me trouvant le 24 au bal donné par S. M. l'impératrice, je causais avant le souper, à côté d'une table de jeu, avec deux personnages graves de l'antique roche de Russie, très-instruits et très-attachés à leur pays; je leur parlai de la douce et brillante réception faite à S. M. I. par les habitants de Moscou. A mon grand étonnement, je ne les trouvai point aussi chauds que je l'aurais imaginé sur une scène qui me paraissait si attendrissante. Eux, au contraire, auraient voulu qu'elle n'eût pas eu lieu. Ils prétendaient que ces voyages font toujours plus de mal que de bien, parce qu'ils arrêtent le mouvement des affaires, et qu'ils les accumulent d'une manière qui embarrasse ensuite excessivement le souverain. Ils me dirent d'autres raisons qui ne me persuadèrent guère; mais les opinions des hommes sont étranges et dans leur espèce et dans leur variété.

Le change se soutient au point que j'ai eu l'honneur de faire connaître à Votre Majesté. Elle se trompera très-peu en prenant, tous frais faits, les roubles de Russie pour des livres de Piémont. Je voudrais être sûr que le mal n'empirera pas. Le besoin d'argent est extrême; cependant le luxe va son train sans s'inquiéter de rien, quoique ses extravagances et son incurie suprême mènent ce pays à une révolution inévitable. La noblesse jette l'argent, mais cet argent tombe dans la main des gens d'affaires, qui n'ont plus qu'à couper leur barbe et à se procurer des grades pour être maîtres de la Russie. La ville de Pétersbourg appartiendra bientôt tout entière au commerce. En général, l'appauvrissement et l'affaiblissement moral de la noblesse sont les véritables causes de la révolution que nous voyons. Cette révolution se répétera ici, mais avec des circonstances particulières; je puis avoir l'honneur d'assurer Votre Majesté que la Russie présente à l'œil de l'observateur le sujet d'une foule de réflexions intéressantes, car elle ramène le moyen âge sous nos yeux, et nous fait voir en réalité ce que nous n'avions vu que dans l'histoire. Mais cette révolution, qui peut s'appeler naturelle, se combinant avec celle de notre siècle, qui est abominable, les choses se sont compliquées d'une manière qui exige une extrême attention.

Le sort de S. M. le roi de Suède déposé est enfin décidé. Il part avec toute sa famille sur une belle frégate, *l'Eurydice*, qui le porte à Stralsund. Son départ a été décidé au moment même où l'on a appris de Paris que le roi ne serait point inquiété en Suisse, où il veut se rendre. Le traitement que lui font les états est de soixante mille rixdallers par an; mais il a cinq millions de notre monnaie à lui, et sa mère lui en laissera dix, de manière qu'il sera un très-grand seigneur. Je ne sais même si cette fortune ne sera pas trop grande en Suisse. J'aurai, au surplus, l'honneur d'avouer à Votre Majesté que cette détermination d'aller se mettre sous la main de Napoléon, après tout ce qui s'est passé, me paraît confirmer notablement le système de ceux qui ont prétendu qu'il y avait dans cette tête, d'ailleurs si respectable, quelque fibre un peu hors de place. Je ne puis concevoir une telle confiance. Je suis porté à croire que ce prince est attiré en Suisse par des illuminés qu'il espère y trouver. Toujours, et surtout dans ces derniers temps, il s'est fort occupé des idées de ces sortes d'hommes. Au château de G... il ne lisait que la Bible et un commentaire allemand sur l'Apocalypse, intitulé *Die Siegsgeschichte, der christlichen Religion in einer gemeinnützigen Erklärung der Offenbarung Johannis;* in-8°, Nuremberg, 1799 (date que Votre Majesté est priée de retenir). Ce livre, composé par un certain Young qui ne s'est pas nommé, n'est que l'explication d'un autre composé en 1745 par le docteur Bengel; et il a pour but de prouver que tout ce que nous voyons aujourd'hui est prédit mot pour mot dans l'Apocalypse, mais que surtout la destruction de l'Église romaine était l'une des prédictions principales contenues dans ce livre. Votre Majesté sera peut-être curieuse de connaître le passage de ce livre où l'auteur prédit la destruction de la papauté pour l'année courante 1809, d'après ses calculs apocalyptiques. Le voici mot à mot :

« *Im Jahr* 1143 *wurde Pabst Celestin der zweite ganz* « *allein und ohne Widerspruch von den Cardinälen ge-* « *wählt, die Stadt Rom war nun auch unterjocht* : 666 « (nombre de la Bête, Ap., XIV, 18) *zu* 1143 *macht* 1809. « *Was dann geschieht das wird die Zeit lehren*, p. 406. »

Mes calculs sont un peu différents, mais je me contente de narrer les faits à Votre Majesté. Non-seulement le roi de Suède s'est pénétré de ce livre, mais il y a vu, à ce qu'on m'assure, qu'il devait jouer un rôle dans la grande révolution qui se prépare. Qui sait s'il ne se rend pas en Suisse pour être plus près du théâtre où il doit monter ?

Quelques personnes de ma connaissance sont fort ébranlées par ces livres allemands, d'autant plus que les auteurs s'appuient sur des calculs astronomiques extrêmement curieux. Ces personnes m'ont prié de leur donner mon avis à cet égard ; mais je ne sais si mes devoirs de plus d'un genre m'en laisseront le temps. Je suis parvenu seul, dans ma solitude de Savoie, à lire cinq langues en courant ; mais pour deux autres, le grec et l'allemand, je m'y suis pris trop tard, de manière que je n'ai pu acquérir la même aisance. Il faut réfléchir et lire lentement, ce qui fait que je n'entreprends pas la lecture d'un gros livre allemand sans une certaine répugnance ; pour répondre, il en faudrait lire plusieurs. J'essayerai cependant. J'ai pensé que ces détails pourraient peut-être intéresser Votre Majesté ; si je me trompe, je la prie de m'excuser.

S. M. I. ayant bien voulu donner encore à son fidèle peuple de Moscou le jour de sa naissance (12/24), son séjour a fini par un bal masqué qu'elle a donné à toute la ville ce jour-là. A deux heures du matin du 13, elle est montée dans son traîneau ; et le 15, à dix heures du soir, elle était dans son palais de Saint-Pétersbourg, après s'être détournée pour aller voir sa maman à Gatschina, visite qui lui a pris environ deux heures. L'empereur a donc pu dire : *J'étais hier à Moscou*, et il a parcouru sept cent quatre-vingts verstes (plus de cent cinquante lieues de vingt-cinq au degré) en quarante-deux heures. Je crois qu'il n'y a pas d'exemples d'une pareille célérité. On parlait du voyage de l'impératrice Élisabeth et de celui d'un prince Dolgorouky en cinquante-deux heures. Tout cela disparaît. Un nombre infini de chevaux étaient prêts sur toutes les stations. Plus de vingt traîneaux ont accompagné l'empereur jusqu'ici. En plusieurs endroits, les conducteurs n'ont pas voulu dételer, et ont doublé les stations malgré les instances de l'empereur. A Moscou, il ne lui a pas été possible de rien dépenser : la noblesse et le commerce ont fourni à tout avec une profusion et une magnificence sans égales. Enfin, Sire, jamais on n'a vu de réception plus filiale et plus attendrissante. L'empereur en a été extrêmement touché. Il a dit qu'il se repentait d'avoir si peu vu sa ville de Moscou, et il a pris l'engagement de la voir tous les ans : on m'assure même qu'il a promis d'y passer chaque année ce même jour solennel de sa naissance. Il a ordonné qu'il y aurait toujours un appartement arrangé au Kremlin et une grande livrée prête, comme si S. M. était présente. Si j'avais eu l'honneur de conseiller S. M. I., j'aurais pris la liberté d'élever quelques doutes sur la convenance de l'engagement perpétuel. Il arrive des choses si extraordinaires dans le monde, et la girouette populaire est si mobile, qu'il vaut mieux, je crois, n'être jamais gêné. Du reste, il me semble que cette visite est bien touchante, et qu'elle montre bien à ce grand souverain le parti qu'il peut tirer de son peuple.

V. M. apprendra, sans doute avec étonnement, que je n'ai pu lire que le 26 de ce mois (N. S.) la bulle du pape du 10 juin, qui excommunie Napoléon ; et même je ne l'ai lue qu'en français, dans un papier public imprimé à Londres, tant on fait ici bonne garde. Voici une des grandes époques du monde. Il ne paraît pas que ce clergé, qui montait si courageusement sur l'échafaud il n'y a que deux jours, ait fait seulement mine de résister dans ce moment : je ne sais comment il a conçu cette affaire. Peut-être qu'il s'est appuyé d'une maxime gallicane, que *nulle bulle n'a de force, si elle n'a obtenu le* Parcatis *dans l'État*. Je ne sais si V. M. a fait attention à une chose bien remarquable : la résurrection de la franc-maçonnerie dans toute la France, et l'ouverture d'une loge à Rome au moment même où l'on s'emparait de la personne du Pape (circonstance rappelée dans la bulle). V. M. pense bien que le plus soupçonneux et le plus jaloux des hommes ne permettrait pas, dans ses États, la réunion de trois ou quatre personnes, s'il ne savait ce qui se passe et s'il ne l'approuvait pas. Ainsi, toutes ces loges ne peuvent être que des instruments approuvés. Il est chef d'une grande société *qui le mène*, mais il faut aussi que V. M. remarque une chose non moins importante :

c'est qu'il ne cherche point à détruire officiellement (s'il m'est permis d'employer cette expression) la religion catholique : au contraire, sa prétention est de la maintenir dans tout son extérieur, et de se dire lui-même catholique, de manière qu'il n'admet légalement aucune autre religion ; or, cette prétention, qui semble une pure comédie (et qui l'est en effet par rapport à lui), jointe à l'abaissement du pape, à la réunion de la Hollande, qui ne saurait tarder, et à d'autres changements qui ont et auront lieu en Allemagne, produira un résultat entièrement différent de celui qu'on pourrait imaginer. Je ne nie pas cependant qu'il ne faille s'attendre à de grandes secousses ; et en réfléchissant, par exemple, à ce que j'ai entendu dire à Venise au cardinal Maury, qui joue maintenant un rôle dans cette nouvelle Église, je suis porté à croire qu'il sera question du mariage des prêtres. Personne ne peut prévoir jusqu'où s'étendra l'ébranlement ; mais quoique le bon sens n'aperçoive aucun remède hors de la France, il y en a cependant dans la France et dans la nature des choses. Cette époque ne ressemble à aucune, et personne ne doit se laisser éblouir.

Je ne sais si V. M. connaît la vie de Souwaroff, écrite en France par un M. Lavergue, officier de cavalerie. C'est un livre composé sur d'excellents mémoires, et tout le monde lui rend justice ici. Il a été sévèrement défendu à Paris, j'ignore pour quelles raisons. V. M. y lira l'anecdote suivante, qu'on a commentée ici devant moi en fort bonne compagnie. Après la malheureuse affaire de Zurich, dont les causes ont tant fait parler, mylord Minto partit de Vienne et vint à Augsbourg, où se trouvait alors le maréchal, pour le prier de s'arrêter. Souwaroff lui répondit qu'il ne le pouvait sans ordre de son maître, et il dépêcha un courrier. Paul Ier lui manda « qu'il eût à demander of« ficiellement à l'Autriche si elle voulait rétablir le roi de « Sardaigne et la république de Venise ; et qu'à ce prix,

« non-seulement lui, Souwaroff, resterait, mais qu'une
« nouvelle armée serait envoyée sans délai. » L'Autriche
refusa, et Souwaroff partit. On rend justice ici à la vérité
de ce fait. Les temps ont bien changé ; mais le mal est fait.
Depuis que les temps, et surtout les conversations de
M. le comte de Saint-Julien, nous ont parfaitement mis au
fait des derniers malheurs, on juge mieux de l'inévitable
arrêt qui écrase l'Europe dans ce moment. Quand on songe
à cette invasion de l'Italie, faite contre toutes les règles
du sens commun ; quand on voit surtout que les Autrichiens, rendus à Ratisbonne, ne savaient pas où était Bonaparte, qui les touchait de la main, et qu'une armée
inactive de quarante mille hommes, placée sur la gauche
du Danube, entendait le bruit du canon sans pouvoir remuer et sans savoir de quoi il s'agissait, on est tenté d'a-
bord de se livrer à la colère et au sarcasme ; mais il
me semble que tout bon esprit doit bientôt se calmer, et
reconnaître que tous ces événements sortent du cercle ordinaire des choses. Wagram est la répétition de Marengo.
C'est le vainqueur qui rend les armes.

J'ai achevé paisiblement ma tournée avec M. le comte
de Saint-Julien, sans qu'il me soit venu aucun signe de
désapprobation, même de la part de l'hôtel de France. Je
n'aurais demandé ni même désiré cela ; mais puisque la
chose s'est présentée d'elle-même, je m'y suis prêté tout
simplement. On appelle ici des *organes* les personnages
diplomatiques qui ne déploient pas de caractère. Ce badinage est fondé sur une expression employée dans les
lettres de créance du baron de Stedding. M. de Saint-Julien étant aussi un *organe*, il y avait concurrence à l'Ermitage pour le pas ; mais quoique le Suédois soit supérieur
à l'autre à plusieurs égards, cependant on lui a fait entendre poliment qu'il fallait céder. On ne lui a pas expliqué bien clairement la raison, mais c'est à cause du titre

impérial qui appartient au souverain de M. de Saint-Julien. L'empereur de Russie entre dans le système de Paris, qui voudrait repousser les rois à la seconde place et en faire exactement d'anciens électeurs, à présent que les empereurs se touchent immédiatement depuis le Japon jusqu'en France. On nous assure dans ce moment qu'*il* se fait prêter serment de fidélité par tous les rois qu'il a réunis à Paris. Il n'y a aucun projet imaginable au-dessus de son ambition. J'ai su, par l'Angleterre, qu'un ministre, je ne sais lequel, lui ayant représenté que le roi Charles III manquait de tout dans sa retraite, il avait répondu brusquement : « *Eh bien ! qu'il entende deux « messes au lieu d'une.* » Les papiers anglais ont parlé ouvertement d'un certain accident d'épilepsie souffert à Vienne, de deux cautères faits par Corvisart et fermés à Paris, contre les instances de ce médecin et d'un autre, et d'un projet de régence éventuelle dont on avait parlé à Paris. Tout n'est pas faux dans ces rapports; mais ce que je puis avoir l'honneur d'assurer à V. M., c'est que, lorsque Napoléon partit pour l'Espagne, malgré le sentiment contraire de tout ce qui l'environnait, les véritables faiseurs, Talleyrand, Fouché, etc., établirent formellement, non pas une régence, mais une succession éventuelle sur la tête de Joseph, se proposant, *en cas de malheur,* de faire le lendemain la paix avec l'Espagne ; et Napoléon en ayant eu vent à son retour, ils le lui avouèrent franchement, et finirent par lui faire agréer leur politique. On voit, au travers de cette puissance formidable, les éléments d'un changement inévitable. Ce qui trompe, c'est qu'on les cherche hors de la France, tandis qu'il ne faut les chercher que dans son sein. La prépondérance de la France est inévitable, mais elle peut être changée et modifiée; et très-certainement, Sire, cette prépondérance est appelée à faire beaucoup plus de bien qu'elle n'a fait de mal.

Puisse cet heureux changement ne pas se faire attendre !

J'ignore, Sire, si l'influence de Paris a déterminé l'empereur, déjà porté naturellement aux idées de réforme ; ce qu'il y a de sûr, c'est qu'une nouvelle loi, qu'on pourrait appeler constitutionnelle, vient de bouleverser entièrement le pays, et d'en faire un empire entièrement nouveau. Cette loi, qui est une brochure, sera bientôt imprimée en allemand et en français ; et par la première occasion j'aurai l'honneur de la faire parvenir à V. M. Je puis, en attendant, essayer de lui en donner une idée générale.

La Russie est gouvernée, sous la suprématie de l'empereur, par un conseil d'État composé de quarante membres (plus ou moins, car le nombre précis ne m'est pas encore connu), divisé en quatre sections : 1° lois ; 2° guerre ; 3° affaires civiles et ecclésiastiques ; 4° économie de l'empire. Chaque section est régie par un président, qui ne peut être ministre. Chaque section a son secrétaire, qui a le titre de *secrétaire d'État*, et tous les quatre sont les aides, ou, pour s'exprimer plus exactement, les substituts d'un haut secrétaire qui est *secrétaire d'empire* (c'est le *Maret* de Russie) : cette place devient la plus importante de l'État. Les ministres correspondent avec les sections pour tous les ordres et établissements nouveaux, et avec l'empereur pour la partie exécutive seulement ; de manière que tous les ukases qui seront des *motu proprio*, ou qui statueront sur des objets nouveaux, ne seront plus contre-signés par les ministres, mais par le secrétaire général (*et plus bas, Maret, duc de Bassano*).

Le secrétaire d'empire est un M. Speransky. C'est une de ces fortunes qu'on ne voit que dans ce pays-ci. Il est *popowitch* (fils de prêtre), c'est-à-dire tout ce qu'il y a de plus bas. Il a de l'esprit, de la tête, des connaissances, et surtout une grande connaissance de sa langue, ce qui n'est pas extrêmement commun en Russie. Dans une seule conversation que j'ai eue avec lui, j'ai vu qu'il était sectateur de Kant. Chez le grand maréchal, et surtout devant la femme de ce personnage, il vante les jésuites et leur éducation ; mais dans le cabinet de l'empereur, je suis porté à croire, avec des gens bien instruits, qu'il exécute les ordres de la grande secte qui achève d'expédier les souverainetés.

Lorsque, dans une affaire importante, il y aura division entre une section et le ministre qui en dépend, l'affaire sera portée au *plenum*, qui sera présidé par l'empereur, et en son absence par le chancelier de l'empire.

Le premier département du sénat, qui était administratif, se trouve supprimé par le nouvel arrangement, et c'est une révolution formelle : malgré le discrédit et l'affaiblissement de ce corps, enfant malheureux de Pierre 1er, qu'on appelle *Grand*, il n'était pas néanmoins totalement inutile, et dernièrement encore il a sauvé, par sa constante opposition, le gouverneur de Saratoff, injustement accusé. Le sénat, composé de vieillards qui avaient fini leur carrière et qui n'attendaient rien de la cour, avait ainsi une sorte d'indépendance modérée qui lui permettait d'arrêter quelquefois, et jusqu'à un certain point, le mouvement d'ouragan naturel à cette sorte de gouvernement. Aujourd'hui l'opposition, étant transportée dans le conseil d'État, disparaît entièrement ; de manière qu'il n'y aura plus de contre-poids, je dis de simple avertissement et de retardement, tel qu'il peut exister dans une monarchie qui ne doit point admettre le *veto*.

L'antipathie que Votre Majesté observera dans toutes les monarchies entre la cour et la magistrature est bonne et utile, comme tout ce qui existe généralement. Partout Votre Majesté entendra la magistrature accuser la cour de corruption et de despotisme aveugle ; et partout elle entendra la cour accuser la magistrature de pédantisme et de démocratie. Ces reproches, Sire, feraient rire Dieu, si Dieu riait. Lorsqu'il créa ces deux éléments, *il vit qu'ils étaient bons*, comme le feu et l'eau, l'un et l'autre parfaits en eux-mêmes, et cependant d'une nature si opposée, que, s'ils viennent à se mêler, il faut nécessairement que l'un détruise l'autre et demeure seul. Heureusement Dieu est au-dessus du feu et de l'eau, comme le souverain est au-dessus de ses deux principaux agents, *les armes et les lois*, dont il ne peut détruire l'un sans être lui-même détruit par l'autre. Il me semble donc que S. M. I. tente une expérience fort dangereuse ; mais ce que nous appelons la *nature* a souvent des moyens cachés de corriger les fautes des hommes. Je ne crois pas plus à cette nouvelle constitution qu'à toutes les autres, qui me paraissent depuis longtemps de purs enfantillages. Je me suis amusé à écrire cette année une dissertation pour établir que les hommes ne peuvent créer ce qu'ils appellent des lois constitutionnelles ou fondamentales, et que par cela même qu'elles sont écrites, elles sont nulles. J'ai rassemblé une foule de raisons philosophiques, religieuses, et expérimentales ou historiques. Le tout a singulièrement frappé un très-petit nombre de bons esprits que j'en ai rendus juges. Si j'avais eu des copistes, j'aurais eu l'honneur d'en faire hommage à Votre Majesté.

On annonce, au sénat ainsi mutilé, une nouvelle organisation et de grands priviléges. Je ne manquerai pas d'informer de tout Votre Majesté.

Je viens encore, Sire, d'obtenir dernièrement un succès assez marqué. Il existe à Genève, ville où l'on a beaucoup de bonté pour moi, une dame C..., Russe d'origine, et fille d'un ancien ami de Pierre Ier, et en cette qualité elle jouissait d'une pension de cent ducats que le feu comte de Woronsoff avait demandée pour elle, lorsque ses voyages l'avaient conduit, il y a longtemps, à Genève. Cette pauvre dame, devenue octogénaire, et portant un des meilleurs noms de Genève, a été complétement ruinée par la subversion de la France, de manière que sa pension était devenue pour elle un objet essentiel. Malheureusement, une mesure générale d'économie l'avait fait supprimer avec mille autres il y a trois ans, sans que les efforts de madame C... et de ses amis aient jamais pu lui obtenir seulement une réponse. Dernièrement, il passa dans la tête d'un excellent ami que j'ai dans ce pays de demander à madame C... une nouvelle lettre pour S. M. I., qu'il m'a envoyée avec prière de lui donner cours et de l'appuyer. J'ai senti au premier coup d'œil le singulier solécisme d'une demande partant, à cette époque, de l'une des principales villes de France, et présentée par le ministre de Votre Majesté. J'ai beaucoup délibéré, mais des raisons très-puissantes m'ont enfin déterminé à donner cours à la lettre de madame de C..., accompagnée d'une autre de moi, qui est, je crois, la chose que j'ai le plus travaillée dans ma vie. Cette lettre fut reçue de la manière la plus aimable ; mais ensuite je n'entendis parler de rien pendant plus d'un mois ; de sorte que j'écrivis à Genève qu'il me restait peu d'espérance, et que je n'osais pas insister. J'ai eu le plaisir de me tromper : la pension a été rétablie, et le chancelier de l'empire m'en a fait part lui-même à la cour.

Puisque je me trouve ici, Sire, il est naturel que je sois flatté de ces petits succès ; mais je supplie toujours Votre Majesté de vouloir se rappeler que tous les succès possibles en Russie ne me rendront jamais moins son sujet. Malgré les espérances légitimes que j'aurais dans ce pays, malgré les plaintes, bien ou mal fondées, qui sont parvenues souvent et trop souvent à Votre Majesté ; malgré l'amertume de ma situation sous le rapport de mes affections les plus chères, jamais je ne préférerai rien au service de Votre Majesté ; car je ne lui ai pas prêté serment à condition qu'elle serait heureuse et que je serais content. Le serment n'a point de condition, et n'en aura jamais. Mon grand désir serait qu'elle pût voir cette légation de près : elle verrait dans l'intérieur des choses dures, et qui ne m'ont réellement affecté que dans les commencements, où elles avaient plus d'une suite grave; mais dans le monde et à la cour elle serait assez contente. Trois choses ont manqué à cette légation : en premier lieu, cette espèce de courage qui naît du sentiment de la faveur et de la confiance. J'ai soupiré plus d'une fois, Sire, en lisant, dans les premiers temps de mon séjour ici, ces longues instructions où je voyais percer clairement la crainte que je ne me permisse ici des démarches hasardées. C'est certainement le contraire que Votre Majesté aurait pu craindre légitimement. Aussi l'homme qui a dans ce pays le plus de génie et d'expérience disait, en parlant de moi : « Il a une trop grande idée de sa faiblesse. » En second lieu, il me manque une maison et une existence indépendante. Sous ce double rapport, j'ai dû lutter contre des désavantages immenses. Enfin, Sire, il m'a manqué un secrétaire, et même deux. Je suis bien au-dessous de ma besogne dans le monde et dans le cabinet; ma correspondance, en particulier, souffre notablement de ce défaut de secrétaire. Mon défaut est une surabondance d'idées, dont je ne suis pas maître pendant que le torrent coule, mais que je réprime aisément lorsque je puis revenir sur mon ouvrage, ce qui ne m'est pas permis.

Votre Majesté voit que ces inconvénients dépendent uniquement du malheur des circonstances, et de l'espèce d'économie qu'elle a cru devoir mettre, dans sa sagesse, à la confiance dont elle m'honorait.

Votre Majesté aura vu avec indignation, dans les papiers publics, les insultes atroces que *cet homme* s'est permises contre les princes autrichiens. La Russie sera peut-être incessamment traitée de même. Déjà nous avons lu dans la *Gazette de Hambourg* une relation exagérée de l'affaire de Silistria, dont j'ai eu l'honneur de rendre compte à Votre Majesté, et qui se réduit à une simple *repoussade*, s'il est permis d'employer cette expression. Le comte Cassini, que Votre Majesté a vu à Rome, a été arrêté à Florence, je ne sais sous quel prétexte. On s'est fâché ici ; mais B. a répondu qu'il prendrait toujours ses sujets partout où il les trouverait, et qu'il ne reconnaitrait jamais aucun agent étranger né dans les départements réunis. Je ne sais comment j'ai pu échapper jusqu'à présent à quelque persécution.

D'autres articles, datés de Varsovie, annoncent ouvertement la résurrection de la Pologne, après les protestations que j'ai eu l'honneur de faire lire à Votre Majesté. Ainsi, l'idée même du repos ne saurait entrer dans une tête raisonnable tant que Napoléon existera. Le voilà qui vient encore de donner un nouveau spectacle à l'Europe avec son divorce, après avoir fait écrire dans ses lois (Votre Majesté voudra bien l'observer) que le divorce ne pourrait jamais être proposé dans la famille impériale, sous aucun prétexte quelconque. Les rédacteurs de cette étrange procédure en ont fait tout ce qu'il était possible. On ne peut s'empêcher d'admirer l'art infini avec lequel ils ont su donner à ce brigandage le ton de la nécessité et de la dignité. A cette exclamation du grand homme, « *Dieu sait ce qu'il en a coûté à mon cœur!* » je ne puis exprimer ce que le mien a ressenti. Je n'ai jamais rien lu d'égal. La précaution de faire parler son beau-fils dans le sens du divorce, et de lui faire prêter le même jour le serment de sénateur, est encore une recherche bien digne de ce terrible génie. Votre Majesté aura pu remarquer deux choses dans ce long procès-verbal. La première, c'est que le prince archichancelier (Cambacérès) est chargé, dans l'audience du cabinet, de poursuivre l'exécution de cette affaire *par-devant qui de droit*. Cette expression, qui appartient à l'ancienne magistrature, désigne l'Église ou la puissance ecclésiastique, suivant cet ancien système très-faux et très-sot d'envisager les deux puissances comme deux ennemies qui ne devaient pas même se connaître, au lieu de les aboucher paisiblement ensemble et de les coordonner pour le bien général, ce qui aurait pu se faire en quinze jours de conférences pacifiques entre des gens sensés.

Cette expression prouve donc que Bonaparte ne veut point s'en tenir aux décrets du sénat, et qu'il veut une dissolution ecclésiastique. Or, comme c'est un homme qui pense à tout, il est assez probable qu'il s'est assuré de quelques misérables dans l'ordre ecclésiastique, ce qui produirait de nouvelles tempêtes. La seconde chose à observer, c'est qu'il est dit, dans le procès-verbal, que *le résultat du scrutin a donné pour le divorce le nombre de voix prescrit par la loi constitutionnelle*; ce qui prouve, au moins, qu'il n'y a pas eu d'unanimité. Le nombre des opposants demeure un mystère.

D'abord, après le divorce, on a nommé de tous côtés toutes les princesses nubiles de l'Europe. On a beaucoup parlé d'une princesse d'Autriche et de la princesse saxonne, fille du duc Maximilien, et même de la grande-duchesse Anne, qui entre dans sa seizième année. Mais je ne sais comment toutes les voix se réunissaient sur la princesse de Saxe, lorsque l'ambassadeur de France a démenti ce bruit, ajoutant que le choix n'était pas fait, et qu'on ne savait pas même s'il tomberait sur une princesse. J'ai peine à croire cependant que les premières vues ne soient pas tombées sur une princesse; et, le roi de Saxe étant parti de Paris d'assez mauvaise humeur et le premier de tous, il est assez probable que sa nièce avait été nommée. Il était doux pour le nouveau souverain d'appartenir tout à coup à toute la maison de Bourbon, et d'être le neveu, à la mode de Bretagne, du duc d'Angoulême.

Un tel fléau sera certainement *passager* : malheureusement ce mot n'a point de sens précis, et le sens est beaucoup pour ceux qui souffrent. C'est cependant une grande consolation de savoir certainement, comme je crois le savoir, que cet homme, ou sa race, ne pourront durer. Il est vrai que je pense assez tristement sur la durée de ce que nous voyons; mais je puis bien me tromper sur ce point, et je le désire de tout mon cœur.

Le malheureux roi de Suède a été fort bien reçu à Stralsund par le peuple, mais fort mal par le commandant français, qui n'a pas voulu le laisser avancer avant d'avoir reçu des ordres de Paris. On vient de m'apprendre que les états n'avaient pas voulu absolument lui permettre de se rendre en Amérique. Si le roi n'a pas eu le choix, la détermination pour la Suisse n'aurait rien de condamnable; mais les états le sont beaucoup, s'ils ont ainsi exposé le prince qu'ils ont détrôné.

Ne trouvant plus rien sous ma plume qui mérite d'être présenté à votre Majesté, d'autant plus que tout aura vieilli lorsque ces feuilles parviendront entre ses mains, je finis en mettant à ses pieds le très-profond respect avec lequel je suis, Sire,

De Votre Majesté, etc., etc.

---

68. — † A mademoiselle Adèle de Maistre.

Saint-Pétersbourg, 13 mars 1810.

Ton carnaval a passé, ma très-chère enfant : il y a douze

jours que tu jeûnes, et moi j'en suis au mardi gras. Je veux donc faire comme tout le monde, et me procurer aujourd'hui quelque plaisir remarquable. Je m'arrange en conséquence devant mon pupitre pour répondre ce qu'on appelle une lettre à ton billet du 1er janvier. Il ne tiendrait qu'à moi de commencer par une querelle ; car, en examinant les dates de mon inexorable registre, je vois toujours de votre côté *un grand mépris des lois.* Jamais je n'ai dit, Mesdames, que je voulais recevoir une lettre de vous tous les quinze jours ; j'ai dit que je voulais et entendais *que vous m'écrivissiez* tous les quinze jours, ce qui est bien différent. Je n'exige point que vous m'apportiez vos lettres, il y aurait de l'indiscrétion ; écrivez seulement, le reste dépend des puissances et surtout des postillons. Mais j'oubliais que je ne veux pas quereller aujourd'hui. J'aime tout dans ton billet, ma chère Adèle, excepté le mot *probablement*, que tu as placé indignement presque à la première phrase. *Je lui remettrai probablement ;* et pourquoi *probablement ?* On ne trouve pas tous les jours des gens de bonne volonté qui s'en aillent droit de Turin à Saint-Pétersbourg ; et quand on les rencontre, il faut les charger *certainement* de la pacotille destinée à votre bon papa. Voilà, ma très-chère, ce qui me déplaît dans *ta dépêche :* le reste est à merveille. Tu fais bien d'*adorer* la peinture, il faut bien adorer quelque chose. Ce n'est pas que je me trouve tout à fait en harmonie avec tes idées sublimes. Je voudrais que ton talent fût un peu plus *femme.* J'honore beaucoup tes grandes entreprises : cependant c'est à elles que je dois le malheur de ne point voir encore sur ma muraille *i sospirati quadri*, que j'appelle depuis si longtemps. Je n'ai pas reçu un morceau de papier que je puisse mettre sous glace. Ah ! si je pouvais te jeter dans le paysage, quand même tu ne ferais pas mieux que Claude Lorrain ou Ruysdael, je t'assure que j'en prendrais mon parti : je comprends fort bien tes dégoûts, quoique je ne sois point artiste. Ton oncle est sujet plus que personne à cette maladie ; mais, dans les intervalles des paroxysmes, il enfante de jolies choses : j'espère que tu feras de même. Si j'étais auprès de toi, je saurais bien te faire marcher droit : mais ta mère est trop bonne ; je suis persuadé qu'elle ne te bat jamais : sans cela il n'y a point d'éducation. Quel est ce peintre français dont tu veux m'envoyer *les pensées extravagantes?* J'imagine que tu ne veux pas parler des triumvirs du grand siècle : Lebrun, Lesueur, le Poussin. Ces trois-là en valent bien d'autres. Le troisième surtout (à la vérité tout à fait *italianisé*) est mon héros ; il n'y a pas de peinture que je comprenne mieux. Quant aux artistes français modernes, je te les livre. Alfieri a une tirade à mourir de rire sur les nations qui *se font admirer à coups de canon.* Il met à l'ordinaire beaucoup d'exagération dans ses idées, mais tout n'est pas faux. Voltaire disait sans façon au roi de Prusse : *Un poëte est toujours fort bon à la tête de cent mille hommes.* En suivant cette idée, je trouve que, lorsque huit cent mille hommes armés s'écrient ensemble qu'ils possèdent les plus grands artistes du monde, chacun fait bien de répondre : *Vous avez raison.* Cette époque, d'ailleurs si brillante, n'est cependant pas favorable ni à la poésie ni aux beaux-arts. Je t'expliquerai ma pensée la première fois que j'aurai l'honneur de te voir; c'est dommage, au reste, car la poésie et les arts d'imitation auraient beau jeu dans ce moment.

Tu fais bien, ma chère enfant, de te jeter dans la bonne philosophie, et surtout de lire saint Augustin, qui fut sans contredit l'un des plus beaux génies de l'antiquité. Il a de grands rapports avec Platon. Il avait autant d'esprit et de connaissances que Cicéron : vraiment il n'écrit pas comme Marcus Tullius, mais ce fut la faute de son siècle. D'ailleurs que t'importe ? Tu n'es pas appelée à le lire dans sa langue. Une demoiselle ne doit jamais salir ses yeux; mais si tu pouvais lire les confessions de Rousseau après celles de saint Augustin, tu sentirais mieux, par le contraste, ce que c'est que l'espèce philosophique.

Adieu, cher enfant de mon cœur! Je t'ai parlé quelquefois de ma correspondance : c'est une chose qui ne peut s'exprimer; je gémis, je succombe sous le faix. Ah! si tu étais ici pour m'aider! Au reste, mon cher enfant, tiens pour sûr que, de toutes mes correspondances, il n'y en a point dont j'aie autant d'envie de me débarrasser que de la tienne.

---

69. — † A M. le comte de Schullembourg.

Saint-Pétersbourg, 9 mai 1810.

J'ai chargé très-souvent notre cher duc, Monsieur le comte, de vous témoigner combien j'étais sensible au souvenir obligeant dont vous n'avez cessé de me donner des preuves dans toutes les lettres que vous lui avez écrites depuis notre séparation; mais je ne puis résister à l'envie de vous témoigner ma reconnaissance en *main propre*, comme dit Jeannot. Oui, mon très-cher comte, je place au premier rang des agréments de ma vie les sentiments que j'ai pu vous inspirer, et que vous m'avez attestés si souvent et d'une manière si aimable. Plus d'une fois j'ai pensé qu'il ne tiendrait qu'à moi de vous faire venir ici, si je l'avais bien résolu; sauf à vous de repartir le lendemain de votre arrivée, si vous le jugiez convenable. La veille de votre départ, nous étions ensemble en voiture. Vous pensâtes à je ne sais quelle jolie anecdote sur le compte, si je ne me trompe, de madame A..... *Contez-moi donc cela,* vous dis-je, *je vous en prie.* Vous me répondîtes en propres termes : *Je vous promets de ne pas partir sans vous le dire.* Là-dessus, nous nous séparâmes, et je ne vous ai plus revu. *Und so;* s'il me plaisait de vous sommer dans les formes de venir ici me *raconter* cette histoire (car il n'a jamais été question d'écriture entre nous), ou vous n'êtes pas gentilhomme, ou vous seriez obligé de venir; mais comme le chemin est long et le temps détestable, car il a neigé hier de très-bonne grâce, je ne veux pas agir avec vous en toute rigueur. Je dois vous avouer cependant que, plus d'une fois, j'ai été tenté, tant il m'en coûte de renoncer tout à fait au plaisir de vous revoir. Mais puisque le nom de madame A...... s'est trouvé sous ma plume, je veux vous conter un succès qui me couvre de gloire, si je ne me trompe infiniment. Il est impossible que vous ayez oublié la magnifique histoire du *poisson,* que je trouvai un jour au fond de ma mémoire, et qui obtint de vous un cri d'admiration. La belle dame que je vous ai nommée voulut, comme vous savez, toute grimace cessante, la tenir de ma bouche même. Or voici ce qui est arrivé, mon cher comte : Une dame, qui était présente, manda cette histoire à Vienne, et, de Vienne, on a écrit *mirabilia.* Ce n'est pas tout : une autre dame l'a racontée ici à une amie anglaise, et celle-ci l'a mandée à une amie de Londres. Au moment où cette dernière reçut la lettre, elle écrivait elle-même à une amie de Calcutta. Elle jugea à propos d'orner sa lettre de mon anecdote allobroge; et, deux ans après, on a écrit de Calcutta à Londres : *Miracle! il n'y a rien de si beau : votre anecdote a fait la joie des Grandes-Indes.* — Et ces applaudissements flatteurs me sont revenus de Londres. Je vous demande si l'on peut se figurer une gloire plus pure, et s'il devrait y en avoir de plus étonnante. Mais peut-être que vous n'en aurez point ouï parler, tandis que tout le monde s'entretient de la bataille de Wagram et de cent misères de cette espèce, tant les hommes ont peu de tact et de connaissance du vrai beau! — Voulez-vous par hasard, Monsieur le comte, que je vous dise quelque chose de moi? Eh! mon Dieu, que vous dirai-je? Ne savez-vous pas tout? Je dis quelquefois *que je serais heureux si je n'étais pas malheureux*, et ce mauvais calembour explique assez bien ma situation. Je suis fort bien ici, je vous assure; on me comble de bontés. Dans ma longue et amère carrière, je n'ai choqué *ni celui-ci, ni celui-là*, et mon existence même, comme vous le sentez assez, est un phénomène. Il y a quelque douceur dans cette situation. Mais... mais... ah! mon cher comte! vous n'êtes pas marié; vous avez un souverain, une patrie et des biens. J'en suis charmé, et je vous en félicite. Pour moi, je suis accablé de tous les maux, excepté la maladie et les remords. Il est vrai que ces deux exceptions sont grandes, et capables seules de faire couler des flots d'ambroisie dans la coupe amère que je dois avaler jusqu'à la lie. J'espère, avec ce secours, ne jamais faire la grimace. Vous ajouterez beaucoup aux compensations qui me sont accordées, mon très-cher comte, si vous me conservez, comme je l'espère, cette bonne amitié dont vous m'avez donné tant de preuves, et qui m'est si chère. Ne doutez pas, à votre tour, de toute celle que je conserve pour vous. Je vous ai suivi de l'œil dans vos longues promenades, et, puisque je ne vois pas dans la région des probabilités l'occasion de vous revoir encore, il m'est doux au moins de pouvoir être sûr que je ne suis point oublié d'un homme tel que vous. Adieu mille fois, cher et aimable comte; je vous embrasse avec une certaine tendresse triste, que vous devez comprendre à merveille.

70. — Au roi.

Saint-Pétersbourg, 25 mai (6 juin) 1810.

Sire,

Nous recevons dans ce moment la nouvelle de la convocation du concile de Paris, avec la lettre menaçante de Napoléon, qui a cassé la glace et menace ouvertement de déposer le pape. Voilà un autre ordre de choses; et qui sait ce que nous verrons? Il me paraît impossible que, d'un côté ou d'un autre, il ne s'élève pas quelque opposition, quelque protestation sublime. Quoi qu'il en soit, Votre Majesté assiste avec nous à l'une des plus grandes expériences qui puissent avoir lieu sur ce sujet. Jamais aucun souverain n'a mis la main sur un pape quelconque (avec ou sans raison, c'est ce que je n'examine point), et n'a pu se vanter ensuite d'un règne long et heureux. Henri V a souffert tout ce que peut souffrir un homme et un prince. Son fils dénaturé mourut de la peste à quarante-quatre ans, après un règne fort agité. Frédéric Ier mourut à trente-huit ans, dans le Cydnus. Frédéric II fut empoisonné par son fils, après s'être vu déposé. Philippe le Bel mourut d'une chute de cheval, à quarante-sept ans. Ma plume se refuse aux exemples moins anciens. Cela ne prouve rien, dira-t-on. A la bonne heure! Tout ce que je demande, c'est qu'il en arrive autant à un autre, *quand même cela ne prouverait rien*; et c'est ce que nous verrons.

En attendant, Votre Majesté voit combien nous sommes malades. Tous les principes sont attaqués à la fois; et qu'elle daigne m'en croire, les bons sont bons, mais personne n'est converti.

71. — A M. le comte de ...

Saint-Pétersbourg, 20 août (2 septembre) 1810.

Il y a longtemps que je n'ai causé avec vous, mon cher comte; je veux vous raconter aujourd'hui une tentation à laquelle j'ai résisté, comme saint Antoine.

Les francs-maçons continuent ici *a furia*, comme tout ce qu'on fait dans ce pays. J'ai été invité à me rendre dans l'une de ces nouvelles loges; mais, malgré l'extrême envie que j'ai de savoir ce qui se fait là, je m'y suis refusé, toutes réflexions faites, par plusieurs raisons dont je me contente de vous rapporter les deux principales. En premier lieu, j'ai su que l'empereur ne s'est prêté qu'à regret à permettre ces assemblées; mais il a cédé à l'invincible répugnance qu'il ressent de gêner la liberté individuelle de ses sujets, et de les empêcher de s'arranger comme ils l'entendent. C'est un des traits les plus marquants de son caractère; et si l'empereur a eu quelque répugnance sur ce point, et s'il a envoyé des hommes de confiance pour servir d'inspecteurs, il m'a paru que je serais déplacé là, à moins que je ne fusse moi-même un inspecteur, ce qui ne peut être, vu ma qualité. En second lieu, j'ai eu l'occasion de me convaincre que plusieurs, et plusieurs personnes de mérite, pensaient mal de cette association, et la regardaient comme une machine révolutionnaire; or, il m'a paru encore évident qu'on ne doit pas faire une chose non nécessaire, lorsqu'elle alarme les honnêtes gens. Il m'en coûte beaucoup, je vous l'avoue, de ne pouvoir examiner de près ce qui se passe là. Il y a ici un Français, nommé Mussard, qui a donné dans la révolution de son pays, et qui est fort connu par un poëme très-énergique, intitulé *la Libertéide*. Cet homme est orateur de la loge où l'on a reçu M. Balaschoff, gouverneur militaire de Saint-Pétersbourg, et tout nouvellement ministre de la police générale. Le frère Mussard lui a dit, entre autres choses : *Frère Balaschoff, vous êtes aujourd'hui revêtu d'un grand pouvoir, la faveur vous environne; mais qui sait si, bientôt disgracié et retiré dans le fond d'une terre éloignée, vous ne bénirez pas l'instant où vous fûtes reçu maçon?* Je ne sais ce qu'a répondu le frère ministre. Mais tout cela, du moins dans ce moment, est bien petit en comparaison de la scène que viennent de nous donner les frères suédois. Ce fut le 15 (27) de ce mois que M. Stedding reçut, par un courrier expédié de Stockholm, l'étonnante nouvelle de l'élection de Bernadotte au trône de Suède, faite par la nation assemblée, *plenis votis*. Les prétendants, comme vous savez, étaient : le roi de Danemark, le prince d'Augustenbourg, son beau-frère et frère du prince héréditaire dernier mort, et le prince de Ponte-Corvo (Bernadotte). Je crois, à vous dire la vérité, que, du moment où le dernier s'est mis sur les rangs, il était sûr d'être nommé; et j'ignore encore la raison qui l'a fait préférer. Tout se conduit avec une dextérité merveilleuse. Le roi de Danemark a joué un rôle bien misérable dans ce triste drame. Le cabinet français l'a mis en avant avec une apparence de bonne foi parfaite, parce qu'il savait bien que le roi serait rejeté; et, en effet, il l'a été d'une commune voix, et toutes se sont arrêtées sur le prince d'Augustenbourg, qu'on a pressé de se décider. Mais c'est ici que la politique française était aux aguets. Le prince a répondu qu'étant sujet et beau-frère, il ne pouvait accepter sans être émancipé par S. M. Danoise. Mais le roi, dûment influencé, s'est obstiné, et pendant ce temps on a fait le coup à Stockholm. C'est l'armée qui affranchit Gustave de la constitution, en 1792; c'est l'armée qui détrôna son fils, l'année dernière; c'est encore l'armée qui vient de lui donner ce successeur : cent cinquante jeunes gens ont fait l'affaire dans la diète ; le reste s'était retiré. Le cheval me semble l'emblème frappant de l'armée : il obéit volontiers à l'écuyer habile qui l'a dompté ; il méprise, au contraire, et jette à terre celui qui veut le monter sans s'y connaître. Ce fut le malheur du dernier roi de Suède. Il voulut *monter le cheval ;* il fallait le laisser dans l'écurie, ou le confier à un habile écuyer. Il humilia, il tourmenta l'armée ; il employa avec une égale inhabileté la bride et l'éperon. Il finit par la punir des fautes qu'il lui avait fait commettre. Ce funeste ridicule a rendu inutiles pour lui de grandes qualités et de véritables vertus. L'armée a juré haine éternelle à lui et à sa race. Ce qui l'a déterminée dans ce cas, c'est encore une suite du même sentiment : c'est pour se laver de son malheur et pour reprendre son rang, et, peut-être plus que tout, pour se venger de la Russie. Le peuple n'a pas été moins chaud pour cette élection ; mais devinez ce qui l'enflamme le plus ? c'est que le fils de Bernadotte, né il y a douze ans, s'appelle Oscar. Or, Oscar est fils d'Ossian, fils de Fingal ; c'est un des héros de la mythologie, c'est un heureux augure. Cette circonstance bizare a fait un effet étonnant. La diète a exigé qu'avant de mettre le pied en Suède, il abjurât le catholicisme et embrassât le luthéranisme. L'ambassadeur de France a dit qu'*il ne croyait pas que la chose souffrît de difficultés.* Je suis porté à croire le contraire ; non qu'il s'agisse ici de conscience, comme vous sentez bien, mais il s'agit d'orgueil. Nous verrons ce qu'ordonnera le grand moteur de Paris ; je croirai à ce changement quand il sera effectué.

La monarchie européenne m'a toujours paru, en fait de gouvernement, le plus haut point de perfection que notre pauvre nature puisse atteindre ; elle est morte, et me paraît encore plus belle, mon cher comte, comme le corps humain est bien plus admirable étendu et dépecé sur la table anatomique que dans les belles attitudes de la vie. Voilà un soldat élu de sang-froid par les représentants d'une nation ; c'est un événement plus triste peut-être que le meurtre du roi de France. Nous marchons droit au *droit romain* sous les empereurs. Je tue, tu tues, il tue, nous tuons, vous tuez... Je serai tué, tu seras tué, etc..., en un mot, tout le verbe. La guerre est déclarée distinctement à toutes les races royales ; et Napoléon a dit un grand mot lorsqu'il a dit qu'*il voulait que sa dynastie fût la plus ancienne de l'Europe.* Vous en verrez bientôt une autre attaquée, et les généraux d'Alexandre rois avant sa mort. Les anciens baignèrent dans le sang l'Europe et l'Asie ; que feront les modernes ? Je ne puis me détacher de mon idée fixe et consolante, que tout ce que nous voyons n'est qu'un avant-propos terrible, et que nous verrons un jour des événements aussi extraordinaires dans le bien que ceux que nous voyons aujourd'hui dans le mal. Mais, en attendant, la génération sera sacrifiée.

J'ai le cœur aussi serré, Monsieur le comte, que si je ne m'étais attendu à rien. Il nous manquait un *sergent-roi* élu dans les règles, une guerre d'existence déclarée aux anciennes races royales, et le pouvoir militaire, débarrassé de tout contre-poids moral, déchaîné dans le monde politique. Nous verrons tout cela. Je me flatte encore que cet état, étranger à l'Europe depuis si longtemps, ne pourra s'y enraciner de nouveau. Il y a une manière également solide et consolante d'envisager tout ce qui se passe, mais qui est plutôt l'objet d'un livre que d'une lettre ; une idée appelle l'autre ; il faut tout dire, ou rien. Vive le roi Oscar ! il a son rôle à jouer comme les autres.

72. — A mademoiselle Constance de Maistre.

Saint-Pétersbourg, 18 décembre 1810.

J'ai reçu avec un extrême plaisir, ma chère enfant, ta lettre du 4 novembre dernier, jointe à celle de ta mère. Je ne sais cependant si je m'exprime bien exactement, car, au lieu d'extrême plaisir, je devrais dire *douloureux plaisir*. J'ai été attendri jusqu'aux larmes par la fin de ta lettre, qui a touché la fibre la plus sensible de mon cœur. Je crois, en effet, qu'il ne me serait pas impossible de te faire venir ici toute seule, malgré les embarras de l'accompagnement indispensable ; mais, enfin, supposons que je parvienne à surmonter cette difficulté, tu serais ici pour toujours ; car tu comprends bien que ces deux ans dont tu parles sont un rêve. Et comment ferais-tu goûter cette préférence à tes deux compagnes, et même au public? La raison que tu dis serait excellente si nous étions à soixante lieues l'un de l'autre ; à huit cents lieues elle ne vaut plus rien, et j'en sèche. Parmi toutes les idées qui me déchirent, celle de ne pas te connaître, celle de ne te connaître peut-être jamais, est la plus cruelle. Je t'ai grondée quelquefois, mais tu n'es pas moins l'objet continuel de mes pensées. Mille fois j'ai parlé à ta mère du plaisir que j'aurais de former ton esprit, de t'occuper pour ton profit et pour le mien ; car tu pourrais m'être fort utile *col senno e colla mano*. Je n'ai pas de rêve plus charmant ; et quoique je ne sépare point ta sœur de toi dans les châteaux en Espagne que je bâtis sans cesse, cependant il y a toujours quelque chose de particulier pour toi, par la raison que tu dis : parce que je ne te connais pas. Tu crois peut-être, chère enfant, que je prends mon parti sur cette abominable séparation ! Jamais, jamais, et jamais. Chaque jour, en rentrant chez moi, je trouve ma maison aussi désolée que si vous m'aviez quitté hier; dans le monde, la même idée me suit et ne m'abandonne presque pas. Je ne puis surtout entendre un clavecin sans me sentir attristé : je le dis lorsqu'il y a là quelqu'un pour m'entendre, ce qui n'arrive pas souvent, surtout dans les compagnies nombreuses. Je traite rarement ce triste sujet avec vous; mais ne t'y trompe pas, ma chère Constance, non plus que tes compagnes, c'est la suite d'un système que je me suis fait sur ce sujet : à quoi bon vous attrister sans raison et sans profit? Mais je n'ai cessé de parler ailleurs, plus peut-être qu'il n'aurait fallu. La plus grande faute que puisse faire un homme, c'est de broncher à la fin de sa carrière, ou même de revenir sur ses pas. Je te le répète, mon cher enfant : quoique je ne parle pas toujours de cette triste séparation, j'y pense toujours. Tu peux bien te fier sur ma tendresse, et je puis aussi t'assurer que l'idée de partir de ce monde sans te connaître est une des plus épouvantables qui puisse se présenter à mon imagination. Je ne te connais pas; mais je t'aime comme si je te connaissais. Il y a même, je t'assure, je ne sais quel charme secret qui naît de cette dure destinée qui m'a toujours séparé de toi; c'est la tendresse multipliée par la compassion. Tout en te querellant, j'ai cependant toujours tenu ton parti, et toujours bien pensé de toi. Je ne te gronde point dans cette lettre sur ta *gloriomanie* : c'est une maladie comme la fièvre jaune ou la pleurésie; il faut attendre ce que pourront la nature et les remèdes. D'ailleurs, je ne veux point te faire de chagrin en répondant à une lettre qui m'a fait tant de plaisir. Quoiqu'il y ait un peu, et même plus qu'un peu de ta folie ordinaire, il y a cependant un amendement considérable. Elle est d'ailleurs beaucoup mieux écrite, dans les deux sens du mot. Je suis bien aise que tu deviennes grammairienne. N'oublie pas les étymologies, et souviens-toi surtout que Babylone vient de *babil*. Je suis bien aise que tu aies découvert une des plus grandes peines du mariage, celle de dire aux enfants : *Taisez-vous*. Mais si toutes les demoiselles s'étaient arrêtées devant ces difficultés, combien de demoiselles ne parleraient pas! Au reste, mon enfant, comme il y a peu de choses qui écartent les hommes autant que la science, tu prends le bon chemin pour n'être jamais obligée d'imposer silence à personne. Le latin n'est pas des choses qui me choqueraient le plus, mais c'est une longue entreprise.

Hier, on a célébré chez la comtesse ... la fête de sainte Barbe, fort à la mode ici, et qui est la patronne de la dame. Il y a eu bal, souper et spectacle. Ton frère, seul acteur de son sexe, a eu tous les honneurs, car il était, comme Molière, auteur et acteur. C'était une nouvelle édition de sa *Cléopâtre*. Il s'est tué en chantant un vaudeville; puis, au grand contentement de tout le monde, il s'est relevé pour chanter à la comtesse les couplets ci-joints, qui ont été applaudis à tout rompre. Je n'ai pas répondu à la moitié de ta lettre ; mais *plus de quatre pages je ne puis écrire ce soir*. Je t'embrasse tendrement, ma très-chère Constance ; je te serre sur mon cœur, où tu occupes une des premières places. Le reste à l'ordinaire prochain.

73. — A M. le chevalier de Maistre.

Saint-Pétersbourg, 7 (19) décembre 1810.

. . . .
. . . .
 . . . . . . Je viens, mon cher ami, de voir mon fils passer alternativement de deux nuits l'une au quartier

pendant vingt jours. Son exactitude obstinée, et d'autres raisons encore tirées de la sagacité du jeune homme, ont touché le cœur du grand-duc, qui l'a remarqué. L'autre jour, à l'exercice, il le montra aux généraux qui l'environnaient, en leur disant : *Que dites-vous de notre petit Italien?* Puis il lui dit à lui-même : *Comment avez-vous si bien appris le russe?* — *Monseigneur, il n'y a rien d'étonnant, puisque je sers la Russie depuis quatre ans.* Le grand-duc continua à le montrer à ses officiers. Peu de jours après, il en parla à table sur un tel ton, que le prince Serge Dolgorouki, qui dînait là, lui dit : *Monseigneur, voulez-vous permettre que je répète au père du jeune homme, qui est de mes amis, ce que V. A. I. vient de dire?* — *Volontiers,* dit le grand-duc. — Le prince Dolgorouky m'a donc rendu ce discours. Je pourrais tirer grand parti de cette belle inclination, mais il faut aller doucement ; je me rappelle un vers fameux sur le théâtre français : *Honorez-moi, Monsieur, de votre indifférence.* J'ai dit au prince que je le priais de témoigner à S. A. I. ma profonde reconnaissance, et de l'assurer que, dans d'autres circonstances, je lui aurais demandé la permission d'aller le remercier moi-même. — *Basta cosi.* — Au milieu des privations les plus fatigantes, je trouve une grande consolation dans le chemin que tient Rodolphe ; des dames tout à fait collets montés l'admettent même dans la société de leurs filles : il vient de faire grande figure dans une fête de famille chez la comtesse ..., qui s'appelle Barbe (nom fort à la mode ici). Comme il fallait un spectacle sans amour, Rodolphe a traduit en vers français et totalement purifié une inconcevable farce du théâtre allemand de Kotzebue, intitulée *Antoine et Cléopâtre.* A la fin, il a chanté à la comtesse des couplets assez bien tournés, qui étaient uniquement des jeux de mots sur ce mot de *Barbe.* Lorsqu'il a dit en finissant : *Sans approfondir,* — *chacun doit choisir — une Barbe sans barbe,* — le salon a retenti d'applaudissements. Si j'étais plus près de toi et de meilleure humeur, je te conterais d'autres succès de société ; mais le moyen de remplir ainsi des pages dans les circonstances actuelles ? Ce que je puis te dire en général (car ce n'est point à moi qu'il appartient de tout dire), c'est qu'il n'y a peut-être rien de plus extraordinaire que ma situation, et ma situation ; la figure que je fais, et la figure que je fais. Voici le second hiver que je passe sans pelisse ; c'est précisément comme de n'avoir point de chemise à Cagliari : au sortir de la cour ou de chez le chancelier de l'empire, au milieu de toute la pompe asiatique, un fort vilain laquais me jette sur les épaules un manteau de boutique. Le service d'un seul laquais étant réputé impossible ici à raison du climat et de la fatigue, pour en avoir un second j'ai pris un voleur qui allait tomber dans les mains de la justice : je lui ai proposé de devenir honnête homme à l'ombre de mon privilége de ministre. Depuis quelques mois cela va ; le traiteur qui me nourrissait ou qui m'empoisonnait ayant changé d'habitation, je ne puis l'atteindre ; j'ai pris le parti de partager la soupe de mon valet de chambre. Le défaut de domestiques dans ce pays et dans ma position est un des plus singuliers supplices qu'il soit possible d'imaginer, et dont tu ne peux te former l'idée à la place où tu es. Cependant, mon cher ami, je ne vois point que je sois méprisé, au contraire ; mais ce qui m'amuse excessivement, c'est quand on vient se recommander à moi, ce qui arrive assez souvent.

Une dame excessivement marquante dans ce pays est la comtesse Potocka, qui a quatre-vingt mille paysans et deux cent mille sequins de revenus : elle avoue trente-neuf ans comme un assassin convient d'une rixe ; cependant elle est encore très-séduisante : la tête du comte de Saint-Julien, ministre d'Autriche, n'a pas tenu contre cette sirène; elle part (j'entends la tête), quoiqu'elle ne soit guère plus jeune que la mienne. Je suis fort bien dans cette cour, et j'y parle assez haut. La comtesse veut faire bâtir une ville en Crimée, sur un terrain charmant qui lui appartient. Le duc de Richelieu est grand promoteur de cette entreprise. Le programme est imprimé, et la mode est de s'inscrire pour bâtir à *Sophiopolis* (la comtesse s'appelle Sophie). L'autre jour, elle me demanda, à table, devant beaucoup de monde, si je ne voulais pas aussi une maison à *Sophiopolis?* Je lui répondis : Oui, Madame; mais je veux qu'elle soit sur quatre roues, comme celles de certaines nations nomades. — Et pourquoi donc? — Comment, pourquoi? la chose saute aux yeux : si je vais à Sophiopolis, c'est pour vos beaux yeux, c'est parce que vous êtes charmante; mais vous n'aurez pas demeuré là huit jours, que vous en partirez pour aller vous faire adorer ailleurs; et ceux qui auront bâti à chaux et à sable seront dupes, au lieu que moi je vous suivrai sur mes quatre roues. — Elle riait à gorge déployée. Ensuite on demanda si les habitants s'appelleraient *Sophiens*, ou *Sophéens;* moi, je dis *Sophistes.* — Nouveaux éclats de rire. — Le comte de Saint-Julien et le prince Gagarin ont imaginé un anneau que tout associé devra porter en signe d'association : la bague doit porter extérieurement une devise grecque, parce que la ville est grecque et la dame grecque (elle est née à Constantinople), et une devise française dans l'intérieur. Le comte de Saint-Julien est venu chez moi pour ces deux devises; je lui ai donné pour la première : Σεσοφισμένον κοινόν (Sesophisménon koinon), mot à mot, *Association des Sophistisés;* mais comme *Sophie*, en grec, signifie *sagesse*, *Sesophisménos*, au passif, signifie également *pénétré par la sagesse, instruit par la sagesse*, ou *possédé par Sophie;* comme qui dirait, *Ensophié*, dans le sens d'ensorcelé. Ce double sens m'a paru piquant. Quant à la devise intérieure, qui doit *toucher la chair*, j'ai donné : *Dans sa cité, tout cœur noble est esclave*. Le comte de Saint-Julien a été fort content ; et pendant que je t'écris, des artistes anglais gravent ces anneaux. Pendant que la terre tremble sous nos pieds et que la foudre gronde sur la tête, voilà ce que l'on fait ici.

Le comte de Saint-Julien avait d'abord assez mal réussi ici : on trouvait qu'il parlait trop ; mais, en y regardant de près, on a trouvé que c'était de la franchise militaire ; en effet, il paraît être un loyal personnage. D'ailleurs l'empereur, qui a besoin de l'Autriche ou qui la craint, ayant caressé son ministre, il est devenu sur-le-champ à la mode d'en faire autant : il est fort bien vu. L'empereur lui a laissé le droit d'aller à l'Ermitage, ce qui a fort choqué les autres ministres, qui en vont faire des relations très-sérieuses à leurs cours ; il a même été question de remontrances formelles. Saint-Julien a un aide de camp, jeune Flamand, nommé le baron de Maréchal, qui est aussi admis à l'Ermitage. L'autre jour, le comte me dit : *Je vais prendre Maréchal pour le mener à l'Ermitage. — Y va-t-il ?* lui dis-je, comme si je n'en savais rien. — *Oui, il y va comme...* et il balança un moment pour trouver le mot. Pendant qu'il délibérait, je lui répondis vite : *Oui, comme un bouton de votre habit.* Nous sommes toujours fort bons amis, je le mène partout ; souvent il vient le soir me chercher, pour aller avec moi dans le monde. Ses brillants laquais montent mon escalier en tâtonnant, et nous descendons précédés d'un paysan qui porte *luminare minus ut præesset nocti*. Je suis persuadé qu'ils font sur moi des chansons en patois autrichien. Pauvres gens ! je suis bien aise qu'ils s'amusent.

M. de Saint-Julien, qui a sa dose de l'humilité nationale, est assez vivement fâché de n'être pas ambassadeur : il a pour se consoler vingt mille sequins d'appointements, mais jamais l'Autriche ne peut avoir d'ambassadeur où la France en a un. Au reste, c'est l'Autriche qui dit *Jamais ce n'est pas moi.* Il y a près de trois cents ans que l'un des fondateurs de la langue dont je me sers ici se moquait des politiques rêveurs,

> De qui le cerveau s'alambique
> A chercher l'an climatérique
> De l'éternelle fleur de lis.

A ce mot d'*éternelle*, je réponds de tout mon cœur *Amen*, suivant la coutume de mon Église; mais, quoi qu'il en soit de la *fleur de lis*, la suprématie de la France est éternelle autant que les choses humaines peuvent l'être. Toute idée d'égalité est un rêve, du moins pour des siècles; et toute idée de supériorité me paraît plus qu'un rêve. Nous sommes fondés à croire que cette inévitable suprématie produira une fois plus de bien qu'elle n'a causé de mal, et c'est beaucoup dire.

---

74. — Au chevalier de …

Saint-Pétersbourg, 1811.

Monsieur le chevalier,

J'apprends que la nouvelle organisation du sénat est sûre, et que bientôt elle sera déclarée : j'en ai beaucoup parlé avec un grand personnage qui m'accorde plus d'intimité qu'un étranger, et surtout un ministre étranger, n'aurait droit d'en attendre. Il ne voit dans tout cela qu'une nouvelle manœuvre du secrétaire de l'empire Speransky. Suivant la nouvelle organisation, toutes les affaires se traiteront dans cette *chambre haute*, qui sera le comité des ministres; de manière que le rapport appartiendra au secrétaire général, et que chaque ministre approchera rarement l'empereur. Qu'est-ce que ce Speransky? C'est une grande question. Il est homme d'esprit, grand travailleur, écrivain élégant : sur tous ces points, il n'y a pas de doute ; mais il est fils de prêtre, ce qui constitue ici la dernière classe des hommes libres, et c'est dans cette classe que les novateurs se trouvent le plus naturellement. Il a accompagné l'empereur à Erfurt; là, il s'est abouché avec Talleyrand, et quelques personnes croient qu'il est demeuré en correspondance avec lui. On voit percer les idées modernes, et surtout le goût des lois constitutionnelles, dans tous les actes de son administration : il a été le protecteur ardent de ce Fessler dont je vous ai déjà entretenu. J'avoue que je me défie infiniment du secrétaire général. Ce même personnage dont je parlais tout à l'heure me disait que depuis deux ans il ne reconnaît plus l'empereur, *tant il est devenu philosophe.* Ce mot m'a frappé. On ne peut douter de l'existence d'une grande et formidable secte qui a juré depuis longtemps le renversement de tous les trônes; et c'est des princes mêmes dont elle se sert avec une habileté infernale pour les renverser. Voici la marche qui a toujours été invariable et très-efficace. Le christianisme ayant *épousé* la souveraineté en Europe, point de succès si l'on n'amène pas un *divorce* entre ces deux puissances. Nous ne pouvons pas attaquer directement la souveraineté, qui nous ferait pendre; commençons donc par la religion, et faisons-la mépriser. Mais la chose n'étant pas possible tant qu'elle est défendue par un sacerdoce riche et influent, il faut avant tout l'avilir et l'appauvrir. Ce sacerdoce prêchant sans relâche l'origine divine de la souveraineté, l'obéissance passive, l'inviolabilité des souverains, etc..., *il est le complice naturel du despotisme.* Comment faire pour le rendre suspect? Il faut le présenter comme un ennemi, et, pour cela, citer sans cesse de vieux combats entre les papes et les rois. Il n'aurait pas été difficile de s'apercevoir que le sacerdoce a bien attaqué quelquefois les souverains, mais jamais la souveraineté. Boniface VIII aurait excommunié les Français s'ils avaient voulu se révolter contre leur roi; il ne prétendait agir qu'en vertu d'un droit divin, de manière que l'erreur même soutenait la vérité, en avouant à la face des peuples que nulle puissance humaine n'avait ce droit; mais Voltaire, qui usait sa plume à proclamer *les droits sacrés des rois et les attentats des papes*, écrivait avec la même plume :

> O sagesse du ciel, je te crois très-profonde ;
> Mais à quels plats tyrans as-tu livré le monde !

Et dans une prose non moins édifiante : *Les fidèles sujets qui combattent pour ces messieurs-là sont de terribles imbéciles. Gardez-moi ce secret avec les rois et avec les prêtres.*

Le roi très-chrétien a laissé prêcher ces doctrines dans ses propres États pendant un siècle ; il s'en est bien trouvé, et il l'a voulu. La première monarchie du monde mise en l'air est tombée par son propre poids, comme je tomberais si le fauteuil qui me soutient venait à s'anéantir sous moi. Au moins, si elle avait pu tomber seule ! Mais c'est aujourd'hui qu'on sait ce que c'est que la France : on ne le savait guère lorsqu'elle était possédée par des souverains légitimes, et que les défauts mêmes de ses maîtres tournaient au profit du monde.

Je ne sais, Monsieur le chevalier, si ce point de philosophie et d'histoire a quelque intérêt pour vous, ce qui m'empêche d'entrer dans de plus grands détails : il me suffit de vous assurer que je vois ici tout ce que nous avons vu ailleurs, c'est-à-dire *une force cachée qui trompe la souveraineté, et la contraint de s'égorger de ses propres mains.*

De savoir ensuite si cette secte est réellement organisée, si elle forme une société proprement dite qui a ses lois et ses supérieurs, ou si elle résulte seulement de l'accord naturel d'une foule d'hommes qui veulent tous la même chose, c'est sur quoi je n'ai pu me procurer une certitude ; mais l'action est incontestable, quoique l'agent ne soit pas entièrement connu : le talent de cette secte pour enchanter les gouvernements est un des plus terribles et des plus extraordinaires phénomènes qu'on ait vus dans le monde.

A la prière d'un ami commun, j'ai complétement analysé et déchiffré un mémoire diabolique écrit en latin avec un art infini, et que les Russes n'entendaient guère. C'était un plan d'études excessivement insidieux : j'ai été extrêmement remercié ; mais le même ministre qui m'avait fait demander cet ouvrage m'a déjà avoué plus d'une fois qu'il est entraîné comme les autres ; que tout marche à un bouleversement général, et que celui qui doit y perdre le plus est précisément celui qui le hâte.

Il paraît que la secte a été fort mécontente de Napoléon lorsqu'il s'est fait empereur ; mais elle lui pardonne tout, parce qu'elle en a besoin pour son grand œuvre, qui est dans ce moment l'anéantissement du pape. Cela fait, on pourra bien briser l'instrument.

Un grand spectacle de cette époque est le concile de Paris, qui ne montre jusqu'à présent ni l'intrépidité qu'on avait droit d'attendre de lui, ni la lâcheté que se promettait le maître. La base du nouvel édifice que veut élever Napoléon dans ce moment, est la célèbre Déclaration du clergé de France en 1682, que les conjurés ont présentée dans toutes les cours catholiques comme le palladium de l'autorité royale, et qui est au fond tout ce qu'on peut imaginer de plus méprisable et de plus dangereux.

Il y a dans ce moment des négociations très-actives entre la Russie et l'Autriche. Malgré ses nouveaux liens, j'espère que cette dernière y voit clair; mais je compte peu sur cette politique, qui me paraît n'en savoir pas plus que par le passé. Les circonstances où nous sommes ne ressemblent à rien de ce qu'on a vu jusqu'ici; nous ne saurions nous en tirer par les voies ordinaires. Si jamais il paraît un homme qui soit le véritable antagoniste du mal, en un clin d'œil tous les yeux se tourneront sur lui. En attendant, le mariage fait par l'ennemi de l'ordre semble lui donner beaucoup de consistance. Voilà encore sa compagne enceinte : elle est heureuse et amoureuse. De tous les spectacles qui nous déchirent depuis vingt ans, c'est le plus triste, à mon avis. Cependant je ne croirai jamais à cette nouvelle souveraineté; et si elle doit durer encore pendant certain nombre de moments que les hommes appellent *années*, ce qui est très-possible, je léguerai à mes enfants l'espérance de la voir tomber.

---

75. — Au roi.

Saint-Pétersbourg, 22 mai (3 juin) 1811.

Sire,

J'ai eu souvent l'honneur d'observer à Votre Majesté qu'il n'y avait malheureusement plus de force extérieure capable de faire la loi à Napoléon; mais je n'ai pas moins constamment ajouté que l'intérieur même de la France ne nous laisserait jamais sans espérance. Je trouve que, dans ce moment, le contre-coup de la guerre d'Espagne l'expose prodigieusement. Il s'est brouillé avec tous ses généraux : veut-il faire commander ses armées par ses conseillers d'État? Je songe souvent à combien peu de chose tient cette puissance formidable qui fait trembler l'Europe!

L'autre jour, dans un très-petit comité, un ministre étranger, sujet de Napoléon, nous dit en propres termes : « *Il n'y a plus d'autre remède que de le faire enfermer comme fou.* » Il n'y a rien là d'impossible, Sire ; mais ce mot d'*enfermer* est une pure illusion : on ne met la main sur un tel personnage que pour le tuer, tout au plus tard le lendemain. Enfin, Sire, quoique ses prodigieux succès fassent nécessairement entrer des doutes dans tous les esprits, il faut s'en tenir aux principes, qui défendent de regarder cet homme comme un souverain, chef d'une race. Cependant, combien de souverains légitimes et puissants auront peut-être envié sa puissance, dans leurs cœurs ! C'est comme s'ils avaient envié la force physique des portefaix. Celle de Napoléon n'est point du tout royale ; elle est révolutionnaire : et voilà pourquoi, Sire, les princes qui, par état et par nature, sont étrangers à cette force, ne doivent pas se compromettre personnellement avec elle ; mais c'est une gloire pour eux, au lieu d'une humiliation, et les plus ignorants des hommes sont ceux qui prennent pour un mal l'inconvénient du bien.

Au reste, Sire, si les princes qui ont les forces nécessaires en main ne veulent pas se laisser instruire sur la manière de les employer dans ce cas extraordinaire, la Providence se passera d'eux, parce que toute force désordonnée se mine d'elle-même ; et déjà il me semble qu'on peut apercevoir quelques symptômes de la prostration de forces qui suit la fièvre.

Les Espagnols se couvrent de gloire ; mais il me semble qu'en décrétant la constitution de l'Angleterre, ils n'ont pas fait preuve d'une grande sagesse. Cette constitution ne peut être transplantée. Il faut sans doute l'admirer, mais la laisser où elle est. Les peuples du continent de l'Europe n'ont pas d'autre intérêt que celui du maintien de la monarchie européenne ou chrétienne (c'est la même chose), telle qu'elle existait depuis longtemps. A travers toutes les folies des hommes dans l'ordre politique, Votre Majesté verra toujours surnager un principe divin. A force de dire aux rois chrétiens, *Nolite judicare*, ils se sont départis, avec bonté et sans violence, de cet épouvantable droit. Aucun prince chrétien ne dit : *Prenez ce champ, pendez cet homme.* A force de dire aux peuples, *Per me reges regnant*, ce même principe nous avait persuadé que l'autorité royale ne vient point des hommes; que Dieu en est l'auteur; que le souverain est inviolable; que personne ne peut le juger pour aucune raison, et que tout homme qui y touche est infâme, lui et toute sa race. Tout prince, ou son sujet chrétien, qui veut davantage se trompe beaucoup. Jamais cette monarchie n'a existé, jamais elle n'existera hors du christianisme. C'est une merveille que nos extravagants ont presque fait disparaître. On a tué la religion politique avec l'autre. Je prie Votre Majesté de vouloir bien examiner les pays où les souverains se sont réservé le droit de punir immédiatement : Votre Majesté verra toujours, à côté de ce droit, celui d'assassiner le souverain; et ce qu'il y a d'extraordinaire, c'est que la Providence ne laisse point naître dans ces contrées le préjugé sacré qui flétrit parmi nous les régicides et leur famille. Ici, par exemple, le principe chrétien n'a pu pénétrer la pâte asiatique, parce qu'il y est faible et défiguré. Aussi nous voyons les acteurs du 11 mars 1802 en possession de tous leurs droits civils.

Je suis charmé, Sire, que cette profession de foi politique se trouve sous ma plume. Quand je serais maître de constituer moi-même les États, je ne dirais pas à une nation assemblée un mot de plus que je ne dis ici à Votre Majesté; et je crains fort que les Espagnols ne donnent dans quelques exagérations. Il y a deux partis bien visibles dans ce pays; et si jamais ils sont débarrassés de la crainte extérieure, j'ai bien peur qu'ils ne se choquent. Je leur souhaite de tout mon cœur sagesse et bonheur, ce qui est au fond la même chose.

Je supplie Votre Majesté d'agréer, avec sa bonté ordinaire, l'hommage du très-profond respect et du dévouement sans bornes avec lequel je suis, Sire, etc.

---

76. — A M. le chevalier de ...

Saint-Pétersbourg, 15 (27) août 1811.

Monsieur le chevalier, j'ai eu l'honneur de vous annoncer, dans ma dernière lettre, les nouvelles lois constitutionnelles de la Russie. Quoique ces lois ne soient point encore publiées aujourd'hui, je sais cependant qu'elles ont passé au conseil, et l'on peut s'en faire une idée assez juste.

Il est impossible de se tromper aujourd'hui sur les intentions de Sa Majesté Impériale. Elle est lasse de sa puissance telle qu'elle l'a reçue de ses prédécesseurs ; et sa jeunesse lui permettant de grandes entreprises, elle veut réellement constituer son peuple et l'élever au niveau européen. Par la loi organisatrice du conseil d'État, que j'ai envoyée dans le temps, les attributions du sénat étaient demeurées indécises ; aujourd'hui le sort du sénat est fixé, et la nouvelle loi complète l'organisation générale de l'empire.

Il y aura deux nouveaux sénats : l'un à Kieff, et l'autre à Cazan. Ces quatre corps seront purement *corps judiciaires*, et se nommeront ainsi : la moitié des sénateurs seront nommés par les provinces (ceci est remarquable). Chaque sénat, aura un président, dont la place sera très-importante.

Tout ceci se rapporte assez à nos usages. Il n'y avait d'abord qu'un parlement en France : il fallut les multiplier à mesure que les affaires se multiplièrent ; la même chose, proportion gardée, est arrivée parmi nous ; et, suivant les apparences, nos souverains, sans les malheurs de cette époque, auraient été conduits à l'établissement d'un quatrième sénat : ce point ne présente donc au premier coup d'œil rien de répréhensible. — Mais voici l'article délicat.

Au sénat judiciaire de Saint-Pétersbourg est joint une première chambre (ou premier département), composée de tous les ministres et de certains personnages du conseil et du sénat, qui retiendra le titre et aura véritablement les droits de *sénat dirigeant*. Là se traiteront toutes les affaires ministérielles, de manière que cette section du sénat sera véritablement le ministre de l'empereur, et que les ministres ne seront, dans le fond, que les satellites du sénat.

Au moyen de ce nouvel établissement, le conseil d'État exerce le pouvoir exécutif, et le sénat proprement dit exerce son pouvoir judiciaire.

Voilà donc les *trois pouvoirs*, si fameux de nos jours, soigneusement établis, distingués et circonscrits, du moins sur le papier ; mais je ne vois pas que la France et l'Europe aient jusqu'à présent de grandes obligations à Montesquieu pour avoir le premier tracé avec tant de prétention cette *carte géographique des pouvoirs*.

Lorsque Pierre le Grand établit le sénat, il n'admit point l'appel au souverain, mais seulement la *plainte* (ce qui vient à peu près à la *supplication italienne*) ; et il prononça la peine de mort contre celui qui, ayant porté sa plainte au souverain, serait jugé l'avoir fait sans raison. Cette loi exagérée, et par conséquent nulle, n'a jamais fait mourir personne. Elle n'a produit qu'un véritable appel et une source interminable de chicanes ; car il avait enfin passé en maxime qu'une affaire contentieuse n'était réellement et irrévocablement décidée que par un ukase.

S'il y a une idée folle dans le monde, c'est celle de vouloir changer le souverain en juge; car s'il juge, il n'a plus le temps de gouverner; et s'il gouverne, il n'a plus le temps de juger, encore moins d'apprendre tout ce qu'il faudra savoir pour juger. L'appel au souverain entraîne d'ailleurs de grands inconvénients, dont le moindre peut-être est de faire juger le grand nombre par le petit.

L'empereur, frappé sans doute de ces inconvénients, a voulu se dépouiller légalement de ce droit, qui passait pour un apanage de *l'autocratie;* et il sera décidé par la nouvelle loi que les jugements du sénat, rendus en troisième ressort, ne seront plus sujets à l'appel. Même je sais que la loi soumise aux discussions du conseil portant que ces jugements seront censés rendus à l'avenir *avec l'autorité du gouvernement* (c'était la force de l'expression russe), un membre a trouvé l'expression inexacte, et a proposé (ce qui a été adopté) d'y substituer celle d'*autorité autocrate.* Mais je suis fort curieux de savoir si les traductions françaises porteront *autorité autocrate* ou *autorité impériale;* car ce mot d'*autocrate* est encore un de ces termes magiques qui ont beaucoup d'effet. En lui-même, il signifie : *celui qui commande et n'est jamais commandé, celui dont la volonté fait plus que toutes les autres.* Mais ce privilége appartient à la souveraineté en général. Cependant, l'usage et l'opinion universelle ont attaché à ce mot d'*autocratie* je ne sais quelle idée vague d'arbitraire et d'indépendance qui ne se trouve pas ailleurs.

De quelque façon qu'on se soit exprimé, je crains qu'il n'y ait ici une petite ignorance ou une singulière confession; car si le sénat ne jugeait pas précédemment au nom et en vertu de l'autorité souveraine, quel était le pouvoir qu'il exerçait? Et si, dans l'*autorité autocrate,* il y a quelque chose de plus que dans l'*autorité souveraine*, quel est donc ce nouveau pouvoir attribué au sénat ? Ce n'est rien, ou c'est le droit de juger arbitrairement ; ce qui ne laisserait pas d'être assez joli.

Tous les pouvoirs résident dans le souverain, et ne peuvent partir que de lui : même il les exercerait tous, si les limites de la force humaine le permettaient. Mais puisqu'elles s'y opposent, il est entendu au moins que tout se fait au nom du souverain, et que tous ses officiers civils et militaires n'existent, ne parlent et n'agissent que par lui et pour lui. Telle est la véritable idée de la monarchie.

On pourrait donc croire, au premier coup d'œil, que Sa Majesté Impériale ne fait en tout cela que se rapprocher des idées généralement reçues en Europe, et que les applaudissements qu'on lui doit pour ses nobles intentions ne doivent être mêlés d'aucune crainte. Je vous avoue cependant, Monsieur le chevalier, que j'en ai beaucoup, et je les motive par les réflexions suivantes :

1° Il n'y a rien de si vrai que cette maxime de la jurisprudence romaine : *Expressa nocent, non expressa non nocent*. Il y a une grande quantité de choses vraies et justes, et qui cependant ne doivent point être dites, et encore moins écrites. Voulez-vous un exemple dans les petites choses ? Si l'on me demandait, *Un père de famille a-t-il le droit de décacheter les lettres de son fils ?* je répondrais, *Sans doute* ; et je croirais blesser l'autorité paternelle si je répondais autrement. Mais si vous veniez à me demander *in concreto*, comme on dit dans l'école, *Me conseillez-vous d'ouvrir cette lettre de mon fils qui m'est suspecte ?* je vous répondrais : *Papa, gardez-vous-en bien, car vous y auriez immensément à perdre, et trèspeu ou rien à gagner*. Voulez-vous maintenant un exemple dans les choses les plus graves ? Je le trouve précisément dans ce droit de juger, surtout au criminel : nos rois ne jugent pas. Fort bien. J'emploierai volontiers l'expression de Pascal : Les rois ayant bien voulu *se départir*, etc., il n'y a pas de mal du tout que les peuples tiennent ce privilége à titre de bienfait, et qu'ils le payent par celui de l'inviolabilité absolue, le plus grand que des hommes puissent accorder à un homme. Mais, dira-t-on, puisque cet état de choses est si bon, assurez-le-vous donc par une loi. Oh! c'est une autre affaire; je n'en suis plus, je me retire. L'inviolabilité n'est-elle pas bonne et sacrée? Et cependant, quel peuple ou quel homme a jamais imaginé de faire une loi qui permette expressément au prince de faire impunément tout ce qu'il voudra? Le souverain même repousserait cette loi, dont il se tiendrait justement offensé. J'en reviens donc à mon adage: *Expressa nocent, non expressa non nocent.* Que l'empereur de Russie craigne le funeste droit de troubler les propriétés, et de mêler son nom à des bévues et même à des crimes; qu'il prenne des mesures avec lui-même : en cela, je ne trouve que des sujets d'admiration ; mais qu'il fasse une loi pour arriver à ce but, c'est une autre question, et je me borne à souhaiter qu'il réussisse.

2° *Toute nation a le gouvernement qu'elle mérite.* De longues réflexions, et une longue expérience payée bien cher, m'ont convaincu de cette vérité comme d'une proposition de mathématiques. Toute loi est donc inutile, et même funeste (quelque excellente qu'elle puisse être en elle-même), si la nation n'est pas digne de la loi et faite pour la loi.

Jadis le czar de Géorgie sortait tous les matins *à cheval* pour rendre la justice : il parcourait lentement les rues de Tiflis. Les plaideurs arrivaient, et disaient leurs raisons. Le czar donnait et faisait donner des coups de bâton à celui qui avait tort ou trop tort. Un Géorgien disait dernièrement, le plus sérieusement du monde, à mon frère, qui me l'a écrit : *Eh bien! Monsieur, on a remarqué que ces princes se trompaient très-rarement.* Ils regrettent donc très-sincèrement cette vieille justice de rue; et quant à la nouvelle que les Russes leur ont portée, qui procède par forme, par délais, par écriture, ils ne peuvent pas la tolérer, ils en sont malades ; et qui leur rapporterait la *bâtonomie* leur ferait un plaisir infini. Il y a chez nos vieilles nations d'Europe mille finesses que je crois très-fort au-dessus des Russes, du moins tels que je les connais dans ce moment. Le recours direct au souverain (ou la plainte) est une idée enracinée dans le plus profond de leurs cœurs; et même, pour l'honneur de la souveraineté, elle est plus ou moins naturelle à tous les hommes. Je ne crois pas que l'opinion publique puisse être violée sur ce point. Il n'était pas malaisé, ce semble, de trouver le moyen qui aurait tout sauvé, en donnant seulement à la *plainte*, lorsqu'elle aurait été admise, la force de renvoyer la cause au *plenum* (ou chambres assemblées, suivant notre style).

3° Mais, en passant sur toutes ces difficultés, il en reste une qui est la plus grande de toutes, et qui rentre un peu dans la précédente. Supposons ces lois aussi excellentes qu'on le voudra, où est la sanction? Et qui empêchera un autre prince, ou le même, d'établir tout le contraire? Paul Ier n'avait-il pas établi la loi salique de la manière du monde la plus solennelle? Le lendemain, son fils l'a révoquée. J'ai été conduit, par mes réflexions sur ce sujet intéressant, à la découverte, que je crois incontestable, qu'aucune loi véritablement fondamentale et constitutionnelle ne peut être écrite, et que si elle est écrite, elle est nulle. Vous prendriez peut-être ceci pour un paradoxe, Monsieur le chevalier; c'est cependant une vérité, et je l'ai appuyée, dans un écrit *ad hoc*, de tant de preuves logiques et historiques, que j'ai entièrement convaincu de fort bons esprits ; mais tout cela est dans mon portefeuille (1).

Prenez la loi constitutionnelle la plus simple ; par exemple, celle de la succession à la couronne ; je vous le demande : qui l'avait établie en France et parmi nous? Ce n'est pas le peuple : il n'y en a pas la moindre trace ; ce n'est pas non plus le roi : il n'a cessé de la reconnaître et de lui rendre hommage, mais ce n'est pas lui qui l'a fondée ; car s'il en était l'auteur, il aurait par là même le droit de l'abroger. Mais si elle n'a été établie ni par le souverain ni par le peuple, par qui l'a-t-elle été? etc., etc.

Je me défie donc de toute loi constitutionnelle *écrite*.

Voici un autre danger. Lorsque le pouvoir politique ou représentant était disséminé dans les sénats, ce pouvoir (très-faible ou très-modéré) avait le double avantage d'être moins visible, moins marquant, et par conséquent moins exposé à déplaire au souverain, et de présenter d'un côté infiniment moins de prise à l'autorité égarée qui aurait voulu le détruire.

Mais à présent que tout ce pouvoir sera concentré dans une seule chambre, qui nous promet qu'un prince, tel qu'il y en a quelques-uns dans l'histoire de Russie, ne dira pas un jour : *Je suis bien aise que l'un de mes prédécesseurs ait renfermé tout le venin de la vipère dans la tête; apportez-moi un couteau!* Alors voilà des gens bien constitués !

Je me tranquillise beaucoup par ma maxime : *Toute nation a le gouvernement qu'elle mérite.* Tout me porte à croire que le Russe n'est pas susceptible d'un gouvernement organisé comme les nôtres, et que les essais philosophiques de Sa Majesté Impériale n'aboutiront qu'à repla-

---

(1) L'*Essai sur le principe générateur des institutions humaines*, qui a été publié depuis.

cer son peuple où il l'a trouvé, ce qui ne sera pas au fond un fort grand mal. Mais si la nation, venant à comprendre nos perfides nouveautés et à y prendre goût, concevait l'idée de résister à toute révocation ou altération de ce qu'elle appellerait *ses priviléges constitutionnels;* si quelque Pougatscheff d'université venait à se mettre à la tête d'un parti; si une fois le peuple était ébranlé, et commençait, au lieu des expéditions asiatiques, une révolution à l'européenne, je n'ai point d'expression pour vous dire ce qu'on pourrait craindre.

. . . . *Bella, horrida bella!*
Et multo Nevam spumantem sanguine cerno.

Les personnes les plus au fait des choses pensent que la guerre doit éclater de nouveau avant la fin de l'année. — Pas sitôt, à ce qu'il me semble; mais, plus tôt ou plus tard, la guerre me paraît inévitable. Est-ce bien? est-ce mal? Je n'en sais rien, mais j'ai assez parlé là-dessus. *Salutem ex inimicis nostris*, ou bien il n'y en a point. Pendant les conférences célèbres de l'île des Faisans, les plénipotentiaires espagnols écrivaient à Madrid qu'ils étaient fort pressés par ceux de la France, et le ministre espagnol répondait : *Ennuyez-les*. C'était bien dit! L'idée de faire plier la France par une attaque décidée est une extravagance; mais on peut fort bien l'*ennuyer*, et l'amener à faire justice elle-même. La guerre est déclarée directement à toute la souveraineté d'Europe, qui est toute déplacée et abaissée dans ce moment. Si la chose est sans remède, c'est une petite aventure de cinq ou six siècles, autant qu'il en a fallu pour l'établissement des monarchies actuelles à la place de l'empire romain dûment pulvérisé et *balayé*, — autant qu'il en a fallu pour chasser totalement les Maures de l'Espagne. Si nos anciennes et augustes races se relèvent, et surtout si les Bourbons, qui sont la clef de la voûte européenne, reprennent leur place, *bene erit :* pour faire bien, il n'y a donc qu'à faire le contraire de ce qu'on a fait. Il y a d'ailleurs dans la révolution actuelle quelque chose de particulier et de radical hors de toutes les règles générales, et qui ordonne au véritable observateur de s'attendre à des choses qu'on ne devrait point prévoir dans d'autres circonstances. Non-seulement la souveraineté européenne est attaquée moralement par une puissance terrible qui ne dort jamais, mais elle s'est blessée elle-même matériellement. Un évêque l'a dit une fois au roi de France ; mais les pompes arrivent trop souvent après l'incendie.

Si les hommes comprenaient la révolution *aujourd'hui*, elle finirait *demain*.

---

77. — † A M. le comte de Schullembourg.

Saint-Pétersbourg, 26 septembre 1811.

Je n'aime pas trop, mon très-cher et aimable comte, ce qu'on appelle le *commercium epistolicum ;* rarement on a de part et d'autre le temps de s'y livrer : cette régularité, d'ailleurs, peut fatiguer, et de mauvais plaisants seraient capables de l'appeler le *devoir amical.* Cependant, Monsieur le comte, il ne faut pas donner dans les extrémités ; et, par exemple, s'il m'arrive de répliquer le 26 septembre 1811 à une *chère vôtre* du 20 juin 1810, je ne crois pas qu'il y ait là de l'excès, ni que vous puissiez me trouver indiscret. Ce qui m'a mis en train, c'est l'aimable commission que m'a faite de votre part le général de Warsdorff. J'attache, je vous l'assure, une très-grande importance à votre souvenir ; et j'ai été si enchanté d'en recevoir les assurances, que j'ai exécuté sur-le-champ le projet qui était en permanence dans ma tête depuis un temps infini, de vous décocher une de mes épîtres. Qu'est-ce donc que vous faites, cher comte, et comment tuez-vous ce chien de temps qui nous tue? Comment vous trouvez-vous du séjour de Vienne? On dit que les étrangers y vivent à merveille, et que les dames les trouvent extrêmement savoureux. Peut-on compter sur ces relations? Pinkerton n'en disant rien dans sa géographie, je m'en rapporterai volontiers à vous. Quant à moi, que vous dirai-je? Je suis toujours ce que vous avez vu ; c'est-à-dire un grand pédant chez moi, et dans le monde aussi peu pédant qu'il m'est possible ; lisant toujours du grec et du latin, et tâchant de ne pas oublier le français. Quant à l'allemand, je le lis toujours, comme vous avez vu, avec le bout du doigt, et essayant de disséquer les mots pour en connaître les éléments. Je suis surtout plein d'admiration pour certains monosyllabes magiques, jetés malicieusement au bout de la phrase, et qui modifient d'une manière tout à fait inattendue le verbe initial sur lequel on avait eu la bonhomie de compter. Quoi qu'il en soit, je ne désespère point d'avoir une idée claire de vos particules avant l'âge de quatre-vingts ans.

J'ai fort goûté ce projet d'Académie dont vous me parliez dans votre dernière lettre; mais, hélas! je ne dois plus faire de ces projets charmants. Mon sort est décidé : l'aimable espérance n'est plus faite pour moi. Son prisme charmant ne s'interpose plus entre mon œil et les objets. Je les vois tels qu'ils sont, couleur de sang et de fumée. Il y a dix ans que ma femme est veuve ; il y a dix ans que mes filles sont orphelines; et cependant je vis, — à ce qu'on dit ; — mais on dit tant de choses fausses ! — Jamais cet état ne changera pour moi. Une fois peut-être j'aurai habité trente ou quarante ans sur la terre avec une fille que je ne connaîtrai pas. — Ah ! Napoléon, mon cher ami, que je te dois de bonheur ! viens, que je t'embrasse ! — Que faire, mon très-cher comte ? quel parti prendre ? Il n'y en a qu'un : faire bonne contenance et aller son train vers la place du supplice, avec quelques amis qui vous consolent en chemin. C'est sous cette charmante image que je me représente ma situation. Je mets toujours les livres au nombre de ces amis consolateurs ; mais l'honneur que je rends aux morts ne m'empêche pas d'apprécier les vivants, parmi lesquels vous tenez un rang si distingué, mon bon et aimable ami. Je me rappelle assez confusément de ce que j'appelais à vingt-cinq ans *une conquête*; mais j'ai une idée très-claire de ce que ce mot signifie aujourd'hui pour moi. C'est l'acquisition d'un cœur noble et sensible comme le vôtre, mon cher comte : il est de mon sexe, à la vérité ; mais je vous assure que cela ne gâte rien, et je puis bien voler une expression à madame de Sévigné, pour vous assurer que je ne cesserai jamais d'aimer votre amitié. Probablement vous ne me reverrez plus, le métier que nous faisons faisant diverger les hommes d'une étrange manière. N'importe ; je compte sur votre souvenir comme si je vivais à côté de vous, et moi je vous jure, foi d'Allobroge, que, etc... — vous savez le reste.

Je vois que ce *poisson* dont vous vous êtes emparé vous trouble la conscience ; mais je vous le donne, mon frère, je vous le donne. Vivez en paix, et présentez-le partout comme si vous l'aviez pêché vous-même. Je sais bien une autre histoire presque aussi jolie ; mais je ne sais comment mes humeurs ne se trouvent pas assez en équilibre pour que je vous la conte. En vous écrivant, j'ai senti la tristesse qui montait sur la gaieté comme l'huile sur l'eau ; il faut la laisser tranquille. Bonjour, mon cher comte, bonjour ; ne m'oubliez pas. Je vous remercie, du fond de mon cœur, du tendre intérêt que vous m'accordez. Je vous embrasse mille fois.

---

78. — † Au comte Rodolphe.

Saint-Pétersbourg, 10 avril 1812.

Si chacun de vos numéros n'est pas payé par un des miens, ce ne sera jamais ma faute, mon cher Rodolphe ; car je suis très-exact, et il ne m'en coûte pas pour l'être, comme vous savez. Tout ce qui peut vous arriver de plus fâcheux dans ce genre, c'est de recevoir des billets lorsque vous attendez des lettres. Aujourd'hui, par exemple, je serai par force très-laconique, car j'ai vingt pages au moins à écrire : *Nella gran città che signoreggia il mediterraneo*, sans comprendre les billets du matin qui vont leur train. Mais s'il plaît à Dieu, j'aurai bientôt deux ministres d'État au département des billets ; je veux les installer sans le moindre retard. — Je suis bien aise, en attendant, que mes lettres vous amusent autant qu'une bataille. — C'est beaucoup, je n'ai rien à dire contre cette comparaison : quant à moi, cependant, il faut que j'en cherche quelque autre quand je voudrai exprimer le même plaisir. Ne croyez jamais que je ne vous écris pas, mais seulement que mes lettres ne vous parviennent pas, ce qui est possible. Écrivez vous-même à votre aise, quand vous pouvez, et même quand vous voulez, toujours pour vous obéir, jamais pour m'obéir. Adieu, cher enfant. Aujourd'hui rien de plus : *Jubeo te valere plurimum*. J'espère que vous n'ignorez pas vos devoirs sur l'article de l'obéissance. Revenez, mon cher enfant, revenez bien portant, et toutes mes plaies seront fermées.

79. — A M. le vicomte de Bonald, à Paris.

Saint-Pétersbourg, 20 avril (2 mai) 1812.

Monsieur,

Quand on écrit comme vous, il faut s'attendre à quelques lettres indiscrètes. Je ne sais si celle-ci vous paraîtra telle; mais j'aime mieux courir le hasard de vous en écrire une de ce genre, que de me refuser le plaisir de vous remercier de la mention honorable que vous avez bien voulu faire de moi dans votre excellent livre de la *Législation primitive* (t. I, Disc. prélim., p. 123). C'est un peu tard, sans doute, mais c'est aussitôt que je l'ai pu; car votre livre ne m'était point parvenu, et, du reste, je me doutais peu que celui que vous avez la bonté d'appeler *célèbre* fût seulement connu à Paris. Je l'avais parfaitement oublié; mais vous me l'avez rappelé, et sur votre parole je suis capable de le relire. J'ai fait connaissance avec vous, Monsieur, dans les journaux; rien n'empêche même que je ne vous cite la phrase qui commença *ad invaghirmi* de votre personne et de votre manière. C'est un charmant coup de sangle donné en passant à Montesquieu (*comme l'a dit plaisamment dans l'Esprit des lois l'auteur des Lettres persanes*). Je n'ai rien lu de plus exquis; et, certainement, cette phrase ne peut être oubliée que par un sot. J'ai lu depuis votre *Divorce* et votre *Législation*, qui m'ont donné la plus haute idée de vos talents et de votre caractère. Je m'arrête, Monsieur, ne voulant point vous enfumer d'un encens inconnu, ni me permettre de jaser dans une première lettre. Que ne puis-je, Monsieur, vous consulter sur une entreprise considérable dont quelques parcelles seulement, arrachées de la masse par les circonstances, vous sont parvenues sous le titre de *Considérations sur la France!* Que j'aimerais vous entendre sur de singuliers chapitres! Malheureusement je ne dois, suivant les apparences, jamais vous connaître. Agréez au moins que je ne vous laisse point ignorer l'impression que vos écrits ont faite sur moi. Si vous avez la bonté de trouver le plus léger plaisir à écrire mon nom dans vos tablettes, parmi ceux des personnes qui vous honorent le plus, je serai, de mon côté, extrêmement flatté, si vous me donnez un jour la permission de croire que j'ai pu vous intéresser.

Je suis, avec la plus haute considération, Monsieur,
Votre très-humble et très-obéissant serviteur,

Le comte DE MAISTRE,

Envoyé extraordinaire, ministre plénipotentiaire de S. M. le roi de Sardaigne, près S. M. l'empereur de toutes les Russies.

---

80. — † **Au comte Rodolphe.**

Polock, 7 juin 1812.

Non, non, je n'ai rien reçu de Wilna. Je vous avais écrit très-expressément, mon cher enfant, de m'écrire ici, sous l'adresse du R. P. Angiolini, si vous doutiez encore de mon arrivée : jugez combien j'ai été fâché de ne rien trouver de vous en arrivant! Le 29 seulement, votre lettre du 16 avril, d'Oruga, m'est arrivée par Pétersbourg, et celle d'Opsa, du 22 mai, arrive aujourd'hui : entre ces deux époques du 16 avril et du 22 mai, je vois que vous m'avez écrit deux fois : ce sont ces deux lettres que je n'ai point reçues encore; je les regrette beaucoup. M. Kalitcheff, porteur de votre billet et de cette réponse, m'a fait venir l'eau à la bouche en me disant qu'il était venu acheter ici de l'avoine; il me semble que vous avez bien peu de crédit auprès de votre chef si vous ne pouvez pas vous faire commander aussi pour acheter quelque chose, ne fût-ce qu'un manche de fouet. Pourquoi ne me dites-vous pas au moins que vous êtes fâché de n'être pas à la place de cet officier? Vous l'avez oublié; dites-le-moi par une autre occasion. Vous dites que vous devenez mélancolique; je vous assure qu'il ne tient qu'à moi de l'être : je ne me rappelle aucune époque de ma vie où j'ai été plus seul, plus isolé, plus séparé de tout être vivant et de tout *réconfort*. Je passe des journées entières dans mon fauteuil, et je le quitte pour me mettre au lit. Les jésuites ont fait pour moi l'impossible, il n'y a pas de politesse imaginable qu'ils ne m'aient faite; sans eux, je n'aurais pu demeurer ici. Ils m'ont meublé complétement, leur bibliothèque et leur société me sont d'un grand secours; mais je n'abuse pas de la seconde; ce ne sont pas des *perdeurs de temps*. Je suis charmé que votre latin vous ait servi si à propos à Oruga, et je ne doute pas que le R. P. n'ait écrit dans ses annales : *Aujourd'hui j'ai confessé en latin un chevalier-garde.*

Toujours point de nouvelles de votre mère : je n'y conçois rien, ou pour mieux dire je conçois bien que les dames ne sachent guère comment il faut se retourner dans certaines occasions. J'ai bien compassion de ces pauvres femmes lorsqu'elles lisent les bulletins français; je ne leur écris que deux mots : *Un tel jour, on se portait bien.* Je ne m'accoutume point à cette vie. J'ai vu l'instant de la réunion, mais ce n'était qu'un éclair qui a rendu la nuit plus épaisse. Je me console en pensant à l'étoile de ma famille, qui la mène sans lui permettre jamais de s'en mêler. *Je n'ai jamais eu ce que je voulais,* voilà qui devrait désespérer, si je n'étais forcé d'ajouter avec reconnaissance, *mais toujours j'ai eu ce qu'il me fallait.* Cependant, *væ soli !* Adieu, mon cher enfant; continuez à marcher *dans les voies de la justice et du courage.* Pour vous seul je me passe de vous, je ne dis pas sans peine, mais sans plainte. Je ne cesse de m'occuper de vous : si vous quittez ce monde, je pars aussi, je ne veux plus baguenauder. Adieu encore; venez acheter de l'avoine, nous dirons le reste.

---

81. — A M. le comte Rodolphe.

Saint-Pétersbourg, 5 (17) juillet 1812.

Le 26 juin, mon cher enfant, en partant de Polock, je vous écrivis une courte et triste épître qui aurait dû être marquée n° 9; mais je n'avais guère la tête aux numéros. J'ai fait un très-heureux voyage, sans me coucher, et vivant je ne sais de quoi. En arrivant ici, j'ai trouvé la solitude affreuse dans une grande maison, et jamais je n'ai mieux senti le *væ soli !* Le jour même de mon départ de Polock, V... s'est fait congédier sur-le-champ et sans retour. Ce valet de chambre, du moins dans ce moment, m'a causé des embarras inouïs; mais je les ai surmontés. Il me parla devant deux étrangers d'un ton qui n'était pas tolérable ; j'étais de mauvaise humeur : je le chassai sur-le-champ, après l'avoir libéralement récompensé. Voilà qui est fini. Je voudrais bien me passer d'un domestique de ce genre; mais il n'y a pas, je crois, moyen : mon ménage est établi. Venez donc quand vous voudrez, et sans invitation. Sûrement mon départ subit vous aura étonné, et sans doute fâché. A présent, vous pouvez *diviser la motion*, et n'être qu'étonné.

Je suis parti avec l'assurance que les dames ne viendront pas. Qui sait cependant encore ce qui arrivera? Le diable, qui se mêle sans relâche des affaires des honnêtes gens, pourrait bien faire une des siennes, et me les envoyer à Vienne après le départ de la légation russe. *Quod Deus avertat!* Depuis le 17 mai, je n'ai rien reçu d'elles; mais toutes mes lettres sont à Polock.

J'imagine que vous n'avez pas envie que je vous parle de la guerre. Je crois que le grand diable a manqué complétement son premier coup, et qu'il dispose aujourd'hui toutes ses pièces pour en frapper un second à sa manière. *En ce temps-là, malheur aux pères!* Cependant, mon cher ami, *ou avec cela, ou sur cela!* Dieu me préserve de vous donner des conseils lâches! Je n'ai pas sur le cœur le poids que j'y sentais lorsque vous tiriez sur les Suédois : aujourd'hui, vous faites une guerre juste et presque sainte. Vous combattez pour tout ce qu'il y a de plus sacré parmi les hommes, on peut dire même pour la société civile. Allez donc, mon cher ami, et revenez ou emmenez-moi avec vous.

Hier, j'allai à Camini-Ostroff, chez la grande maréchale. On apporta un paquet à la princesse Lubomirska, et elle y trouva quoi? *la ci-jointe*, que je vous avais envoyée, il y a un siècle, de Polock, sous l'adresse de votre général, et qui revient ici je ne sais comment. Je vous l'envoie uniquement pour mon honneur, et pour vous prouver que j'ai toujours fait mon *devoir* envers vous. Faites le vôtre aussi, quand vous pourrez, laconiquement, comme la dame de Sparte.

Dans ce moment (sept heures du soir), je pars pour G....., où je n'ai point encore été. Envoyez-moi toujours toutes les lettres que vous voudrez; je me ferai un véritable plaisir de vous être utile.

Je suis mal dans cette grande maison, faute de gens

pour l'habiter; au pied de la lettre, il n'y a pas sûreté. Je m'échauffe la tête pour un homme de confiance, et je ne sais pas trop si je réussirai. On vous dit mille choses tendres de chez le duc. Cette lettre dont vous me parlâtes une fois à Polock y arriva longtemps après votre départ, sous mon couvert; je l'expédiai moi-même avec une lettre d'accompagnement, et lorsque le duc N... prenait la plume pour vous écrire, j'entrai. Bonjour, mon très-cher enfant; je vous serre sur mon cœur. Si je vous voyais, je vous dirais peut-être quelques mots de plus. *Macte animo.* — Et quel temps fut jamais plus fertile en miracles? — Adieu, adieu.

---

82. — A M. le comte Rodolphe.

Saint-Pétersbourg, 3 (15) septembre 1812.

Ah! que je suis aise d'avoir été trompé! Cher et très-cher enfant, tout le monde me disait et j'avais même la certitude que votre corps n'avait pas donné, et que votre général était malade. Cependant, je ne pouvais être tranquille; vous appellerez cela comme vous voudrez. Quoique votre billet du 27 ne me soit arrivé que dans ce moment, la date vous met cependant bien en règle, et je vous remercie de n'avoir pas perdu un moment pour m'instruire. Je n'ai pas besoin de vous dire combien nous avons été affectés, troublés, déchirés par cette terrible scène de Borodino. Au moins, nous sauvera-t-elle? C'est le grand secret de la Providence. Deux choses sont sûres : que, seule, elle ne décide rien, mais qu'elle aura singulièrement favorisé le succès d'une seconde, qui est indispensable, et qui peut-être a eu lieu dans ce moment. Si celle-ci était malheureuse?... Mais je ne veux pas penser à cela, étant aujourd'hui tout entier à la joie que me donne votre *salvation*. Je n'essaye pas seulement de vous exprimer ce que j'ai senti dans cette occasion; je souhaite que vous le sentiez un jour, et que vous vous rappeliez alors cette lettre. Je prends bien part au sort cruel, quoique très-honorable, de votre amie *Blondine*. A cet égard, je vous répète ce que vous devriez ne jamais oublier. Je n'ai plus d'argent à moi; il est à votre mère et à vos sœurs, et ensuite à vous, ou, pour mieux dire, il est à vous pour elles. Ainsi, faites comme s'il était dans votre tiroir; tirez sur moi pour la somme dont vous avez besoin, s'il faut tout de suite remplacer ce cheval. Je ne sais comment vous avez pu vous accrocher au prince Dimitri : quand vous serez mieux, vous me le direz; et vous me direz aussi ce que vous avez fait pendant cette infernale bataille. Se peut-il que vous soyez demeuré là, sans remuer, pendant douze heures? Voilà un homme dont je voudrais vous voir aide de camp. Quant à l'autre, je vous ai déjà répondu : j'ai fait la démarche, vous voyant mécontent et ne sachant comment vous tirer de là; mais je ne remue plus. Je vois que T. a beaucoup d'ennemis, et il les mérite bien un peu. J'ai peur d'être allé trop vite. Enfin, je vous ai dit que j'étais un irrésolu de la première classe; prenez-moi donc pour ce que je suis, et ne vous fâchez pas trop contre moi. Ayez bien soin de vous et de moi; soignez-vous, et ne vous donnez d'autre fatigue que celle de m'écrire : sur ce point, j'ai le cœur dur. Vous êtes cependant un aimable garçon, et je ne suis pas étonné que la princesse de T..... vous aime tant : elle a pleuré, en écoutant votre aventure. Adieu, mon très-cher enfant; j'écris ceci sans délai chez l'aimable dame, de peur de manquer l'occasion. Adieu, adieu.

83. — † Au comte Rodolphe.

Saint-Pétersbourg, 24 juin 1813.

J'ai reçu avec un plaisir inexprimable votre première lettre de Riga. Elle était accompagnée d'une autre lettre du marquis, pleine de politesses et de choses agréables sur votre compte. En voyant la date de la vôtre, j'ai douté de l'exactitude ; du 27 après-midi au 29 à la même heure, cette célérité me paraît extraordinaire, d'autant que vous aviez passé quelques heures à Strelna, comme je l'ai appris depuis. S'il n'y a pas d'erreur, cela s'appelle marcher.

J'ai bien peur, mon cher enfant, que vos remontrances sur *la table* et sur *l'écritoire* soient fort inutiles, et même que je ne m'enfonce davantage *dans mes vices;* car les circonstances amènent la mauvaise humeur, et la mauvaise humeur augmente l'amour de la retraite. Voilà déjà un samedi dont il n'est plus question : les Laval partent pour l'Angleterre, les Tamara ont substitué le mardi au vendredi, et, ce mardi coïncidant avec celui de la princesse Belolzelsky, ce *synchronisme*, en m'obligeant d'opter, m'ôtera encore un jour de campagne ; j'ai le malheur d'en être bien aise : vous voyez comment vont les choses. La force qui mène tout se moque de nos calculs. Je ne vous dis rien de l'armistice ; tous ces raisonnements sont inutiles, quelquefois impertinents, toujours dangereux. Vous êtes sur les lieux, vous verrez les choses mieux que moi. Ce qu'il y a malheureusement d'inconcevable, c'est que l'armistice et la paix, qui suivant les apparences en sera nécessairement la suite, achèveront la perte des puissances du second ordre. Je me dis bien que tout peut changer encore ; mais pour cela il faudra beaucoup de temps, et il n'en reste beaucoup ni au roi ni à moi. Peut-être est-ce là une raison de consolation, si l'on entend bien la chose; mais toujours est-il vrai que tout nous ramène au cabinet et à l'écritoire. L'amiral est parti pour Oranienbaum, où il occupe seul la maison de son collègue Gray; il m'a beaucoup pressé d'aller passer quelques jours avec lui, et vous commande de vous bien porter.

Hier, le corps du maréchal est entré dans la capitale, pour prendre place dans la cathédrale de Casan, où les obsèques auront lieu demain. L'entrée s'est faite avec toute la magnificence possible. Le char funèbre était traîné par le peuple. C'était une espèce de carré de trois cents personnes, qui se relayaient. On a fait tout ce qu'on pouvait faire; cependant je n'ai pas trouvé dans toute cette cérémonie une véritable dignité. Dans le cérémonial français, le mot de *héros* était répété deux fois, une fois dans le corps de la pièce et à la fin, qui se termine par *les mânes du héros*. Je ne sais si l'original russe finit par cette élégance poétique et chrétienne. Quoi qu'il en soit, mon cher ami, voilà le défunt, n'en déplaise à M. le général de Beningsen, déclaré *héros* par le grand maître des cérémonies, véritable juge de ces sortes de choses. *Omnis mundus histrioniam exercet.*

Bonjour, mon très-cher enfant; vous savez si je vous aime, si j'ai besoin de vous, si je m'occupe de vous : tout cela va sans dire. A la nouvelle de l'armistice, quelques idées grossières se sont emparées de moi : *Pendant quelque temps, il ne risque rien. — Je suis faible, il est vrai; un père peut bien l'être.* Sur cela, bonjour encore.

84. — † Au comte Rodolphe.

Saint-Pétersbourg, 22 juillet 1813.

Voilà, mon féal ami, une lettre que je vous recommande pour le chevalier Manfredi. Mon dernier numéro étant du 6, vous sentez que j'ai peu de nouvelles à vous donner ; j'en ai une cependant et même très-importante, puisque votre oncle a été fait général. Vous le savez au moment où j'écris ; mais nous l'avons su avant vous : Sophie ne veut cependant pas le croire, parce que la signature de S. M. I. n'est point encore arrivée. Pour moi, j'y compte, et me voilà satisfait. Maintenant, il ne faut plus penser qu'à vous ; mais... *mais je m'embarrasse fort peu de vous :* ainsi je dors sur les deux oreilles.

Je n'ai jamais cru à vos bons pressentiments sur le plaisir de nous revoir. Non, certes, la partie n'est pas finie ; la paix ne me paraît pas possible. Comment imaginer que l'Autriche laisse échapper cette occasion de s'émanciper, et de dissoudre la ligue du Rhin? et comment imaginer que l'autre recule? La guerre éclatera donc encore ; mes angoisses vont recommencer aussi : mais je ne veux point vous parler de toutes ces couardises paternelles. Je veux cependant vous dire encore que je me rappelle volontiers vos pensées pleines d'espérance sur le succès de cette campagne. Ma confiance moindre tient peut-être à l'âge. — Vous êtes une fusée qui monte, et moi je suis une baguette qui retombe. — Mais j'oubliais que je ne voulais rien vous dire, pas même que je vous aime de tout mon cœur.

85. — A M. le comte Rodolphe.

Saint-Pétersbourg, 23 juillet (4 août) 1813.

Hier, mon cher Rodolphe, est arrivé votre n° 5 du 1er juillet, avec les portraits. Le travail du vôtre est admirable, et la ressemblance assez frappante; je ne sais cependant si mon frère s'est parfaitement tiré de votre auguste nez: dans la silhouette au crayon noir, la ressemblance me paraît encore plus frappante; mais, sur ce point, il y a beaucoup d'arbitraire. En général, c'est un ouvrage superbe, que j'ai tout de suite encadré et placé au-dessus de mon portrait, dessiné par Vogel, que vous voyez à côté de la fenêtre. Là, vous aurez soin de moi. Votre nouveau portrait n'est accompagné que d'une simple date, mais le premier porte un vers d'Homère:

Καί ποτέ τις εἴπῃσι· Πατρὸς δ' ὅγε πολλὸν ἀμείνων (1).
(Il., VI, 479.)

N'est-ce pas qu'il est bien trouvé? J'espère que personne n'aura jamais rien à dire.

Votre oncle vous dira la jolie vie que j'ai menée cette semaine avec sa femme. Ce qui m'a fait véritablement plaisir, c'est qu'il m'a paru que cette attention de ma part lui était agréable: je m'attache tous les jours à cette femme, qui est pleine de raison et de bons sentiments. Elle m'a lu votre conversation avec le Pannonien, qui m'a extrêmement amusé. Il ne peut, au reste, être plus honnête homme que ceux qui l'envoient. Du moment où j'ai vu cette puissance en jeu, j'ai dit et écrit ce que vous me dites: *qu'elle profiterait de l'occasion pour reprendre la prépondérance*,

---

(1) Et olim quis dicat : Patre vero hic multo fortior !
(HEYNE, trad. litt.)

et que c'était là tout ce qu'elle voulait. Cependant *on* paraît content d'elle, et je ne sais pas trop comprendre comment on pourra éviter une nouvelle guerre, malgré la prolongation de l'armistice. J'ai vu votre ancien chef, qui est toujours le même : il voit tout en noir, comme vous savez ; quand j'ai parlé quelque temps avec lui, je sens que mon imagination se noircit. J'espère cependant qu'il s'exagère certaines choses à lui-même ; mais ce qui m'effraye particulièrement, c'est qu'il a toujours deviné ! Mandez-moi (et n'oubliez pas ceci) combien de temps doit durer encore votre position équivoque, et si le défaut de titre décidé ne vous nuira point. Comment faut-il vous écrire ? on ne peut dire *aide de camp*, et encore moins, ce me semble, *attaché*.

Je vous sais bon gré, mon très-cher enfant, de ne pas savoir vous amuser pleinement sans moi, et de me le dire en latin de Cicéron, qu'il ne faut point oublier. Je compte que votre séjour en Allemagne vous rendra fort sur les *déclinaisons*, voire même sur les conjugaisons, au point de pouvoir vous entretenir couramment avec tous les maîtres de poste de Germanie. Soyez fort exact et fort attentif auprès de madame de W., et ne négligez rien aussi pour contenter le général d'Auvrai. J'ai trouvé extrêmement plaisant qu'après avoir desservi l'oncle, il emploie le neveu. Au reste, mon frère venant d'être fait général, il me semble que tout est dit.

Nous avons, en effet, perdu notre procès de quatre voix en Angleterre ; mais quand je dis *perdu*, ce mot doit être expliqué. Le bill n'a point été *négativé*, seulement la question est renvoyée. Mais les catholiques ne lâcheront point prise. Je voudrais que vous pussiez suivre les papiers. Vous y verriez leurs espérances et le nom de leurs persécuteurs. Plus tôt ou plus tard, nous verrons le bill tant désiré, et ce sera *une Ère*.

Les nouvelles d'Espagne sont extravagantes. Avant-hier, à Zarskoe-Celo, il passait pour certain que les Français avaient été obligés de brûler leurs propres magasins à Bayonne. On ne parle pas moins, dans ce moment, que d'une promenade à Bordeaux.

Je suis bien aise que mon frère ait jugé comme moi madame de Sévigné. Nous ne parlons pas du talent, qui est *invariable*, mais du caractère. Si j'avais à choisir entre la mère et la fille, j'épouserais la fille, et puis je partirais pour recevoir les lettres de l'autre. Je sais bien que c'est une mode de condamner madame de Grignan; mais par le recueil seulement des lettres de la mère, lues comme on doit lire, la supériorité de la fille sur la mère (dans tout ce qu'il y a de plus essentiel) me paraît prouvée à l'évidence.

Je ne vois pas de difficulté que vous lisiez *Émile*, si vous en avez la fantaisie. C'est un ouvrage de collège qui a beaucoup plus de volume que de masse, et qui ne renferme presque rien de véritablement utile. Vous verrez de quels ouvrages on s'infatuait dans le siècle extravagant qui vient de finir (à ce qu'on dit du moins, car, pour moi, je n'en crois rien). Le morceau le plus remarquable de cet ouvrage, qui a fait tant de bruit, est la *Profession de foi du vicaire savoyard*; ce qu'elle renferme de bon et de mauvais se trouve partout, mais non pas en si beau style. Après cette lecture, il serait bon de lire les lettres sur le déisme (*le Déisme réfuté par lui-même*). C'est par ce livre que l'excellent abbé Bergier commença sa noble carrière; et j'ai ouï dire que Rousseau lui-même fut frappé de la force des raisonnements autant que du ton constant de modération qui règne dans cet ouvrage. En effet, il n'y a jamais répondu, et même, que je sache, n'a jamais nommé Bergier.

Il y a une phrase sur moi, dans je ne sais plus quelle de vos lettres, qui m'a fait trembler. C'est celle où vous dites *absence et présence*. Cette idée s'est déjà présentée à moi comme une très-fâcheuse possibilité. Qu'on me laisse tranquille, je ne veux plus que végéter.

Je ferai votre commission à mademoiselle Valouieff, qui est à Zarskoe-Celo. Si vous sentez dans votre plume quelque jolie phrase pour madame S..., laissez-la tomber. Bonjour, cher enfant. Portez-vous bien, et allez votre train sur cette planète.

Je vous envoie l'estampille de vos livres pour savoir si vous en êtes content, et une lettre pour votre chef, que je dois remercier, etc.

Adieu donc, l'enfant!

---

86. — † **Au comte Rodolphe.**

Saint-Pétersbourg, 7 novembre 1813.

Je suis désolé, mon cher enfant, je jette la plume de désespoir, je ne sais plus à qui m'adresser. Depuis votre lettre de Waldembourg, du 27 juillet, pas un mot de vous. Peut-on supporter cela? — Et depuis la bataille de Leipzick, pas un mot encore. C'est le dernier supplice. J'accuse les circonstances autant qu'il est possible, mais je commence à craindre que vous n'ayez un peu tort. Si vous avez passé plus de deux jours sans m'écrire après la bataille du 18, certainement je vous punirai grièvement, et je le connaîtrai à la date de vos lettres, ce que je ne crains point de vous dire ici; car si vous étiez capable d'antidater une lettre, je ne vous croirais plus légitime, et j'en écrirais à madame votre mère. — Mais jamais je ne vous croirai capable de cela, même pour éviter la plus forte gronderie.

Le prince Lubomirsky a écrit ici à sa femme qu'il devait passer la nuit du 22 dans le même logement avec vous et M. Gourieff; voilà comment je sais *directement* que vous vivez. Je ne vous aime pas assez mal pour ne pas désirer que vous ayez assisté à cette immortelle journée ; je n'ai pas manqué de faire savoir aussitôt à votre mère que vous étiez bien portant le 19 octobre. Le jeune militaire qui a vu les deux campagnes de 1812 et 1813 n'a plus rien à voir. Mettez bien ces grands spectacles dans votre tête. Devenez surtout *géographe militaire*. La connaissance du théâtre de la guerre est le point capital dans votre métier. Faites-vous à vous-même de certaines notes au moyen desquelles vous puissiez écrire sans danger tel fait ou tel discours sur lesquels vous ne voudriez pas vous fier à votre mémoire ; mais au milieu du tourbillon où vous êtes, peu ou point d'écritures claires.

L'astre dont vous êtes devenu le satellite me paraît pâlir assez sensiblement : n'importe, il faut aller votre train, et vous confier dans cette grande loi du pays qui veut que tout homme ait des phases comme la lune. On dit à la comédie : *Le cygne d'un logis est coq d'Inde dans l'autre* : je voudrais parodier ainsi ce vers, pour en faire la devise de l'empire : *Le cygne d'aujourd'hui est coq d'Inde demain*. Non-seulement cette hausse et cette baisse n'est pas un mal, mais c'est un grand bien et une véritable loi constitutionnelle sans laquelle les affaires ne pourraient marcher : c'est ce que j'ai découvert un jour après une longue méditation. Le feu maréchal, qui sentait cette loi et qui voulait dérouter ses ennemis, a pris le parti de mourir au moment de son apothéose : c'est ce qu'on pourrait appeler faire une malice à la malice, ce qui peut se faire sans malice.

Je crois vous avoir dit que j'ai passé trois jours avec

l'amiral. Dieu sait si nous avons disputé! Mais puisque je suis en train de parodies aujourd'hui, il faut que je vous dise celle que je lui ai faite de ce vers si connu :

O ciel, que de vertus vous me faites haïr!

Voici ma parodie :

O ciel, que de talents vous rendez inutiles!

Personne n'écoute la vérité mieux que lui, mais ensuite il ne fait qu'à sa tête. Il rend, au surplus, bonne et pleine justice au Gossoudar; mais il ne veut pas se laisser persuader que Monsieur de Russie en a agi à son égard en véritable homme d'État : c'est cependant ce qui est vrai comme deux et deux font quatre. Rappelez-vous cette liste qu'on avait faite un soir, à Pétersbourg, de tous les grands personnages qui aimaient l'empereur. Il y avait je ne sais combien d'Excellences, et le rédacteur terminait par *S. E. le ministre de Sardaigne et le cocher Éliah.* Aujourd'hui je triompherais quand même je n'aurais pas Éliah pour moi, car il me semble qu'Alexandre a la tête dans les nues. Vous verrez qu'il reviendra beaucoup plus souverain. Ah! c'est une belle année, et qui lui était bien due pour compenser l'autre. Quand je pense à tout ce qu'il a dû souffrir l'année dernière... Mais n'en parlons plus, ce n'est plus qu'un rêve affreux.

Bonjour, l'enfant de mon cœur. Je ne sais pas bien si je vous aime réellement. — Je crois que oui. — Mais tout le monde peut se tromper.

87. — A mademoiselle Constance de Maistre.

Saint-Pétersbourg, 20 avril 1814.

Je ne sais, ma chère Constance, par quelle voie ta lettre m'est venue : partie le 13 février, elle est arrivée le 5 avril ; c'est beaucoup par le temps qui court. Mais quelle bizarrerie, dans les circonstances ! Au moment où je lisais vos transports de joie sur l'heureuse santé de Rodolphe, moi j'étais sur les charbons ardents, croyant, par certains signes mal interprétés, que je l'avais perdu et qu'on me le cachait encore. J'étais enfermé chez moi, sans vouloir recevoir personne ni aller dans le monde. Enfin, on me déclare qu'il a été légèrement blessé ; mais bientôt après je reçois de lui une lettre de quatre pages, postérieure à la date de cette affaire, et dans laquelle il n'est pas question de blessure. Jusqu'à présent tout va à merveille ; mais le plus battu de tous dans cette guerre, c'est moi, ma chère amie ; je suis abîmé, écrasé, abêti par cette affreuse solitude à laquelle je suis condamné. Pendant les jours où j'ai pu craindre, représente-toi ma situation, n'ayant pour témoins de mes angoisses que des valets qui peut-être supputaient ce qu'ils gagneraient à ma mort. Toujours vous m'êtes nécessaires, toujours je pense à vous ; mais dans ces moments, et surtout lorsque je me couchais, lorsqu'on éteignait les bougies et que je me disais : « En voilà jusqu'au jour avec la pensée de mon pauvre Rodolphe, avec la certitude de ne pouvoir fermer l'œil, et sans avoir un être à qui parler ; » alors je vous désirais avec une telle force, qu'il me semblait quelquefois que vous alliez m'apparaître. Heureusement ces terribles heures n'ont pas duré ; mais je n'ose pas me croire aussi près que tu l'imagines de cette bienheureuse réunion vers laquelle mes

regards sont fixés depuis si longtemps................
....

Au reste, mon cher cœur, quand même tout ira comme nous le désirons, il y aura encore bien des épines à arracher; mais il me semble, pourvu que vous soyez avec moi, que nous saurons nous en tirer *adhuc modicum* (n'est-ce pas que tu sais le latin?), *adhuc modicum*, et nous y verrons à peu près clair. J'aime à penser que cette lettre sera surannée lorsqu'elle t'arrivera; tu diras : Fi! Qu'est-ce que ce vieux radoteur nous dit là! c'est la guerre de Troie, ou peu s'en faut.

Si par hasard tu rencontres dans le monde madame de le Nôtre (1), tu lui diras de ma part que je la trouve une petite folle parfaite, dans ce qu'elle me dit au sujet d'une certaine somme qu'elle prétend être à moi; car c'est, au contraire, tout ce qui est ici qui est à elle. Je lui ai dit pourquoi ces fonds seraient mieux ici. Du reste, je suis totalement *exproprié*. J'attends Rodolphe pour lui céder le grand maniement des affaires, moyennant une pension alimentaire et un vêtement honnête, ce qui me paraît juste. Venez, venez, tous vos emplois sont fixés : Françoise est ministre de l'intérieur et trésorier général; Rodolphe, ministre au département des affaires étrangères et payeur en chef; Adèle, secrétaire en chef pour la politique; et toi pour la philosophie et la littérature, avec des appointements égaux et communauté de fonctions pour le besoin. Moi, je serai le souverain, avec l'obligation de ne rien faire et la permission de radoter. Si ces conditions sont de votre goût, écrivez : *Accordé;* dans le cas contraire, allez vous promener.

Ce que tu me dis des mariages m'a fort amusé. Pour ce qui te concerne en particulier, ma chère enfant, les

(1) Madame de Maistre.

figuiers sont faits pour porter des figues ; cependant, j'accepte avec beaucoup de plaisir toutes les choses aimables que tu me dis sur notre *inséparabilité !* Je suis transporté de l'idée de te voir, de te connaître, et de jouir de tes soins tant que je me promènerai sur cette petite *boule*. Cependant, je ne suis point égoïste ; et si quelque honnête homme tourné comme je l'imagine vient te demander à moi en parlant bien poliment, je suis prêt à te céder, à condition que tu viendras de temps en temps cultiver ta nouvelle connaissance, ce qui, je pense, ne souffrira pas de difficulté.

Adieu, ma très-chère Constance ; je te serre sur mon vieux cœur autant que je puis sans t'étouffer. Rien n'égale la joyeuse tendresse avec laquelle j'ai l'honneur d'être,
Mademoiselle,
Votre très-humble et très-obéissant serviteur.

---

88. — **A M. Sontag, surintendant de l'Église de Livonie, à Riga.**

Saint-Pétersbourg, 13 (25) octobre 1814.

Monsieur, je ne fus pas médiocrement amusé, il y a quelques jours, lorsque je lus dans une de vos feuilles que l'auteur de l'*Essai sur les Institutions humaines*, qui est de ma connaissance particulière, *n'avait ni esprit, ni caractère*. Tout de suite j'écrivis à M. le marquis Paulucci, pour avoir la feuille précédente, à laquelle se rapportait celle que je venais de lire. Il me l'a envoyée, en effet ; mais je crois voir dans sa lettre d'accompagnement qu'il vous a un peu grondé sur la manière dont vous avez jugé à propos de parler d'un homme qui ne vous était pas connu. Dans ce cas, Monsieur, il appartient *à mon esprit et à mon caractère*, tels qu'ils sont, de vous faire savoir que je n'entre pour rien dans ce petit désagrément, si c'en est un. En écrivant au marquis, je ne lui demandai point le nom du journaliste, non par délibération, encore moins par dédain, mais réellement parce que je n'y pensai pas. Je priai, de plus, très-expressément votre digne gouverneur de ne pas dire, sur ce point, un seul mot qui ressemblât seulement à la désapprobation. S'il a cru devoir se conduire autrement, il a eu ses raisons sans doute; mais je ne les pressentais nullement. Non-seulement, Monsieur, vous ne m'avez pas fâché, mais vous m'avez fait beaucoup de plaisir; et vous m'en auriez fait bien davantage si vous aviez pris un ton encore plus différent du mien. J'ai d'excellentes raisons pour sentir ainsi.

Je saisis cette occasion, Monsieur, pour vous offrir mes services auprès de Monsieur le gouverneur, si par hasard ils pouvaient vous être utiles, et pour vous assurer en même temps de la considération distinguée avec laquelle j'ai l'honneur d'être, etc.

---

89. — A S. E. M. le comte Jean Potocky, à Chmielnick, gouvernement de Podolie.

Saint-Pétersbourg, 16 (28) octobre 1814.

Je commence, mon très-cher et excellent ami, à vous remercier de votre nouvel ouvrage, ou, pour mieux dire, de la continuation de votre ouvrage sur la chronologie. Rien de plus sage, en vérité, de mieux raisonné et de mieux ordonné. Je suis persuadé que je goûterais davantage encore votre méthode, si je connaissais mieux les autres chronographes; mais, comme je vous l'ai dit souvent, je ne suis pas fort sur leur *science, du moins sur les difficultés;* car, de savoir, par exemple, que le siége de Troie et celui de Saragosse ne forment pas un synchronisme parfait, c'est, je crois, ce qui ne fait pas un grand honneur à un lettré. Au surplus, mon cher comte, la science est un grand pique-nique où chacun fournit son plat. Que tout plat soit bon, c'est un devoir *pro viribus;* mais que tout plat puisse être fourni par tout convive, pas du tout : celui qui a des œufs fait une omelette. Je me suis plus d'une fois amusé à penser que la nature nous avait placés, vous et moi, à cette grande table, assez loin l'un de l'autre, mais que cependant nous ne nous entendons pas mal. Je prends un très-grand plaisir à vos succès dans la science des temps; et je vois que, de votre côté, vous vous accoutumez à ma métaphysique. Votre approbation m'a fait un plaisir proportionné au cas que je fais de vous. Cependant, mon cher comte, je vous renvoie à ce que j'ai dit de l'amitié dans la préface de l'opuscule. En lui attribuant toute la probité imaginable, toujours elle est suspecte; et plus elle est vieille, plus elle radote, ce qui est dans l'ordre. Après cela, vous pensez bien que la vôtre n'est pas, à beaucoup près, au-dessus du soupçon; ainsi *il touche à moi,* comme on dit en Italie, de faire toutes les défalcations nécessaires. Fiez-vous-en à la vanité humaine, pour que le résidu demeure un peu plus qu'imperceptible.

Entendons-nous, Monsieur le comte, sur le mot de *Théosophie.* Si, par ce mot, vous entendez purement et simplement *religion* ou *christianisme,* nous sommes d'accord; et, si je n'ai le malheur de me tromper beaucoup, c'est dans ce sens que vous le prenez. En partant de cette supposition, je ne saurais trop vous féliciter, cher ami, du mouvement que vous faites vers moi; et si je puis y contribuer un peu, *sublimi feriam sidera vertice.* On se plaît à jeter le doute sur ce grand sujet, parce que les passions y trouvent leur compte; mais croyez-moi, mon cher ami, entre Dieu et l'homme, il n'y a que l'orgueil. Abaissez courageusement cette cataracte maudite, et la lumière entrant tout à coup, suivant sa nature, dira : *C'était votre faute.*

Quant à la *Théosophie* prise dans le sens moderne et vulgaire, c'est encore une production bâtarde de l'orgueil, un révolté du second ordre, qui voudrait transiger avec la conscience, et croire, non pas à l'autorité, mais à lui-même : en cela, il est plus coupable que s'il n'y voyait goutte. Malebranche a dit, « *Toute société divine suppose nécessairement l'infaillibilité,* » et c'est un des grands mots qui aient été dits dans le monde : *intelligenti pauca.*

A l'égard de la *mythologie,* entendons-nous encore. Sans doute, toute religion *pousse,* comme je l'ai dit, une mythologie; mais n'oubliez pas, très-cher comte, ce que j'ajoute immédiatement, que *celle de la religion chrétienne est toujours chaste, toujours utile et souvent sublime,* sans que, par un privilége particulier, il soit jamais possible de la confondre avec la religion même (page 49). Le manuscrit de mon opuscule contenait deux exemples de cette mythologie, que j'ai supprimés par un sage conseil du goût, de peur que la note perdît sa proportion avec l'ouvrage. Écoutez, que je vous cite un de ces exemples; il est tiré de je ne sais quel livre ascétique dont le nom m'a échappé :

« Un saint, dont le nom m'échappe de même, eut une
« vision pendant laquelle il vit Satan debout devant le
« trône de Dieu; et ayant prêté l'oreille, il entendit l'esprit
« malin qui disait : « *Pourquoi m'as-tu damné, moi qui ne*
« *t'ai offensé qu'une fois, tandis que tu sauves des milliers*
« *d'hommes qui t'ont offensé tant de fois?* » Dieu lui ré-
« pondit : « M'as-tu demandé pardon UNE FOIS ? »

Voilà la mythologie chrétienne! C'est la vérité dramatique, qui a sa valeur et son effet indépendamment de la vérité littérale, et qui n'y gagnerait même rien. Que le saint *ait* ou *n'ait pas* entendu le mot sublime que je viens de vous citer, qu'importe? Le grand point est de savoir que *le pardon n'est refusé qu'à celui qui ne l'a pas demandé.* Saint Augustin a dit, d'une manière non moins sublime : *Dieu te fait-il peur? Cache-toi dans ses bras.* (Vis fugere a Deo? Fuge ad Deum.) Pour vous, mon cher comte, c'est peut-être aussi bien; mais pour la foule il s'en faut de beaucoup. Je dis *peut-être*, car, soit dit entre nous, tout le monde est peuple sur ce point, et je ne connais personne que l'instruction dramatique ne frappe plus que les plus belles maximes de morale et de métaphysique.

Voilà, cher ami, ma pensée sur la mythologie; et Dieu me préserve de croire ou de dire qu'il puisse y avoir entre nous des *conciliations,* si par malheur vous entendiez ce mot dans un autre sens! Dans le christianisme, toute l'histoire est dogmatique, et tout dogme est historique. Il n'y a rien de vague : tout est fixe, arrêté, circonscrit, invariable, mis en rapport évident avec la nature humaine et l'histoire de l'univers.

Que *si vous ne pensez pas de tout point comme moi* sur tous les autres points, c'est un avertissement pour moi de me tenir en garde contre mes opinions, puisqu'il en est qui sont désapprouvées par un homme de votre mérite. Sur un point seul, c'est tant pis pour vous; car il ne s'agit plus de moi, mais de la vérité même, qui m'est arrivée par le seul canal possible et imaginable, celui de l'autorité, nul homme n'ayant droit de commander à la croyance d'un autre, et toute croyance commune étant absurde, contradictoire et métaphysiquement impossible, si elle ne repose sur une autorité visible et infaillible.

Feu mon ami Platon dit que *le beau est ce qui plaît au patricien honnête homme;* c'est un mot superbe, et qui suppose les plus profondes réflexions. Cherchez ailleurs une meilleure définition du beau, vous ne la trouverez pas. Suivant cette définition, un bon livre est celui qui intéresse la bonne compagnie. En vous prenant, mon cher comte, pour son représentant, si vous êtes content, je le suis; sans examiner si, sur tel ou tel point de détail, nous ne sommes pas bien parfaitement d'accord, ce qui ne signifie rien.

Je voudrais bien que vous relussiez dans ce moment mes *Considérations sur la France,* où, par un insigne bonheur, tout s'est trouvé prophétique, jusqu'au nom des deux villes qui ont les premières reconnu le roi, Lyon et Bordeaux; malheureusement je ne puis plus offrir ce livre: pendant qu'on le réimprime en France et qu'on le lit de tout côté, moi-même je ne l'ai plus. Cet ouvrage, au reste, et celui que vous venez de lire, ne sont que des pièces détachées d'un autre ouvrage très-considérable, qui s'agrandit tous les jours, sans que malheureusement je puisse voir ou entrevoir la possibilité de le publier. *Videant posteri.* Vous ririez, mon cher comte, si vous pouviez voir les fluctuations de mon esprit sur ce sujet. Tantôt il me semble que l'ouvrage serait infiniment utile à *cette classe d'esprits* dont vous me parlez à la fin de votre lettre; tantôt je dis, *Domine, non sum dignus,* et toute confiance m'abandonne. Le bras déjà levé sur des idoles vénérées, je m'arrête tout à coup pour discuter avec moi sur les illusions de l'orgueil, et sur la ligne qui sépare le courage de la témérité; en sorte qu'au bout d'un assez long temps je me trouve plus fatigué que Moïse, sans avoir frappé Amalec. Voilà, cher ami, une peinture *synoptique* de mon âme, si mieux vous n'aimez *miniature,* qui est plus commode. Adieu mille fois. *Je vous ordonne* à la romaine *de vous bien porter,* et de ne jamais m'oublier, même pour cause de *chronologie* (prenez bien garde à ceci); ensuite, *quand tout sera fini, venez nous voir.*

Vale, meque admodum diligentem vicissim diligas.

---

90. — A M. le marquis de Saint-Marsan, à Vienne.

Saint-Pétersbourg, 16 (28) octobre 1814.

Monsieur le marquis, mille grâces de votre lettre du 11, et de la pièce intéressante qu'elle accompagnait! A l'instance faite par la France et l'Espagne, il faut répondre, comme à la messe : *Dignum et justum est.* Vous avez ôté un poids de dessus mon cœur, en me laissant apercevoir seulement la possibilité que justice soit rendue à S. M. le roi de Saxe. Un roi détrôné par une délibération, par un jugement formel de ses collègues! c'est une idée mille fois plus terrible que tout ce qu'on a jamais débité à la tribune des jacobins, car les jacobins faisaient leur métier : mais lorsque les principes les plus sacrés sont attaqués par leurs défenseurs naturels, il faut prendre le deuil... Quel crime est donc reproché au roi de Saxe? — *D'avoir tenu à Bonaparte, ou d'être revenu à lui?* En vérité, Monsieur le marquis, on perd la parole lorsqu'on entend de pareilles choses. C'est bien ici qu'il faudra s'écrier : *Qui donc osera jeter la première pierre?* Je n'examine point si le roi de Saxe raisonna bien ou mal après les batailles de Lutzen et de Bautzen; je mets tout au pire, et suppose qu'il eut tort. Personne n'a droit de lui demander compte de sa conduite. Si la souveraineté est *amenable* devant quelque tribunal, elle n'existe plus. Si les rois ont le droit de juger les rois, à plus forte raison ce droit appartient aux peuples. Pourquoi pas? D'ailleurs, la chose revient au même ; car, puisque *tout* juge légitime peut *toujours* être invoqué par *toute* partie lésée, si les rois sont juges légitimes d'un autre roi, *tout* peuple a droit d'invoquer *tout* souverain contre celui dont ce peuple aura à se plaindre. Alors nous verrons de belles choses!

Ce fut un grand et magnifique spectacle, un spectacle sublime, admirable à l'excès, et pas assez admiré peut-être, que celui qui nous fut présenté en 1782, lorsque la France, la Savoie et la Suisse vinrent mettre à la raison une petite république en convulsion, calmèrent ses impertinentes tempêtes, puis se retirèrent sans toucher à son territoire ni à son indépendance, sans égratigner ses fortifications, et sans lui donner d'autre ordre que d'être heureuse. Si l'on considère la supériorité des trois puissances réunies sur celle de Genève, et même celle de la France sur les deux autres alliés, on trouvera difficilement dans l'histoire un plus magnifique hommage rendu aux principes. Aujourd'hui, nous pourrions voir un souverain vénérable par l'âge et par la conduite, célèbre par ses vertus domestiques et religieuses, chéri et regretté de son peuple; nous pourrions le voir, dis-je, après un règne paternel de plus d'un demi-siècle, jugé et déposé par ses frères, et contre le vœu exprès de ses sujets, pour s'être trompé sur une question de morale et de politique la plus délicate et la plus importante! Ce serait, il faut l'avouer, un spectacle un peu différent.

J'ai supposé le souverain coupable; maintenant je fais un pas de plus, et je suppose le tribunal compétent. Voilà donc un roi coupable d'un crime horrible, *celui de n'avoir pas pensé comme les autres*. Qu'en ferons-nous? Nous donnerons ses États à une autre famille : ceci est nouveau. Parce qu'un père de famille se conduit mal et parce que le sénat l'interdit, il faut transporter ses biens à des étrangers, au préjudice de ses héritiers naturels! C'est une superbe jurisprudence! Je serais désolé, Monsieur le marquis, si l'assemblée la plus auguste, qu'on pourrait appeler un *sénat de rois*, venait à juger comme une loge de francs-maçons suédois. C'est dans ce moment, plus que jamais, que l'esprit des peuples, totalement corrompu par vingt-cinq ans de brigandage, a besoin d'être rassaini par la noble et sainte politique des souverains. Qu'on ne nous parle plus de rois détrônés, de partages, de convenance, et pas même de *grands* et de *petits* souverains : la souveraineté n'est ni *grande* ni *petite* ; elle est ce qu'elle est. On nous parlera sans doute de nécessité politique, d'engagements irrévocables, etc. Je n'entre point dans tous ces détails. Personne ne respecte plus que moi les juges futurs du roi de Saxe, et le plus influent surtout. Pour vous, qui connaissez mes sentiments comme sujet, comme ministre du roi de Sardaigne et comme particulier, je me borne à désirer de toutes les forces de mon cœur que la Providence, qui a couronné l'empereur de Russie de tant de gloires, lui accorde encore celle de pouvoir écarter le plus grand des scandales politiques.

Il est inutile de vous dire combien je souffre dans l'attente de ce qui sera décidé pour les intérêts de mon maître. La réception obligeante dont vous avez la bonté de me faire part, m'a causé un extrême plaisir. La courtoisie souveraine a cependant ses lois, que tout le monde est tenu de connaître. J'attends les moyens ou l'occasion de jaser un peu plus longuement avec vous sur de si chers intérêts. Si le congrès ne s'attache pas fortement aux grands principes, il ne fera que *semer les dents du dragon*, et ce sera à recommencer, à la vérité, sur un ton moins atroce.

J'ai l'honneur d'être, Monsieur le marquis, avec les sentiments d'une haute considération, etc.

91. — **A M. le vicomte de Bonald, à Paris.**

Saint-Pétersbourg, 1 (13) décembre 1814.

Monsieur,

J'ai reçu votre lettre n° 1 avec une extrême satisfaction ; je suis fâché seulement que le plaisir qu'elle m'a procuré se trouve si fort gâté par le tableau plus que triste que vous m'y faites de l'état des choses en France. J'ai beaucoup médité sur ce tableau, qui ébranle fort l'espérance, mais sans pouvoir l'éteindre. J'ai sur ce point des idées toutes semblables aux vôtres. Je vois le mal comme vous le voyez ; mon œil plonge avec terreur dans ce profond cloaque. Cependant un instinct invincible me dit que nous verrons sortir de là quelque chose de merveilleux, comme un superbe œillet s'élance du fumier qui couvrait son germe. Ce qui fait qu'on se trompe souvent sur les changements qu'on désire sans les croire possibles, c'est qu'on ignore la théorie des forces morales. Le monde physique n'est qu'une image, ou, si vous voulez, une répétition du monde spirituel : et l'on peut étudier l'un dans l'autre alternativement. De l'eau autant qu'il en pourrait entrer dans le dé d'une petite fille, si elle est réduite en vapeur, fait crever une bombe. Le même phénomène arrive dans l'ordre spirituel : une pensée, une opinion, un assentiment simple de l'esprit, ne sont que ce qu'ils sont ; mais si un degré de chaleur suffisant les fait passer à l'état de vapeur, alors ces principes tranquilles deviennent enthousiasme, fanatisme, passion en un mot (bonne ou mauvaise), et, sous cette nouvelle forme, ils peuvent soulever les montagnes. Ne vous laissez pas décourager par la froideur que vous voyez autour de vous ; il n'y a rien de si tranquille qu'un magasin à poudre une demi-seconde avant qu'il saute. Il ne faut que du feu : *Ferte citi flammas* ; et c'est nous qui l'avons. Sur ce point comme sur tant d'autres, Monsieur, je suis complétement de votre avis : *Hors de l'Église, point de salut.* Cet axiome, transporté dans la politique, est d'une haute vérité. La France était la France, *parce que les évêques l'avaient faite,* comme l'a dit le *christianissime* Gibbon. La postérité mettra dans la balance le dixième et le dix-huitième siècles, et je crois que le premier l'emportera pour le bon sens, pour le caractère, et même, dans un certain sens, par la science ; car c'est une déplorable erreur de croire que les sciences naturelles sont tout. Que m'importe qu'on sache l'algèbre et la chimie ? Si l'on ignore tout en morale, en politique, en religion, toujours je pourrai dire : *Imminutæ sunt veritates a filiis hominum.* Pour juger un siècle, il ne suffit pas de connaître ce qu'il sait ; il faut encore tenir compte de ce qu'il ignore. Le nôtre, dès qu'il sort d'$a+b$, ne sait plus ce qu'il dit. La puissance de la France paraît cependant dans ce qu'elle a fait de mal, autant que dans ce qu'elle avait fait de bien ; mais toute l'histoire atteste que les nations meurent comme les individus. Les Grecs et les Romains n'existent pas plus que Socrate et Scipion. Jusqu'à présent les nations ont été *tuées* par la conquête, c'est-à-dire par voie de *pénétration ;* mais il se présente ici une grande question : — *Une nation peut-elle mourir sur son propre sol sans transplantation ni pénétration, uniquement par voie de putréfaction, en laissant parvenir la corruption jusqu'au point central, et jusqu'aux principes originaux et constitutifs qui la font ce qu'elle est ?* C'est un grand et redoutable problème. Si vous en êtes là, il n'y a plus de Français, même en France ; *Rome n'est plus dans Rome,* et tout est perdu. Mais je ne puis me résoudre à faire cette supposition. Je vois parfaitement ce qui vous choque et vous afflige ; mais j'appelle à mon secours une de mes maximes favorites, qui est d'un grand usage dans la pratique : *L'œil ne voit pas ce qui le touche.* Qui sait si vous n'êtes pas dans ce cas, et si l'état déplorable qui vous arrache des larmes est cependant autre chose que l'inévitable nuance qui doit séparer l'état actuel de celui que nous attendons? Nous verrons, ou bien nous ne verrons pas, car j'ai soixante ans ainsi que vous; et si le remède est *chronique* comme la maladie, nous pourrions bien ne pas voir l'effet. En tout cas, nous dirons en mourant : *Spem bonam certamque domum reporto.* Je n'y renoncerai jamais.

Je ne vous dis rien de la politique; elle ressemble à tout le reste : les noms seuls ont changé, les principes sont les mêmes. Il faut prier, écrire, et prendre patience. Je suis enchanté que mon dernier opuscule ne vous ait pas déplu ; et vous avez encore ajouté à ma satisfaction, en m'apprenant que j'avais obtenu de plus l'approbation de monseigneur l'évêque d'Orléans et de M. de Fontanes. Je vous prie expressément, Monsieur, de vouloir bien me présenter à eux dans les formes. Ah! que je voudrais leur parler *en main propre*, comme dit Jeannot ! Mais je vois qu'il faut renoncer à ce plaisir comme à tant d'autres. J'ai vu un instant la possibilité de voir Paris; maintenant, il n'en est plus question. — *A visiter Paris je ne dois plus prétendre.* Cependant, il y aurait de bonnes choses à faire dans cette capitale. Criez de toutes vos forces : *Ubi sapiens? ubi scriba? ubi conquisitor hujus sæculi?* — Vingt hommes suffiraient, s'ils étaient bien d'accord ; mais parmi ce qu'il y a de meilleur chez vous, et même parmi le *sel de la terre*, il y a bien des erreurs. L'Église gallicane, si respectable d'ailleurs, en était venue néanmoins insensiblement, par des causes qui datent de loin et qui vaudraient bien la peine d'être analysées, à se croire non pas *catholique*, mais l'*Église catholique*. Il était devenu bien difficile de faire entrer dans la meilleure tête française, même mitrée, que l'Église gallicane n'était qu'une province de la monarchie catholique, et qu'une assemblée provinciale du Dauphiné ou du Languedoc, statuant sur la prérogative du roi de France, ne représenterait que faiblement l'absurdité d'un synode italien ou français statuant sur celle du pape. Gibbon a dit quelque part : *L'Église gallicane, placée à une égale distance des protestants et des catholiques, reçoit les coups des deux partis.* Vous me faites bien l'honneur sans doute de croire que je sais faire justice de l'exagération qui se trouve dans ce passage; il ne contient pas moins une grande leçon pour des gens qui allaient beaucoup trop loin parmi vous. Le tort que vos écrivains (j'entends même les bons) ont fait à l'esprit d'unité est incalculable. Voyez Fleury, le plus dangereux des hommes qui ont tenu la plume dans les matières ecclésiastiques (car il n'y a rien de si dangereux que les bons mauvais livres, c'est-à-dire les mauvais livres faits par d'excellents hommes aveuglés) : avec son historiette ecclésiastique, faite comme on fait les châssis en collant des feuilles de papier bout à bout, il s'est emparé de toutes les têtes; et tout bachelier sevré d'avant-hier, qui a glissé sur cette entreprise, croit en savoir autant que le cardinal Orsi.

Je relis maintenant à mes enfants l'excellente *Histoire de Fénelon*, composée par votre illustre ami; c'est un ouvrage dicté par le talent le plus pur, par la plus sévère impartialité, par la plus haute sagesse (1). Fleury, cependant, est

---

(1) M. de Maistre n'avait pas encore lu l'*Histoire de Bossuet*, qui parut plus tard, et qu'il attendait avec impatience, comme il le témoigne en plusieurs endroits de ses lettres, mais qui a dû tromper son attente.

Un pieux et savant sulpicien, M. Gosselin, vient de donner une édition de l'*Histoire de Fénelon* avec des remarques et des additions qui en font un

loué dans le premier volume *effusis laudibus*, sans la moindre restriction, tant le préjugé national est terrible ! D'Alembert disait toujours, *le sage Fleury*; Voltaire disait : *Il est presque philosophe*; il a obtenu le triste honneur d'être traduit, approuvé et commenté par les protestants, qui ont dit *ore rotundo* : *Il est des nôtres*. Par quelle magie arrive-t-il qu'un écrivain ecclésiastique soit approuvé par les athées, par les protestants et par les évêques de France ? Il faut qu'il soit bien *parfait*.

Le concordat est venu encore ajouter un nouveau mal à l'ancien : c'était encore une jolie idée que celle de vouloir enfermer l'Église catholique et la France dans un salon, et dans un pays encore où les appartements sont notoirement étroits ! — C'est de ce côté que je crains infiniment, je vous l'avoue. Il est aisé de disserter sur l'obéissance, mais la pratiquer ne l'est pas autant; il est aisé de s'écrier : *Puisse ma langue s'attacher à mon palais, si jamais je t'oublie, ô sainte Église romaine !* mais si l'on veut ensuite forcer la main du pape pour écraser un rival, si le souverain pontife refuse d'aller aussi vite que la passion, on lui écrira fort bien : *Sa Majesté saura ce qu'elle aura à faire*. — Charmant post-scriptum au sermon sur l'unité !

Quand les choses sont établies, elles vont bien ou mal; mais lorsqu'il s'agit de rétablir, tout est glacé, et l'on ne fera rien, si l'on refuse d'employer toute la vigueur du principe constituant; car tout principe constituant est créateur, et notre principe à nous, c'est l'unité. Qu'aucune Église particulière ne s'avise donc de dire, *Nous tenons que*, etc., etc.; car toute la grande famille lui répondra : *Qu'est-ce donc que vous dites? Nous* est un solécisme; dites, si vous voulez : *Je, je, je, je*, etc., etc. Mais *nous vous*

---

ouvrage tout neuf, et que M. de Maistre eût loué avec plus de plaisir encore et plus d'estime.

avertissons que cette quantité, élevée à telle puissance que vous voudrez, n'égalera jamais *Nous*.

Tout ceci, Monsieur, est dit sans préjudice des hautes prérogatives de l'Église gallicane, que personne ne connaît et ne révère plus que moi : reste à savoir si elle est morte, et dans ce cas (sur lequel je ne décide rien) si elle peut renaître ? — Il y a encore une terrible question préliminaire, celle dont je vous parlais tout à l'heure. — *La France est-elle morte ?* — Dans quel gouffre nous sommes tombés ! et quelle force nous en retirera ?

> *Cui dabit partes scelus expiandi*
> *Jehovah ? Tandem venias, precamur,*
> *Nube candentes humeros amictus,*
> Christe Redemptor !

Sans vanité, Monsieur, ces vers sont aussi bons que ceux d'Horace. Je m'en tiens, au reste, à cette prière jaculatoire, ne voyant, comme vous, nulle espérance hors du point central. Vous êtes effrayé avec raison des efforts que le mauvais principe fait de son côté contre le bon ; mais celui-ci se défend d'une manière tout à fait consolante, et je serais tenté de croire que vous ne connaissez pas ses conquêtes. Le protestantisme en masse est évidemment ébranlé ; il cesse d'être *enragé*, et par conséquent *d'être ;* car le protestantisme n'est qu'une rage de l'orgueil qui *proteste* par nature.

D'un autre côté, les grandes prophéties s'accomplissent. *Japhet prend évidemment possession des tentes de Sem.* Nous verrons, nous verrons. — Mais, pour que la France joue, dans les mémorables révolutions qui se préparent, le rôle qui lui appartient, il faut qu'elle s'examine et qu'elle s'épure ; autrement *elle ne sera pas du congrès.* Laissez-moi vous dire une bêtise qui n'est pas tout à fait bête : je crains les scélérats en France moins que les honnêtes gens.

— Il faut que ceux-ci permettent aux chimistes étrangers d'analyser sous leurs yeux la terre gallicane, d'y montrer un élément protestant (aussi petit qu'on voudra, mais il y est), car le monstre est né chez vous, et toute grande révolution laisse quelque chose après elle ; — un élément janséniste mêlé avec l'autre par voie d'affinité ; — un élément parlementaire rendu très-mauvais par la sublimation; enfin un élément philosophique, qui n'a pas besoin, je crois, d'être décrit. — Voyez par quel *départ* préliminaire vous pouvez obtenir la *terre vierge!* — Au reste, Monsieur, je ne demande rien de surhumain, et je sais bien que l'or à 23 karats plus $\frac{31}{32}$ s'appelle partout *or pur;* mais je vous répète que, tandis qu'un homme tel que vous, par exemple, regardera la déclaration de 1682, je ne dis pas comme une loi fondamentale, mais seulement comme une chose médiocrement mauvaise, il n'y a plus d'espérance de salut, car nous ne pouvons nous sauver que par l'exemple, et l'unité dans l'université. — Mais en voilà assez et même trop sur ce sujet ; toutes ces pensées étaient dans le tuyau de ma plume; elles sont tombées en vertu de la seule loi de gravité.

Je suis ravi que mon opuscule ne vous ait pas déplu. C'était, à mon avis, une bien bonne idée que celle de l'imprimer à la suite des *Considérations,* supposé qu'on leur fasse l'honneur de les réimprimer. Je vous répète, avec la plus grande sincérité, que j'avais à peu près perdu ce livre de vue, et que votre première lettre seule m'apprit qu'on avait bien voulu y faire attention en France.

J'ai sauté de joie en lisant ce que vous me dites sur l'opuscule de Leibnitz. Il y a plus de vingt ans qu'une dame suisse de mes amies, qui vient de mourir catholique à Vienne, me dit en propres termes : « *Si les gardes de la* « *bibliothèque publique de Hanovre sont d'honnêtes gens,* « *ils peuvent montrer la preuve que Leibnitz croyait à la*

« *présence réelle.* » Cette phrase n'était jamais sortie de ma tête. Je tâchai, il y a trois ou quatre ans, de profiter du despotisme français pour tirer le manuscrit précieux de l'ombre, mais je ne pus réussir. Aujourd'hui vous m'apprenez que vous en êtes le maître, — qu'on le traduit, — qu'on l'imprime ; — vous me faites tout le plaisir possible. Quels superbes arguments pour nous, Monsieur, que Grotius et Leibnitz mourant catholiques, et Haller désespéré ! — Je brûle d'envie d'avoir cet ouvrage (1). Je voudrais aussi avoir la *Vie de Bossuet,* dès qu'elle fera son entrée dans le monde ; je voudrais cet autre ouvrage sur l'Angleterre dont vous me faites un si bel éloge ; je voudrais même avoir quelques exemplaires de mon *Essai* et de mes *Considérations,* si on les réimprime. Permettez, Monsieur, que je joigne ici une lettre de créance de quelques louis pour me faire cette pacotille. Usez-en tout ou en partie, suivant les circonstances ; entre nous autres gens *battus de l'oiseau,* point de compliments. J'ai soixante ans, et je suis ruiné ; voilà deux conformités importantes avec vous. — Grâce à Dieu, il en est d'autres encore. Je ne saurais vous dire tout le plaisir que j'éprouvais, en vous lisant, de me trouver d'accord avec vous sur tant de points. Il en est, comme celui de l'Angleterre, par exemple, sur lesquels nous serions bientôt d'accord. Je serai enchanté de voir le grand ouvrage philosophique que vous m'annoncez (2). Sûrement il sera digne de son auteur : le mien touche à sa fin ; mais je ne vois pas jour à la publication. Ici d'abord, impossible ; mon rang me défend la souscription, et la fortune l'impression à mes frais. Un ouvrage sérieux ne peut compter ici, n'eût-il que cent

---

(1) Le manuscrit de Leibnitz a été publié et traduit par M. Albert de Broglie.
(2) Les *Recherches philosophiques.*

pages, que sur cent cinquante acheteurs, y compris dix lecteurs et deux *intellecteurs;* partant, point d'impressions aux frais des libraires. D'ailleurs, mon ouvrage, qui est tout dirigé à l'honneur de la France, ne peut se faire jour s'il n'est soutenu par la France ; et, dans ce moment, elle a bien d'autres choses à faire. L'influence des nations sur la fortune des livres serait le sujet d'un bel ouvrage. Je crois avoir eu l'honneur de vous le dire, je voudrais rendre à notre langue le sceptre de la philosophie rationnelle ; mais le *commencement de la sagesse* en philosophie, c'est le mépris des idées anglaises : et comment renverser des faux dieux défendus par sept cents vaisseaux, si l'on n'est pas soutenu par l'*impegno* et le prosélytisme français ? — Je suspens donc mon attaque ; mais je me tiens prêt. Je verrai ce que j'aurai à faire, quand je verrai ce que vous ferez.

Présentez, je vous prie, mes hommages à MM. de Bausset et de Fontanes ; je suis tout à fait glorieux de ne leur être ni tout à fait inconnu, ni tout à fait indifférent. Dites au premier, je vous prie encore, que, si j'allais à Paris, un de mes premiers soins serait d'aller lui demander sa bénédiction, dût-il me gronder un peu sur le Fleury. Quand donc nous donnera-t-il enfin son Bossuet ? Je pâmai de rire un jour, seul dans mon cabinet, en lisant je ne sais quel article, dans je ne sais quel journal, où l'on démontrait à monseigneur l'ancien évêque d'Alais qu'il ne pouvait composer cette vie de Bossuet. Cela ressemble un peu à la *Réponse au silence de M. de la Motte.*

Je voudrais encore, Monsieur, vous demander deux choses, malgré la honte que j'ai de commencer la neuvième page. Quel mauvais génie supprima, dans le temps, une préface de votre main qui devait précéder la vie de Jésus-Christ par le P. de Ligny, et qui était annoncée dans les journaux ? Fut-elle peut-être trouvée indécente par le gouvernement corse (1)?

J'ai lu dernièrement, dans le *Journal des Débats* (4 octobre), un morceau intitulé *Ce que nous étions au mois de mars, et ce que nous sommes au mois d'octobre,* où j'ai cru vous reconnaître à l'endroit où l'homme d'Elbe est peint *emportant sa vie et ses millions;* à l'endroit encore où il est question de ces hommes *qui ont tout sauvé, fors l'honneur* (2). Il m'a semblé que ces phrases s'appelaient *Bonald :* votre dernière lettre m'en a fait douter ; qu'en est-il? Je souhaite m'être trompé, car il y a honneur et bonheur, pour votre patrie, à posséder plus d'un homme dont le style puisse être pris pour le vôtre.

Ne cessez jamais de croire à la profonde estime et au respectueux attachement avec lequel je suis pour la vie,

Monsieur le vicomte, etc.

---

92. — A M. le comte de Bray, à Dorpat.

Saint-Pétersbourg, 7 (19) décembre 1814.

Vous avez beau jeu, mon très-cher comte, en me présentant l'apologie d'un homme qui n'en a nul besoin auprès

---

(1) Ce n'est point par le gouvernement corse que cette préface fut trouvée *indécente*, mais par l'auteur de la Vie de Fénelon et de celle de Bossuet, qui blâma un chapitre dans lequel M. de Bonald établissait la nécessité du Médiateur. La doctrine de M. de Bonald était inattaquable : elle n'était autre que la doctrine de saint Thomas ; mais la prévention gallicane embarrassait l'esprit de M. de Bausset. Cette critique, sans faire changer d'opinion M. de Bonald, l'empêcha cependant de donner la préface qui devait être à la tête de la belle édition de la *Vie de Jésus-Christ*, donnée par l'abbé de Sambucy. Ce discours a été publié, après la mort de M. de Bonald, chez Le Clère. Malheureusement on l'a corrigé d'après les observations de M. de Bausset.

(2) Cet article n'était point de M. de Bonald.

de moi. Jamais je n'ai eu le moindre ressentiment contre M. Sontag, et mon indifférence sur la critique contenue dans la feuille de Riga était telle, qu'en écrivant au marquis Pauluci pour avoir la précédente, il ne me vint pas seulement en tête de demander le nom de l'auteur. Je ne l'appris que par la réponse du marquis ; et comme je crus voir dans sa lettre un mécontentement assez fort, je répliquai à sa lettre pour le prier de saisir la première occasion d'obliger M. Sontag, et de lui dire que je le lui avais recommandé. J'ai écrit à M. Sontag dans le même sens ; tout est dit, je pense. Mais lorsque vous lirez l'opuscule en question, mon cher et aimable collègue, j'ose croire que vous serez persuadé de deux choses : d'abord, que ce n'est point une de ces œuvres légères qu'on puisse juger ni même examiner sur le revers d'une feuille volante ; et, de plus, que M. Sontag *a chanté faux*, au pied de la lettre, en répondant sur ce ton à quelques pages écrites avec une politesse recherchée, et même *avec amour* (c'est une de mes expressions). Je suis bien loin cependant de lui en vouloir pour ce défaut de tact : dans tout le reste, il en aurait autant et peut-être plus que moi ; mais sur ce point seul il faut qu'il paye l'inévitable tribut. L'erreur n'est jamais calme : à la vérité seule est donnée la *chaleur sans aigreur*, grand phénomène pas assez remarqué. Voilà pourquoi j'ai écrit à M. Sontag que, *pour de fort bonnes raisons à moi connues, je voudrais qu'il eût pris un ton encore plus différent du mien.*

Au reste, Monsieur le comte, dans l'état de choses et au milieu des flots de lumière répandus sur l'Europe, il n'y a plus que deux systèmes religieux possibles : le catholicisme et le déisme ; entre ces deux extrêmes, il n'y a plus de place tenable. Un protestant, s'il existait, serait un être risible. Mais il n'y a plus de protestant dans le sens primitif du mot, et, sous ce point de vue, M. Sontag ne l'est pas plus que moi. Lorsqu'une chose mobile et changeante de sa nature a reçu un nom, ce nom subsiste pendant que la chose change, et longtemps après on conclut, sans réflexion, du nom à la chose. Un protestant de nos jours est un homme qui dit, comme la Fontaine : J'ai lu votre Nouveau Testament, c'est un assez bon livre. Il lui reste cette idée vague, qu'*il y a dans le christianisme quelque chose de divin;* mais lorsqu'on en vient au détail, personne n'est d'accord, excepté *sur les grandes bases,* comme ils disent, c'est-à-dire, *Je crois en Dieu et en son Fils quelconque;* et c'est ce que je disais tout à l'heure. Vous me parlez de zèle, mon cher comte; il n'y a, il n'y aura, il n'*y a eu*, il ne peut y avoir de *zèle* hors de la vérité. Dans toutes les communions séparées, on prend la haine contre nous pour le *zèle* qui est tout amour, au point qu'il cesserait d'être s'il pouvait haïr : c'est la haine masquée en amour.

Il peut se faire que je n'aie pas bien compris M. Sontag, mais ce n'est pas ma faute; je me suis battu dix fois avec sa syntaxe, sans pouvoir en venir à bout. Trois docteurs allemands, après avoir balancé (notez bien ceci), se fixèrent enfin au sens que j'ai cru le vrai. Je suis bien mortifié de ne pouvoir ni comprendre ni même lire parfaitement la lettre qu'il m'a fait l'honneur de m'adresser en réponse. Je regrette fort de ne lui avoir pas écrit en latin, il m'aurait répondu de même, et nous nous serions entendus au moyen de la langue *universelle*. Assurez-le, je vous en prie, de ma parfaite estime, et de la vérité de tous les sentiments que je lui ai exprimés dans ma lettre. Si j'avais le bonheur d'être connu de lui, il verrait que, parmi les hommes convaincus, il serait difficile d'en trouver un plus libre de préjugés que moi. J'ai beaucoup d'amis parmi les protestants; et maintenant que leur système croule, ils me deviennent plus chers. Il ne me faut pas d'autre attestation que la vôtre pour me convaincre que si j'avais l'avantage de connaître M. Sontag, il augmenterait infailliblement le nombre de ces amis. Je viens d'obliger Platon (qui l'eût jamais cru?) à déposer, de la manière la plus évidente, contre le protestantisme ; bientôt nous allons voir un phénomène bien autrement frappant. Le plus grand des protestants, et peut-être, dans un certain sens, le plus grand des hommes, va sortir de son tombeau, et confesser à la face de l'univers, par un témoignage autographe, qu'il est mort catholique. Voilà bien de quoi faire rêver les dissidents. Au surplus, Monsieur le comte, *Spiritus ubi vult spirat.*

J'attends avec beaucoup d'empressement le moment de vous revoir. Je pense comme vous sur l'amalgame qu'on prépare ; mais il serait inutile de raisonner ici sur ce point ; nous en parlerons à l'aise, ainsi que de beaucoup d'autres choses.

A propos, ne me grondez pas de ce que je ne vous envoie pas l'opuscule qui m'a valu une lettre de vous. On l'a tiré à peu d'exemplaires, et j'ai donné tous ceux que j'avais ; mais il vient d'être réimprimé à Paris, j'espère que bientôt nous l'aurons. Suivant les apparences, je n'imprimerai plus ici. Pluchart m'a appris, à mon grand étonnement, qu'un imprimeur de cette capitale qui publie un ouvrage philosophique, même court, ne peut compter que sur cent cinquante acheteurs environ. J'entends bien que les ouvrages se prêtent ; cependant c'est peu pour une aussi grande ville. Le Russe n'a point encore tourné sa pénétration du côté de notre vieille philosophie européenne : il ne s'en soucie pas et n'y comprend rien (sauf toujours les exceptions). Mais l'on ne peut rien savoir encore sur ce peuple dans l'ordre des sciences, l'esprit russe n'ayant point jusqu'ici pris de parti décidé. ***Videant posteri!*** Dans ce moment, il paraît s'occuper chaudement et sagement de sa langue et de sa littérature.

Mille hommages respectueux, je vous prie, à madame la comtesse; j'embrasse de tout mon cœur monsieur son époux, en le priant d'agréer l'assurance la plus sincère de la haute considération et de l'invariable attachement que je lui ai voués.

93. — A madame la princesse de Galitzin.

Saint-Pétersbourg, 24 décembre 1814.

J'aimerais autant, Madame la princesse, tirer une hirondelle au vol (même sans lunettes), que vous suivre dans tous les tours et détours de votre infatigable esprit, tant vous êtes habile à choquer, à caresser, à gâter, à corriger, à projeter, à oublier, à plaire, à impatienter, etc., etc.... Enfin, Madame la princesse, c'est à faire tourner la tête. Faites-moi savoir officiellement, je vous en prie, si c'est votre bon plaisir qu'on vous aime purement et simplement, ou si vous préférez qu'on tourne autour de vous, en vous examinant comme une rareté. Il est très-vrai, Madame, que votre valet de chambre est venu chez moi comme chez d'autres qui vous célèbrent déjà dignement; mais qu'il soit venu de son chef, c'est ce que je ne croirai pas trop, à moins d'un ordre bien précis de votre part, car de ma vie je n'ai rien su refuser à une dame, même l'impossible. Il faut que vous sachiez, Madame la princesse, que jeudi dernier, lorsque je vous demandai, en vous quittant, si vous seriez chez vous le dimanche suivant, je m'aperçus très-bien que vous étiez déjà parfaitement résolue à ne pas me recevoir; car vous délibérâtes formellement avec vous-même plus d'une mortelle seconde, sans exagération, avant de me répondre : *Sans doute.* Ainsi, Madame la princesse, votre domestique n'a rien à se reprocher, et n'a fait avec votre permission qu'exécuter samedi l'ordre donné dans votre conseil deux jours auparavant. Je vous dis tout ceci uniquement pour n'avoir pas l'air d'un nigaud, et sans me fâcher *comme plusieurs autres*, qui sont bien les maîtres de se fâcher, que vous ne soyez triste que pour eux. Pour moi, Madame la princesse, j'ai pris l'inébranlable résolution de ne me fâcher avec vous pour rien au monde, dussiez-vous m'inviter pour une soirée solennelle à Kieff, et vous trouver à point nommé, le même jour, à Rome.

Résolu de plus, Madame la princesse, à vous aimer, même malgré vous, je serai cependant enchanté de savoir (toujours officiellement) si vous y consentez; car ce sera un grand plaisir de plus.

Vous voyez, Madame la princesse, que si demain je n'ai pas l'honneur de vous faire ma cour, ce ne sera par aucune raison profonde, mais uniquement parce que ma famille me retiendra, ou par quelque autre motif de ce genre.

Daignez, Madame la princesse, agréer l'assurance la plus sincère de mon très-respectueux attachement.

---

94. — A M. l'amiral Tchitchagoff, à Londres.

Saint-Pétersbourg, 14 (26) décembre 1814.

Qu'est-ce donc que vous faites, mon très-cher amiral? Qu'est-ce que vous devenez? et que projetez-vous? Tout ce qui vous aime ici, ou tout ce qui vous connaît (j'emploie volontiers les synonymes), attendait de vous quelque signe de vie ; mais ceci passe mesure. Je romps le silence, et je suis convenu avec madame de Swetchin, la meilleure des amies, que je vous gronderai pour elle et pour moi. Ce qu'il y a de bien singulier, c'est que votre excellent frère, soit ignorance réelle ou discrétion, prétend n'en savoir pas plus que nous sur votre compte, et ne peut rien nous apprendre sur tout ce qui nous intéressait à votre sujet. Êtes-vous Anglais ? Je n'en crois rien, malgré l'attrait de la famille. Je conçois bien qu'elle vous retient, et je conçois encore que ce lien se fortifie chaque jour, à mesure que vos aimables filles acquièrent des idées et des grâces nouvelles : cependant j'ai peine à croire que nous vous ayons perdu pour toujours. Il n'y a rien que je ne conçoive mieux que le *charme du désespoir*. C'est ce qui vous retient en Angleterre ; mille souvenirs tendres et déchirants vous attachent à cette terre, où votre bonheur naquit pour durer si peu.

Moi qui ne suis qu'un ami, je suis cependant visité souvent par l'ombre de votre chère Élisabeth. Elle m'apparaît toujours entre vous et moi ; je crois la voir, l'entendre, et lui tenir quelques-uns de ces discours dont elle avait la bonté d'écrire de temps en temps quelques mots dans ce journal que vous feuilletez le jour, et qui vous garde la nuit. Combien ce même souvenir doit être horriblement doux pour l'époux qui l'a perdue, qui se promène sur cette même terre où son cœur rencontra le sien, où il entendit, pour la première fois, ce *oui* sérieux, dont le suivant n'est qu'une répétition légalisée, et que l'homme le plus heureux n'entend qu'une fois dans sa vie ! Je voudrais que les objets qui vous environnent, et qui ne vous parlent que de votre perte, vous apprissent à pleurer : vous auriez fait un grand pas vers la consolation, je veux dire vers la douleur sage. Dieu vous a frappé, mon cher ami, très-justement comme juge, et très-amoureusement comme père; il vous a dit: *C'est moi!* Répondez-lui : *Je vous connais,* et venez pleurer avec nous, quand vous aurez assez pleuré ailleurs. Depuis le 11 (23) octobre, je suis réuni à ma femme et à mes enfants, et je loge dans la dernière maison que vous avez habitée. Je passe une partie de ma vie dans ce même cabinet où nous avons si souvent parlé raison. Le bureau de ma femme occupe la place de votre chaise longue. J'ai beaucoup embelli cet appartement, mais je n'ai pu trouver encore un moyen de l'agrandir, et cette malheureuse impuissance m'oblige de le quitter. Venez, Monsieur l'amiral, venez nous voir : je n'aurai point honte d'être heureux devant vous, bien persuadé que vous n'aurez pas vous-même besoin de me pardonner. Au reste, si vous veniez contempler mon ménage, il serait bientôt pour vous une nouvelle preuve que *la fortune vend ce qu'on croit qu'elle donne.* Tant de bonheur ne pouvait m'être donné *gratis.* Cette résurrection générale, qui a relevé tant de monde, m'enfonce plus profondément dans l'abîme. Ma malheureuse patrie est dépecée et perdue (1). Je demeure au milieu du monde sans biens, et même, dans un certain sens, sans souverain. Étranger à la France, étranger à la Savoie, étranger au Piémont, j'ignore mon sort futur. Je n'ai demandé qu'à ne pas changer de place, malgré les épines déchirantes sur lesquelles on m'a couché; j'ignore ce qui arrivera, mais celui qui a fait mes affaires jusqu'à présent voudra bien, j'espère, s'en charger encore jusqu'à la fin. Malgré mon envie de ne pas quitter ce pays, je ne sais quel instinct terrible me menace, dans le fond de mon être, de changer encore de place. Je dis *ter-*

---

(1) Ceci se rapporte au traité de 1814, par lequel la Savoie avait été cédée à la France.

rible, car je me défie de moi à l'excès, et je ne puis souffrir l'idée d'entreprendre quelque chose de nouveau et de changer de théâtre. J'aime la Russie, *parce qu'il n'y a point d'abus*, comme nous en sommes convenus souvent ; de plus, parce que j'y ai d'excellents amis, et qu'enfin l'habitude a rivé tous les clous qui m'y attachent. J'espère que vous m'approuverez ; dans le cas contraire, venez-moi dire que j'ai tort. En attendant, donnez-moi de vos nouvelles et de celles de votre aimable famille. Votre charmante fille cadette parle-t-elle anglais aujourd'hui avec cette même élégance qui m'enchantait dans son français enfantin ? Enfin, parlez-moi beaucoup de vous et de tout ce qui vous intéresse ; mais ne m'envoyez point de vinaigre, je veux une lettre toute à l'huile d'olive.

Adieu mille fois, bon et malheureux ami. Votre petit ami Rodolphe vous salue tendrement, et moi je vous serre dans mes bras, Monsieur l'amiral, en vous assurant très-inutilement, à ce que j'espère, de mon tendre et éternel attachement.

---

95. — A M. le comte de Blacas.

Saint-Pétersbourg, 27 décembre 1814 (8 janvier 1815).

J'ai reçu, Monsieur le comte, votre lettre du 10 novembre dernier, où vous me faites une querelle bien aimable sur le manque de foi. J'avoue que j'étais, non pas inquiété, mais passablement attristé par votre silence, qui remontait à une époque très-antérieure à l'hégire du Corse ; je vous assure, cependant, que s'il y avait des machines acoustiques capables de perfectionner l'ouïe autant que nos instruments optiques ont perfectionné la vue, vous auriez été assez souvent bien content de votre ami. Bon Dieu! quelle tempête! On commence cependant à me féliciter sur mon *inébranlabilité;* mais je ne veux point peser sur tout ce qu'il y a de personnel dans cette affaire. Vous ne pouvez douter, et c'est assez pour moi, des sentiments de profonde estime et de véritable attachement dont j'ai constamment fait profession pour vous, et du prix que j'attachais au retour que vous m'accordez. L'une et l'autre fortune sont de purs accidents tout à fait étrangers à ces sentiments : toujours, mon cher comte, vous avez été en butte à une très-grande opposition ; mais toujours j'ai rendu, malgré les sots, et toujours je rendrai, malgré les méchants, justice complète à votre caractère.

J'ai appris de vous, avec le plaisir le plus sensible, que vous alliez être père; mais bientôt les papiers publics m'ont appris le malheur essuyé par madame la comtesse de Blacas. Quel horrible accident! Je ne saurais vous exprimer à quel point j'en ai été effrayé. On ajoute, à la vérité, qu'elle s'est tirée de là avec un bonheur inouï; cependant, je ne serai parfaitement tranquille que lorsque vous m'aurez parfaitement tranquillisé. Je me recommande à vous ensuite pour être instruit *sonica* de l'heureuse arrivée du poupon.

Vous n'avez donc point oublié le nom de mon fils! Je n'épluche point les énigmes de l'amitié : le mot, quel qu'il soit, ne peut être désagréable. . . . .
. . . .
. . . .
Sans doute, c'est un grand malheur que je ne me sois pas trouvé sur votre route; jamais je ne m'en consolerai : je ne suis pas même consolé que mon fils n'ait pu vous féliciter en personne sur la *résurrection des morts.* — Puisse-t-elle être jointe, comme dans le Symbole, avec la *communion des saints!* Mais, jusqu'à présent, j'en vois une

18.

d'une tout autre espèce. — Le jeune homme aurait bien pu demeurer à Paris pour vous attendre. — Je me trompe ; sans lui et sans son voyage, je n'aurais peut-être jamais vu ma femme et mes deux filles, qu'il m'a ramenées. A présent, nous avons le bonheur d'être malheureux ensemble. C'est déjà beaucoup, sans doute ; mais j'aurais pu me flatter de quelque chose de plus. Ce voyage et mon établissement m'ont jeté absolument à terre ; des événements entièrement miraculeux m'ont rendu tout à fait étranger à la France, à la Savoie et au Piémont. Ma patrie appartient à votre maître ; ma personne et ma foi sont au roi, tant qu'il daignera s'en servir. Mais vous savez, Monsieur le comte, ce qu'est, dans une capitale déjà peu fraternelle, l'homme appartenant à une province séparée. Je vous dirais ce que mon œil aperçoit de plus dans l'avenir, si je voulais commencer le chapitre de la politique : mais Dieu m'en préserve ! . . . .
. . . .
— Pour moi, je me traîne comme je peux vers le terme, appliquant sur mes blessures tout le baume dont je puis disposer. — Voici les ingrédients : bienveillance publique, amitié, étude, bonheur domestique. Songez, je vous en prie, que vous êtes pour beaucoup dans le second article, et que si vous veniez à diminuer la dose, vous m'entendriez crier sur-le-champ.

M. le comte de B. a dû vous porter une lettre de moi. Je ne vous parlerai plus autrement, mon bien cher comte ; je suis comme Lusignan, — *à visiter Paris je ne dois plus prétendre. Le vent souffle où il veut*, à ce que dit l'Évangile ; il lui a plu de souffler ainsi.

Adieu mille fois, mon très-cher comte ; je souhaite au Français, au père et au ministre que renferme votre gilet, toutes les espèces de bonheur que peuvent désirer ces trois messieurs.

Quand je dis que je ne tiens plus à aucun pays, cela s'entend *dans le moment présent*, car l'état actuel de ma patrie n'est pas durable. Ou elle appartiendra toute à votre maître par quelque moyen possible, c'est-à-dire juste, ou elle reviendra toute à son maître antique. Il serait bien ridicule à moi de vous expliquer ce qui me paraît plus probable. — Un papier public me dit dans ce moment qu'il s'agit pour vous d'une nouvelle élévation. Ainsi soit-il. Tenez-vous bien !

---

96. — A M. le comte de Bray, en Livonie.

16 (28) janvier 1815.

J'écris quand je puis, mon très-cher comte, et non quand je veux ; c'est ce qui fait que je réplique si tard à votre aimable réplique du 4 (nouveau style). Mille et mille grâces à M. Sontag, qui m'a valu cette intéressante correspondance. *Comme ici-bas tout s'enfile !* Cette affaire n'était point une affaire, pour moi du moins. Je n'avais pas même pensé à demander le nom de l'auteur de l'article, et certainement il n'y avait en cela de ma part ni indifférence ni dédain ; et voilà qu'une circonstance amenant l'autre, le tout est devenu une espèce de négociation. Je suis bien mortifié de ne pouvoir lire M. Sontag, et de ne vouloir point m'adresser à un interprète ; j'aurais rempli un devoir de politesse bien cher à mon cœur en lui écrivant de nouveau, mais il n'y a pas moyen. Je ne puis déchiffrer l'écriture manuscrite allemande, qui fait peur à mes yeux, au pied de la lettre. Acquittez-moi, je vous prie, auprès de cet homme estimable, et veuillez l'assurer que, si jamais il m'arrive de voir Riga, j'aurai certainement le plaisir de l'embrasser de très-bon cœur, et de rire avec lui de toute cette affaire de gazette.

Au reste, mon très-cher et aimable comte, si vous m'avez lu, comme je l'espère, au moment où je vous écris, vous aurez vu que le protestantisme n'entre qu'incidemment dans mon ouvrage, et que je me suis exprimé sur cet article avec la politesse d'un homme du monde, et même, je l'ose dire, avec une affection religieuse qui a touché plusieurs personnes de ce parti.

Mais il faudrait qu'un *surintendant* fût bien maître de lui, bien affranchi de tout préjugé, pour entendre de sang-froid Platon opiner contre le protestantisme d'une manière si originale et si lumineuse. Plus vous méditerez ce passage, et plus votre bon esprit en sera frappé.

Vous aurez vu de plus, mon cher comte, je n'en doute nullement, que M. Sontag s'est beaucoup trop pressé d'écrire, et que çà et là il ne m'a pas entendu du tout. Il me fait dire : *Nous chantons nos symboles, donc ils sont vrais;* cela s'appellerait justement une bêtise ; mais ce n'est pas ce que j'ai dit ; j'ai dit : *Nos symboles sont vrais, et voilà pourquoi nous les chantons; car l'amour seul peut chanter, et il y a toujours de l'amour dans la foi. Un symbole n'est point un ordre à la raison, c'est une confession de l'amour,* etc. Vous voyez, Monsieur le comte, qu'on peut sans doute écrire contre tout cela, mais pas du tout *stans pede in uno*, et sans y regarder de près.

Un article tout à fait étranger à la théologie, et sur lequel M. Sontag ne s'est pas seulement douté de ma pensée, c'est celui de la vénalité des charges dans l'ancienne France, article sur lequel les *scioli* (1) sont insupportables à entendre. Je dis qu'il ne s'agit point de *vénalité*, mais

---

(1) Mot italien qu'on ne pourrait rendre en français : *savantin* ou *savanticule*.

d'hérédité, et que, l'hérédité admise, la vénalité n'est qu'un avantage pour le gouvernement, tout à fait étranger au fond de la question. Dites-moi, je vous prie, si une telle question, présentée sous ce point de vue, doit être rangée par numéro dans la classe des absurdités qui ne valent pas la peine d'être réfutées? Mais, encore une fois, tout ceci est dit sans une ombre de chaleur, et seulement pour vous convaincre que l'excellent esprit de M. Sontag, un peu offusqué par une certaine pique de parti infiniment excusable, ne m'avait pas saisi, à beaucoup près, dans une première lecture rapide.

Il n'y a rien de si vrai et de si frappant que ce que vous me dites sur le protestantisme. Je lirai certainement avec un extrême plaisir l'ouvrage que vous m'annoncez sur ce sujet, et qui, je l'espère, ne sera pas écrit en lettres allemandes.

L'Europe entière est dans une fermentation qui nous conduit à une révolution religieuse à jamais mémorable, et dont la révolution politique dont nous avons été les témoins ne fut que l'épouvantable préface. — Pour nettoyer la place, il fallait des furieux ; vous allez maintenant voir arriver l'architecte.

En vous disant que l'illustre mort prêt de ressusciter pour faire sa profession de foi fut jadis le plus grand homme du protestantisme, et peut-être le plus grand des hommes dans l'ordre des sciences, je croyais vous l'avoir nommé. Ce n'est pas Newton. — Au reste, mon cher comte, laissons-le arriver tranquillement. Il y a plus de vingt ans que j'avais connaissance de ce grand et magnifique témoignage, et je connaissais, de plus, le coin de la terre où il était enfoui. Dans un moment qui semblait rendre la chose extrêmement facile, je tâchai de saisir la pièce, mais sans succès. Un Français, plus heureux que moi, a pu l'atteindre lorsque les circonstances étaient devenues contraires. Maintenant elle est sous presse déjà, si elle n'est publique : malheureusement, elle sera publiée en français, et non dans l'original latin, qu'on aurait dû au moins imprimer en regard. Suivant ce qu'on m'écrit de Paris, c'est l'autographe même du grand et très-grand homme qui est parvenu à Paris.

Je viens aux sociétés secrètes. Laissons-les faire, Monsieur le comte. Tout cela vient à nous, mais par une spirale résultant d'une invincible attraction vers le centre, et de l'action continuelle de l'orgueil (très-forte sans être égale), qui les écarte autant qu'elle peut de la ligne droite. Ces sociétés, au reste, sont détestables chez nous, parce qu'elles attaquent notre principe fondamental de l'autorité; mais, chez toutes les nations séparées, je les tiens pour infiniment utiles, parce qu'elles maintiennent la fibre religieuse de l'homme dans toute sa fraîcheur, et qu'elles tiennent l'esprit en garde contre le *riénisme* protestant. — J'espère que nous dirons le reste de vive voix.

Il n'y a rien de si joli et de si vrai que ce que vous me dites sur la différence de rassembler et de réunir les gens. L'abbé Girard aurait pu en faire un bel article. C'est encore un point que je réserve pour la conversation.

Vous faites bien de ne pas prendre votre vol devers la capitale avant que le père de famille ne soit de retour. En attendant, *vivez doucement*, comme vous dites; car rien n'est plus *doux* que de *vivre doucement*, et ce bonheur suprême n'est pas accordé à tout le monde. J'espère que, lorsque vous serez de retour, nous reprendrons nos anciennes habitudes et nos conversations philosophiques. En attendant, mon cher comte, je vous embrasse de tout mon cœur, en vous priant d'agréer les assurances les plus sincères de mon attachement et de ma haute considération.

97. — A M. le chevalier de ...

RÉFLEXIONS SUR LE MOMENT.

Saint-Pétersbourg, 29 mars (11 avril) 1815.

J'avais fermé et envoyé mon paquet d'aujourd'hui, lorsque la confirmation des fatales nouvelles de France nous est arrivée. Le retour de Bonaparte est tout aussi miraculeux que sa chute : les suites seront épouvantables ; mais il faut bien se garder de désespérer. La guerre va recommencer avec une nouvelle fureur. Il faut que les alliés se hâtent d'entrer, et ne laissent pas à l'usurpateur le temps de respirer. Il faut, malheureusement aussi, que la guerre se fasse avec plus de dureté que la précédente. Rien ne réussira si l'empereur de Russie n'est pas généralissime, et si on ne lui défère pas une dictature fondée sur la persuasion et la conviction universelles. Point de succès sans unité, et point d'unité sans ce prince ; cependant, quand même on le revêtirait de toute la confiance nécessaire, il y aurait toujours de grands dangers.

1° L'union des alliés sera constamment menacée. Ils auront contre eux leurs intérêts, leurs passions réciproques, et les artifices de Bonaparte, qui aura plus d'un moyen de les tenter en détail.

2° L'archiduchesse Marie-Louise et son fils seront très-embarrassants dans cette occasion. Il faudrait que l'empereur d'Allemagne eût le courage de s'en priver, et les mettre (surtout le jeune enfant) hors de sa puissance.

3° Le mécontentement des peuples, qui est porté au comble, est le dernier et le plus grand des dangers. C'est une *anse* terrible que la main de Bonaparte cherchera à saisir par tous les moyens possibles.

La grande prétention de notre siècle est de se croire fort supérieur à tous les autres ; et le fait est cependant qu'il est fort au-dessous : il est toujours en contradiction avec le bon sens ancien. Ce bon sens avait persuadé à tous les hommes que les princes ne doivent traiter que par des intermédiaires ; et en effet, l'on peut prouver que les princes, même excellents, réussiront moins bien par eux-mêmes que par l'organe de ministres, même médiocres. Mais, sans se jeter dans les raisonnements, on peut s'en tenir aux faits.

Jamais, peut-être, il n'exista de meilleurs princes, plus humains, plus accessibles, plus raisonnables, que les princes rassemblés au congrès. Cependant, quel est le résultat ? Le mécontentement universel. Ce qu'il y a d'étrange, c'est que les plus grands de ces princes se sont laissé visiblement pénétrer par les idées philosophiques et politiques du siècle ; et cependant jamais les nations n'ont été plus méprisées, foulées aux pieds d'une manière plus irritante pour elles.

Voici les trois maximes qui ont présidé aux destinées de l'Europe : 1° la souveraineté doit être estimée, non par son caractère essentiel, mais par sa puissance physique, contre la maxime antique, universelle, invariable, qui demandait toujours à chaque prince, *Qui êtes-vous ?* et non, *Que pouvez-vous ?* En conséquence, les puissances qui se sont déclarées ou même faites tout à coup *grandes*, ont pris la plume, et décidé du sort des autres, rendues simples spectatrices : il devait en résulter nécessairement quelques inconvénients moraux trop longs à détailler, et, de plus, de la part de tous ceux qui n'y ont pas gagné, un mécontentement qui sera toujours tout prêt à se montrer.

2° Les souverains légitimes ont sanctionné publiquement la maxime des divisions, morcellements et adjudications de souverainetés pour de simples raisons de convenance. C'est précisément la maxime de Bonaparte, et c'est une semence éternelle de guerres et de haines, tant qu'il y aura une conscience parmi les hommes.

3° Il y a de même passé en maxime, que *l'on peut priver une nation, malgré elle, de son légitime souverain.* — Voici la première conséquence directe et inévitable. *Donc on le peut, à plus forte raison, si la nation le demande.* — Mais si elle peut *faire juger* son souverain, pourquoi ne pourrait-elle pas *le juger?* Tout cela est bien mauvais et bien dangereux; on sait d'ailleurs que le plus grand supplice pour une nation, c'est d'être commandée par une autre. Quelquefois les circonstances imposent ce malheur; mais c'est toujours un état infiniment dangereux, et que la saine politique et la justice même doivent éviter autant qu'il est possible.

Il y a donc beaucoup d'éléments incendiaires en Europe, et notre grand ennemi en profitera sûrement, s'il n'est pas écrasé subitement; et il ne le sera pas si l'empereur de Russie n'est pas déclaré *dictateur européen.*

Outre les dangers généraux, il y en a de particuliers à chaque nation. Pour ne parler que de celle que je vois, et qui est incontestablement la première sous le rapport militaire, que n'a-t-elle pas souffert depuis trois ou quatre ans! Quelles dépenses n'a-t-elle pas faites en hommes et en argent! Toutes les nations ont besoin de leur souverain, mais la nation russe plus que toutes les autres; cependant elle est veuve depuis plus de deux ans : jamais cela ne s'est vu. Si elle marche droit, c'est parce qu'elle n'est ni sanguinaire ni turbulente. Malheur à nous, si elle était saisie d'un de ces transports au cerveau qui ont attaqué des nations non pas plus raisonnables, mais plus raisonneuses! Qui sait ce qu'elle peut supporter encore en hommes et en argent ? Dieu le sait sûrement, et l'empereur peut-être.

Il y a une chose que Dieu sait tout seul : c'est la force physique et morale de l'armée française, et l'effort dont elle est capable.

L'homme par lui-même n'est rien : c'est un ballon qui n'est par lui-même qu'un vaste chiffon, dont la grandeur, la beauté et la puissance dépendent uniquement du *gaz* qui le remplit ; ce gaz se nomme *religion, liberté, orgueil, colère*, etc. ; en un mot, tout dépend du sentiment moral qui enflamme l'homme, et qui augmente ses forces sans mesure.

Ce sentiment redoutable existe dans l'armée française, et il a été créé par le traité de Paris ; une province en Flandre l'aurait peut-être prévenu. On dira sans doute qu'il n'y avait pas moyen de faire autrement, et que tous les jours la politique est obligée de faire moins mal, au lieu de faire bien. — Rien n'est plus vrai : aussi l'on se garde bien de critiquer, on dit seulement ce qui est, sans aller au delà.

On sait que jamais une armée ne se détache du souverain qui l'a fait vaincre : ici, il y a un grand sentiment et un grand mouvement de plus : l'armée française a réuni dans sa pensée l'idée de son avilissement à celle des Bourbons, et celle de sa gloire à l'idée de Bonaparte. Ce sentiment dans les têtes françaises peut soulever des montagnes. Le caractère du chef doit donner encore beaucoup de crainte : on parle beaucoup de son talent militaire, et pas assez de sa puissance sur les esprits, qui est le premier élément militaire, s'il n'est pas tout ; on en a vu des preuves qui commandent l'étonnement et l'effroi. Quel souverain légitime en Europe se flatterait de conserver l'attachement et même l'admiration et l'enthousiasme de son armée, après la retraite de Moscou? Comment, parmi tous ces hommes mourant dans les tourments du froid, de la nudité et de la faim, ne s'en est-il pas trouvé un qui ait dit un mot contre sa légitimité? Un officier français nommé *Rapatel*, attaché au général Moreau, et depuis à la personne de S. A. I., parlait un jour à un groupe de prisonniers, et tâchait de leur faire comprendre l'extravagance de leur chef; le plus *téméraire* de tous répondit : « Il est vrai qu'il est un peu *ambitionnaire*. » C'est le plus grand blasphème dont ait connaissance celui qui écrit ceci.

Le caractère de Bonaparte et la puissance qui en résulte deviendront mille fois plus terribles, s'il a le cruel esprit de jouer l'*auguste*, comme on peut le soupçonner très-légitimement. *Déjà il a dit qu'il avait fait des fautes, et qu'il les réparerait.* S'il s'avisait de rappeler les émigrés rentrés avec le roi, de leur donner des pensions; de vanter la fidélité partout où elle se trouvera; de faire réparation au pape, et de le soutenir dans ses fonctions et dans ses États, etc., le danger serait porté au comble.

Les huit cent mille soldats alliés dont on nous parle sont très-respectables sans doute; mais c'est une armée *mosaïque*. C'est le *dragon à plusieurs têtes*, et notre ennemi est le *dragon à plusieurs queues*. Qui sait si les alliés auront la sagesse de créer la tête unique? D'ailleurs, la première de ces puissances est bien éloignée, *e già molto spossata* : lorsqu'on songe au chemin que doit faire un soldat de Tobolsk pour aller se battre en France, on ne peut se défendre d'un peu d'inquiétude.

Les désavantages de Bonaparte sont le défaut évident de cavalerie et d'artillerie; d'ailleurs, s'il n'emploie pas ses anciens maréchaux, il manquera de généraux; et s'il les emploie, comment pourra-t-il s'y fier? Comment le plus soupçonneux des hommes ne les humiliera-t-il pas par quelques regards de travers, et comment ne pourra-t-on pas en profiter? J'ai peine à croire qu'il ne s'élève pas quelque caractère militaire en faveur de la maison royale.

Plusieurs diront : *Qu'importent les Bourbons?* Laissons faire les Français; ne nous mêlons pas de la question. Cette idée est anglaise surtout. Cependant elle ne paraît pas juste; il faut au contraire tenir cette famille toujours en vue aussi près de la France qu'il sera possible, et lui montrer toujours la même considération.

Une idée qui se présente encore assez naturellement, c'est celle de détruire la France; mais plusieurs raisons font douter que la chose soit possible. D'ailleurs, une extrême rigueur empêche la guerre civile, et nécessite une réunion terrible. La maison qui renferme des laboureurs et des artisans vomit des soldats, si on la brûle. Il faut donc que la rigueur soit assez forte pour effrayer et pour fatiguer, mais pas assez pour désespérer. Nous verrons encore de grands malheurs. La France sera baignée dans le sang, et le mérite bien. L'armée qui a replacé Bonaparte sera détruite. Il peut se faire qu'il fasse quelque conquête, qu'on sera même obligé de ratifier; mais à la fin il tombera, et la famille royale reprendra sa place. Ces propositions sont, à la vérité, tout à fait paradoxales : le temps dira si elles sont folles ou prophétiques.

Au milieu de ces nouvelles convulsions, notre situation particulière est bien cruelle. Comment la puissance ne serait-elle pas déplacée, ébranlée ou dominée? Il est bien à désirer que la première tête ne soit pas obligée de quitter le continent. Du reste, il faut s'attacher à un grand système, et le suivre d'une manière passive; c'est tout ce qu'une sage réserve permet d'énoncer.

On a tâché, dans les pages précédentes, de tenir la balance juste entre la crainte et l'espérance; mais qui peut prévoir les événements qui, d'un moment à l'autre, peuvent changer subitement la face des affaires?

Deux choses paraissent particulièrement remarquables à cette époque : 1° la conservation de Bonaparte et même les égards pour sa personne, malgré tous les conseils de la sagesse et de la politique; 2° la conservation du roi et de sa famille, malgré tous les conseils de la scélératesse. Au milieu de la défection générale, comment n'a-t-il pas été touché? — Tout va sans l'homme et malgré l'homme. — Bonaparte est venu accomplir son rôle, et le roi, on peut n'en pas douter, reviendra accomplir le sien. On le dit, à la vérité, frappé d'un accident d'apoplexie; mais *le roi ne meurt pas*.

Pendant que ceci s'écrivait, la nouvelle est arrivée que S. M. I. s'était déclarée *roi de Pologne*, et S. M. I. R. A., *roi d'Italie*, et S. M. prussienne, *roi de Saxe*. Les grandes résolutions sont commandées par les grands dangers; s'il en résulte par la suite des conséquences malheureuses, elles doivent être mises à la charge de ceux qui ont rendu ces révolutions nécessaires (ceci n'est qu'un bruit : 14 avril).

Tous les officiers qui sont ici ont reçu l'ordre de partir dans trois jours; les officiers, même des milices volontaires, sont compris dans cet ordre. La garde sera embarquée; je ne sais où elle doit prendre terre, peut-être à Dantzig; on dit qu'elle demeurera en réserve. La guerre se fera avec une rapidité et une vigueur inconcevables.

La faveur qui semble environner Bonaparte ne doit point étonner; nous jugeons, sans nous en apercevoir, les Français d'après nous-mêmes : il n'y a pas d'idée plus fausse. Depuis vingt-cinq ans le Français est privé de ses maîtres légitimes : il faut ajouter au moins dix ou douze ans, car, avant cet âge, l'homme ne se connaît pas. Tout ce qui a moins de quarante ans en France, c'est-à-dire toute l'armée et la moitié de la nation, ne connaissent les Bourbons que comme les Héraclides ou les Ptolémées. Depuis 1789, nulle instruction morale et religieuse, nulle noblesse, nul sacerdoce, nulle grandeur morale d'aucune espèce : la guerre, et rien que la guerre. Depuis quinze ans les Français sont élevés dans la *crainte* et l'*amour* de Bonaparte ; il n'y a pas un soldat français qui ne puisse dire :

> Je ne connais que lui, sa gloire, sa puissance.
> Vivre sous ce grand homme est ma seule espérance :
> Le reste est un vain songe.

Dans les colléges, dans les académies, au théâtre, à l'église comme au corps de garde, il n'a entendu parler que de Bonaparte. Chez lui, il a vu les ambassadeurs étrangers et tous les signes de la fraternité souveraine ; hors de chez lui, il a vu les ministres de son maître reconnus, caressés, fêtés, et presque adorés ; il a vu en même temps le nom du roi de France soigneusement étouffé, et les moindres hommages rendus à sa légitimité, comme les moindres doutes manifestés sur celle de Bonaparte, mis au nombre des crimes dignes de la défaveur solennelle du souverain. Ajoutons la grande considération attestée par toute l'histoire et par la nature de l'homme, que *jamais une armée* ne se détache du capitaine qui l'a fait vaincre ; et l'on verra que l'attachement de l'armée française n'a rien que de naturel et d'excusable. C'est la fidélité proprement dite : l'objet est faux, mais le sentiment est bon. Ce sentiment se serait rectifié par le temps ; mais puisque Bonaparte a reparu, il faut que l'armée disparaisse, il faut dissoudre cette *fidélité infidèle*. Les vertus et la sagesse du roi ne seront pas inutiles ; elles agiront sourdement, mais continuellement, sur tous les esprits ; il faut seulement bien se garder d'éclipser le roi. Cette faute n'a que trop duré.

Ce sera un beau spectacle que Wellington aux prises avec Bonaparte : dans l'Inde, où il a commencé sa belle carrière, il désirait déjà cette bonne fortune, et il en a parlé comme de l'objet de sa plus ardente ambition. — Les voilà en présence.

Quoi qu'il arrive, et quelques succès (possibles) que puisse avoir Bonaparte, personne ne doit douter du rétablissement de la maison de France, — et tout ce que nous voyons n'est qu'une opération de chirurgie nécessaire à la France.

2 avril (14).

J'envoie ces réflexions pour remplir un devoir attaché à ma place, mais sans oublier que les événements rendent souvent inutiles ou fausses ces sortes de spéculations, en moins de temps que la poste n'en met à les transporter. Par le peu de nouvelles qui sont parvenues ici depuis le 29 mars, je ne vois pas qu'il y ait aucune raison de changer d'avis : le roi ne sera pas même *rétabli,* puisqu'il n'est pas sorti de France ; il est sorti de Paris, il y rentrera. Les alliés semblent d'accord. Bonaparte, je l'espère et le crois même, ne sera rentré que pour périr. Il ne semble pas même (sauf de nouveaux miracles) qu'on doive redouter ces succès du moment, qui s'étaient d'abord présentés à moi comme possibles.

Bonaparte chasse les émigrés, et plaisante le roi sur ses vingt ans de règne : tant mieux, il n'est pas souverain.

Il est vrai que, dans une foule de lettres, on se moque, de tous les coins de l'Europe, sur le beau résultat de tant de travaux politiques ; mais, enfin, tout ce qu'on y a mis d'humain n'empêchera pas le grand résultat, et la souveraineté demeurera plus forte qu'auparavant.

Monsieur le comte est prié de transmettre ces réflexions, qui serviront seulement à prouver ce qu'on pensait ici le 14 avril.

Quand je dis *on*, je me garde fort des généralités; car les salons ont prononcé la destruction des Bourbons *in secula seculorum*.

---

98. — A madame la comtesse de Laval.

Saint-Pétersbourg, 19 avril (1er mai) 1815.

Voilà qui est fini, Madame la comtesse; je ne vous laisserai plus aller à Paris, dès que vous souffrez de tels scandales, je ne dis pas à *votre barbe*, cela ne serait pas exact, mais au moins sous vos yeux. Je conçois la tristesse qui a dû vous percer et vous transpercer à cette funeste époque. La mienne est beaucoup moindre, Madame; car je suis bien persuadé que l'arrivée de Bonaparte en France sera, en définitive, très-avantageuse à l'ensemble des choses. Il y aura (peut-être même) de grands maux individuels et préliminaires; et l'immense corruption que vous me peignez si vivement exige encore, suivant les apparences, quelques remèdes violents; mais à la fin tout s'arrangera, au grand étonnement de ces hommes d'État

> De qui le cerveau s'alambique
> A chercher l'an climatérique
> De l'éternelle fleur de lis.

On *s'alambiquait* du temps de Malherbe tout comme à présent, et avec autant de raison. Les protestants avaient divisé le royaume en départements, tout comme il l'est aujourd'hui. Ils avaient des places de sûreté : la Rochelle surtout, d'où ils communiquaient en pleine liberté avec les *frères* d'Angleterre, etc. Tout alla comme vous savez, Madame. Assurément, je ne veux pas comparer les époques en tout : cependant tout finira de même, quoique nous ayons le cardinal de Bayonne au lieu de Richelieu.

Je suis aussi beaucoup plus indulgent à l'égard de la nation et de l'armée ; aucune nation de l'univers n'a subi une épreuve de corruption égale ni comparable à celle que la France a essuyée. Partez de la régence ; reposez-vous sur l'enseignement philosophique d'un demi-siècle ; arrivez à l'aimable révolution de vingt-cinq ou trente ans, et demandez-vous, Madame la comtesse, ce que serait toute autre nation placée dans la même circonstance. Je m'étonne qu'il y ait une fibre saine dans tous ces cœurs français. On l'a jugée trop tôt, d'ailleurs, sous le rapport de la non-résistance. On se représente une nation comme *une personne*, qui s'assied, qui se lève, qui se bat, etc. Ce n'est pas cela, Madame; il faut donner à vingt-cinq millions de volontés le temps de se reconnaître, de se décider, de s'unir, etc. Qui sait ce qu'elles feront? Quant à l'armée, je vous ferai la question que j'adresse ici à beaucoup de monde : Croyez-vous, Madame, que, si un homme s'attachait jusqu'à la mort à une coureuse, on s'avisât de le traiter de volage ? Il me semble, au contraire, qu'il n'y aurait qu'une voix pour dire : *Voilà de la constance bien mal placée.* C'est tout à fait la même chose, Madame : l'armée française est fidèle par essence. Elle ne sait ce que c'est que ces Bourbons qui nous sont si chers, et si justement chers.

> Je ne connais que lui, sa gloire, sa puissance.
> Vivre sous *Bonaparte* est ma seule espérance :
> Le reste est un vain songe.

19.

Elle suit l'homme qui la fait vaincre. Ce sentiment est inné dans l'esprit du soldat : toutes les pages de l'histoire en font foi. Au lieu de nous étonner de cette fidélité, il faudrait nous frapper la poitrine pour l'avoir créée en grande partie. Ce sont nos basses adorations qui ont produit en partie le prestige qui environne le faux dieu. Ajoutez, Madame la comtesse, que le traité de Paris accoupla malheureusement dans la tête de tout soldat français l'idée de ses revers à celle des Bourbons, comme celle de ses triomphes à celle de Bonaparte. Le traité sera la justice même, tant qu'il vous plaira : ce n'est pas de quoi il s'agit. Maintenant, il s'agit de légitimer cette fausse fidélité; c'est mon libertin de tout à l'heure qu'il faut marier à une honnête femme. — Dieu préserve qu'il changeât de caractère ! Il suffit qu'il change de mœurs. — Je crois toujours, Madame, que tout ira bien *à la fin;* mais de savoir ce qui arrivera avant le retour du roi, c'est ce qu'il n'est pas possible de prévoir. — Les Français pourraient fort bien dispenser les alliés d'un nouvel effort : c'est ce qu'ils feront, s'ils ont le sens commun. Quant à moi, Madame, il se pourrait fort bien que cette nouvelle secousse rendît ma situation encore plus dure. Je crains d'être frappé de nouveau, mais non d'être défiguré, car la fortune ne peut plus frapper que sur une cicatrice.

Vous êtes attendue, Madame, par toute ma famille, à bras ouverts. Je leur ai parlé de vous et de tout ce qui vous appartient, comme vous pouvez l'imaginer. Venez vite, Madame la comtesse; à quelque chose malheur est bon. Je vous croyais capable *de tout*, en fait de voyage. Mais l'excellent Corse est arrivé; crac ! vous voilà à Chrestowsky. Mille amitiés des plus tendres à monsieur le comte, et mettez-moi, je vous prie, aux genoux de cette grave Catache, notre maîtresse à tous sur le participe passif. Quant à madame sa mère, il me semble bien aussi que je l'aime un peu.

---

99. — Au T. R. P. d'Ervelange-Vitry, de la C. de J., à Odessa.

Saint-Pétersbourg, 27 mai (5 juin) 1815.

Mon très-cher et révérend Père,

Très-certainement nous sommes brouillés, et, comme je ne sais pas pourquoi, c'est à vous à me le dire ; et je vous en somme en vertu de la sainte obéissance dont je me suis fait céder le droit par le très-révérend Père Général. J'écris au R. P. de Vitry, je lui écris de nouveau ; je lui envoie même une petite production, précisément dans le genre qu'il désirait : et non-seulement il ne me répond pas, mais pendant une année entière il ne donne pas signe de vie. Certainement, quelqu'un lui a dit que j'étais jacobin ou janséniste. Parlez, mon cher Père ; dites l'un ou l'autre : *Quidquid dixeris, argumentabor.* Si, par hasard, vous me haïssez, je vous avertis qu'il ne faut pas vous attendre au réciproque ; car je ne cesse de vous désirer ici, ce qui n'est pas un signe de haine. Depuis que mon ami l'Italien est parti de Polosk pour la voûte éthérée, il me manque de temps en temps, entre sept et neuf heures du matin, suivant la saison, une tasse de café philosophique ou théologique. Je songe souvent que vous pourriez fort bien me la donner, et la communauté de langue de plus ne gâterait rien. A présent que vous avez planté, d'autres pourraient arroser, pendant que vous viendriez ici jaser avec vos amis sur l'agriculture. C'est un sujet inépuisable, et que la plume seule traite mal. L'état de la *vigne* n'a peut-être jamais été si extraordinaire. J'ai continuellement l'œil sur ses ouvriers. L'antique phalange, déjà affaiblie par celui qui affaiblit tout, est sur le point de disparaître entièrement. Où sont les successeurs, et qui recevra le manteau d'Élie ? C'est la grande question. Je vois bien du zèle, de l'assiduité, et un esprit de conservation digne de toutes sortes de louanges ; mais j'ai beau regarder, je ne vois nulle part la flamme créatrice. Je me console avec mes propres maximes ; je me dis : Souviens-toi donc de ce que tu as dit, que *rien de grand n'a de grands commencements.* Il est donc bien vrai que nous ne voyons point de *flamme ;* mais qui nous dit qu'une légère fumée, imperceptible à tous les yeux (ou presque tous), n'annonce pas un incendie divin pour la génération qui arrive ? Un homme tel que Werner, par exemple, n'est-il pas digne d'une très-grande attention ? Il y a bien d'autres signes : *sed de his coram.* Et voilà pourquoi je vous demande cette *tasse de café* que vous ne me refuserez pas, si vous n'êtes plus avare qu'Harpagon.

Vous avez, sans doute, accordé le plus grand intérêt à l'aventure du jeune prince Galitzin, qui a tant occupé les cercles de la capitale. Devant tout homme sans préjugés, l'accusation tombait d'elle-même ; car comment imaginer que des hommes ayant des têtes sur leurs épaules eussent été capables d'une telle imprudence ? Mais où sont les hommes sans préjugés ? *Rara avis in terris,* même en Russie. C'est la profonde sagesse de l'empereur qui a sauvé vos collègues, et nous tous, d'un très-grand désagrément. Je ne puis assez admirer sa prudence et son quité dans ces sortes de cas. Au reste, mon très-cher Père, je crois savoir à n'en pas douter, et sans l'avoir cherché, que le jouvenceau est inébranlable. C'est une chose très-extraordinaire. Vous aurez entendu souvent ce beau raisonnement : *Si on ne lui avait pas parlé, comment aurait-il changé ?* Sans doute qu'on lui a parlé; mais qui? *Ubi vult spirat.* C'est le quatre ou cinquième exemple incontestable de ce genre dont j'ai connaissance.

La politique est un autre sujet inépuisable, et d'autant plus inépuisable qu'il se lie au précédent, et ne peut plus, à mon avis, en être séparé. La France est encore sous l'anathème, au point qu'elle m'a fait douter si elle n'était pas morte. Cependant, je crois toujours qu'elle est réservée à quelque grand rôle. J'ai dit, *Je crois;* peut-être j'aurais mieux dit : *J'aime à croire.* Comme vous voudrez. Il est vrai cependant qu'il y a de bonnes raisons de croire ainsi ; mais, d'une manière ou d'une autre, il arrivera de grands changements. Les souverainetés même commencent à réfléchir : il en est temps. J'ai l'œil sur l'Angleterre. Soyez sûr que de ce pays partira, un jour, *quelque fusée à la Congrève* qui nous donnera une belle illumination. Donnez-moi des nouvelles du petit carré de la grande vigne qui est tombé sous votre bêche. Le terrain est-il bon, et les broussailles n'étouffent-elles point les ceps ?

Jadis, dans les moments de danger, vous me mettiez *sur la patène ;* mais comment ferez-vous aujourd'hui, mon cher et révérend Père? Je tiendrai beaucoup de place avec toute ma famille. Si le diamètre de votre disque sacré ne suffit pas, nous consentons, père, mère, sœurs, à demeurer à terre, pourvu que vous éleviez bien haut votre pauvre chevalier-garde, qui est sur le point de repartir. Vous l'avez gardé, avec vos alliés, de Smolensk à Montmartre; ne vous lassez pas aujourd'hui, mon révérend Père, dussiez-vous, comme Moïse, vous faire soutenir les bras. Je ne regarde pas, au reste, comme démontré qu'il y ait une guerre; Bonaparte, pour sa *joyeuse entrée*, a débuté par couper le cou à son auguste beau-frère : vous verrez qu'il se perdra lui-même. Les jacobins le saliront en le touchant, et dès qu'il sera ridicule, il ne sera plus. *Quod felix faustumque sit!* Sur cela, mon cher et révérend Père, je prends congé de vous, en vous assurant que vous ne sortirez jamais de mon cœur.

Votre, etc.

P. S. Cette lettre vous sera remise (1) en main propre par un Anglais, M. John Williamson, homme qui m'est fort recommandé ici, et qui me paraît un fort honnête homme.

---

100. — A madame de Swetchin, à Strelna.

Saint-Pétersbourg,.... 1814.

Fotre Excellence, ch'ai lit un pon mot (2). Les esprits ont un grand inconvénient : il n'y a pas moyen de les saisir. Pendant votre séjour ici, vous fûtes vue ou entrevue par quelqu'un de ma famille; mais comme vous étiez dans le plâtre et dans les affaires, je pensai que vous pourriez sans miracle avoir envie de ne voir personne, et que si vous aviez eu une demi-douzaine de quarts d'heure à perdre, vous me l'auriez probablement fait savoir : c'est ce qui m'empêcha de vous chercher chez vous. J'ai su, depuis, que vous aviez beaucoup vécu avec l'aimable sœur à qui j'ai eu l'honneur de faire ma cour avant-hier dans l'île. Elle m'a dit qu'elle se disposait à vous rendre votre visite; c'est fort bien fait à vous. Je vous suis des yeux dans votre solitude, Madame; je vous accompagne dans vos longues promenades. J'espère qu'à votre retour vous nous ferez présent d'un petit traité sur la solitude, dont

---

(1) Au moment où j'écrivais ceci, l'excellent homme n'était plus.

(2) *Votre Excellence, j'ai dit un bon mot.* Badinage sur la prononciation allemande d'un maître de langues, qui avait fait précéder de cette phrase le récit d'une platitude.

vous avez examiné le fort et le faible tout à votre aise. *Quand j'étais dans mon jeune âge*, on m'a fait étudier, « jamais moins *seul* que lorsque j'étais *seul*, » ce que dit Cicéron d'un très-grand homme ; mais voilà Fénelon qui me dit d'un autre côté : *On n'est jamais moins seul que lorsqu'on est avec soi;* — et c'est pour me dire qu'il faut se défier d'une aussi mauvaise compagnie. On ne sait auquel entendre. Il pourrait se faire qu'ils eussent raison tous deux. *Votre Excellence, métidez ce suchet au milieu de fos pouleaux;* et vous nous direz deux mots.

J'ai tâché de mener les affaires de France aussi bien qu'il m'a été possible ; cependant j'ai bien peur de n'avoir pas réussi parfaitement, et de vous laisser plusieurs choses à désirer : je recommande surtout ceci à vos réflexions. *Ils* déclarent tous solennellement qu'ils ne font la guerre qu'à *lui;* puis, lorsqu'ils sont arrivés à la porte de la capitale, ils traitent sans dire un mot de lui : *Expliquera, ma foi, les princes qui pourra!* N'allez pas croire, Madame, je vous en prie, qu'on puisse mettre *prince* partout où il y a *femme*, sans rien déranger; l'à-propos est ici sans conséquence. Il ne paraît pas douteux, au reste, que les puissances aient pris des résolutions préliminaires sur le grand homme; ainsi il faut attendre le résultat. Mais quand on l'étranglerait, lui et les siens, aurions-nous fini ? Bah ! le pauvre roi de France a de terribles affaires sur les bras, dont malheureusement la bonté ne peut se tirer. Il y aurait maintenant une belle chose à faire, mais qui ne pourrait guère entrer dans un billet.

Hier, Madame, si les oreilles vous ont tinté vers les neuf heures du soir, c'est que je disais du mal de vous chez l'ambassadeur de France, qui est aussi venu chercher la solitude sur les bords de votre belle Néva, vis-à-vis Kaminiostroff, dans une maison de bois assez bien arrangée pour qu'on puisse y marcher sans enfoncer. Nous avons traité plusieurs sujets moins agréables que vous, Madame.

Je me recommande à votre souvenir; quant au mien, il vous est tout à fait dévoué : vingt-deux werstes l'embarrassent bien moins qu'elles ne m'embarrassent moi-même; ainsi, lorsqu'il se présente, je vous prie de ne pas faire dire : *Nie prinimaiet* (1).

Agréez, Madame, les hommages tout à fait distingués, etc., etc.

---

101. — A madame de S...

31 juillet (12 août) 1815.

Comment vous peindre, Madame, l'impression que m'a faite l'état que vous me décrivez? Que je voudrais être votre voisin! Un ami véritable est, au pied de la lettre, un conducteur qui *soutire* les peines,—surtout les peines de ce genre. Si vous saviez comme je vois clair dans votre pauvre cœur! Vous me rappelez l'arrêt que j'ai porté contre lui; je ne le rétracte pas. L'entreprise que vous avez formée est un crime : j'espère que vous m'entendez sur ce mot *crime*. Pauvre excellente femme! vous voulez donc jeter dans les bassins de votre balance, d'un côté, Bossuet, Bellarmin et Malebranche, de l'autre, Clarke, Abbadie et Scherlock! — et vous les pèserez sans doute! — mais, pour les peser, il faut les soulever : belle entreprise pour votre élégante main! C'est là le *crime*. Jamais, Madame, vous n'arriverez par le chemin que vous avez pris. Vous vous écraserez de fatigue; vous gémirez, mais sans onction et consolation; vous serez en proie à je ne

(1) Madame ne reçoit pas.

sais quelle rage sèche qui rongera l'une après l'autre toutes les fibres de votre cœur, sans pouvoir jamais vous débarrasser ni de votre conscience ni de votre orgueil. Ce Scherlock, que je vous nommais tout à l'heure, a prononcé ce mot remarquable : *Never a man was reason'd out of his religion;* ce que j'ai traduit ainsi, après en avoir à peu près désespéré : *Jamais homme ne fut chassé de sa religion par des arguments.* De quelque manière qu'on dise, rien n'est plus vrai. La conversion est une *illumination soudaine*, comme dit Bossuet. Nous avons une foule d'exemples de ce genre, même dans les hommes supérieurs les plus capables de raisonner. Le dernier est celui de Werner, qui se vit frappé d'un *coup de catholicisme* en voyant sortir le saint sacrement de l'église de Saint-Étienne. Le pendant exact est dans ma mémoire depuis longtemps; mais, quoi qu'il en puisse être, et soit que l'heureux changement s'opère subitement ou par secousse, toujours il commence par le cœur, où le syllogisme est étranger. *Never a man was reason'd out of his religion;* et jusqu'à ce que l'orgueil soit complétement détrôné, il n'y a rien de fait.

En revenant sur cette balance dont je vous parlais tout à l'heure, vous pourriez fort bien me dire que je ne parle point à vous en vous citant les protestants; mais je ne saurais trop vous répéter, Madame, que très-certainement vous êtes protestante, car le protestantisme n'est autre chose que l'*orgueil* protestant *contre l'unité*. Or, quoique les sectes diffèrent entre elles, cependant par rapport à nous elles sont toutes égales, puisqu'elles ne sont pas *nous*. Dès qu'une branche est coupée, elle n'appartient plus à l'arbre; celle qui est verte encore, celle même qui n'a pas touché terre, diffèrent sans doute de celle qui a fait du charbon depuis dix ans; mais pour l'arbre c'est égal : elles ne sont plus *lui*, ni *à lui*, ni *de lui*.

Votre cœur, si bien fait, si doux, si tendre, recèle cependant une haine violente, amère, originelle et presque mécanique contre toute autorité (1). Le raisonnement pourra quelquefois transiger avec vous; mais le premier mouvement est toujours : *Comment donc!* etc.; c'est pourquoi je vous ai souvent dit, en badinant sérieusement, que *vous étiez née protestante*. Je me rappelle un moment où il vous échappa un mouvement de véritable indignation à propos de la défense de lire tel ou tel livre. Cependant, pourquoi l'autorité n'aurait-elle pas droit de mettre à la porte des libraires la même sentinelle qu'elle place à celle des pharmaciens? et pourquoi mademoiselle N... aurait-elle plus de droit de demander *Jeanne* à Rospini, qu'une once de sublimé à Gipsen? Je m'amusais dans un coin à voir votre colère. Soyez sûre, Madame, que c'est une disposition habituelle qui vous trompe et vous cache à vous-même. Vous croyez n'être pas convaincue; vous l'êtes depuis longtemps autant que moi. Vous croyez chercher la vérité, cela n'est pas vrai du tout : vous cherchez le doute, et ce que vous prenez pour le doute est le remords; ou, pour mieux dire, c'est *un* remords. Vous disputez avec votre conscience : elle vous pince, c'est son métier.

Ce doute même qui vous tiraille est seul une grande preuve contre vous. *Le doute n'habite point la cité de Dieu.* C'est un beau mot de saint Augustin (ou de quelque autre) : comment le doute et la vérité pourraient-ils habiter ensemble? C'est une contradiction dans les termes. Nous ne pouvons, hélas! que trop avoir le remords du crime; mais le *remords de l'erreur*, qui est le doute, nous ne l'avons ni ne pouvons l'avoir. *Hors de la cité*, au con-

---

(1) Ceci, qui est écrit à grande course de plume, est trop général. Entendez *l'autorité qui veut dominer les opinions*, etc. (**Note mise sur la lettre même.**)

traire, le doute est chez lui, et ce doute est un don, puisqu'il avertit de rentrer.

Vous lisez maintenant Fleury, condamné par le souverain pontife, pour savoir exactement à quoi vous en tenir sur le souverain pontife; c'est fort bien fait, Madame : mais quand vous aurez achevé, je vous conseille de lire la réfutation de Fleury, par le docteur Marchetti; ensuite vous lirez *Febronius contre le siége de Rome,* et d'abord après (en votre qualité de juge qui entend les deux parties) l'*Anti-Fébronius* de l'abbé Zaccharia. Il n'y a que huit volumes in-8°, ce n'est pas une affaire. Puis, si vous m'en croyez, Madame, vous apprendrez le grec, pour savoir précisément ce que signifie cette fameuse *Égimonie* que saint Irénée attribuait à l'Église romaine dans le troisième siècle, d'après l'ancienne tradition; pour savoir enfin si ce mot signifie la *primauté de l'Église romaine,* ou la *suprématie* de l'Église romaine, ou la *principauté* de l'Église romaine, ou la *juridiction* de l'Église romaine, etc. Le célèbre cardinal Orsi ayant entrepris une réfutation de Fleury, y trouva tant d'erreurs, qu'il se détermina à écrire une nouvelle histoire ecclésiastique, croyant que l'unique réfutation d'une mauvaise histoire était une bonne histoire. Il entreprit donc une nouvelle histoire, et il mourut au vingtième volume in-4°, qui n'achève pas le sixième siècle. Croyez-moi, Madame, lisez encore cela; autrement vous ne serez jamais tranquille, etc.

Je vous disais, tout à l'heure, *croyez-moi,* en souriant; maintenant, Madame, je vous dis très-sérieusement, *Croyez-moi;* lisez le sermon de Bourdaloue sur la paix chrétienne, vous y lirez ce beau passage de saint Thomas : *Raisonner, c'est chercher, et chercher toujours, c'est n'être jamais content;* car le doute sur la première des questions, c'est la fièvre de l'âme, comme *la foi est la santé de l'âme,* à ce que dit saint Augustin (cette fois j'en suis sûr;

ci-devant je citais Huet). Philarète a dit cent pauvretés ; ce n'est pas ce qu'on attendait, et n'est pas, en particulier, ce qu'attendait l'aimable dame à qui j'écris; mais il ne faut pas en vouloir au bon archimandrite : quand il serait le premier homme de l'univers, il aurait pu mieux écrire, mais jamais mieux raisonner. On dirait de lui : *Vainqueur par son talent, vaincu par son sujet ;* il serait *drôle* vraiment qu'on pût dire la *vérité contre* la vérité.

Si vous persistez dans votre malheureuse et inutile étude, je vous recommande instamment les réflexions suivantes :

1° Le pape a cinq caractères : il est, 1° évêque de Rome, 2° archevêque de sa province métropolitaine, 3° primat d'Italie, 4° patriarche d'Occident, 5° souverain pontife : il n'a donc que la cinquième qualité dans l'étendue des autres patriarcats, et il n'y a pas plus affaire qu'un archevêque chez son suffragant. De là la rareté des actes, la possibilité qu'il n'y en ait aucun pendant longtemps, etc.

2° Je me flatte d'avoir démontré jusqu'à l'évidence qu'aucune grande institution ne peut résulter d'aucun monument écrit. Ainsi, tout se réduit à ce que j'ai appelé *usurpation légitime;* le souverain agit, l'obéissance est générale, tranquille et constante; l'opposition, s'il y en a, est particulière, turbulente et passagère; enfin, la souveraineté s'assied, et sur son trône est écrit : *Je possède, parce que je possède :* c'est un mot de la loi romaine.

3° Lorsque vos gens parlent des *premiers siècles* de l'Église, ils n'ont point d'idée claire. Si nous devions vivre mille ans, les quatre-vingts ans qui sont aujourd'hui le *maximum* commun seraient *nos premières années.* Qu'est-ce donc qu'on entend par les *premiers siècles* d'une Église qui doit durer autant que le monde? etc. etc. Suivez cette idée.

L'opuscule de Philarète est composé de douze feuilles d'impression. Je n'en possède que sept en français; et je me serais encore adressé à vous, Madame, pour une feuille ou deux, *n'étaient* vos occupations, votre mal d'yeux, et ce nuage qui a passé dans ma tête. Les reproches que vous adressez à ce religieux sont, au fond, de véritables louanges ; ils prouvent qu'il est honnête homme et bon logicien. *Il ébranle les bases*, dites-vous ; c'est-à-dire qu'il est protestant dès la seconde page. En cela, il raisonne juste ; car c'est la même chose de n'être pas catholique ou d'être protestant. *D'autres prélats*, dites-vous, *l'auraient désavoué ;* tant pis pour eux, car ils seraient de mauvais raisonneurs, sans être de meilleurs chrétiens. Entre les différentes Églises orientales, il n'y a plus d'unité visible. Tous sont d'accord sur ce point : l'Église russe, qui s'appelle *grecque,* n'est pas plus grecque qu'arménienne ou copte. Où est donc l'Église, puisqu'il n'y a point de chef commun ? — *Dans l'Écriture sainte et dans la tradition légitime.* — Voilà le protestantisme ; en un mot, Madame, la question se réduit, entre nous, à savoir, 1° s'il peut y avoir un empire de **Russie** sans empereur de Russie ; 2° si Pougatscheff était révolté contre Catherine II, ou Catherine II contre Pougatscheff. — Mais il est impossible qu'à la fin vous ne soyez pas conduite par votre excellent esprit à cette grande et *évidentissime* vérité, que *hors de notre système il est impossible de défendre le christianisme.* Votre Église, la première, n'est-elle pas un objet de pitié ? Otez-lui les *catholisants,* les *protestantisants,* les illuminés, qui sont les *rascolnicks* des salons, et les *rascolnicks,* qui sont les illuminés du peuple, que lui reste-t-il ? — Madame la princesse Gollitzin Woldemar.

Ma plume, secouée par la profonde affection que j'ai pour vous, Madame, a laissé tomber ces laconiques pensées. Recevez-les du moins comme une preuve de mes sentiments, qui ne varieront jamais. J'aurais bien pu attendre le moment de vous voir, qui n'est pas loin, à ce que vous me dites ; mais qui sait si je n'aurais pas dit plus mal ? D'ailleurs, puisque vous devez me battre ce jour-là, je suis bien aise de vous quereller un peu par une espèce de vengeance anticipée, qui est le comble de la prudence.

---

102. — A M. le comte de ...

Saint-Pétersbourg, 25 août (6 septembre) 1815.

Monsieur le comte,

Voilà deux belles lettres de vous, auxquelles je dois une réponse. Je comptais sur une occasion pour jaser un peu avec vous; mais elle m'a manqué. Écrivons toujours : il faudra bien que ma lettre aille vous chercher de quelque manière.

Je me hâte de vous remercier des deux *Palmaverdes* (1) : d'honneur, ils ont été pour moi une véritable apparition. A l'élégance de l'impression, à la correction du style et des épreuves, à la finesse des prédictions, au charme inimitable des vers, et jusqu'à la nature du maroquin qui l'habille, j'ai vu que nous n'avons changé sur rien, et j'en ai conclu l'imperturbable fidélité de notre bon peuple. — Le diable m'emporte si je plaisante ! Certes, on n'est pas si sage en d'autres pays ! La nouvelle jurisprudence que vous me décrivez est unique, et telle que la postérité qui nous jugera nous prendra pour des fous. Le respect pour la personne et la propriété des brigands en chef et des spoliateurs de l'Europe est déjà fort joli en lui-même; mais il devient encore plus *savoureux*, lorsqu'on le com-

(1) L'Almanach de Turin.

parc *alla pocca o nulla attendenza* accordée à tous les malheureux détroussés, peuples ou individus. Il ne manquerait plus qu'une dérogation solennelle à l'ordre de la succession souveraine. On a parlé ici, comme chez vous, de cet énorme solécisme; mais j'espère qu'il n'aura pas lieu. Bien peu de gens, Monsieur le comte, savent ce que c'est que la monarchie. — Dans votre jeunesse, peut-être vous avez chanté : — *Tous les goûts sont dans la nature.* — *Le meilleur est celui qu'on a.* — La maxime n'est peut-être pas extrêmement édifiante; mais je l'ai tout à fait régularisée, et presque sanctifiée, par le changement d'un seul monosyllabe. — *Tous les rois sont dans la nature.* — *Le meilleur est celui qu'on a.* — Tout homme sensé doit défendre (même sans vertu et pour son propre intérêt) le roi *qu'il a* et la famille souveraine *qu'il a*. Je ne sais si je dois rire ou pleurer lorsque j'entends parler *d'un changement de dynastie*. Pour avoir un ange, je serais tenté d'une petite révolution; mais pour mettre un homme à la place d'un autre, il faut avoir le diable au corps. Coupez-vous la gorge vingt ans, messieurs les fous; versez des torrents de sang pour avoir Germanicus et Agrippine, dignes de régner, et, pour vous récompenser, ils vous feront présent de Caligula. Voilà un beau coup vraiment! en huit ou dix générations, toutes les bonnes et toutes les mauvaises qualités de la nature humaine paraissent et se compensent, en sorte que tout changement forcé de dynastie est non-seulement un crime, mais une bêtise.

Je suis très-porté à croire ce que vous me dites de ce grand personnage *qui croit qu'on prend les vautours, et même les condors, comme les mouches, avec du miel*. C'est un des grands phénomènes de notre époque que certaines idées aient pu se loger dans de certaines têtes; mais l'équité exige aussi d'avouer que les erreurs de la bonté sont plus respectables que les erreurs opposées. Au reste, Monsieur le comte, les affaires sont aujourd'hui dans un tel état, que je ne voudrais répondre de rien, pas même du retour de Bonaparte. Si vous lisez les papiers anglais, vous aurez été effrayé de l'intérêt qu'il inspire dans le pays d'Albion, et des belles dissertations des jurisconsultes anglais pour établir qu'on n'a pas le droit de retenir *ce digne homme* en prison. On peut être surpris, au premier coup d'œil, du sentiment universel d'admiration que les Anglais ont montré dans cette occasion ; mais, si vous y regardez de près, vous reconnaîtrez que ce sentiment (dût-il avoir de mauvaises suites) honore les Anglais. Les peuples, comme les individus, sont admirateurs à mesure qu'ils sont supérieurs. La médiocrité refuse toujours d'admirer et souvent d'approuver : c'est le caractère distinctif d'un peuple illustre que nous avons l'un et l'autre beaucoup connu.

Hier, j'ai fait connaissance avec M. le commandeur Salhanda de Gama et avec madame son épouse. — Je regrette bien que vous ne soyez point là pour confronter *le feu des Alpes avec la glace du Brésil.*

Je crois bien, comme vous le dites, que l'ambassadeur de Perse ne connaît pas *ad unguem* toutes les dynasties de l'Europe. Je crois qu'il s'ennuie passablement. Il parle et écrit l'anglais d'une manière tolérable, de manière que je me serais fait présenter chez lui si je parlais cette langue ; malheureusement je la sais assez joliment *by the eyes*, mais point du tout *by the ear*, l'ayant apprise dans une petite ville, comme tout le peu que je sais, de moi-même. On fait un charmant conte bleu sur le compte de cette Excellence. On dit qu'elle a reçu une lettre fulminante de S. M. Persane, qui accuse son ambassadeur de lui faire des histoires à dormir debout, et que ce n'est point à elle qu'on fera croire qu'un souverain peut vivre hors de chez lui; sur quoi l'ambassadeur a été obligé de prouver à son auguste maître (ce qui n'aura pas été extrêmement difficile) que l'empereur de Russie était cependant très-bien à Paris. La constance de l'ambassadeur à attendre S. M. I. semble montrer qu'il a des choses importantes à dire. Deux beaux éléphants sont arrivés à pied pour être présentés à l'empereur; un troisième, qui était du voyage, est mort dans je ne sais quelle auberge. Il y a d'autres présents magnifiques, à ce qu'on dit.

On voit très-peu cet ambassadeur persan; on ne le cherche point, et il ne se présente (jusqu'à présent) dans aucune assemblée. S'il savait le français, il y aurait foule chez lui; les Anglais seuls le consolent un peu. Sa maison coûte 25,000 roubles par mois à l'empereur.

Que vous dirai-je d'un autre chapitre un peu plus triste, celui de ma malheureuse patrie? Vous m'avez tout dit vous-même : c'est un pays anéanti, et sa perte entraîne la mienne. J'ai été longtemps à savoir la vérité sur ce point; je croyais qu'il s'agissait d'une volonté générale et sans engagement; je pense maintenant, pour me consoler dans mon extrême malheur, que la volonté particulière a mis des choses importantes dans l'autre bassin de la balance; qu'il est naturel que chacun aime son ouvrage; que la raison, la nature, la justice, feront tôt ou tard quelque chose pour nous, et qu'en attendant, il faut remercier du bien sans trop s'irriter du mal. Trois députés de cet infortuné pays sont encore allés à Paris, pour tâcher d'émouvoir les entrailles alliées; mon frère est du nombre des députés : *Dominus det eis intellectum!* mais j'ai bien peur que vous n'ayez raison, et que le mal ne soit sans remède. Au reste, tout est en l'air, l'Europe entière branle, un nouvel équilibre se prépare. Combien nous coûtera-t-il encore? Dieu le sait, ce n'est plus notre affaire, Monsieur le comte; il faut dire, comme au sénat : — *Soit montré à nos enfants!* Ma famille, mes amis et mes livres suffisent aux jours qui me restent et je les terminerais gaiement, si cette famille ne me donnait pas d'affreux soucis pour l'avenir. Jeté à sept cents lieues de mon maître, dépouillé deux fois de tout ce que je possédais, privé de tout espoir d'économie, puisque à peine je puis vivre, je m'étourdis sur l'avenir, qui s'approche cependant, et que mes enfants devront subir. Il peut se faire que cette vivacité dont vous me parlez m'ait nui quelquefois, et véritablement je reconnais de bon cœur que j'ai très-peu le talent d'attendre. Cependant, si j'avais le plaisir de vivre quelque temps avec vous sous le même toit, vous ne seriez pas peu surpris de reconnaître en moi le roi des paresseux, ennemi de toute affaire, ami du cabinet, de la chaise longue, et doux même jusqu'à la faiblesse inclusivement! car je ne fais point de compliments avec moi-même. *Nuper me in littore vidi.*

Vous me surprenez en m'apprenant la suspension de mon beau-frère, le chevalier de Saint-Réal. Après les pendus, je ne vois rien de si malheureux qu'un suspendu. Je me mets fort à sa place : je vois le pour et le contre ; néanmoins je le croyais décidé. Pauvre excellente sœur ! est-il possible que je ne doive plus la voir? Et que fera-t-elle, dans cette Laponie brûlante, de son aimable petit enfant si bien élevée, si intéressante, à ce qu'on me dit de plus d'un côté? Mais voilà trop de discours. Adieu mille fois, Monsieur le comte : croyez, je vous en prie, aux sentiments les plus affectueux et au profond dévouement que vous a voués pour la vie,

Votre, etc.

103. — A M. le comte de …

Saint-Pétersbourg, 31 août (12 septembre) 1815.

Monsieur le comte,

Vous en savez probablement plus que moi sur le retour de S. M. I. Le public, en général, est invariable dans la croyance qu'elle ira en Italie ; tandis que des personnes faites pour être très-instruites assurent que ce bruit n'a pas le moindre fondement. On s'impatiente fort de l'absence du souverain ; mais je serais curieux de savoir comment ces mêmes hommes, si grands admirateurs de Pierre Ier dans les chantiers de Saardam, refuseraient les mêmes sentiments à l'empereur Alexandre Ier, occupé à des choses beaucoup plus essentielles que celle de couper des planches et de planter des clous. Je ne sais si je me trompe, mais il semble que l'empereur a dû nécessairement rencontrer sur sa route une foule d'idées européennes qui ne seraient pas venues le chercher chez lui ; et il *importe* qu'elles appartiennent à un souverain aussi *important*.

Vous observerez, Monsieur le comte, que, dans tout autre pays, ce que nous voyons aujourd'hui en Russie ne serait pas possible. On dit que la tranquillité parfaite du peuple, dans cette circonstance, fait beaucoup d'honneur à son caractère : personne assurément n'a moins d'envie que moi de disputer sur les bonnes qualités du peuple russe, qui est naturellement bon, obéissant, hospitalier, nullement sanguinaire, etc., etc. ; cependant, je crois absolument impossible qu'une société quelconque de quarante millions d'hommes *libres* puisse se passer de son souverain pendant plus de deux ans. Il y aurait trop de volontés en mouvement. C'est la dépendance du plus grand nombre qui rend le phénomène possible. Il y a plus : je crois que le souverain lui-même ne pourrait pas tenir dans sa main, quelque forte, quelque habile qu'elle fût, un tel faisceau d'hommes libres. J'ai écrit sur ce point, pour mon instruction propre, jusqu'à présent; et j'ai été conduit à croire que celui qui demande l'affranchissement des serfs en Russie demande la division de l'empire.

La servitude d'ailleurs n'est pas ici ce qu'on croit ailleurs; elle a des inconvénients comme toutes les choses humaines, mais il y a aussi de grands avantages et de grandes compensations qui doivent être mises dans la balance.

Je ne puis vous exprimer l'intérêt avec lequel je contemple la Russie dans ce moment. On se trompe dans ce pays, lorsqu'on écrit 1815; il faudrait écrire 1515; car nous sommes dans le seizième siècle. La science arrive et s'apprête à faire son premier exploit, celui de prendre la religion au collet. Les conquêtes de l'esprit protestant sur tous les membres du clergé qui savent le français ou le latin sont incroyables : et ce qu'il y a de singulier, c'est que les Russes s'en aperçoivent bien moins que les étrangers. Le mouvement religieux qui agite l'Europe dans ce moment arrive aussi jusqu'ici, et fait peur à beaucoup de gens. On parle beaucoup de l'*Église grecque*; il n'y en a plus, Monsieur le comte, hors de la Grèce. L'Église russe n'est pas plus grecque que syriaque ou arménienne : c'est une Église isolée sous une suprématie civile, précisément comme celle d'Angleterre. Si le patriarche de C. P. s'avisait de donner un ordre ici, il passerait pour un fou, et le serait en effet. Dans cet état de choses, la *Société biblique* est venue jeter ses filets en Russie : vous me feriez grand plaisir de m'apprendre si elle est connue en Piémont ou dans le voisinage. Née à Londres, elle a pour but de *traduire les saintes Écritures dans toutes les langues de l'univers*, et d'en propager la lecture dans toutes les boutiques sans aucune explication; système diamétralement opposé au nôtre. Cette société a dépensé l'année dernière 42,000 livres sterling. Une colonie s'étant présentée ici, tout de suite elle a été acceptée; car le Russe est avide de nouveautés plus que le Français, avec lequel il a plusieurs rapports de caractère. Au nombre des membres très-respectables de cette société se trouvent les deux archevêques russe et catholique : ils sont là comme deux courtisans, parce qu'ils ont imaginé qu'elle était agréée par le maître; mais, dans le vrai, ils y font une assez mauvaise figure. Le ministre des cultes avait proposé au général des Jésuites d'être de cette société, mais il s'y est respectueusement refusé. Il paraît évident que la *Société biblique* n'est qu'une machine socinienne établie pour renverser toute autorité ecclésiastique. L'Église anglicane s'est alarmée, et des évêques même ont cru devoir attaquer la société par des mandements solennels. J'ai lu des livres anglais fort intéressants sur ce sujet. Ici on ne se doute pas du danger. Le catholicisme joue aussi un rôle dans ce mouvement général. On lui reproche son prosélytisme naturel, sans trop raisonner sur l'essence et les conséquences de ce caractère. Les Jésuites sont examinés avec une sévérité dont vous n'avez pas d'idée. Le prince Alexandre Gallitzin, dont j'ai déjà eu l'honneur de vous parler, est fort alarmé : ce ministre est un très-bon sujet de l'empereur, d'un caractère très-estimable, et nullement méchant; mais il est bien loin d'avoir les connaissances nécessaires à sa place, et il ne peut se douter de ce qui se prépare en Europe. L'empereur de Russie, d'ailleurs, va se trouver à la tête de dix millions de catholiques : c'est la puissance de trois ou quatre têtes couronnées d'Europe.

20.

Comment un ministre de la communion russe pourra-t-il être intermédiaire entre une telle masse de catholiques et le souverain? Un organe de la même croyance est absolument indispensable; autrement tout ira mal, et déjà nous en avons la preuve : non que le ministre ne soit un très-honnête homme, mais parce que de certaines idées, que nous ne l'empêchons point de trouver très-justes par rapport à lui, sont cependant très-fausses et très-dangereuses par rapport à nous.

Je suis curieux de savoir comment la sagesse de l'empereur, éclairée par tout ce qu'il a vu, démêlera ces différents intérêts; mais je vous répète que jamais pays n'a prêté plus que la Russie, dans ce moment, aux spéculations d'un observateur initié dans certaines questions de droit et de fait.

Après un si long séjour dans ce pays, les bontés que j'y ai éprouvées m'ont en quelque sorte naturalisé, de manière que je prends un extrême intérêt à tout ce qui concerne la Russie. Les étrangers lui ont fait bien du mal, lui ont vendu des poisons, l'ont calomniée, séduite ou insultée. Je voudrais bien faire tout le contraire selon mon pouvoir, et je suis persuadé qu'on pourrait lui dire de fort bonnes choses par écrit, avec respect et amour.

104.— A S. E. M. le marquis de Saint-Marsan, ministre de la guerre.

Saint-Pétersbourg, septembre 1815.

Monsieur le marquis,

Quoique vous ayez quitté la route où je suis engagé, je ne voudrais pas cependant vous devenir totalement étranger. Ainsi, je vous prie de ne pas trouver mauvais que, de temps à autre, je me rappelle à votre souvenir.

Ce qui s'est passé depuis la dernière lettre que j'ai eu l'honneur d'écrire à Votre Excellence, justifie bien la colère qui me transportait à cette époque contre cet enragé de Napoléon. Quand je vois ce qu'il pouvait faire de la France, et ce qu'il en fait... Mais je ne veux pas recommencer à le maudire : qu'il vogue à son aise vers Sainte-Hélène ! Malheureusement, Monsieur le marquis, sa personne seule est partie, et ses maximes nous restent. Son génie pouvait au moins commander aux démons qu'il avait produits, et les obliger à ne faire que le mal dont il avait besoin : maintenant, les démons restent, et personne n'a la force de les enrégimenter. Dieu sait ce qu'ils feront encore ! Il n'y a plus de repos en Europe, Monsieur, du moins pour nous ; c'est l'affaire de nos enfants. Au milieu de la fermentation générale, je désirerais bien vivement que mes compatriotes, plus proprement dits, recueillissent le fruit de vos sages négociations, et qu'ils pussent être tous séparés de la France ; il vaut un peu mieux être au bord du volcan que d'être dedans. Mais qui sait encore ce qu'il en sera ? Si mes vœux se trouvaient remplis, la Savoie ne saurait trop estimer ce qu'elle devrait à Votre Excellence.

. . . .
. . . .

---

105. — A M. le marquis Clermont Mont-Saint-Jean, à Hermé-Château, près de Paris.

Septembre 1815.

Il est temps, mon cher marquis, de répondre à votre lettre du 30 janvier. Elle arriva précisément au moment de l'affreuse catastrophe, comme vous l'aurez aisément deviné; il me fut donc impossible de vous répondre. Mais votre commission fut exécutée sur-le-champ, et probablement le séjour de Sa Majesté Impériale en France vous aura fourni les moyens de vous en assurer directement. Depuis la seconde restauration (que Dieu veuille protéger!), j'ai balancé quelque temps avant de vous écrire; mais, enfin, je cède à mon inclination, et, sous la protection de l'ambassade de France, je lance ma feuille.

Comment pourrai-je vous exprimer une très-légère partie du plaisir que me fit votre lettre si aimable et inattendue? Je me crus de nouveau transporté au *Verney*, dans cette maison que vous eûtes à peine le temps de meubler avant l'épouvantable inondation. Sans doute, Monsieur le marquis, *j'ai toujours partagé vos principes et vos sentiments*. En vous lisant, il m'a semblé que je vous rencontrais à l'auberge, et que je vous sautais au cou. N'est-ce pas aux rues basses de Genève, l'an de grâce 1794, que j'ai eu l'honneur de vous voir pour la dernière fois? Quatre ou cinq ans après, si je ne me trompe, une de vos lettres est encore venue me chercher à Venise; dès lors pas le moindre signe de vie réciproque. Le tourbillon révolutionnaire nous a fait pirouetter chacun de notre côté, et maintenant nous voilà posés, l'un à Paris, l'autre à Pétersbourg; heureusement nous savons écrire, et je ne saurais trop vous remercier de m'en avoir donné une preuve si agréable pour moi.

Vous me demandez de mes nouvelles, Monsieur le marquis; je suis tenté de vous répondre, comme Zaïre : *Hélas! sais-je ce que je suis?* Certainement mon sort a de fort beaux côtés. Je jouis ici d'une bienveillance qui est pour moi le plus grand des biens. La protection du maître et les égards des sujets m'ont si bien naturalisé, que je n'ai plus d'autre crainte que celle de changer de place. Je n'ai plus de patrie, là où je ne trouverai plus que des biens confisqués et des amis enterrés. D'ailleurs, vous avez trop de tact, trop de connaissance des hommes et des choses, pour ne pas sentir l'effet du traité de Paris par rapport à moi. Je me défends de jeter les yeux sur le midi de l'Europe, où je n'ai plus rien à faire. Je trouve ici bonne mine de tout côté, grande et excellente compagnie, cour magnifique, livres, loisir, liberté parfaite, et plus de considération que je n'en mérite. — En voilà assez pour redouter un changement de route. — Mais, pour en revenir à Zaïre, vous saurez, Monsieur le marquis, que les embarras immenses du gouvernement influent sur bien des choses, et que, malgré la forme très-légitime de mes commissions, je suis constamment tenté de m'écrier : *Hélas! sais-je ce que je suis?* Nous sommes devenus de beaucoup plus grands seigneurs sur la carte ; mais cette grandeur ne sera réalisée que dans cinquante ou soixante ans, époque où j'ai bien peur (vous le croirez si vous voulez) de n'avoir plus besoin de rien. En attendant, nos amis nous dévorent, et j'en souffre cruellement.

Je vous remercie bien sincèrement, Monsieur le marquis, des nouvelles que vous me donnez de votre famille. Il me semble voir encore ces trois marmots au coin de votre feu. A présent, vous me parlez de leurs grades et de leurs enfants. Ah! comme nous sommes poussés! mais c'est la règle. — *Ainsi, sur la plaine liquide, les flots sont poussés par les flots.*

Vous me demandez mon histoire, Monsieur le marquis; la voici en deux mots : *J'ai constamment obtenu ce que je ne demandais pas.* Je fus fait régent en Sardaigne en 1799, non-seulement sans l'avoir demandé, mais sans y penser. Trois ans après, autre accident d'apoplexie : *Partez, Monsieur, pour Saint-Pétersbourg.* — Comme il vous plaira, sire. — Voilà, Monsieur le marquis, comment j'ai passé treize ans *sans boire ni manger*. La restauration de mon cher maître étant arrivée au bout de ce temps, j'ai fait venir ma femme et mes deux filles, écoutant un peu plus en cela la tendresse que la prudence glaciale. Notre séparation m'avait coûté plus que le sacrifice de ma fortune; il n'y avait plus moyen d'y tenir. Quant à mon fils unique, je n'ai pu le laisser en Piémont : il allait être en prise à la conscription. Je l'appelai à moi, et Sa Majesté Impériale voulut bien le faire officier d'emblée dans son magnifique régiment de *chevaliers-gardes*, que vous aurez pu voir à Paris. Il a été de toutes les fêtes, depuis Borodino jusqu'à Montmartre, en passant par Leipsick, et il ne m'en a coûté que la tête d'un cheval, qui, à la vérité, est mort. Dans ce moment, le jeune homme attend d'instant à autre son brevet de capitaine, ce qui lui donnera le rang de lieutenant-colonel. Il a vingt-cinq ans; c'est passable. Mon frère, que vous avez pu voir encore officier au régiment de la marine, a épousé ici mademoiselle Zagriatzky, demoiselle d'honneur de LL. MM. les Impératrices, aimable et excellente personne, appartenant à une famille du premier ordre, et qui le rend extrêmement heureux. La fortune est passable dans ce moment, et doit être très-bonne un jour. De toutes les manières, il me semble que je prends racine dans le pays.

Voilà, Monsieur le marquis, l'histoire que vous m'avez demandée. Je vous remercie de m'avoir raconté la vôtre. Vous m'avez rendu bonne justice, en croyant qu'elle m'intéresserait beaucoup.

Ma plume tremble en s'approchant d'un sujet que je n'ai point encore touché : l'*état actuel de la France*. Il faudrait être Jérémie, pour pleurer et prophétiser sur elle. Dites à M. l'abbé Roman, Monsieur le marquis, en le remerciant de son souvenir, que les nations meurent comme les individus, et qu'il n'y a point de preuves que la vôtre ne soit pas morte ; mais que si la *palingénésie* est possible (ce que je crois ou espère encore), elle ne l'est que par l'Église. La révolution française est satanique ; si la contre-révolution n'est pas divine, elle est nulle. — Mais où sont les éléments de cette contre-révolution ? Bonaparte est à Sainte-Hélène ; c'est dommage que son catéchisme soit dans tous les conseils. Ne croyez pas d'ailleurs, Monsieur le marquis, que l'ordre vénérable ait pu respirer pendant quinze ans une atmosphère empestée sans en être le plus légèrement incommodé. Sur les échafauds il était sublime et invincible ; le danger s'est trouvé dans les antichambres de *Julien*. — D'ailleurs, comment recruter ? etc. — J'ai reçu, comme une pure cajolerie de votre part, ce que vous me faisiez l'honneur de me dire *de la part de vos collègues*. Comment pourrais-je être connu d'eux et les intéresser ? Je n'attache point cette importance à mes petites pensées ; mais je garderai la collection que vous avez bien voulu m'adresser, comme un monument précieux de votre amitié. J'avais préparé (vaille que vaille) une œuvre toute nouvelle, et qui aurait fait un peu plus de bruit que l'autre ; mais l'unique théâtre où je pouvais parler est fermé. Où les Prussiens représentent, je n'ai rien à dire : *Domine, salvum fac regem !* Conservez-moi votre amitié, Monsieur le marquis. Que n'avais-je point encore à vous dire sur une foule de sujets importants, dont quelques-uns même m'intéressent personnellement ! Mais le temps me manque avec le papier. Croyez, je vous prie, Monsieur le marquis, à l'affectueux dévouement et à la haute considération, etc.

106. — A M. le comte de ...

Saint-Pétersbourg, octobre 1815.

Monsieur le comte,

On parle beaucoup ici de la convention religieuse signée à Paris, le 14/26 du mois dernier, entre LL. MM. les empereurs de Russie et d'Autriche et S. M. le roi de Prusse. Par cette convention à jamais célèbre, les trois souverains se reconnaissent comme frères et comme chefs de trois grandes familles chrétiennes qui n'en font qu'une. Vous apprendrez avec le plus grand étonnement qu'on y lit en toutes lettres : *Jésus-Christ, notre Seigneur et notre Sauveur, Verbe éternel, splendeur du Père, trésor d'amour.* La pièce n'est pas encore imprimée ; mais elle a été lue à Gastchina devant toute la société de Sa Majesté l'Impératrice mère, qui l'a reçue de son auguste fils. J'ai demandé à l'un des auditeurs si la convention contient quelque chose de dispositif : par exemple, si les souverains se promettent de donner main-forte à la religion, etc. Point du tout ; la pièce est purement ce que nous appelons, dans les tribunaux, déclaratoire. C'est une espèce de profession de foi, qui n'est contre-signée d'ailleurs (ce qui est remarquable) par aucun ministre. Le rédacteur, comme je m'en crois sûr, n'est pas moins que l'empereur de Russie, qui écrit, comme vous savez, avec autant de facilité que d'élégance. Du moins il a signé le dernier, ce qui paraît prouver que c'est lui qui a tenu la plume, quand il n'y aurait pas une preuve encore plus décisive.

Des expressions empruntées des symboles, de la liturgie, des mystiques même, et transportées *toutes chaudes* dans la diplomatie, ne manqueront pas de faire éclater de rire toute la *religieuse* Europe ; mais, pendant que certaines personnes rient, d'autres peuvent penser et écrire.

Une grande révolution religieuse est inévitable en Europe, et déjà même elle est fort avancée : c'est ce que n'ignore aucun des hommes qui s'occupent de certaines recherches. La déclaration dont j'ai l'honneur de vous parler est une phase de cette révolution. Bientôt, sans doute, elle deviendra inutile ; mais, dans ce moment, elle ne l'est pas : elle est, au contraire, très-significative, et produira un grand effet. Il faut observer que l'esprit qui l'a dictée n'est ni catholique, ni grec, ni protestant ; c'est un esprit particulier que j'étudie depuis trente ans, mais dont le portrait tiendrait trop de place : il me suffira de dire qu'il est aussi bon, dans les communions séparées, que mauvais chez nous. C'est lui qui doit fondre les métaux ; ensuite, on jettera la statue. Je n'ai rien à dire sur l'à-propos des expressions à leur place et dans ce moment.

Ce fut l'intérêt de la souveraineté mal entendu qui fit la révolution du seizième siècle. On nia les dogmes de l'Église pour lui voler ses biens. Aujourd'hui, ce même intérêt, bien entendu, produira une révolution contraire. Il faudrait que les souverains protestants eussent perdu le sens, pour ne pas apercevoir l'insigne folie qu'ils font de soutenir une religion qui pose en maxime le jugement particulier et la souveraineté du peuple, contre une autre religion qui soutient (indépendamment des preuves dont elle est environnée) que, *contre notre légitime souverain, fût-il même un Néron, nous n'avons d'autre droit que celui de nous laisser couper la tête, en disant respectueusement la vérité.*

Les princes changèrent donc de religion dans le seizième siècle pour avoir de l'argent, et ils en changeront dans le dix-neuvième pour conserver leurs trônes (s'ils sont à temps). Il n'y a rien de si aisé que de trouver vrais des dogmes qui s'accordent avec nos intérêts les plus chers.

S. M. le roi de Prusse s'est aperçu enfin de la dissolution morale de son pays. Il n'y a plus de peuple chez lui, il n'y a qu'une armée et qu'une démocratie militaire Il s'est donc jeté avec plaisir dans cette fraternité religieuse, car il sent son besoin principal ; et dans ces sortes de cas l'esprit royal précède toujours celui du peuple.

Je ne connais point assez l'auguste souverain de l'Autriche pour savoir quelle espèce de part il a prise dans l'association chrétienne ; mais la partie principale est sans contredit S. M. l'empereur de Russie. Ce prince, depuis quelques années, s'est beaucoup occupé de religion, et la modération et la rectitude de ses idées sur ce point sont à mes yeux au rang des prodiges, parce qu'elles lui appartiennent exclusivement, et que l'éducation qu'il a reçue poussait son esprit de tout autre côté. Si je ne me trompe, il ne faudra pas moins que toute son habileté pour exercer chez lui la suprématie religieuse, qui lui appartient, avec la dextérité qu'exigent les circonstances.

En fait de religion, le Russe ne sait rien. L'ignorance absolue de la langue latine le rend étranger à toutes les sources de la controverse. Il a beaucoup d'esprit ; mais le plus grand esprit ne sait que ce qu'il a appris, et le Russe n'a point encore regardé de ce côté (je parle des laïques) : maintenant que l'aurore de la science commence à poindre, elle produit son effet ordinaire, celui d'ébranler la religion du pays ; car nulle secte ne peut tenir devant la science. Le clergé vulgaire et non instruit n'est rien, et ne peut rien : ceux qui ont de l'esprit, et qui savent le latin et le français, sont tous plus ou moins protestants. On le nie dans le monde, ou parce qu'on l'ignore, ou parce qu'on ne s'en soucie pas, ou parce qu'on aime mieux le nier que d'y mettre ordre ; mais rien n'est plus incontestable. Cependant, l'immense mouvement rétrograde qui a lieu en Angleterre et en Allemagne envoie ici quelques ondulations. De grandes conversions ont frappé les yeux. Enfin, un grand nombre de personnes dans la haute classe ont passé à la religion catholique, du moins on le croit, et c'est assez pour exciter de l'autre côté un violent dépit. *Le ministre des cultes*, prince Alexandre Gallitzin, surveille les jésuites avec une sévérité colérique qui peut amuser les spectateurs ; et l'on espère obtenir de Sa Majesté Impériale, à son arrivée, quelques mesures de rigueur. — Mais comment, et contre qui ? Frappera-t-on sur des catholiques *présumés* et du premier ordre, tandis qu'on n'ose pas toucher du bout du doigt des polissons de Rascolniks visibles comme le soleil.

C'est dans cet état des esprits que S. M. I. arrive avec sa convention chrétienne, dont l'application montrera l'esprit. Ne l'ayant pas lue, je ne serais pas en état de donner un avis sur ce point. Je la crois favorable, en général, à la tolérance, même à ce qu'on appelle *tolérance théologique* ; mais de savoir quelle extension S. M. I. entend donner à ce mot, dans sa sagesse, c'est ce qu'il me serait impossible de vous dire.

Un phénomène très-remarquable, c'est que les personnes qui redoutent et qui haïssent le plus le catholicisme dans ce pays, n'ont cependant ni crainte ni aversion pour le protestantisme ; preuve évidente que, dans toute cette affaire, la raison et la religion ne sont pour rien ; car, pour peu que ces deux dames fussent consultées, on ne préférerait pas le système qui renverse presque tous les dogmes nationaux à celui qui les maintient tous, en proposant seulement d'y en ajouter un.

En attendant d'autres événements, on peut tenir pour certain que l'épouvantable révolution dont nous venons d'être les témoins n'est que la préface d'une autre. Il faut être en garde contre les nouveautés en rétablissant surtout l'éducation religieuse, et la rendant pleinement au sacerdoce. Tous les peuples de l'univers ont confié les jeunes gens aux prêtres. Comment le bon sens éternel du genre humain aurait-il pu se tromper? Le rétablissement des jésuites est donc de la plus haute importance. Si l'on veut et si l'on peut établir une autre société plus utile pour le but proposé, je n'empêche. Jamais je n'ai disputé sur les mots, ni sur les habits; mais je dis que nous avons besoin d'une *société amie,* contre les *sociétés ennemies.* Les princes qui ne voudront pas croire cette vérité, ni se rappeler (ce qui est passablement clair) que les hommes ne se font qu'avec des enfants, s'en repentiront un jour cruellement, mais trop tard.

P. S. Un autre auditeur m'assure que, dans la convention, leurs augustes alliés s'engagent, de plus, à maintenir les droits légitimes *des peuples et des rois.* Je lui ai demandé si les peuples sont nommés ainsi les premiers? Après y avoir pensé, il m'a répondu en riant ou souriant : *Je ne saurais vous le dire.*

---

107. — Au prince Koslowski, ministre de S. M. l'empereur de Russie, à Turin.

Saint-Pétersbourg, 12 (24) octobre 1815.

J'ai reçu, mon très-cher prince, votre lettre du 16 (28) juillet dernier; n'ayez pas peur que *je vous refuse l'absolution,* quand même je pourrais dire, comme feu M. Dacier : *Ma remarque subsiste.* Sur l'article des lettres, c'est fort bien fait de dire de part et d'autre : *Veniam petimus, dabimusque vicissim.* Il est des moments où il est réellement impossible d'écrire, et sans qu'il soit possible de dire pourquoi.

Je crois qu'il est permis de parler maintenant de Bonaparte comme s'il était mort; mais si je commençais, je ne finirais pas. J'ai dit une fois : *Ses vices nous ont sauvés de ses talents.* Je m'en tiens là.

Malheureusement, en montant sur *le Bellérophon* (qui, pour la seconde fois, a vaincu *la Chimère*), il n'est pas mort tout entier; son esprit nous reste. Cet esprit est un mixte composé de son propre venin et de celui de ses prédécesseurs; et ce venin subtil se glisse de tout côté. Mille raisons, trop longues à détailler, me prouvent que nous touchons à une révolution morale et religieuse, sans laquelle le chaos ne peut faire place à la création. La main de la Providence se fait sentir visiblement, comme vous le dites : mon prince; nous ne voyons encore rien, parce que jusqu'ici elle n'a fait que nettoyer la place; mais nos enfants s'écrieront, avec une respectueuse admiration]: *Fecit nobis magna qui potens est.* Il est impossible que vous n'ayez pas ouï nommer un livre ancien, intitulé *Gesta Dei per Francos*. C'est une histoire des croisades. Ce livre peut être augmenté de siècle en siècle, toujours sous le même titre. Rien de grand ne se fait dans notre Europe sans les Français. Ils ont été à cette époque ridicules, fous, atroces, etc., tant qu'il vous plaira; mais ils n'ont pas moins été choisis pour être les instruments de l'une des plus grandes révolutions qui se soient faites dans le monde; et je ne puis douter qu'un jour (qui n'est pas loin peut-être) ils n'indemnisent richement le monde de tout le mal qu'ils lui ont fait; car le prosélytisme est leur élément, leur talent, leur mission même; et toujours ils agiteront l'Europe en bien ou en mal. Il se peut faire sans doute que la France souffre encore de grandes convulsions,

> Qu'elle-même sur soi renverse ses murailles,
> Et de ses propres mains déchire ses entrailles;

mais, à la fin, tout finira comme je vous le dis. Votre grand pays, mêlé à cette énorme secousse, sur le point d'être victime, est devenu rapidement *sauvé et sauveur.* Que deviendra-t-il? Dieu le sait. Ce qu'il y a de sûr, c'est qu'il ne saurait demeurer où il en est. Il a eu sa part de la commotion générale ; l'invasion d'abord n'a pas laissé que de modifier d'une manière assez sensible l'esprit de vos paysans ; mais les soldats *francisés* sont bien d'autres *inoculateurs.* Dieu vous garde ! — Vous me parlez de la science et des universités? — Quel chapitre, cher prince ! On vient de soutenir une thèse, à Wilna, où l'on dit que *Dieu est le calorique par excellence (per perfectionem)*; que l'esprit humain est un calorique diminué, le soleil un calorique organisant, la plante un calorique organisé, etc. Un prêtre catholique apostat, qui a déjà fait mourir deux femmes de chagrin, et qui est à présent l'heureux possesseur de la troisième, *est professeur de philosophie morale* dans l'une de vos universités ; l'enseignement est planté chez vous à rebours, et il vous mène à la corruption avant de vous mener à la science. La principale cause de ce mal est que vos hommes d'État ont les yeux totalement fermés sur le protestantisme. Ils ne connaissent pas ce serpent, et le prennent tout au plus pour une anguille. Je ne crois pas que l'enseignement germanique convienne du tout à votre tempérament ; c'est l'esprit philosophique moderne *perfectionné* par je ne sais quel amour du bizarre, qui s'approche beaucoup de l'extravagance. Si l'on s'en tient à la science seule séparée de la morale, j'entends dire que le gymnase de Saint-Pétersbourg a produit de fort bons sujets. Une lettre sur ces grands objets ne vaut jamais rien : *Il faudrait une année, et je n'ai qu'un moment.* Encore moins pourrais-je vous parler pertinemment de votre code, sur lequel vous me demandez mon avis. Le prince Alexandre Soltykoff le soutient : c'est une autorité très-respectable pour moi. D'un autre côté, M. Trochinsky, qu'on m'assure être un excellent Russe, plein de bon sens et de connaissances locales, est entièrement contraire à ce code. Entre deux autorités de ce poids, un étranger (qui d'ailleurs n'a lu ni pu lire le code) aurait mauvaise grâce de prendre parti. Ce que je puis vous assurer, c'est que la masse de la nation ne s'en embarrasse pas plus que de ce qui se fait au Japon; personne ne le désire, personne n'en parle, et cependant il coûte cent mille roubles par an à votre maître, et depuis plusieurs années. — Encore une fois, un étranger ne doit pas être trop décisif sur ce point. En général, cependant, je penche à croire que vous n'avez pas assez préparé le peuple pour le code, avant de faire le code pour le peuple. J'en veux beaucoup à votre Pierre Ier, qui me paraît avoir commis à votre égard la plus grande des fautes, celle de manquer de respect à sa nation; jamais je n'ai lu que Numa ait fait couper la toge des Romains, qu'il les ait traités de barbares, etc. Les décemvirs allèrent bien chercher des lois en Grèce, mais ils n'amenèrent pas des Grecs à Rome pour leur en faire. Maintenant l'orgueil national se réveille et s'indigne; mais Pierre vous a mis avec l'étranger dans une fausse position : *Nec tecum possum vivere, nec sine te.* C'est votre devise. Je ne crois pas qu'il y ait dans ce moment, pour un bon observateur, un plus grand et plus beau champ que votre pays, mon cher prince. Ce que vous avez de bon est évident. Vous-êtes bons, humains, hospitaliers, spirituels, intrépides, entreprenants, heureux imitateurs, nullement pédants, ennemis de toute gêne, préférant une bataille rangée à un exercice, etc., etc. A ce beau corps sont attachées deux fistules qui l'appauvrissent : l'instabilité et l'infidélité. Tout change chez vous, mon prince : les lois comme les rubans, les opinions comme les gilets, les systèmes de tout genre comme les modes; on vend sa maison comme son cheval : rien n'est constant que l'inconstance, et rien n'est respecté, parce que rien n'est ancien : voilà le premier mal. Le second n'est pas moins grave. Je ne sais quel esprit de mauvaise foi et de tromperie circule dans toutes les veines de l'État. Le vol de brigandage est plus rare chez vous qu'ailleurs, parce que vous n'êtes pas moins doux que vaillants; mais le vol d'infidélité est en permanence. Achetez un diamant, il y a une paille; achetez une allumette, le soufre y manque. — Cet esprit, parcourant du haut en bas les canaux de l'administration, fait des ravages immenses. C'est contre ces deux ennemis que doit se tourner toute la sagesse et la force de vos législateurs. Je parlerais jusqu'à demain sur ce sujet, *sed de his coram*. Ce que je puis vous dire, c'est que je prends à vous et à tout ce qui vous intéresse un intérêt sans bornes; car, vos Russes m'ayant traité avec beaucoup de bonté, j'ai laissé prendre mon cœur, et n'ai plus envie de les quitter. *On veut m'avoir,* me dites-vous. Comment s'appelle *On?* Je me suis toujours défié de ce personnage, qui a mille noms et mille masques, et ne s'en sert que pour tromper. Il est trop tard pour changer de carrière. Le malheur, d'ailleurs, semble s'être attaché à mes dernières années, et *sa rage insatiable ne me laisse aucun repos.* L'indifférence, le dégoût, la lassitude, le découragement, suivent les maux aigus; ne tenez donc aucun discours relatif à mon rappel. Le roi sait bien que je suis sujet. En attendant, je ne désire que de pouvoir vivre chez vous.

 Combien j'ai approuvé votre idée de jurisprudence! Vous êtes dans la bonne ville pour cela. Turin a toujours possédé d'excellents jurisconsultes. Mais savez-vous ce que je vous conseille? Quand vous serez bien maître du texte des *Institutes*, prenez-moi un commentateur pratique, par exemple Schneidwinus (connu en Italie sous le nom d'*Oinotomus*); laissez là l'élégance et l'érudition des

Heineccius, des Vinnius, etc. Voyez les formules de tous les contrats, de toutes les requêtes, de tous les testaments; voyez comment nous *introduisons* une action, et ce que c'est qu'une *action*, etc. La jurisprudence est, comme la médecine, toute pratique. Savez-vous que notre procédure criminelle est un chef-d'œuvre, une *moyenne proportionnelle*, très-habilement tirée entre la procédure anglaise (bien moins bonne qu'on ne croit) et l'ancienne française? Voici encore ce que je vous conseille : faites-vous prêter une procédure criminelle, faite par un sénateur dans quelque cas grave et difficile, et lisez-la *da capo a fondo :* il n'y a que cela pour savoir. Adieu mille fois, cher prince ; n'allez pas m'oublier ; gardez-vous-en bien! *Niekhorocho* (1). Croyez, je vous prie, aux sentiments, etc.

---

108. — A S. E. monsieur le comte de ...

Saint-Pétersbourg, 3 (15) novembre 1815.

Monsieur le comte,

Je reçois dans ce moment la lettre que vous m'avez fait l'honneur de m'adresser le 21 octobre dernier, et je ne saurais trop vous remercier de l'attention obligeante que vous avez eue de m'informer sans délai de la bonne nouvelle que venait de vous donner un personnage officiel. Vous avez, au reste, fort bien deviné, Monsieur le comte, que je devais déjà en être instruit, personne n'ayant pu prévenir mon correspondant de Paris.

Comment vous peindre mes sentiments, Monsieur le

---

(1) Ce n'est pas bien. (Formule usitée de désapprobation.)

comte, lorsque j'ai été instruit de la distinction flatteuse accordée à mon frère (1) par Sa Majesté Impériale? Ce sont de ces traits qui n'appartiennent qu'à lui. J'ai bien senti le *reflet*, comme vous l'imaginez assez. Je vous assure, Monsieur le comte, que je n'ai pas assez d'un cœur pour reconnaître les bontés de ce grand prince. Sans cette protection inestimable, que serais-je devenu pendant les années affreuses qui viennent de s'écouler? La prudence m'aurait conseillé de me jeter dans la Néva. Comme Européen, comme sujet du roi, comme ministre et comme particulier, je lui rendrai sans cesse toutes les actions de grâces que je lui dois.

J'envie à mon frère les sensations qu'il a dû éprouver en rentrant à Chambéry; mais avouez, Monsieur le comte, que nos quatre députés n'ont pas été tout à fait des poltrons dans cette occasion, et qu'ils ont joué gaiement une terrible carte. S'ils ne l'avaient pas gagnée, ils n'avaient qu'à vendre leurs biens et à sortir de leur pays, car la place n'était plus tenable. Enfin, tout est allé à souhait : n'en parlons plus.

Je vous dois maintenant d'autres remercîments, Monsieur le comte, pour votre précédente lettre, qui m'a été remise par M. le comte de Rostopchin, avec l'intéressante brochure que vous y avez jointe. L'Europe est surchargée, oppressée, écrasée dans ce moment par une bande inconcevable de *philosophastres* sans morale, sans religion et même sans raison, déchaînés contre toute espèce de subordination, et ne demandant qu'à renverser toute espèce de puissance *pour se mettre à sa place;* car, dans le fond, il ne s'agit que de cela. C'est malheureusement la souveraineté aveugle qui a enfanté ces messieurs. Mais j'espère

(1) Le chevalier Nicolas de Maistre, l'un des députés de la Savoie, envoyé à Paris pour demander à l'empereur Alexandre que ce pays fût rendu à ses anciens maîtres.

qu'à la fin elle verra ce qu'elle a fait, et qu'elle y mettra ordre. Rien n'est plus aisé dès qu'on le voudra sérieusement. Il y a, au reste, Monsieur le comte, dans cette immense révolution, des choses accidentelles que le raisonnement humain ne peut saisir parfaitement; mais il y a aussi une marche générale qui se fait sentir à tous les hommes qui ont été à même de se procurer certaines connaissances. *Tout à la fin tournera pour le mieux.* J'ai fait là un vers sans m'en apercevoir; mais, en prose ou en vers, la chose me paraît certaine.

Quant à nous en particulier, nous avons moins à craindre que d'autres, parce que le Piémontais, par nature, n'aime pas les nouveautés et ne se laisse pas aisément séduire; il a, de plus, trop de bon sens pour ne pas sentir que son indépendance nationale tient à l'inamovibilité du trône. De l'autre côté des Alpes, nous sommes peu nombreux; et d'ailleurs, vous venez de voir que l'immense et bonne majorité est pour le roi. Je me garderai bien cependant de répondre de tous les cœurs, ni en deçà ni en delà, et tous ne diront pas leur secret; mais il arrivera à ces messieurs ce qui arrive aux poltrons dans un assaut; il faut bien qu'ils montent avec les autres, ensuite ils disent: « *Nous avons pris la ville. — Diable! il faisait chaud.* » Et on leur donne des croix *pro virtute bellica.* Qu'est-ce que cela fait encore? La ville en est-elle moins prise?

Agréez, je vous en prie, Monsieur le comte, l'assurance du sincère dévouement et de la respectueuse considération, etc., etc.

109. — A M. le comte de Noailles.

Saint-Pétersbourg, 6 novembre (N. S.) 1815.

Je n'ai cessé, Monsieur le comte, depuis le 9 août dernier, d'avoir très-mauvaise idée de vous. J'avais même quelque envie de vous déclarer suspect, et tout ce qui s'est passé depuis votre départ n'affaiblissait pas cette mauvaise opinion : cependant vous me paraissez, dans votre aimable lettre du 18 octobre, très-sérieusement décidé à ne pas nous trahir. Tout de suite j'en ai fait le rapport *à l'aimable, à la spirituelle, à l'excellente voisine*, et nous n'avons pas balancé un moment à vous effacer du rôle des suspects; mais c'est à condition que vous tiendrez incessamment votre parole, et que vous ne laisserez aux chevaux de l'empereur qu'un délai honnête pour reprendre des forces à chaque station, avant de les atteler à votre voiture. Après nous avoir accoutumés à vous, il y a de la malice ;— j'écris mal, il faut dire *il y aurait* de la malice, et beaucoup de malice, à nous planter là.

Votre lettre est courte, Monsieur l'ambassadeur; la mienne le sera aussi. Quand je vous aurai dit, sans pouvoir l'exprimer à mon gré, combien j'ai été sensible à votre souvenir, j'aurai tout dit. Le moyen de commencer aucun chapitre intéressant ! Que dire quand tout est dit? Venez donc, Monsieur le comte, venez, et nous reprendrons au coin du feu nos conversations philosophiques. Soit que vous gémissiez ou que vous espériez, toujours je vous comprendrai. J'ai beaucoup pensé et beaucoup griffonné depuis votre départ, mais toujours incognito, *fors* pour *la voisine*, qui me récompense amplement des efforts que j'ai faits pour rendre les hauts lieux de la philosophie accessibles même à des pieds habillés de soie. Vous ne sauriez croire, Monsieur le comte, combien je prends de plaisir à contempler la rectitude et la pénétration de cet esprit femme. S'il y en avait seulement deux ou trois cents comme elle (je dis bien peu) à Saint-Pétersbourg, toutes les autres capitales devraient lui céder. Je ne sais comment je me suis trouvé conduit à lutter mortellement avec le feu chancelier Bacon. Nous avons *boxé* comme deux *forts* de Fleet-street; et s'il m'a arraché quelques cheveux, je pense bien aussi que sa perruque n'est plus à sa place. Absolument madame de Swetchin a voulu assister au combat et juger les coups; je ne puis me lasser d'admirer sa patience et sa pénétration. — Au reste, Monsieur l'ambassadeur, je n'écris plus que pour le portefeuille, et je ne pense plus que pour quelques amis. — La tribune où je pouvais prendre la parole est fermée ou renversée. — St !

Madame de Swetchin est extrêmement sensible à votre souvenir; souvent elle me parle de vous avec le plus grand intérêt. C'est parler devant un écho animé. Quoique nous disions précisément les mêmes choses, vous distinguerez cependant les voix, si vous prêtez l'oreille, les timbres étant différents.

Madame de Maistre est bien sensible aussi à votre souvenir, Monsieur l'ambassadeur, et me charge de mille compliments pour vous. Je n'ai point encore le droit de me présenter à madame la comtesse de Noailles, mais j'espère qu'un jour, qui n'est pas loin, j'aurai le bonheur de lui être présenté par vous-même; et comme il est très-possible qu'elle ait quelque partialité pour vous, j'en profiterai, comme tout ambitieux, pour lui devenir *acceptable*.

Quoi qu'il arrive de nous, Monsieur le comte, je vous prie de m'écrire, et de me tenir toujours écrit dans votre *album* au nombre des hommes qui prennent le plus d'intérêt à vous, et qui désirent le plus de n'en être pas oubliés. Agréez, je vous en prie, l'assurance la plus sincère de l'affectueux dévouement et de la très-haute considération, etc., etc.

---

110. — A M. le comte de ...

Saint-Pétersbourg, 30 novembre (12 décembre) 1815.

Monsieur le comte,

Aujourd'hui, 12 décembre, la grande âme est enfin rentrée dans son grand corps. L'empereur est arrivé vers les onze heures du soir. Après une station à l'église de Casan, il s'est rendu chez l'impératrice, son auguste épouse; tous les deux sont allés ensemble chez S. M. l'impératrice mère, et sont revenus encore ensemble. L'empereur, qui ne s'était couché qu'à deux heures, était avant huit dans son traîneau; il a vu la maison d'exercice (1), la parade, etc. Il est allé voir chez lui le maréchal Soltykoff, chef du conseil d'État, qui se trouvait un peu malade; il a reçu le métropolite à dix heures; et enfin, Monsieur le comte, tout a repris son cours avec une précision parfaite. Sa Majesté Impériale a repris les rênes, déjà un peu flottantes, avec beaucoup de grâce et de vigueur; je ne doute pas qu'elle ne soit arrivée avec la tête pleine d'idées et d'expérience, et que la Russie ne doive beaucoup gagner à la brillante absence de son maître. Il faut être, à mon avis, bien aveuglé par le préjugé et l'esprit de parti, pour admirer Pierre Ier ajustant des planches en Hollande,

---

(1) Vaste hangar couvert, pour exercer les troupes en hiver.

et refuser en même temps son admiration aux campagnes d'Alexandre Ier, faites pour l'intérêt de l'Europe, et si glorieuses pour le nom russe. Il ne faut pas croire cependant qu'il n'y ait qu'une voix sur tout cela ; ici, comme ailleurs, il y a un esprit détracteur qui refuse d'admirer, et qui blâme même ce que les autres admirent. Cet esprit est partout ; mais ici l'opposition a un caractère et des causes particulières, qui méritent d'être développés.

C'est une chose bien extraordinaire qu'en Europe, si l'on excepte le roi de France, aucun souverain n'est de sa nation. Il y a même une nation fameuse chez laquelle chaque race étrangère disparait dès qu'elle s'est acclimatée : c'est l'Angleterre. On l'a vue successivement gouvernée par des Allemands, par des Danois, par des Normands, par des Écossais, encore par des Allemands ; et vous voyez que cette dernière ligne fait ouvertement mine de disparaître.

En Russie comme ailleurs, la maison régnante est étrangère. Lorsque Philippe V monta sur le trône d'Espagne, on le trouvait *Français*, et je ne doute pas que, dans le quinzième siècle, les Piémontais d'alors ne trouvassent le duc Louis un peu étranger ; mais personne aujourd'hui ne s'aviserait de dire que Ferdinand VII n'est pas Espagnol, ou que Sa Majesté n'est pas Piémontaise, parce que l'amalgame est complet. Il n'en est pas de même en Russie : l'opération n'est pas achevée. Les bons Russes même ignorent une circonstance particulière : c'est que ce n'est point ici à la maison régnante de se fondre dans la nation, mais que celle-ci, au contraire, doit se laisser attirer par la maison impériale.

Voilà comment il est possible qu'un excellent souverain russe soit, quelque temps encore, moins apprécié par ses propres sujets que par les étrangers, parce qu'il n'est pas encore assez *imbibé* (s'il est permis de s'exprimer ainsi) des idées particulières, des créances, des opinions, des manières et des préjugés du pays.

Dans ce moment, c'est un spectacle assez curieux de lire, sur le front de tous les grands personnages de l'État, l'agitation de la crainte et celle de l'espérance. *Nul ne sait s'il est digne d'amour ou de haine.* On nomme celui à qui l'empereur a parlé le premier; on sait qu'il a parlé à un autre à huit heures trois minutes; on sait le nombre juste des syllabes qu'il lui a adressées, et quelle mine il avait en les laissant tomber.

Ce qu'on voit toujours et partout ne fait pas une grande impression; mais les moments tels que celui que la Russie voit dans ce moment sont très-rares, et il vaut la peine de tout observer. J'ai pensé que des réflexions sur l'état actuel de l'empire peuvent vous intéresser.

L'empereur s'est arrêté quelques jours à Varsovie; il serait inutile de dire qu'on s'est épuisé à son égard en démonstrations de respect, de joie et d'attachement. Les Polonais avaient érigé un arc de triomphe d'excellent goût. Sur une face on lisait ce vers d'Horace :

Hic ames dici pater atque princeps.

Sur l'autre, on lisait l'hémistiche et le vers suivant de Virgile :

Expectate, veni,
Sacra suosque tibi commendat Troja Penates!

Il serait difficile d'imaginer rien de plus heureux et de plus *significatif* que ces deux inscriptions, la seconde surtout. Plaise à Dieu que le grand empereur prenne les Polonais au mot sur la première parole du vers; qu'il rétablisse, qu'il ressuscite (car il ne s'agit plus de conserver) la religion des Polonais; qu'un heureux génie lui découvre les moyens d'y parvenir, et les noms véritables des obstacles qui s'y opposent ! Déjà le génie contraire a soufflé du côté de la Pologne, et son haleine s'est fait sentir au point de ternir le corps épiscopal.

Quoi qu'on en dise, personne ne connaît exactement l'existence politique de la Pologne. Sur le point intéressant de la constitution de cet État, je crois avoir fait connaître assez clairement l'état précis de la question, et les préjugés russes et polonais ; l'empereur les connaît parfaitement. Les préjugés ressemblent à des tumeurs enflammées ; il faut les toucher doucement, pour éviter les meurtrissures : c'est ce que fait l'empereur ; et c'est à cette précaution, si je ne me trompe infiniment, qu'on doit l'état équivoque qui se laisse apercevoir encore.

Le temps nous apprendra quels emplois le Russe pourra obtenir en Pologne, et réciproquement ce qu'il en sera des emplois de cour ; s'il y aura *appel* des tribunaux polonais aux tribunaux russes, ou simplement *supplication*; et s'il y aura une chancellerie, ou un tribunal suprême polonais, séant auprès du souverain, etc...

Au surplus, la séparation peut être plus ou moins tranchante, et l'amalgame nuancé de différentes manières ; ainsi il faut attendre.

Pendant son séjour à Varsovie, Sa Majesté a rétabli et donné l'ordre polonais de l'Aigle blanc.

Le préjugé russe contre la Pologne et contre son existence politique séparée est porté jusqu'à l'excès : l'imagination ne peut aller trop loin sur ce sujet ; les bonnes têtes même disent ici : *Tout doit tendre à confondre les deux nations ;* mais il ne faudrait pas voir dans ces termes une formule d'égalité. Cette expression signifie, non que la Russie doit être *en partie polonaise*, mais que la Pologne doit être *entièrement russifiée*. Laissons faire à leurs majestés le temps et l'empereur.

Maintenant, les plus grands objets vont occuper l'attention de Sa Majesté Impériale. L'armée, le papier-monnaie, l'état civil, le tarif, les lois, la religion, fixent tous les yeux observateurs. Hier, l'empereur se coucha à trois heures du matin, se leva à six, et alla visiter tous les hôpitaux militaires. Un esprit aussi actif serait fort inutile, s'il ne commandait pas à un corps de fer pour exécuter ses commissions.

---

111. — A S. E. monseigneur l'archevêque de Raguse.

1ᵉʳ (13) décembre 1815.

Monseigneur,

J'ai reçu, le 7 de ce mois, la lettre que Votre Excellence m'a fait l'honneur de m'adresser le 20 septembre dernier, ainsi que les paquets qu'elle y avait joints ; et j'ai été ravi d'apprendre par cette lettre le succès flatteur de la communication que j'eus l'honneur de lui faire l'année dernière. Depuis que je médite sur la religion, j'ai toujours eu en vue ce passage de Bellarmin, non moins avoué par la raison que par la religion : *Savez-vous de quoi il s'agit, lorsqu'on dispute sur le saint-siége ? Il s'agit du christianisme.* Rien n'est plus vrai ; et je crois qu'en ce moment les hommes sensés de tous les pays (et les protestants même) doivent diriger leurs efforts, chacun dans leur sphère particulière, vers le rétablissement du saint-siége dans tous ses droits légitimes. Je me croirais même en état de faire comprendre à une société d'athées qu'ils ont, sur ce point, le même intérêt que nous ; car, puisqu'il est assez bien prouvé par l'histoire qu'il faut une religion aux peuples, et que le sermon sur la montagne sera toujours regardé comme un code de morale passable, il importe de maintenir la religion qui a publié ce code. Si ses dogmes sont des fables, il faut au moins qu'il y ait *unité de fables,* ce qui n'aura jamais lieu sans l'*unité de doctrine* et d'autorité, laquelle à son tour devient impossible sans la suprématie du souverain pontife.

Si j'étais athée et souverain, Monseigneur, je déclarerais le pape infaillible par édit public, pour l'établissement et la sûreté de la paix dans mes États. En effet, il peut y avoir quelques raisons de se battre, de s'égorger même pour des vérités; mais pour des fables, il n'y aurait pas de plus grande duperie.

Je suis donc enchanté que Votre Excellence n'ait pas trouvé tout à fait inutile la vive remontrance que j'avais adressée sur ce point important à un puissant ami qui a disparu depuis, mais, soyez-en bien sûr, Monseigneur, pour reparaître incessamment. L'approbation de Votre Excellence me fait regretter vivement la perte des premières lettres, dont je n'ai pu retenir copie. La dernière n'était qu'une espèce d'épilogue de toute la correspondance. J'ai fait de fortes et inutiles instances pour la ravoir, sur ma parole d'honneur de la restituer *en original;* elle était tombée dans un portefeuille auguste, d'où il n'y avait pas moyen de la tirer.

Je ne pus cependant croire mes efforts absolument inutiles de ce côté, lorsque je vis, dans la description de la pompe funèbre de Louis XVI, l'ancien évêque de Nancy désigné simplement par le titre d'*abbé de la Fare.* Je ne pouvais cependant douter que cet évêque, excellent homme d'ailleurs, et que je connais particulièrement, ne fût un des *remontrants* les plus décidés.

Dans toute ma correspondance, je n'ai jamais perdu de vue le double but de renverser de fond en comble la déclaration de 1682, et de prouver que les évêques français *remontrants* se trompaient tout à fait sur le concordat, surtout en regardant comme *simple* une question *double*.

Car il ne s'agissait pas de savoir simplement si le saint-père n'avait fait précisément que ce qu'il devait faire en leur demandant leur démission ; mais de savoir de plus que si, en supposant même qu'il se fût laissé tromper par son propre zèle en accordant trop à l'usurpateur (ce que je ne m'avise point du tout de soutenir), il pouvait néanmoins appartenir à une douzaine d'évêques français de juger le souverain pontife, et s'il ne valait pas mieux obéir que résister.

C'était là une grande question préliminaire ; mais on se gardait bien de la traiter. Je ne suis point étonné, Monseigneur, de l'anecdote que vous m'apprenez sur un évêque français. Si vous êtes curieux de savoir à quel point l'esprit moderne avait pénétré dans l'épiscopat français, lisez, je vous en prie, l'*histoire*, ou, pour mieux dire, le *panégyrique de Bossuet*, par M. de Bausset ; le chapitre de la déclaration de 1682 vous semblera écrit par un parlementaire effréné.

Personne n'est plus pénétré que je ne le suis de tout ce que la religion et les lettres doivent à l'illustre Bossuet ; mais il faut aussi avoir le courage de convenir qu'il a eu des torts incontestables. Il aurait dû mourir après avoir prononcé le sermon *sur l'unité*, comme Scipion l'Africain aurait dû mourir après la bataille de Zama : il y a, dans la vie de *certains* grands hommes, *certains* moments après lesquels ils n'ont plus rien à faire dans ce monde.

Pour dire toute la vérité à l'oreille de Votre Excellence, il me semble que, dans cette *exposition* même si vantée, l'article du saint-père est d'une maigreur qui tient du *marasme*. Il serait encore aisé de prouver que la conduite de ce grand homme, pendant les dernières années de sa vie, a eu des suites très-fâcheuses.

L'Église gallicane me semble avoir été, pendant tout le dix-huitième siècle, dans un état de véritable schisme à l'égard du saint-siége. Plus d'une fois le souverain pontife aurait pu lui dire, comme le préteur romain à la femme divorcée : *Conditione tua utere; res tuas tibi habeto.* La prudence ne le permettait pas, mais le droit y était.

Cependant, Monseigneur, il ne faut pas se cacher la vérité. Cette Église, si impatientante parfois, était cependant l'un des instruments les plus puissants de la souveraineté catholique. Il y a dans la puissance des Français, il y a dans leur caractère, il y a dans leur langue surtout, une certaine force prosélytique qui passe l'imagination. La nation entière n'est qu'une vaste *propagande*. Dieu veuille amener bientôt le moment où elle ne *propagera* que ce que nous aimons !

Comme le dit très-bien Votre Excellence, rien n'est stable encore, et même l'on voit de tout côté les semences de nouveaux malheurs. Profitons au moins d'un moment de calme pour éclairer les esprits, et surtout pour rendre l'éducation au sacerdoce. Mais comment aura-t-on un sacerdoce sans prêtres (le problème est joli)? Comment aura-t-on des prêtres sans les nourrir? Comment rendra-t-on à l'Ordre son ancienne dignité, en le condamnant à la faim et à la soif?

La révolution française est *satanique* dans son principe ; elle ne peut être véritablement finie, tuée, exterminée, que par le principe contraire, qu'il faut seulement délier (c'est tout ce que l'homme peut faire) ; ensuite il agira tout seul.

Les parlements de France avaient porté un coup mortel aux deux puissances, en les mettant l'une à l'égard de l'autre dans une fausse position. Ils en avaient fait deux ennemies toujours aux aguets, et toujours prêtes à se précipiter l'une sur l'autre; tandis que, par nature, ce sont deux sœurs qui doivent marcher ensemble vers le même but, en se donnant la main.

> . . . . *Alterius sic*
> *Altera sentit opem res et conjurat amice.*

On reprochait à la politique romaine je ne sais quel caractère sournois, timide, tortueux, tergiversateur. Sans examiner *si* et *jusqu'à quel point* on pouvait avoir raison, je dis que ce caractère quelconque était notre ouvrage : c'est en rectifiant notre politique que nous perfectionnerons la vôtre.

Il faut absolument tuer l'esprit du dix-huitième siècle; mais comment nous y prendrons-nous, Monseigneur? Nous aurions besoin d'apôtres, et nous ne trouvons que des conjurés. L'erreur a pénétré jusque dans les cabinets des souverains, et quelquefois même encore plus haut. Souvent on est tenté de s'écrier : *Ubi sapiens? ubi scriba?* mais surtout, Monseigneur, *ubi conquisitor hujus seculi?* Bien peu de gens connaissent à fond ce malheureux dix-huitième siècle, dont l'esprit enivre encore les meilleures têtes. Cependant, ne perdons pas courage. L'erreur, en vertu d'une règle divine et invariable, s'égorge toujours elle-même. Voici ce qui arrivera infailliblement, un peu plus tôt ou un peu plus tard.

Les princes, dans le seizième siècle, établirent le protestantisme pour voler l'Église; dans le dix-neuvième, ils rétabliront l'Église pour raffermir leurs trônes, mis en l'air par les principes protestants.

Je remercie Votre Excellence de l'excellente brochure dont elle m'a envoyé plusieurs exemplaires. Je sais cet ouvrage par cœur depuis longtemps; mais je suis bien aise de le posséder, séparé des œuvres de son illustre auteur.

J'en ai fait usage sur-le-champ. Cette lettre de Fénelon est écrite avec une extrême sagesse ; et, depuis la page 28, elle est d'une vérité qui fait peur. Je me suis reconnu à cette page 28, me rappelant très-bien que les mêmes idées m'avaient jadis fatigué.

Je n'ai pu m'empêcher de sourire à cet endroit de la lettre de Votre Excellence, où elle me parle de la *piété du prince Alexandre Gallitzin*, grand partisan et chef temporel de la Société biblique, où je vois figurer avec chagrin l'archevêque catholique. Quant à l'archevêque russe, *ipse viderit*. Le général des Jésuites fut invité des premiers à prendre place dans cette société ; heureusement il eut l'art de reculer avec prudence et respect.

Je prends la liberté, puisque j'en trouve l'heureuse occasion, de mettre sous les yeux de Votre Excellence un opuscule (1) qui reposait depuis longtemps en manuscrit dans mon portefeuille, avant que je lui permisse de s'échapper en l'année 1814, sous le voile de l'anonyme, dans un accès de colère né de la fièvre constitutionnelle qui travaille l'Europe. Je désire que mes pensées soient du goût de Votre Excellence, et qu'elle prenne nommément quelque plaisir à voir Platon, mon philosophe favori, colleter le protestantisme avec tant de vigueur. On a lu cet écrit avec quelque bonté à Paris, à Londres, et tout nouvellement encore en Allemagne. Ici, il a été moins compris, l'esprit philosophique n'ayant point encore obtenu en Russie le droit de cité, malgré le nombre déjà considérable d'individus éclairés qu'elle possède.

J'ai préparé des choses bien plus importantes ; mais toujours je me suis vu contrarié par les circonstances, et je ne vois point jour du tout à la publication. Il ne me reste qu'à remercier Votre Excellence de la déclaration

---

(1) L'*Essai sur le principe générateur*.

très-solide et véritablement épiscopale qu'elle a bien voulu m'adresser. Il eût été à désirer que ces sortes de protestations eussent été plus hâtives, plus générales et plus connues. Je retiendrai celle de Votre Excellence comme un modèle précieux de sagesse ecclésiastique.

Je me flattais peu, Monseigneur, que ma dépêche au comte de N..., dont j'avais cru devoir adresser une copie à Votre Excellence, pût mériter l'honneur d'être présentée au saint-père; mais puisque Votre Excellence a pris la chose sur elle, je suis charmé qu'il y ait lu mes sentiments. Je me croirai très-heureux, Monseigneur, si vous pouvez encore trouver et saisir l'occasion de mettre et ma personne, et mes écrits, et mon zèle, et tout ce que je possède de forces, aux pieds de Sa Sainteté, dont je suis le très-fidèle sujet philosophique, politique et théologique, en ce sens que je crois la raison, la politique et la religion également intéressées à la rappeler au plein et libre exercice de ses sublimes fonctions, et à dégager une bonne fois le sacerdoce des chaînes injustes dont nous l'avions très-imprudemment chargé. Un nouveau champ est ouvert à la politique sage et religieuse du souverain pontife, et peut-être sommes-nous en état, nous autres gens du monde, de lui présenter quelques armes, d'autant plus utiles qu'elles auraient été forgées dans le camp des révoltés. Longtemps j'ai soupiré pour le séjour de Rome, où il me semblait que j'aurais pu m'occuper d'une manière à la fois conforme à mes études, à mes inclinations, et à l'intérêt général. *Dis aliter visum*. Je me console en pensant que je n'ai peut-être pas été inutile ici.

Ne parlons point d'excuses, Monseigneur, je vous le demande en grâce : le retard d'une réponse en matière importante peut causer quelques mouvements d'inquiétude dont on ne se souvient plus au premier mot d'explication. Agréez, je vous en prie, les assurances les plus sincères de ma reconnaissance la plus sincère pour toutes les choses aimables que vous daignez m'adresser, et celle des sentiments les plus invariables de vénération et de respect avec lesquels je suis, etc.

P. S. Je connais la belle protestation des évêques de la Belgique, et je suis sur le point d'en écrire à l'un de ces évêques, que je connais particulièrement, pour me procurer certaines instructions dont j'ai besoin. Dire, en général, que *c'est un malheur pour un pays catholique de recevoir chez lui la religion protestante*, c'est dire une vérité si triviale, que ce n'est pas la peine de s'en occuper; mais de savoir si deux pays professant séparément les deux religions, et se trouvant réunis sous le même sceptre, *le pays catholique doit refuser la tolérance que l'autre lui demande, en offrant la réciprocité*, c'est un grand et un très-grand problème, Monseigneur. La raison de douter, est que les sectes n'ont de force contagieuse que dans leurs commencements et durant le paroxysme révolutionnaire, passé lequel elles ne font plus de conquêtes. Le catholicisme, au contraire, est *toujours* conquérant, sans *jamais* s'adresser aux passions; et c'est un de ses caractères les plus distinctifs et les plus frappants. Qu'arrivera-t-il donc, Monseigneur, si les deux religions franchissent à la fois leur frontière commune dans le nouveau royaume? Pour une douzaine de misérables que le protestantisme nous prendra dans les Pays-Bas, et dont les motifs honteux déshonoreront le changement, même aux yeux de leurs ridicules apôtres, cent personnes peut-être, distinguées par le rang, le caractère et les vertus, passeront dans notre camp en Hollande. Au reste, je ne décide rien.

Recevez, Monseigneur, etc.

112. — A M. le comte de ...

Saint-Pétersbourg, 21 décembre 1815 (2 janvier 1816).

Monsieur le comte,

J'arrache un instant au tumulte de la journée, pour vous faire part d'un événement qui retentira dans toute l'Europe. Ce matin, M. le général de Wiasmitinoff, gouverneur de la ville et de la province de Saint-Pétersbourg, est venu, en vertu d'un ukase impérial, arrêter tous les Jésuites. Des gardes sont placés dans leur cour, dans le corridor de leur maison, et jusqu'à la porte de chaque religieux. Ce soir, ils doivent être enlevés (du moins tout l'annonce); on assure que la proscription s'étend à l'Ordre entier, même en Pologne. On accuse ceux de la capitale d'avoir fait des conversions, et d'avoir dit en chaire qu'*il ne peut y avoir qu'une religion vraie et sûre pour le salut*. Il paraît incontestable que plusieurs personnes du premier rang avaient passé à l'Église catholique ; mais les Jésuites avaient opéré ces conversions comme ils ont fait lever le soleil ce matin. Il y a quarante ans qu'ils sont ici ; par quelle merveille n'auraient-ils pas converti un seul Russe jusqu'en l'année 1815 ? Ces conversions ne sont qu'une loi du monde qui s'exécute d'elle-même, et qui est placée bien plus haut que l'homme. Dès que la science paraît dans un pays non catholique, tout de suite la société se divise : la masse roule au déisme, tandis qu'une certaine tribu s'approche de nous. Dans tous les pays protestants, il ne reste plus un seul protestant éclairé ; tous sont sociniens, excepté cette foule plus ou moins nombreuse d'hommes qui donnent dans ce moment un si grand spectacle au monde.

Je ne crois donc point que les Jésuites soient les auteurs du changement qui s'est fait ici dans certains esprits ; ils peuvent s'en être réjouis et l'avoir approuvé, mais pas davantage. Le premier mouvement part de bien plus loin ; mais toutes ces considérations sont vaines, l'arrêt sera exécuté sur-le-champ. Suivant l'usage, ces Pères ne pourront présenter aucune défense en leur faveur : aucun de leurs amis n'a pu les voir, ni leur apporter aucun secours. Au mois de janvier ils partiront, à ce qu'on m'assure encore, sur des traîneaux de poste découverts : auront-ils des pelisses? auront-ils le temps de faire aucun préparatif? Dieu sait si tout ce qui est vieux ou délicat ne mourra pas en chemin! Mais j'attends beaucoup de l'humanité de l'empereur, de sorte qu'avant demain je ne me tiens sûr de rien.

Je regarde le culte catholique comme suspendu et même comme supprimé. On ne manquera pas de dire que nous aurons d'autres ministres ; mais je vois déjà ce qui arrivera.

Les suites de cet événement sont immenses, et bien autres qu'on ne le croit. Il y a longtemps que le philosophisme n'aura pas remporté une si grande victoire sur la religion. Je regrette beaucoup ces messieurs, qui ont élevé ma jeunesse, à qui je dois de n'avoir point été un orateur de l'Assemblée constituante, qui étaient ici des gens très-exemplaires, d'excellents sujets de l'empereur, et même, dans un sens, de puissants gardiens de l'Église grecque ; paradoxe apparent, qui ne sera cependant qu'une vérité ordinaire dès que le temps m'aura permis de l'expliquer. Les Jésuites iront ailleurs prier pour l'empereur ; nous devons souhaiter ardemment qu'ils soient exaucés.

Ce mémorable événement renforce les raisons qui m'excluent de ce pays, où j'avais formé tant de liens. Avec une famille surtout, on ne peut se passer d'une liberté absolue de culte, et le nôtre est supprimé de fait. L'échauffement des esprits et l'extravagance des soupçons étaient tels au sujet de ces conversions, que j'ai été soupçonné moi-même d'en avoir opéré dans la plus haute société. Cette belle imagination m'aide à juger les accusations portées contre les Jésuites. L'idée même d'attaquer la croyance d'un Russe ne peut se présenter à mon esprit, et mon caractère de ministre me semble s'opposer à de pareilles entreprises ; mais il est vrai que j'ai pu m'apercevoir ici, comme jadis je l'avais aperçu en pays protestant, qu'il s'est fait de grands changements dans les esprits.

---

113. — Au R. P. général de la compagnie de Jésus, à Polotsck.

Saint-Pétersbourg, 1816.

Mon très-cher et très-révérend Père,

Je n'ai point d'expressions pour vous témoigner toute la part que j'ai prise à votre malheur, qui est en même temps celui de vos amis et de toute notre Église. Au moment même où les ordres de Sa Majesté Impériale à votre égard me furent connus, le 21 décembre dernier, je fis toutes les démarches nécessaires pour découvrir s'il y avait quelque moyen possible, c'est-à-dire permis, de vous approcher, et de vous apporter les consolations qui auraient dépendu de moi. M'étant assuré du contraire, je me tins parfaitement tranquille, comme il convenait à toute personne sage, surtout à un ministre étranger. Vous me rendrez, au reste, je n'en doute nullement, la justice de croire que je n'ai cessé de m'occuper de vous *et de votre famille*, et de partager les angoisses communes. Maintenant que le coup est porté, il ne vous reste qu'à vous consoler, en considérant que votre société a toujours été distinguée par un grand caractère, qu'elle partage honorablement avec la religion même que vous servez avec tant de zèle et d'intelligence. *Toujours combattue, elle avance toujours.* Il faut encore vous consoler, en songeant que le décret même qui vous interdit les deux capitales est la pièce la plus honorable que vous puissiez présenter à vos contemporains et à la postérité. Tout prince défend sa religion contre toute attaque étrangère; rien n'est plus naturel. L'empereur de Russie a craint votre prosélytisme; mais, quoique irrité contre vous, il n'exprime rien de plus que cette crainte : d'où il résulte à l'évidence que, pendant quarante ans, vous n'avez pas commis une seule faute, ni comme sujets, ni comme prêtres, ni comme instituteurs; car cette faute vous eût été certainement reprochée dans cette occasion. L'honneur de votre Ordre sort donc intact de cette affaire; car, pour ce qui est de votre prosélytisme, amis et ennemis diront en Europe : *C'est un bataillon renvoyé pour cause de valeur;* et toujours vous aurez pour vous la plus grande des consolations,

Nil conscire sibi, nulla pallescere culpa.

Il ne vous reste, mon très-révérend Père, qu'à prier pour l'empereur, même pour ceux qui l'ont conseillé, et à faire ailleurs le bien que vous ne pouvez plus faire ici. Le moindre mot amer, même dans les pays étrangers, serait infiniment au-dessous de votre caractère. J'ai toujours présente l'éloquente lettre de votre Père la Neuville, après la grande catastrophe de 1762. « *Prenez garde*, disait-il à ses collègues; *pas un mot de reproche ou d'aigreur; respect profond pour toutes les autorités*, etc., etc. » Il avait grandement raison, et je suis persuadé que vous pensez comme eux. J'ai demandé à quelques Russes sages et instruits comment ils pouvaient s'expliquer à eux-mêmes que, pendant quarante ans, on ne vous eût pas seulement soupçonnés d'avoir converti une seule servante russe ; et par quelle étonnante merveille il arrive aujourd'hui qu'une foule de personnes également distinguées par l'esprit et par la moralité aient fait tout à coup ce mouvement de *conversion* vers la grande unité ? Tous ont reconnu le phénomène ; mais quant à l'explication, elle ne peut être comprise universellement. Tous les esprits religieux, à quelque société chrétienne qu'ils appartiennent, sentent dans ce moment le besoin de l'unité, sans laquelle toute religion s'en va en fumée. C'est déjà un grand pas ; mais que cette unité ne puisse s'opérer que par nous, c'est une vérité qui, tout incontestable qu'elle est, ne peut cependant être admise sans une longue et terrible résistance, puisqu'elle choque tous les genres d'orgueil et tous les préjugés imaginables. Pendant cette lutte, quelques personnes, et même quelques familles, pourront prendre les devants ; et si le char de la Vérité, avançant au milieu des obstacles, vient à passer près de quelque révérend Père jésuite, je crois bien qu'il ne se dispensera guère de se mettre à la suite et de pousser. Voilà, je crois, tout le mystère, mon très-révérend Père ; du moins, c'est ainsi que je le conçois. L'opinion s'est trompée, en vous regardant comme cause première.

Témoignez, je vous en prie, à tous vos collègues la part extrême que j'ai prise à leur affliction. On m'assure que vous avez été fort bien traités et gardés sur la route. A cela j'ai reconnu la main de l'empereur, qui sait, par un art de sa propre invention, s'appuyer sur les hommes sans les blesser. Mille compliments particuliers aux RR. PP. Pietroboni, Rozaven et Jourdan. Mon fils me charge de vous présenter ses hommages, et toute ma famille se joint à moi pour vous assurer que nos vœux, notre estime et notre attachement vous suivront, de quelque côté que la Providence dirige vos pas. Agréez en particulier l'assurance la plus sincère de l'affectueux dévouement et de la respectueuse considération avec laquelle je suis,

  Mon très-révérend Père,

   Votre très-humble et très-obéissant serviteur.

P. S. Vous trouverez ci-joints les titres de quelques livres que je tenais de vous ou du P. Jourdan, etc.

---

114. — A M. le comte de...

Saint-Pétersbourg, janvier 1816.

Votre Excellence m'a fait tout le plaisir possible en m'apprenant que j'avais rencontré les idées de Sa Majesté sur la fameuse convention chrétienne de Paris; et puisque le roi me fait l'honneur de désirer de plus amples détails sur ce point, voici ce que je dois ajouter. Votre Excellence a beaucoup ouï parler d'illuminés; mais qu'elle prenne bien garde qu'il n'y a pas de mot dont on abuse davantage. On s'est accoutumé à ranger sous ce nom tous les gens qui professent des doctrines secrètes; de sorte qu'on en était venu à donner le même nom aux disciples de Weisshaupt en Bavière, qui avaient pour but de leur association l'extinction générale du christianisme et de la monarchie, et aux disciples de saint Martin, qui sont des chrétiens exaltés.

Pour fixer les idées, il suffit que Votre Excellence sache

qu'il existe maintenant en Europe une innombrable quantité d'hommes qui ont imaginé que le christianisme recèle des mystères ineffables, nullement inaccessibles à l'homme; et c'est ce que les Allemands appellent le christianisme transcendantal.

Ils croient que le christianisme était dans son origine une véritable initiation, mais que les prêtres laissèrent bientôt échapper ces divins secrets, de manière qu'il n'y a plus dans ce moment de véritable sacerdoce. La haine ou le mépris de toute hiérarchie est un caractère général de tous ces illuminés, au point que saint Martin, avec toute la piété dont ses livres sont remplis, est cependant mort sans appeler un prêtre.

Ils croient la préexistence des âmes et la fin des peines de l'enfer, deux dogmes fameux d'Origène : je n'en dirai pas davantage à Votre Excellence. Ceci n'étant point une dissertation, je me borne à lui dire que je suis si fort pénétré des livres et des discours de ces hommes-là, qu'il ne leur est pas possible de placer dans un écrit quelconque une syllabe que je ne reconnaisse.

C'est cet illuminisme qui a dicté la convention de Paris, et surtout les phrases extraordinaires de l'article qui ont retenti dans toute l'Europe. Quelqu'un observait l'autre jour, en riant, qu'on avait fait tort au Saint-Esprit en ne l'y nommant pas, et que c'était un passe-droit. Mais il ne s'agit pas de rire : les illuminés de ce genre pullulent à Saint-Pétersbourg et à Moscou; j'en connais un nombre infini. Et il ne faut pas croire que tout ce qu'ils disent et écrivent soit mauvais; ils ont au contraire plusieurs idées très-saines, et, ce qui étonnera peut-être Votre Excellence, ils se rapprochent de nous de deux manières : d'abord, leur propre clergé n'a plus d'influence sur leur esprit, ils le méprisent profondément, et par conséquent ils ne l'écoutent plus; s'ils ne croient pas le nôtre, au moins ils ne le méprisent point, et même ils ont été jusqu'à convenir que nos prêtres avaient mieux retenu l'esprit primitif; en second lieu, les mystiques catholiques ayant beaucoup d'analogie avec les idées que les illuminés se forment du culte intérieur, ceux-ci se sont jetés tête baissée dans cette classe d'auteurs. Ils ne lisent que sainte Thérèse, saint François de Sales, Fénelon, madame Guyon, etc.; or, il est impossible qu'ils se pénètrent de pareils écrits sans se rapprocher notablement de nous; et j'ai su qu'un grand ennemi de la religion catholique disait, il y a peu de temps : *Ce qui me fâche, c'est que tout cet illuminisme finira par le catholicisme.*

Si, d'un côté, ils nous touchent par les mystiques, de l'autre, ils se rapprochent des chrétiens relâchés, ou pour mieux dire des déistes allemands, qui ont inventé ou ramené la distinction de la religiosité et de la religion. Par la première, ils entendent certains dogmes fondamentaux qui font l'essence de la religion; et par la seconde, les dogmes particuliers de chaque communion qui n'ont rien d'essentiel. La première est l'homme, et la seconde est son habit, dont vous seriez bien le maître de changer, Monsieur le comte, sans cesser d'être vous-même.

Je suis parfaitement informé des machines que ces gens-là ont fait jouer pour s'approcher de l'auguste auteur de la convention, et pour s'emparer de son esprit. Les femmes y sont entrées, comme elles entrent partout.

Votre Excellence a observé que la convention n'a point de titre; j'ajoute qu'elle ne peut point en avoir, et voici pourquoi : parce que les grands et excellents personnages qui l'ont souscrite ne connaissaient pas dans toute leur étendue les vues de ceux qui l'ont dictée, et parce que ceux-ci se gardaient bien de vouloir s'expliquer clairement. Si l'esprit qui a produit cette pièce extraordinaire avait parlé clair, nous lirions en tête : « Convention par laquelle tel ou tel prince déclare *que tous les chrétiens ne sont qu'une famille professant la même religion, et que les différentes dénominations qui les distinguent ne signifient rien.* »

Méditez bien la pièce, Monsieur le comte, et vous verrez. Si elle n'a pas ce sens-là, elle n'en a point.

Ces idées de dogmes fondamentaux et non fondamentaux, d'Église universelle et de christianisme général, ne sont point nouvelles ; elles ont été inventées il y a bientôt deux siècles par les protestants, qui ne savaient plus comment se défendre contre nous, lorsque nous leur demandions où était l'Église ? Elles furent pulvérisées dans le temps par nos grands docteurs du dix-septième siècle ; mais les Russes, qui sont parfaitement étrangers à nos controverses, les prennent pour des découvertes.

Je comprends qu'un souverain catholique s'effarouche à l'idée de souscrire à cette pièce ; cependant il y avait moyen de tranquilliser de trop justes scrupules.

La pièce est absolument énigmatique dans l'endroit où elle déclare que les rois ne règnent que par l'autorité divine, et j'espère qu'il n'y a pas de difficulté ; et quant à ce que les trois monarques se déclarent pères de trois nations qui ne font qu'une famille, c'est encore une chose qui peut s'interpréter en bien. A la vérité, il y a une idée de christianisme universel, enveloppée dans ces expressions ; mais précisément parce qu'elle est enveloppée et nullement mise en dehors, il est permis de ne pas l'apercevoir : et tout au plus si un souverain catholique, par la plus juste déférence personnelle ou par une autre raison, croyait devoir souscrire, il me semble qu'il éviterait toute difficulté en accompagnant sa signature d'une protestation que personne ne pourrait blâmer, comme, par exemple, *sans préjudice de notre parfaite soumission à tout dogme catholique, sans exception ni restriction.*

Une chose piquerait sans doute la curiosité de Votre Excellence : ce serait de savoir si les dogmes des illuminés, en s'approchant de l'auguste rédacteur de la convention, ont obtenu son assentiment, et s'il a vu ce qu'on voulait obtenir de lui. Sur cela je n'ai rien à dire, je ne dis que ce que je sais. Ce que je crois savoir par une foule de relations combinées, c'est que jamais aucun savant catholique ne s'est approché de lui; de manière que j'ignore si jamais notre système lui a été exposé dans toute sa plénitude philosophique et religieuse.

Je crois devoir ajouter une chose singulière : c'est que le décret prononcé contre les Jésuites est le meilleur antidote contre toute conséquence dangereuse qu'on voudrait tirer de la convention de Paris. En effet, dans la même semaine où, par la publication de la convention, les Autrichiens, les Prussiens et les Russes sont déclarés chrétiens d'une même famille, les Jésuites n'en sont pas moins foudroyés pour avoir voulu proposer à quelques Russes d'embrasser la religion des Autrichiens, ce qui nous éloigne un peu de l'*Église universelle* et du *christianisme transcendantal*. Il est dit, dans le décret du 21 décembre, que, depuis plusieurs siècles, l'empire de Russie repose sur la religion grecque comme sur un roc *inébranlable*. Je ne veux pas demander ce que c'est qu'une base inébranlable qui peut être ébranlée par trois ou quatre Jésuites qui la touchent du bout du doigt; je dis seulement que si jamais, en vertu de la souscription d'un prince catholique quelconque, on venait à lui demander quelque acte de tolérance contraire à ses principes, il prouverait sur-le-champ, par le décret rendu contre les Jésuites, que tout prince souscripteur de la convention a tout le droit possible de défendre *sa religion*, n'en déplaise *à la religiosité*.

115. — A madame la comtesse de P., à Vienne.

Saint-Pétersbourg, 20 janvier 1816.

Madame,

Vous désirez connaître ma façon de penser sur le fameux ukase du mois dernier, qui a supprimé le collège des Jésuites de Saint-Pétersbourg. Vous êtes bien curieuse, Madame (avec votre permission); et si la poste, par hasard, l'était autant que vous?... Cependant, comme je lui ai déjà fait mes confidences sans restriction, je lui permets volontiers de me lire deux fois.

Les personnes mêmes qui liront cet ukase avec le plus de chagrin, trouveront de quoi louer l'empereur. Il était en colère contre l'Ordre, chaque ligne le prouve; et néanmoins, au lieu de l'expulser de ses États, il s'est borné à lui interdire les deux capitales : c'est un devoir de rendre justice à cette modération.

Si vous observez, Madame, que S. M. Impériale est peut-être le prince qui a eu les plus terribles préventions contre l'Ordre des Jésuites, et qu'il a laissé ces Pères tranquilles ici pendant quatorze ans, uniquement par défiance de lui-même et par déférence pour les opinions d'autrui, vous trouverez probablement tout comme moi que, même dans cette brusque exécution, on peut découvrir le calme et la bonté. La forme cependant est fort blâmée ici, même par des Russes, à qui le fond ne déplaît pas. En effet, on ne voit paraître dans cette affaire ni ministre, ni magistrat d'aucune espèce, ni accusateur, ni défenseur, ni, en un mot, aucune communication quelconque entre l'autorité qui frappe et le sujet frappé. Tout se passe militairement; et ces religieux, après avoir été enfermés, chacun dans leur chambre avec une garde à leur porte, sont partis sans avoir même pu prendre congé d'aucun de leurs amis. D'un autre côté, il faut observer que chaque gouvernement a ses formes. De tout temps les empereurs de Russie ont exercé cette plénitude de pouvoir. Je suis aussi éloigné de condamner cette jurisprudence que de l'envier. Tout peuple a le gouvernement dont il a besoin.

En second lieu, il peut bien se faire que l'empereur, par cet ukase parti du palais comme la foudre part de la nue, ait voulu calmer une foule de têtes échauffées en leur donnant cette satisfaction, sans aucun préjudice sensible pour l'humanité; car ces messieurs n'ont point été maltraités dans leurs personnes. Ils ont été pourvus de pelisses et de bottes chaudes d'une bonne qualité, et embarqués dans des kibitkas, voitures couvertes, quoique non fermées, et où l'on peut s'arranger passablement.

Il peut se faire enfin que Sa Majesté Impériale ait voulu éviter une scène qui aurait eu lieu infailliblement, si les pères Jésuites avaient pu voir leurs amis. Ils sont partis dans la nuit du 22 au 23 décembre, à trois heures du matin, sans avoir vu une seule personne de leur connaissance.

Il est bien vrai qu'après avoir tout pesé équitablement, il reste une certaine opposition entre la forme et le fond; car la forme semble appartenir à un crime de lèse-majesté, et le fond est la conversion présumée *de quelques enfants et de quelques femmelettes;* de sorte qu'on pourra demander : *N'est-ce que cela?* Mais cet inconvénient était inséparable du système adopté.

L'ukase a été rédigé par M. l'amiral Chichkoff, bon vieillard, simple, pieux, connu par une assez grande érudition et par une connaissance approfondie de sa langue; mais cependant nullement fait pour prêter sa plume à un empereur de Russie. Il manque tout à fait de ce laconisme, de cette *philosophie du style* (si je puis m'exprimer ainsi) et de ce tact délicat qui met chaque chose à sa place. C'est lui qui a transporté dans les actes diplomatiques et ministériels ces textes de l'Écriture qui ont si peu satisfait l'oreille européenne. Le vin de Tokai est excellent sans doute; cependant on n'en met point dans une soupe.

Une disposition très-sage de l'ukase, c'est celle qui appelle un autre ordre religieux à l'administration de l'Église catholique. Des séculiers desservants en auraient fait ce qu'elle était auparavant, un véritable brigandage. Ce sont des dominicains qui viendront remplacer les Jésuites. J'ai demandé ce que c'étaient que ces dominicains; on m'a répondu : « *Ce sont des paysans polonais.* » Mais on est toujours prêt à penser et à parler mal. Ce qu'il y a de malheureusement sûr, c'est que l'Église catholique (de dix mille âmes au moins) reçoit un coup mortel. Le soulagement actif des malheureux, *sans distinction de culte*, est surtout un département sacré à peu près supprimé. Je suis persuadé que l'empereur le sait, et qu'il en gémit; mais il obéit, comme il est bien naturel, à la raison d'État. Il a vu dans l'histoire les guerres de religion; il a raison de les craindre. — Voici cependant une grande vérité bien peu aperçue. Les querelles de religion deviennent sanglantes lorsque les hommes passent du *plus* au *moins*, ce qui est bien juste; mais lorsqu'ils remontent du *moins* au *plus*, jamais ce retour *n'a fait, ne fera* ni *ne peut faire* verser une seule goutte de sang; car pour se battre il faut être deux; et comment le souverain se battra-t-il avec des hommes dont le premier dogme est de ne jamais attaquer la souveraineté? Il en fera des martyrs tant qu'il voudra, jamais des révoltés.

L'Église russe reçoit, à son tour, un coup mortel par l'ukase du 20 décembre : son clergé n'a point d'existence, point de force, point de considération; il ne sait rien, il ne dit rien, et il ne peut rien. Jamais incrédule ne songea à livrer un combat à l'Église orientale, et jamais celle-ci n'a rien fait pour défendre ses propres dogmes. Le protestantisme, le socinianisme, l'illuminisme (qui est venu à bout de se faire entendre très-haut), attaquent tous ensemble, et plus fortement que jamais, la foi commune. Nous sommes plantés comme les grands sapins des Alpes qui arrêtent les lavanges (1). Si l'on nous arrache, en un clin d'œil la broussaille sera couverte. Ainsi, les *Jésuites gardaient l'Église russe.*

Vous lirez, Madame, dans le décret, que « la compagnie de Jésus fut *abolie* par une bulle; » cela n'est pas exact. Elle a été *rétablie* par une *bulle;* mais elle fut *abolie* par un *bref,* qui ne supposait pas le pape conseillé. Vous lirez ensuite, Madame : *Quelques femmes d'un esprit faible et inconséquent.* Le texte russe dit : *Quelques personnes du sexe le plus faible;* et la Gazette officielle de Saint-Pétersbourg (édition allemande) répète : *Einigen Personen des schwächern weiblichen Geschlechts.* Je ne sais comment on s'est permis une traduction qui servira cependant de texte à toute l'Europe. Ce qu'il y a de bon, c'est que les dames que ce texte frappe, et que tout le monde connaît parfaitement, sont bien ce qu'on peut imaginer de plus distingué en vertu, en esprit, et même en connaissances, sans parler du rang, qui est pourtant quelque chose. Mille badauds en Europe croiront cependant, sur la traduction française, qu'il s'agit ici de quelques vendeuses de pommes.

---

(1) Vieux mot usité encore dans les montagnes au lieu d'avalanches.

116. — A M. le comte de Blacas, à Naples.

Saint-Pétersbourg, 27 janvier (8 février) 1816.

Non, sans doute, mon très-cher comte, je ne puis vous oublier; mais vous bouder un peu, pourquoi pas? L'amitié est soupçonneuse, et ce *défaut* lui fait honneur. Depuis que vous étiez sur votre piédestal, je croyais voir en vous un certain changement. Je savais assez à quoi vous obligeait votre position, et je ne vous demandais pas des pages; mais le mouvement de la musique n'a rien de commun avec la longueur des pièces. Un *allegro*, un *largo*, un *prestissimo*, peuvent avoir dix mesures ou mille, sans cesser d'être chacun ce qu'ils sont; je sentais je ne sais quoi de gêné qui me peinait. Lorsque vous arrivâtes en France, ce fut une fête dans le milieu de mon cœur; il me semble même que ma première lettre était tout à fait sur le ton triomphal. Ensuite je me mis en tête, je ne sais comment, que d'une manière ou d'une autre il dépendait de vous de m'amener à Paris. Il me semblait qu'un coup d'œil quelconque, arrivé du côté où vous étiez, n'excédait pas les espérances légitimes d'un cœur élevé sans être présomptueux. Mais chaque homme étant naturellement disposé à s'estimer trop, je ne refuse pas de me faire la leçon sur ce point; ce qui m'étonna, et ce qui m'étonne encore, c'est la réponse à un mot que je vous adressai. Deux lignes entortillées, à la manière de la feue prêtresse de Delphes; et depuis, silence profond . . . .
. . . .

Maintenant, je suis bien aise que votre lettre de Naples soit venue donner un coup d'épingle à ce cœur. Cela fait pssst, et puis tout est dit. Au reste, Monsieur le comte, sans préjudice de la petite bouderie, je n'ai pas cessé un moment de m'occuper de vous et de rompre des lances pour vous; car le déchaînement d'ici ressemblait à celui de France. La correspondance de M. de C. me fit mal au cœur, et je vous sais gré de n'y avoir pas répondu. Une chose que j'ai vue depuis, et qui m'a fait grand plaisir, c'est la correspondance de M. de F., dont malheureusement je n'ai lu que la première partie. Elle fait honneur à lui et à vous, monsieur le comte. Quant à votre sainte charte, je trouve qu'elle fait aussi beaucoup d'honneur au roi, mais point du tout à la nation. Toutes ces têtes folles étant grosses de chartes et d'idées libérales, le roi a fait ce qu'il a pu. Il a tiré fort bon parti de la constitution anglaise, et il l'a ajustée à votre taille, comme les confesseurs donnent l'absolution, *in quantum possum et tu indiges*. En vérité, je ne vois pas qu'il eût été possible de mieux faire. Quant aux Français qui tendent la main aux Anglais, et vont *gueuser* une constitution chez eux, comme on demande une soupe lorsqu'il n'y a point de pain à la maison, ce sont de pauvres gens. Je n'en combattrais pas moins jusqu'à la mort pour la charte, si j'avais l'honneur de siéger dans l'une ou dans l'autre de vos deux chambres, quoique je sois très-certain qu'elle ne peut durer, parce qu'une chose peut être très-bonne aujourd'hui, quoiqu'elle ne doive plus l'être dans cinquante ans ou demain, et parce qu'il n'y a dans ce moment d'autre loi, d'autre salut, d'autre constitution que de marcher avec le roi, dût-il même se tromper en quelque chose. Si cette doctrine n'est pas la vôtre, Monsieur le comte, j'espère au moins que vous ne me ferez pas brûler pour la mienne. Vous m'apprenez de Naples, le 14 décembre, qu'on a imprimé quelque chose de moi à Paris. Bien obligé, car, pour moi, je n'en sais rien. J'ai donné l'ouvrage à quelqu'un, qui l'a donné à quelqu'un, qui l'a donné à un troisième, qui l'a donné à un imprimeur. Dieu sait ce qui arrivera à mon pauvre opuscule à travers toutes ces cascades ! C'est l'ouvrage de Plutarque, intitulé *Sur les délais de la justice divine dans la punition des coupables.* C'est le chef-d'œuvre de la morale et de la philosophie antiques. Vous serez ravi des belles choses que vous y trouverez. Le tout est devenu un joli petit livre, par la manière dont j'ai arrangé tout cela. Je pense que vous commencez à comprendre, cher comte, pourquoi je ne vous l'ai pas envoyé. Si, par hasard, il paraît, achetez-en vite un exemplaire, et recevez-le de ma part, je vous en prie. Je n'en sais pas davantage.

A moins que vous n'en jugiez tout à fait autrement, Monsieur le comte, je vous aime mieux à Vienne, au moins pour quelque temps encore. L'eau n'est pas assez claire pour un poisson de votre espèce. Tant que la devise latine des monnaies n'est pas rétablie, tant que la potence n'a pas repris sa place, au préjudice de la guillotine, et tandis que cet honnête homme que vous ne pouviez supporter à vos côtés ne sera ni jugé, ni honni, ni chassé, vous êtes toujours en révolution.

Après vous avoir longtemps parlé de vous, Monsieur le comte, parce que vous êtes véritablement le sujet de la lettre, je suis fâché de n'avoir pas de fort bonnes choses à vous dire de moi. Vous savez que, pendant que j'étais votre voisin, *je ne cessais de mourir de faim ;* ce petit malheur s'est très-peu adouci. J'ai été, comme d'autres fidèles, complétement *pipé* par les événements, et je ne sais, en vérité, ce qui arrivera de moi ; l'âge avance, et je ne vois devant moi qu'un assez sombre avenir. Parlons d'autres choses. Dites-moi, je vous prie, par quel hasard, par quelle fortune, par quel zigzag de circonstances je puis avoir le bonheur d'être connu de madame la comtesse de Blacas. A-t-elle été en Écosse ? car ceci a l'air d'une seconde vue. Quoi qu'il en soit, mettez-moi à ses pieds, je vous en prie, Monsieur le comte, et témoignez-lui le grand désir que j'ai d'être connu d'elle d'une manière moins surnaturelle.

Je ne vous dis rien de la France : *cette image cruelle sera pour moi de pleurs une source éternelle.* — Éternelle, c'est-à-dire comme moi ; car, à la fin, il faudra bien que quelque *nouveau miracle* la tire de là. C'est encore un point sur lequel je voudrais bien vous parler. On voit à présent ce qu'on ne voulait pas voir, et comment les badauds sont les victimes. Mais je ne veux pas me lancer, mon très-cher comte ; ne m'oubliez pas, je vous en prie : aimez-moi toujours, faites-moi savoir où vous êtes. Votre dernière lettre m'a fait vomir un peu de fiel sucré que j'avais sur le cœur ; vous ne sauriez croire combien je m'en porte mieux. Mais ne m'en faites plus faire ; ne m'envoyez plus de phrases ministérielles : à quoi cela peut-il servir ? Adieu, Monsieur le comte ; ne doutez jamais ni de ma tendresse, ni du besoin que j'ai de la vôtre.

---

117. — Au prince de Koslowski.

Saint-Pétersbourg, 2 (14) février 1816.

J'ai reçu presque à la fois, mon très-cher prince, vos deux lettres des 30 novembre et 7 janvier dernier, et j'y réponds à la hâte sans trop savoir combien je pourrai écrire de lignes, tant j'ai d'ouvrage sur les bras, sans un seul Israélite pour les soutenir. Je me réjouis fort que vous persévériez dans vos études de jurisprudence ; mais prenez garde, je vous prie, qu'il y a loin de la loi des Douze Tables aux *basiliques* du Bas-Empire. La loi que vous me citez n'est pas de Justinien ; si je ne me trompe, elle est des deux *poupons* Arcadius et Honorius ; et quoique je ne l'aie pas lue depuis trente ans au moins, je crois me rappeler cette phrase charmante : *Adeo ut sit illis vita supplicium et mors solatium*. Mais ce n'est pas là du tout le droit romain. Cherchez les Pandectes de Pothier (*Pandectæ Justinianæ in ordinem congestæ*, 3 vol. in-fol.), livre unique par l'immensité et la perfection du travail. Les préfaces qui précèdent la partie criminelle vous en apprendront suffisamment. Mais comme la procédure civile et criminelle des Romains mérite fort une étude particulière, entre plusieurs livres qui pourront vous éclairer sur ce point, vous pouvez choisir *Sigenius de judiciis*, et *Julius Pollectus de foro romano*. Vous serez surpris de la grande analogie de la procédure romaine et de l'anglaise. La ressemblance est telle, qu'elle a fourni la matière d'un in-4° intéressant que j'ai feuilleté jadis dans la bibliothèque publique de Lausanne, mais dont le titre m'a échappé.

Au reste, mon prince, sur la jurisprudence, et surtout sur la jurisprudence criminelle, je ne me fie nullement aux philosophes. C'est une science toute pratique qu'on n'apprend que dans les tribunaux. A mon âge, je suis encore à trouver un homme d'esprit, quoique parfaitement raisonnable sur d'autres choses, qui ait pu me parler raison sur ces matières. Je suis bien fâché de différer énormément avec vous sur un objet capital : je veux dire, la *peine de mort*. Non-seulement je crois qu'il ne faut pas l'abolir, mais je crois que toute nation qui l'abolit se condamne, autant qu'il est en elle, à la seconde place. Les nations du premier ordre ont toujours condamné et, si je ne me trompe, condamneront toujours à mort. Il peut bien se faire qu'un jour ou l'autre, lorsque je ne me promènerai plus sur ce globe, vous disiez, en lisant certaines choses : — Ah ! voilà donc ce qu'il voulait me dire le 14 février 1816 ? Mais, pour aujourd'hui, *basta cosi*.

Je ne nie pas cependant que l'abolition de la peine de

mort ne soit un bien chez vous, sous un point de vue relatif, c'est-à-dire qu'elle s'oppose à un autre grand mal; mais toujours cette abolition sera ou *signe* ou *cause* d'infériorité. Ainsi, mon prince, je ne puis vous adresser un compliment sur ce point.

Vous avez grandement raison! Jamais on n'a écrit sur la Russie avec amour. L'idée que vous me proposez m'a souvent passé dans la tête. Cet ouvrage serait très-intéressant; mais il ne peut être écrit en Russie. Je ne m'aviserai point de vous parler de votre littérature, car je ne sais pas votre langue, ce qui me fâche beaucoup. Je crois voir ou entrevoir que la suppression du Théâtre-Français favorise beaucoup le vôtre, et qu'en général la langue et la poésie se perfectionnent sensiblement. Je n'ai ouï citer avec éloge aucun ouvrage de jurisprudence et de philosophie. Sur ces deux points d'ailleurs, comme encore sur celui de la religion, vous êtes livrés, pieds et poings liés, aux Allemands. Les hommes influents étant à cet égard ou complices ou trompés, je n'y vois pas de remède. La science seule nous mène droit à un changement infaillible. Toute votre noblesse est militaire, elle l'est dès l'enfance; et le service exigeant une grande application des forces physiques et presque tout le temps de l'officier, il s'ensuit que le militaire (sauf les armes spéciales) est ignorant par essence, c'est-à-dire nécessairement. Pendant ce temps, cette même noblesse se ruine et par ses folles dépenses et par la fatale mollesse des lois, qui ne savent pas la forcer à payer ses dettes. Le second ordre accourt donc, et s'empare *de toutes les richesses et de toutes les lumières.* Ergo, etc...... J'espère, mon prince, que vous ne me direz pas, comme Molière : *Votre ergo n'est qu'un sot.*

Sur le clergé, je suis tout à fait de votre avis. J'ai parlé souvent à de très-bons esprits de votre pays sur ce sujet intéressant. Entre un pope et un tuyau d'orgue, je ne vois pas trop de différence : tous les deux chantent, et voilà tout. Souvent j'ai demandé à vos gens instruits leur avis sur la manière de civiliser le clergé, de l'introduire dans la société, d'effacer cette défaveur qui l'accompagne plus que jamais, et d'en tirer parti pour l'éducation, la morale publique, etc... Tous partagent mon désir, mais sans me donner aucune espérance. Vous voudriez rapprocher votre clergé de Bossuet et de Fénelon ; ainsi soit-il. Mais ce n'est pas à moi à vous apprendre que nous venons de faire un mouvement en sens contraire assez frappant.

Quant à la *Société biblique*, comment n'avez-vous pas encore découvert que c'est une machine protestante, ou, pour mieux dire, socinienne, qui fait grand'peur à l'Église anglicane même, et dont elle voudrait bien se débarrasser ? Sur ce point, comme sur tant d'autres, vous êtes les dupes des étrangers. On parle de *succès prodigieux de la Société biblique*. Quel enfantillage ! Est-ce donc qu'en multipliant les traductions de la Bible on multiplie les chrétiens ?

> . . . . *Non tali auxilio, nec defensoribus istis*
> *Tempus eget.* . . . .

Si l'on établissait une société pour acheter et brûler toutes les traductions de la Bible en langues vulgaires, je serais violemment tenté d'en être. — Mais il me semble que je vous contredis sur bien des sujets ; c'est de l'impertinence *mera e preta :* en tout cas, vous me pardonnerez ; j'aime mieux battre un peu la campagne avec vous, que de ne vous rien dire.

Vous m'exhortez à n'être pas triste ; le conseil est bon, et vaut bien celui-ci : *N'ayez pas la fièvre*. Dans ce dernier cas, je pourrais vous dire : *Donnez-moi du quinquina*. Dans le premier, je ne sais que vous dire : Où est le spécifique ?

Agréez, etc.

118. — A M. le marquis Henri de Costa.

Saint-Pétersbourg, 2 (14) avril 1816.

Comment vous peindre, mon très-cher et excellent ami, le plaisir que m'a fait votre délicieuse épître du 26 février dernier, apportée en trente-cinq jours par le comte de Venanson? Ce plaisir eût été parfait, si vous ne m'annonciez pas le projet de *vous en aller planter vos arbres à Beauregard.* Est-il possible, mon cher ami? Quand j'aurais, comme disent les poëtes, *une langue de fer,* je ne pourrais vous exprimer à quel point ce projet me *désappointe.* J'ai eu deux amis dans ma vie (c'est un nombre prodigieux), le bon Salteur, et vous. Quoiqu'il ne vous égalât ni en élévation de tête ni en chaleur d'entrailles, c'était cependant un excellent homme que je ne cesserai de regretter; mais vous me restiez, et je m'étais arrangé pour radoter auprès de vous, voire même avec vous, si nous étions condamnés à cette triste conformité. Depuis que mon retour est au rang des choses probables, je n'ai cessé de vous contempler comme un point fixe devant mes yeux; je n'ai cessé de penser à ce que je vous dirais, à ce que vous me diriez, au plaisir inexprimable de renouer une liaison jadis si douce et si intime, aux réflexions sans fin que nous ferions sur tout ce qui s'est passé dans le monde depuis notre séparation à Châtillon! — Le croiriez-vous? j'ai pensé plus d'une fois à m'enfermer avec vous sous clef, pour vous faire encore, de ma propre main ministérielle, du café aussi bon que celui dont sans doute il vous souvient, et que nous prenions dans mon galetas près de la *Madone des Anges,* l'an de grâce 1798. Mais vous avez cassé ma cruche, et me voilà plus capot que Perrette. Vous vous en allez à *Beauregard!* quel nerf vous avez pincé dans mon cœur, cher et digne ami, avec ce mot de *Beauregard!* Vous m'avez fait rebrousser de trente ans vers l'âge des jouissances et des enchantements. C'est là que j'ai passé quelques jours de ma vie, si pleins, si heureux; c'est là que je composai, en 1784, ce discours *sénatorial* dont je possède encore une copie écrite de la main de l'infortuné Lavini, et suivie de vos animadversions, très-soigneusement reliées à la fin de l'ouvrage. Savez-vous bien, mon cher ami, que si je m'avisais de passer huit jours à Beauregard, à moins d'être bien entouré, bien soutenu, bien choyé, j'étoufferais infailliblement. Quelles personnes, bon Dieu! quelles soirées! quelles conversations! Et vous, cher ami, comment ferez-vous? Croyez-moi, n'y allez pas, à moins que vous ne soyez aussi bien défendu. Il faut surtout avoir des femmes, à présent qu'il en est entré de si aimables chez vous, qui puissent vous *papoter* et roucouler tout le long du jour autour de vos oreilles. J'aurais lu avec un profond chagrin ce que vous me dites sur votre accident, si votre lettre ne vous réfutait pas d'une manière si aimable. Pour moi, j'ai joui jusqu'à présent d'une santé insolente; mais ce sont précisément ces tempéraments qui sont le plus sujets à s'abîmer brusquement. Ils ressemblent à ces terres riveraines, minées en dessous par l'*onde fugitive,* couvertes d'herbes et de fleurs; rien ne les distingue des autres, puis tout à coup *plouf!*

Pas n'est besoin, je pense, de vous dire à quel point j'ai applaudi à votre noble entreprise littéraire. J'attends beaucoup de vous dans ce genre. C'est mon affaire de me procurer le livre dès qu'il paraîtra : la vôtre est de remettre à mademoiselle d'Oncieu un petit carré de beau papier enfermé dans une enveloppe à mon adresse, sur lequel vous écrirez deux lignes témoignant que le livre vient de vous, et que je puisse coller sur le revers de la couverture. J'espère que vous ne me ferez aucune *sotte* difficulté, la chose, à la distance où nous sommes, ne pouvant pas aller autrement. Au reste, Monsieur le marquis, il pourrait bien se faire que j'allasse moi-même chercher votre livre; car, suivant toutes les apparences, je suis sur le point de me *repatrier;* du moins j'en ai fait la demande expresse, et j'insisterai. Mon projet, comme vous l'avez vu sans doute, était de terminer ici ma carrière ; mais les choses ont changé, et, par mille raisons longues à raconter, la place n'est plus tenable. Je ne vois pas trop même comment je me relèverai du coup que j'ai reçu dans les tristes lambeaux de ma fortune !... Mais parlons d'autre chose. Je vous remercie d'avoir constamment pensé à moi ; ne perdez jamais cette habitude, je vous en prie. — Mon frère, qui est maintenant à Abo, en Finlande, sera bien joyeux de votre souvenir. Je suis charmé que vous ayez goûté son *Lépreux,* dont je suis grand partisan. Je vais sur-le-champ écrire à ce bon Xavier pour lui faire connaître votre souvenir et votre approbation. Ma femme, mon fils, mes filles se lèvent en masse pour vous saluer tendrement. Le second est capitaine en pied dans le premier régiment de l'empire (les chevaliers-gardes); mais, comme je vous disais, l'édifice que je bâtissais est renversé, et il faut recommencer par la première pierre.

Sans mes deux filles, je prierais ma femme de se faire religieuse, pour me laisser la liberté de me faire moine. Vous me recommandez de prier Dieu pour vous. La règle serait de vous répondre : *C'est bien à vous de prier pour moi;* mais il me semble que les compliments ne sont pas de mise en si grave sujet. J'aime donc mieux vous répondre que je ferai, quoique indigne, tout ce qui dépendra de moi, en vous priant, en style diplomatique, *de m'accorder la réciproque, et même plus s'il y échoit.* Témoignez mon souvenir à vos chers enfants : je les porte tous dans mon cœur. J'ai pris une part infinie à leurs succès, et sur l'heureux *Crescite et multiplicamini* prononcé au milieu de votre famille par la divine Providence. Il lui a plu d'envoyer une partie de ma famille à Gênes. *Ce sont là de ses coups!* Qui sait ce qu'elle fera encore de moi! Mon fils est lieutenant-colonel : je veux me proposer comme tambour dans le régiment où il se trouvera. J'ai de l'oreille et les bras encore très-dispos : c'est le seul emploi pour lequel je me sente des dispositions décidées. Adieu mille fois, cher et digne ami, le compagnon, le consolateur de ma jeunesse, l'*animateur* de mes efforts, et l'objet constant de ma tendresse. J'espère vous voir encore, et vous *rabâcher* mille choses peu connues. Voyez-vous le marquis de Barol, l'abbé de Caluso? S'ils sont de votre connaissance, rappelez-moi à eux, je vous en prie. Dites à ce dernier que je me suis senti constamment pauvre depuis qu'il ne m'a plus été possible de le piller.

Tout à vous, excellent ami; je vous serre dans mes bras.

---

119. — **A M. le vicomte de Bonald, de l'Académie française, membre de la chambre des députés, à Paris.**

Saint-Pétersbourg, 8 (20) mai 1816.

Voilà ce que c'est que d'être législateur, on méprise tous les hommes qui n'ont point de constitution; et il n'y a plus moyen de tirer de lui pied ni aile. Si je ne me trompe, Monsieur le vicomte, vous me deviez une réponse au moment de votre dernière hégire : j'avoue qu'il faudrait être bien injuste pour exiger quelque chose de vous à une telle époque; mais à présent que toutes les choses sont à leur place, et que l'homme le plus difficile n'a plus rien à désirer, rien n'empêche, je pense, que je ne vienne vous attaquer de nouveau, et continuer, au moins de loin en loin, une correspondance à laquelle j'attache tant de prix. Il m'est impossible, Monsieur, de vous exprimer l'intérêt avec lequel je vous ai suivi dans les comices nationaux, où vous dites de si bonnes choses; je suis fâché seulement que, vos anciennes erreurs prenant de temps en temps le dessus, il vous soit échappé quelques blasphèmes qui ont scandalisé le ci-devant archevêque de Malines. Ceci, Monsieur le vicomte, me paraît très-sérieux; et si vous m'en croyez, vous recourrez au roi pour être réhabilité.

Quel plaisir je trouverais à jaser avec vous sur l'état actuel des choses! Quel fonds inépuisable de réflexions et d'instructions! Il y a de quoi trembler, sans doute; mais, si je ne me trompe aussi, les principes français ne sont pas étouffés, et la vérité conservera sa devise éternelle : *Nubila vincit.* Après la maladie horrible qui vous a travaillés pendant vingt-cinq ans, il ne serait pas raisonnable d'attendre une guérison subite; c'est assez qu'il y ait des germes de restauration qui se développent graduellement : c'est un spectacle qui m'occupe presque exclusivement, que celui d'Oromaze et d'Ahrimane se battant dans votre assemblée. Il n'y a ni prêtre ni évêque, à ce que je vois; mais, en revanche, il s'y trouve des protestants. Cela me rappelle une facétie digne de Brunet, si elle n'est de lui : « Votre future n'a pas d'esprit, mais en revanche elle est « très-laide. »

J'ai pris beaucoup de part à votre promotion littéraire; seulement je voudrais pouvoir vous appeler l'un des Quarante. Je ne puis souffrir le mot d'Institut national à la place de celui d'Académie : c'est Garguille au lieu de Bonald; mais c'est encore un point sur lequel j'espère avoir un jour pleine satisfaction, car il me semble voir un penchant, un *nisus* caché vers les anciennes formes et les anciennes dénominations : et c'est tout ce qu'on peut souhaiter.

Je me rappelle que vous eûtes la bonté de m'adresser, il y a deux ans, un tableau de la France qui faisait plus d'honneur au peintre qu'au modèle. Reprenez vos pinceaux, je vous en prie, et envoyez-moi, de grâce, un nouveau cadre qui me fasse voir votre patrie comme vous la voyez; du moins si les couleurs doivent être moins sombres, car si vous n'avez pas des espérances, je ne vous demande rien.

Depuis que je n'ai eu l'honneur de vous écrire, nous avons chassé les Jésuites de cette grande capitale; en même temps Sa Majesté l'empereur de la Chine les a redemandés. Recevez-les en France; il y aura un moyen de se consoler de ce qui est arrivé ici. *Savoir, c'est savoir par les causes*, disait la vieille école. Je vous amuserais beaucoup si je pouvais vous développer de vive voix toutes celles qui ont amené une catastrophe si fatale à l'Église catholique : il vous suffira de savoir, Monsieur, que le mouvement des esprits vers notre croyance était devenu si rapide, et les conversions si marquantes par le nombre et la qualité des personnes, que le fanatisme et l'autorité ont été alarmés à la fois. Il faut avouer aussi que, du côté des apôtres, le zèle a été parfois un peu précipité; il a manqué dans cette occasion, à la cause de la vérité, ce qui manque si souvent, *une grande tête à la tête des têtes*. Ce que nous avons vu n'est pas moins infiniment intéressant; car il est bien vrai que les Jésuites tâchaient de profiter du mouvement des esprits; mais il n'est pas vrai du tout qu'ils l'eussent produit. Le branle est donné de plus haut, et ne s'arrêtera point, quoiqu'il ne soit plus aidé par tant de bras vigoureux.

Dans peu vous verrez à Paris une dame russe, madame

de Swetchin, femme d'un ancien gouverneur général, et peut-être encore madame sa sœur. Toutes les deux sont très-bonnes à connaître ; mais la première est une amie que je prends la liberté de vous recommander très-particulièrement. Vous n'aurez jamais vu plus de morale, d'esprit et d'instruction réunis à tant de bonté. Elle vous estime infiniment, car elle vous a beaucoup lu ; et comme elle sait que nous sommes en correspondance, elle m'a demandé une lettre pour vous : je ne manquerai pas de la lui donner ; mais je suis bien aise, puisque j'en trouve l'occasion, de vous prévenir à son sujet ; je ne manquerai pas de vous intéresser en vous disant à l'oreille que cette excellente personne est une de celles qui, sur la plus importante des questions, n'ont point du tout *perdu leur latin*.

Je me recommande de tout mon cœur à votre souvenir dans les interstices de vos grandes occupations. Agréez, je vous en prie, l'assurance de l'estime sans bornes et de la haute considération avec laquelle je suis,

Monsieur le vicomte, etc.

---

120. — A M. le duc de Doudeauville, pair de France, à Paris.

Saint-Pétersbourg, 26 mai (7 juin) 1816.

Avec quel plaisir j'ai reçu votre lettre, Monsieur le duc ! de quels charmants souvenirs vous avez rempli mon esprit ! Les temps où j'eus le bonheur de faire connaissance avec vous étaient bien durs ; ceux où je pus cultiver cette connaissance à mon aise ne l'étaient pas moins ; et cependant nous y avons trouvé bien des douceurs. La vie des exilés ressemble un peu à celle des guerriers ; on finit par y trouver des charmes. Les hasards, les dangers, les surprises, les aventures amusent la tête et même le cœur. L'émigration m'a fourni des tableaux qui ne s'effaceront jamais de ma mémoire tant que j'en aurai une. Parmi ces tableaux, permettez-moi de vous rappeler celui de M. le duc de Doudeauville entrant chez un pauvre fébricitant avec une certaine bouteille à la main. — Bon Dieu! est-ce hier, Monsieur le duc? est-ce avant-hier? Hélas! non; c'est en 1798. Cependant il m'en souvient comme d'hier. Combien il m'eût été doux de pouvoir me rapprocher de vous depuis que la scène a changé! Toutes mes inclinations m'auraient porté vers les *rives* que vous habitez; mais je ne sais quelle main de fer m'a constamment retenu à mille lieues de vous, dans un pays dont je croyais enfin être devenu citoyen pour toujours, car je m'y étais tout à fait accoutumé, acclimaté et *acoquiné*; mais voilà cependant quelques signes de retour que j'aperçois dans ce moment! Si jamais je me trouve à Turin, je me croirai à Paris. Ne doutez pas, Monsieur le duc, que je n'aille un beau matin vous demander à déjeuner; et nous verrons si vous avez encore une bouteille de vin à mon service. Mais je vous en prie, Monsieur le duc, point de miel dedans, ni de quinquina. Ensuite nous parlerons de tout ce que vous voudrez, et surtout de ce *rocher* dont votre lettre fait une mention très-honorable. Hélas! Monsieur le duc, il y a danger partout. Quoi qu'il en soit, Dieu m'ayant refusé le plaisir du choix, je me souviens de l'antique maxime qui nous avertit de suivre la chaîne qui nous tire, autrement on est meurtri et traîné! Il vaut mieux marcher. Dieu m'a conservé mon fils au milieu de cette épouvantable traînée de sang qui a mouillé la terre depuis Moscou jusqu'à Paris. — Je l'en remercie. Quant à moi, Monsieur le duc, il m'importe fort peu de terminer ma vie ici ou là.

Je partage de tout mon cœur vos espérances françaises.

Ce système, comme vous avez pu le voir, Monsieur le duc, n'est pas neuf chez moi. Il y a mille apparences contre vous ; cependant je crois que tout ira bien, et que vous finirez par prêcher le genre humain. Vous lui devez une propagande d'un nouveau genre pour vous absoudre auprès de lui de celle de 1790, et vous êtes de trop honnêtes gens pour ne pas vous acquitter fidèlement. — Comme j'ai ri de ces braves *gens qui prennent à gauche, tout en s'asseyant à droite!* On ne saurait mieux dire. Il y aura mille anicroches de ce genre; cependant il arrivera au roi ce qui arriva à César : *Il viendra, il verra, et il vaincra.* La seule différence (et malheureusement elle n'est pas mince), c'est qu'il fera tout cela en beaucoup de temps ; à cela, il n'y a pas de remède. Depuis Celui qui disait, *Surge et ambula,* on ne guérit plus subitement des maux affreux de vingt-cinq ans. Pendant que j'ai l'honneur de vous écrire, j'entends encore parler de troubles assez sérieux, de drapeau tricolore, et de villes sommées au nom de l'empereur ; c'est tant mieux. Toute insurrection qui ne réussit pas décourage plus ou moins l'esprit qui l'a produite, et renforce le gouvernement. Je traite souvent ces grandes questions avec le *porteur de votre lettre,* qui a mille bontés pour moi. Je retrouve toujours avec plaisir ces échantillons de la vieille France qui aident si fort mes espérances ; vous me fournîtes jadis les mêmes arguments, Monsieur le duc, et si j'avais le bonheur de vous voir maintenant, vous les renforceriez encore ; mais, hélas ! il faut se contenter de vos lettres, qui sont bien tout aussi concluantes, mais non pas si douces pour moi. Conservez-moi toujours, Monsieur le duc, des sentiments auxquels vous m'avez accoutumé, et qui sont devenus pour moi une propriété tout à fait chère. Je tournerais la feuille peut-être, si j'avais pu disposer d'une certaine occasion qui m'a manqué. Je m'en fie donc à cette vieille commissionnaire qu'on appelle la poste, pour vous assurer de mon éternel dévouement. Ma femme est bien sensible à votre souvenir, et me charge de vous faire ses compliments. Agréez mes hommages, Monsieur le duc, et ma très-haute considération.

---

121. — A mademoiselle de Tortouval.

Saint-Pétersbourg, 24 juin (6 juillet) 1816.

Mademoiselle,

Cette lettre vous sera remise par une dame russe qui s'en va passer quelque temps à Paris, et qui a besoin de connaissances dans cette grande ville. On la nomme ici madame de Swetchin, et il se peut que vous en ayez entendu parler. En tout cas, Mademoiselle, comme je me flatte de n'être pas entièrement effacé de votre souvenir, je puis vous assurer que vous pouvez la recevoir sans crainte; qu'il n'y a rien ici contre elle qui puisse la rendre suspecte à Paris, et que, dans un moment de conjuration surtout (si par hasard le cas se présentait), il n'y a pas la moindre chose à craindre d'elle. Une fois tranquille sur son caractère, vous pourrez l'écouter tranquillement; et parmi tous les discours qui auront lieu entre les deux dames, j'espère, Mademoiselle, qu'il y aura une petite place pour moi, et que l'excellente amie voudra bien vous parler de toutes les mentions honorables que nous avons faites de vous. Je passe rarement sur cette grande place que vous n'avez pas oubliée, sans me rappeler certains mercredis et certains dîners où j'avais tant de plaisir de vous entendre parler *aimablement* raison. Hélas! ce temps est déjà bien loin. Où est ce bon comte de Stedding? et cette petite Thérèse qui faisait des poupées et qui en fait encore, mais de plus parfaites? Toute la scène a changé, et la grande amie vous dira que je pense aussi à lui enlever un acteur. Au reste, Mademoiselle, quelques changements qui s'opèrent dans les décorations, nous sommes toujours devant le monde ; et tandis que nous y serons, je ne pourrai jamais oublier cette réunion si peu commune de grâces, d'esprit et de vertu, qui m'ont si fort intéressé ici. De mon chef, je n'aurais point pris la liberté de vous adresser une épître ; mais en la remettant à la grande amie qui a bien voulu m'encourager à l'écrire, je suis persuadé que vous ne me trouverez point trop impertinent.

Auriez-vous par hasard la bonté, Mademoiselle, de vous rappeler un certain billet où je vous donnai ma parole d'honneur que le gouvernement d'alors, si bien assis et si foudroyant, ne durerait cependant pas plus que ceux qui l'avaient précédé? Pour moi, je me le rappelle comme d'hier. Vous voyez, Mademoiselle, que je suis homme de parole ; c'est avec la même *probité* que je vous prie d'agréer l'assurance de la profonde estime et de la respectueuse considération qui ne cesseront de vivre dans le cœur de votre très-humble et très-obéissant serviteur.

---

122. — A S. E. monseigneur l'archevêque de Raguse.

Saint-Pétersbourg, 1816.

Monseigneur,

C'en est fait de l'Église catholique à Saint-Pétersbourg. Cette Église si belle, si bien ordonnée, si florissante, a disparu en un instant. Le fatal pressentiment exprimé dans le post scriptum de ma dernière lettre n'était que trop bien fondé : la foudre éclata vingt jours après. Ce qu'il y a de désolant, c'est de voir qu'il eût été extrêmement aisé de prévenir ce mal : plusieurs raisons l'ont amené. D'abord l'ordre des Jésuites était devenu polonais. Les Italiens, les Français, les Allemands, ne comptaient plus, ou ne comptaient pas assez. Or la nation polonaise est malheureusement déchue ; et quoique les Jésuites polonais valent infiniment mieux que leurs concitoyens laïques, cependant il ne faut pas chercher parmi eux des Berthier, des Neuville, des Boscowitz, des Bettinelli, etc., etc. En second lieu, le R. P. général, que je connais et révère beaucoup, excellent sous le rapport de la sainteté, se trouvait cependant, sous le rapport de la politique, de la pénétration et de la force d'esprit, au-dessous des circonstances, qui demandaient la tête d'un Grüber ou d'un Aquaviva. Il y a bien eu aussi quelques imprudences faites dans les conversions, qu'on a menées trop vite et trop publiquement. Enfin, ces messieurs se sont laissé transporter *par le zèle de la maison, qui les dévorait,* mais qui, par cette raison même, les a éblouis sur le danger, en leur persuadant que le moment était venu, et que rien ne pouvait arrêter l'impulsion donnée. Véritablement c'était un spectacle admirable que la multiplicité et la rapidité de ces conversions opérées principalement dans le premier ordre de la société, et il était impossible que le gouvernement ne s'alarmât pas ; je crois cependant qu'il n'aurait pas frappé sitôt, s'il n'avait été poussé, animé, exaspéré par un parti puissant, irrité jusqu'à la rage ; et cette rage a créé malheureusement une véritable raison d'État contre nos chers Jésuites. Moi-même, Monseigneur, je me suis trouvé enveloppé dans l'orage par plusieurs raisons. D'abord, j'étais lié d'amitié avec quelques-unes des personnes les plus marquantes de la nouvelle Église longtemps avant les derniers événements ; et lorsque le moment du danger est arrivé, j'aurais trouvé indigne de leur fermer ma porte. En second lieu, le prince Alexandre Golitzin, *ministre des cultes* et prodigieusement irrité contre nous, s'était mis, je ne sais pourquoi, à me regarder comme l'arc-boutant du *fanatisme*. Je ne me suis jamais gêné d'ailleurs pour faire entendre que je ne voyais aucun milieu logique entre le catholicisme et le déisme. Enfin, Monseigneur, l'empereur a cru devoir charger un de ses ministres de me parler des soupçons qui étaient arrivés jusqu'à lui. J'ai prié ce ministre d'assurer S. M. I. *que jamais je n'avais changé la foi d'aucun de ses sujets; mais que si quelques-uns d'eux m'avaient fait par hasard quelques confidences, ni l'honneur ni la conscience ne m'auraient permis de leur dire qu'ils avaient tort.* Les circonstances m'ont conduit bientôt après à répéter cette déclaration de vive voix à S. M. I. même. La chose s'est fort bien passée : cependant, je ne voudrais pas répondre qu'il ne restât, au moins pour quelque temps, encore un peu de rancune dans le cœur impérial. J'ai bien connu qu'on lui a fait des contes, mais je m'en inquiète peu. Il ne faut pas, comme dit une *fable très vraie*, s'amuser à tuer les cigales : il faut attendre paisiblement l'hiver.

Dans le jugement porté contre les Jésuites, Votre Excellence aura aperçu des choses dures; mais plusieurs choses aussi font honneur à l'empereur. Il n'a point sévi contre les personnes ; il n'a point chassé ces pères de tous ses États : il les a fait soigneusement et à grands frais habiller, nourrir et escorter. Et si vous songez, Monseigneur, que, de tous les souverains du monde, c'est celui qui a été environné des plus terribles ennemis du catholicisme, du christianisme même en général et des Jésuites en particulier, vous serez étonné que, dans cette occasion, il ne se soit passé rien de terrible.

Si j'avais l'honneur de voir Votre Excellence, j'aurais celui de lui montrer la racine de tout le mal; je lui expliquerais ce que c'est que l'*illuminisme*, système que j'ai étudié à fond. Elle verrait comment on se trompe tous les jours et à chaque minute, en rangeant sous ce nom des systèmes diamétralement différents; elle verrait encore comment l'illuminisme que j'ai en vue a pu s'insinuer auprès d'un souverain devenu très-religieux, et dicter l'inconcevable convention du 26 septembre dernier. Malheureusement le temps et les forces me manquent, surtout le temps. D'ailleurs, à l'égard des Jésuites, le mal est fait: cette intéressante colonie est blessée à mort. Je ne doute pas que l'empereur, avec la modération et la délicatesse qui le caractérisent, n'ait fait certaines communications au saint-père sur ce qu'il a fait ou voulait faire. Votre Éminence aura vu dans les papiers publics l'ukase du 21 décembre (2 janvier). Quel style! quelle manière! quel accord entre les prémisses et la conséquence! quelle charmante citation de saint Paul! etc. Tout cela est risible; mais ce que Votre Excellence ne peut voir, si elle n'en est avertie, c'est un véritable *faux* qui se trouve dans la traduction française, qui est cependant officielle. Le texte russe dit: *Quelques personnes du sexe le plus faible;* il a plu au traducteur de dire, *Quelques femmes d'un esprit faible et inconséquent*; et cette belle traduction sera prise pour texte dans toute l'Europe.

Ces *femmelettes*, au reste, sont des dames du premier rang et du plus grand mérite, et toutes à peu près en savent plus que la plupart des hommes de ce pays. Maintenant, Monseigneur, je toucherai rapidement quelques points qui intéressent sensiblement la *sollicitude universelle*.

L'état de la Pologne est déplorable, et les meneurs sont antichrétiens du premier ordre: je crois qu'il serait très-aisé aux ennemis du saint-siége d'en détacher la Pologne. Un évêque polonais, mort seulement l'année dernière, disait, peu de temps avant sa mort, *que, dans certains moments difficiles, il fallait se prêter aux circonstances, et qu'à l'époque où il parlait, il croyait qu'on pouvait se passer de Rome.* Le danger est bien plus grand du côté de l'archevêque de Mohilew, Sestrintzewitz, jadis protestant, puis officier hussard, et enfin évêque. C'est lui qui disait un jour à la cour, en voyant passer l'empereur : *Voilà mon pape!* Un gentilhomme russe, qui entendit ce discours et qui me le répéta, en était tout scandalisé. Il est maintenant plus qu'octogénaire : mais quel sera son successeur? Rien n'est plus digne d'occuper d'avance toute la sollicitude de Sa Sainteté, dont la suprématie n'a pas dans ce moment, je ne dis pas de plus faible défenseur, mais de plus grand ennemi secret que l'archevêque de Mohilew. J'abrége ce chapitre.

L'empereur a ordonné, avec beaucoup de sagesse, que l'Église catholique de Saint-Pétersbourg serait administrée par un ordre monastique, et le choix est tombé sur les dominicains ; mais ce qui nous est arrivé est de la médiocrité la plus affligeante, et la force cachée qui travaille contre nous sait bien que, du mépris des docteurs au mépris de la doctrine, il n'y a qu'un pas. En conséquence, elle s'est chargée de nous donner des ministres ou mauvais ou ridicules. Dernièrement on a fait prêcher un Polonais en italien, etc., etc. Il faut saisir cette *anse* qui nous est présentée, et tâcher de tirer parti de l'ordre de Saint-Dominique pour introduire ici de dignes ouvriers. La prédication et la *catéchèse* avaient lieu ici en quatre langues, en français, en italien, en allemand et en polonais. Cette instruction doit subsister; et c'est une raison d'introduire ici des étrangers, sans détour, sans mystère, et avec la permission du gouvernement, en un mot, à visage découvert.

L'empereur de Russie a plus de dix millions de sujets catholiques. Il n'y a pas d'idée plus révoltante que celle de priver une telle masse d'hommes de tout organe de la même religion auprès du souverain. *Au procureur général de l'empereur près le saint synode a succédé un ministre des cultes,* institution de Bonaparte, qui se plaisait à confondre tous les cultes, pour les avilir tous les uns par les autres. Je ne sais comment le sage empereur a conservé cette institution transplantée par le fameux *Speransky*, et qui aurait dû tomber avec lui ; mais, puisqu'elle existe encore, comment ose-t-on parler de *tolérance* à notre égard, tandis que la moindre de nos demandes doit passer par le canal d'un homme étranger à notre langue religieuse, à nos dogmes, à nos sentiments, à nos usages, et qui se déclare d'ailleurs publiquement notre ennemi ? Autant vaudrait dire qu'on *tolère* les juifs, en les obligeant d'entendre la messe et de manger du porc. Il me paraît impossible que, d'une manière ou d'une autre, le saint-père ne puisse faire arriver jusqu'à l'empereur des idées d'une évidence aussi frappante.

J'ai dérobé quelques moments, Monseigneur, à de très-grandes occupations, pour adresser à la hâte à Votre Excellence cette relation et ces courtes réflexions, présumant qu'elle ne les trouvera peut-être pas tout à fait inutiles. Je saisis avec empressement cette occasion de me rappeler à son souvenir, et de lui renouveler l'assurance de la haute et respectueuse considération, etc.

123. — Au R. P. Brzozowski, général des Jésuites, à Polosk.

Saint-Pétersbourg, 28 juin (10) juillet 1816.

Mon très-révérend Père,

J'ai reçu avec beaucoup de plaisir les essais de votre académie, qui m'ont été remis de votre part : le sujet que vous avez choisi sera blâmé par vos ennemis ; cependant ils seront fâchés que vous l'ayez traité, et ce sera une preuve que vous avez bien fait : c'est un trait de christianisme élégant, d'avoir loué l'empereur dans un moment où il frappe sur vous un coup si terrible ; et vous avez le plaisir, d'ailleurs, de louer sans être flatteur, ce qui ne vous conviendrait pas du tout. Devant tous les juges du monde, il n'y a rien de si parfaitement beau que la marche politique et militaire de l'empereur pendant cette mémorable époque qui brillera à jamais dans l'histoire : si l'on considère les difficultés de tout genre qu'il avait à vaincre, la dextérité avec laquelle il a su manier les esprits, le courage personnel dont il a fait preuve, ses résolutions militaires dans les moments décisifs, la protection qu'il a accordée aux princes légitimes, enfin (quoique ce ne soit peut-être pas ce qu'on regarde le plus) la profonde sagesse avec laquelle il a su arrêter l'exagération et conserver ce qui ne devait pas périr, c'est ce que la postérité, toujours équitable, ne cessera de célébrer. Vous avez donc parfaitement bien fait de donner de l'encens à des actions qui en sont véritablement dignes ; mais il faudrait bien se garder d'en faire une coutume, et de créer, pour ainsi dire, *un cycle de louanges*. Dans un moment où ce grand prince vous traite si rudement, il y a de l'esprit et du bon ton à le louer franchement sur ce qu'il a fait de véritablement beau. Tenez-vous-en là : les éloges périodiques ne valent rien.

La latinité de vos orateurs n'est pas encore celle de Maffei, de Petau, de Nocetti, etc.; mais elle a son prix, et tout se perfectionne.

Il serait inutile, mon très-révérend Père, de vous parler de l'immense chagrin que m'a causé ce qui vient de se passer. *Cor regis in manu Domini*, dit très-bien le texte de l'Écriture, qu'on lit dans l'église de Casan : mais *tantôt il le fait vouloir, et tantôt il le laisse vouloir*. Cette fois le cœur n'a point été assisté. Servons les puissances en les respectant, et surtout dans ces sortes de cas. Bossuet a dit merveilleusement : *N'est-ce pas servir l'autorité, que d'en souffrir tout sans murmurer ?*

J'ai eu l'honneur de vous expédier, il y a quelques jours, cinq ou six volumes qui me sont devenus inutiles et qui pourront ne pas l'être pour vous ; mais je ne crois pas trop que vous les receviez avant la fin du mois. Je les ai mis sous l'adresse alternative des RR. PP. Rozaven et Pietroboni. Saluez de tout mon cœur, je vous en prie, mon très-révérend Père, ces deux excellents amis, et dites-leur que la même pacotille contient une lettre pour chacun d'eux. Le jugement qui vous concerne m'a profondément affligé, comme vous n'en doutez pas ; mais la confiscation de vos livres en particulier, lorsqu'on me l'apprit, m'ôta la parole. *Si impetrai!* (ceci s'adresse au P. Pietroboni), je ne m'attendais pas du tout à une telle décision, qui disparait cependant devant le reste. Ma femme et toute ma famille vous font mille amitiés. Souvent nous parlons de vous et de ces deux Pères, et toujours avec le plus vif intérêt. Je ne sais, mon très-révérend Père, *ni si, ni quand, ni où* je vous reverrai. Quoi qu'en ait décidé le grand *autocrate*, l'absence n'influera jamais sur mes sentiments.

Vale ad multos annos, reverendissime Pater, meique in momento magni momenti, scilicet in missæ *Memento*, memento !

Je suis, avec un respectueux attachement, mon très-révérend Père, etc.

---

124. — A M. le marquis Henri de Costa.

Saint-Pétersbourg, 3 (15) juillet 1816.

Vous avez cacheté votre dernière lettre, mon cher et digne ami, avant de pouvoir me dire votre avis sur mon dernier ouvrage que vous teniez; et moi, je suis obligé de cacheter celle-ci sans avoir pu, malgré mes plus grands efforts, aller au delà de votre premier volume : heureusement, il me suffit pour juger parfaitement de l'ouvrage. Juste mesure, simplicité élégante, liberté honnête, choix heureux et sage disposition des matériaux, c'est ce que j'admirerais dans votre œuvre, quand même elle serait partie d'une main indifférente. Vous avez fait un vrai présent à vos compatriotes, qui disent, comme tous leurs contemporains : *Les longs ouvrages nous font peur.* . . . .
. . . .
Enfin, mon cher ami, je vous rends grâces de tout mon cœur, *et je sais ce que je vous dois*, au pied de la lettre. Vous aurez dû plaire infiniment à mon docte cousin le comte Napion, que j'ai vu jadis fort courroucé de l'insolente proposition qu'*on ne pouvait faire lire une histoire de Piémont*. Je ne doute pas qu'après avoir lu vos deux derniers volumes, je n'aie de nouveaux éloges à vous adresser. J'ai pâmé de rire de ce que vous me dites des *magnats*. Quant à Son Altesse Sérénissime monsieur le

public, je suis bien aise qu'il en use bien avec vous, et qu'il vous donne des preuves de son approbation. Il est impossible, au reste, que cet ouvrage ne plaise pas. J'ai particulièrement remarqué, distingué et approuvé l'art avec lequel vous avez su, sans la moindre affectation, encadrer çà et là les meilleurs noms du pays. Au reste, il n'y a que justice. Vous m'avez rappelé, par le contraste, les platitudes du bon Grillet.

Je n'ai pas trouvé dans l'épître dédicatoire votre perfection et votre élégance ordinaires. Je remarque aussi que vous permettez, çà et là, au marquis Costa l'usage de l'adjectif accolé au pronom, de cette manière : *celles résultant*, au lieu de *celles qui résultent ;* ce qui est contraire au dogme français. Je ne dis pas que ce soit tout à fait une hérésie, mais c'est un schisme. Je vous dis ceci uniquement pour vous donner, par mes critiques, une pleine confiance à mes éloges ; et comme je ne doute pas d'une seconde édition, je me réserve de vous envoyer une liste de mes animadversions, si j'en trouve le sujet en avançant.

A votre tour, mon digne ami, je vous somme de m'envoyer une dissertation *hypercritique sur les Délais de la justice divine*. Je ne me rappelle pas d'avoir jamais rien travaillé avec autant de soin : j'ai écrit trois fois ce beau traité de ma propre main ; il a été lu ligne par ligne sur le grec par un habile helléniste, qui ne m'a fait qu'une observation dont vous pouvez juger sans savoir la langue. Il s'agit de savoir si la mère carthaginoise, obligée de voir brûler son fils, était exposée à perdre tout à la fois *et ce fils et le prix de ce fils,* ou bien à perdre *et son fils et l'honneur,* et supposant seulement que le même mot grec τιμή (timé) signifie *prix* et *honneur*. Vous êtes en état de dire votre avis.

Je n'ai point encore vu mon ouvrage ; Dieu sait comment on aura imprimé à huit cents lieues de moi le grec et le latin! Le bourreau de libraire a mis encore mon nom, contre ma défense la plus expresse. Les *Considérations sur la France* m'ayant mis à la mode de ce pays, mon nom peut aider au débit; la bonne foi, la parole d'honneur, ne signifient rien, — *l'Honneur est un vieux saint que l'on ne chôme plus*. — Mes portefeuilles recèlent dans ce moment des ouvrages considérables, — ce qu'on appelle *des ouvrages;* mais qu'est-ce que cela vaut? et comment pourront-ils paraître? c'est ce que j'ignore : la chose dépend en grande partie du sort qui m'attend.

Il vous souvient, mon cher ami, de ma devise si philosophique, *Inimicis juvantibus*. Pour cette fois, je vous l'avoue, je crains que les aquilons ne l'emportent; la balance aujourd'hui penche tout à fait du côté de Bissy, mais peut-être qu'il en sera tout autrement. . . . . . .
. . . . , ...
. . . .
Adieu mille fois, cher et excellent ami; ma femme et mes enfants vous disent mille tendresses. — Voilà une lettre pour cette aimable Clémentine, que je chérirai toute ma vie. Pauvre mère! ah! que de chagrins! je les partage de tout mon cœur : dites-le-lui, je vous en prie. Ce coup est bien perçant après tant d'autres. — Henri, je vous remercie encore de votre livre, et je vous serre dans mes bras.

125. — A madame de Swetchin.

Saint-Pétersbourg, 4 (16 août) 1816.

Voilà deux lettres, excellente Sophie, qui m'ont été remises par le consul d'Angleterre de la part de lord Walpole. A ces deux lettres étaient jointes un certain livre sur les prophéties que vous aviez bien voulu demander pour moi, comme il vous en souvient probablement, et deux pamphlets assez volumineux comme tels. Ce sont des poëmes de lord Byron sur les batailles de Talavera et de Trafalgar. Ceci, Madame, vous appartient particulièrement, ainsi qu'un numéro de je ne sais quel papier public, où l'on dit des vérités assez dures à ce poëte-lord ; mais comment faire ? Vous courez le monde, et chaque jour vous éloigne de nous : il n'y a pas moyen de vous faire parvenir cela.

Quant aux livres sur les prophéties, je n'ai pu encore qu'y jeter un coup d'œil très-rapide, et j'ai pu voir seulement : 1° qu'il adopte le système des millénaires, que je n'explique point à une personne aussi instruite que vous ; 2° qu'il adopte un autre système, purement anglais, et que vous avez admiré déjà dans le livre de M. Buchanan sur les missions asiatiques, savoir, que le pur christianisme a été déshonoré par deux apostasies : celle de Mahomet en Orient, et celle du pape en Occident. *The full duration of popery being of* 1290 *years, and that of mahometan power about* 1240. Or, comme (d'après l'auteur) ces deux apostasies ont commencé ensemble ou à peu près vers le sixième siècle, vous voyez, Madame, que le commencement du règne de mille ans ne saurait être fort éloigné.

L'auteur de ce dernier livre est M. James Hastley Frere ;

mais on voit, par son livre, que cette opinion est à la mode à Londres parmi les *grands* théologiens. Là-dessus, Madame, il faut dire comme le cordonnier de Paris : *Voilà cependant l'état où je serai dimanche !* — Nous avons tous notre dimanche, mais celui de ces messieurs est terrible.

Depuis votre départ, Madame, nous avons eu deux fois de vos nouvelles par madame la princesse Alexis Gollitzin ; nous savons que vous étiez en bonne santé, et c'est beaucoup. Lorsque vous serez assise dans quelque bonne ville, vous nous donnerez d'autres détails. Si madame la princesse ne brûlait pas impitoyablement toutes ses lettres, je la prierais d'en poser une sur un fauteuil vide, dans toutes nos réunions ; car, après vous, il n'y a rien de plus *vous* que votre pensée. Cependant, ce serait encore *viande creuse*. Votre absence, Madame, laisse un grand vide dans notre société. Il m'en coûtera bien moins de disparaître à mon tour, en songeant que vous n'y êtes plus. Ce grand moment, au reste, n'est point fixé. Voilà l'empereur qui part pour trois ou quatre mois ; pendant ce temps, je ne pourrais donner mes lettres de récréance, quand même elles seraient sur ma table. Je suis bien loin d'ailleurs d'être encore d'accord avec certaines personnes sur certains articles, de sorte que, *quoique le principe soit décrété,* la rédaction ne l'est pas : le croiriez-vous, Madame, je ne me tiens point encore sûr de ce qui arrivera, tant je connais mon étoile, qui m'a constamment fait atteindre ce que je ne désirais pas, en m'écartant de ce que je demandais ; mais je dois dire, *à sa décharge,* qu'elle a toujours agi pour mon bien. En 1803, par exemple, je puis vous assurer sur mon honneur que je n'avais pas la moindre envie de vous connaître (ceci est grossier) ; et cependant l'*étoile* avait résolu alors de me faire présent d'une amitié faite pour donner à la fois orgueil et bonheur. Conservez-la-moi bien, bonne et respectable amie : savoir tout ce qu'elle vaut, n'est-ce pas un peu la mériter?

Je griffonne maintenant, et même j'ai fort avancé le second livre de cet ouvrage, dont le premier vous a été lu; il me semble que *cela vient*, mais un départ rompra tout.

J'ai fait l'effort d'aller à la fête de Peterhoff, pour la faire voir aux dames, qui en ont été frappées. Elles ont été traitées supérieurement par les *deux grandes dames du logis*, ce qui a été fort remarqué. *C'était, à ce qu'il m'a paru, un équilibre arrangé d'avance par une habile main.* La fête a fini bien tristement. Un coup de vent furieux a fait chavirer plusieurs barques qui revenaient à Saint-Pétersbourg chargées de monde. On varie sur l'étendue du mal, comme vous le sentez bien; mais il est grand. La police dit *pas cinquante*, et le public dit *quatre cents*. Je ne crois ni la police ni le public; mais en passant au milieu, c'est encore un terrible événement.

La fille cadette de la princesse Lubomirska est morte il y a deux jours, après vingt-huit heures de convulsions produites par la dentition : la maman est enceinte, et le grand-papa fort malade : le bon empereur fait merveilles dans cette maison. Bon Dieu, le vilain monde! Je ne suis pas étonné qu'on ait envie du règne de mille ans.

Toute ma famille, Madame, du moins la partie coiffée, vous envoie mille tendresses; Rodolphe vous fait sa profonde révérence. — Et moi, Madame, que vous dirai-je donc à la fin d'une lettre? *Que j'ai l'honneur d'être*, etc. — Ma foi non!

126. — **A M. de R..., à Gênes,**

SUR LES JÉSUITES.

Saint-Pétersbourg, septembre 1816.

Vous me parlez dans presque toutes vos lettres des Jésuites, mon cher ami, et toujours assez ridiculement; je veux, une fois pour toutes, vous dire ma pensée sur ce point.

Sans doute j'aime les Jésuites, que j'ai toujours regardés comme une des plus puissantes institutions religieuses, un des plus admirables instruments d'instruction et de civilisation qui ait existé dans l'univers. Parlez à un ennemi des Jésuites, au premier que vous trouverez sous votre main; demandez-lui s'il a fréquenté ces messieurs, s'il avait parmi eux des amis, des directeurs, des conseillers, etc.; il vous répondra : *Non*, et peut-être, *Dieu m'en préserve!* Et si vous lui citez leurs amis, il ne manquera pas de vous dire qu'ils sont amis, et qu'il ne faut pas les croire parce qu'ils sont suspects; *en sorte que les Jésuites ne sont véritablement connus que par ceux qui ne les connaissent pas.* C'est un magnifique théorème qui mérite d'être encadré.

Il n'y a rien de si niais, mon très-spirituel ami, que ce que vous dites après tant d'autres, que, *puisque les Jésuites étaient détruits, il ne fallait pas les rétablir;* c'est-à-dire, par la même raison, que, *puisque le roi était tombé de son trône, il ne fallait pas l'y replacer.* Par quelle raison, par quelle loi, par quelle convenance, une excellente chose, une fois abattue, ne doit-elle plus être relevée? Vous me direz : *C'est une question de savoir si la chose est excellente.* Fort bien, mon cher ami; c'est ce que les jacobins disaient de la royauté; et dès qu'il sera prouvé que les Jésuites ne valent rien, il sera prouvé aussi qu'il ne fallait pas les rétablir. Nous attendrons donc la démonstration.

Je vous donnerai une règle sûre et facile pour juger les hommes ainsi que les corps. Cette règle est infaillible. Du côté des jésuites, je vous nommerai tout ce que le monde a produit de plus excellent dans l'ordre de la sainteté, de la science et de la politique. — Et quels sont leurs ennemis? Tous les ennemis de Dieu, tous les ennemis de l'Église, tous les ennemis de l'État. — Vous me direz : Est-ce qu'il n'y a pas de fort honnêtes gens parmi leurs ennemis? Hélas! oui, mon cher ami; mais ces honnêtes gens se trouvent sur ce point en très-mauvaise compagnie, ce qui n'arrive pas aux amis de cette société. Cependant, malgré la très-juste affection que je leur porte, si j'étais ministre, je n'irais point trop vite. J'aurais toujours devant les yeux deux axiomes. Le premier est de Cicéron : *N'entreprends jamais dans l'État plus que tu ne peux persuader.* L'autre est de moi, indigne : *Quand tu baignes un fou, ne t'embarrasse pas de ses cris.* Il faut prêter l'oreille à ces deux maximes, et les balancer l'une par l'autre. Je crois bien que G... se plaint! J'ignore cette *manière* dont vous me parlez, mais je gagerais qu'il s'agit de quelque fabrique de boutons ou de lacets, supprimée peut-être pour y substituer *d'inutiles moines!!* Tel est le siècle! un corps enseignant, prêchant, catéchisant, civilisant, instituant, etc., ne vaut pas pour lui une échoppe de quincaillerie; il donnerait la régénération d'une âme humaine pour une aune de taffetas. Qu'un souverain vienne à jeter quelques gouttes d'eau rose sur cette boue, elle ne manque pas de crier : *Vous me salissez!* Il faut la laisser dire et verser double dose, à moins qu'il n'y ait un très-grand danger.

Enfin, mon cher ami, je n'aime rien tant que les esprits de famille : mon grand-père aimait les jésuites, mon père les aimait, ma sublime mère les aimait, je les aime, mon fils les aime, son fils les aimera, si le roi lui permet d'en avoir un.]

---

127. — **A monseigneur de Bausset, ancien évêque d'Alais.**

Saint-Pétersbourg, 16 (4) octobre 1816.

Monseigneur,

Je suis tout honteux de commencer la première lettre que j'ai l'honneur de vous écrire par une ennuyeuse narration : cependant, je m'y vois absolument obligé. C'est une apologie dans les formes.

M. l'ambassadeur de France m'ayant fait présent de l'un des premiers exemplaires de l'*Histoire de Bossuet* arrivés dans cette capitale, je me mis tout de suite à le lire avec l'empressement et l'attention qu'on vous doit, Monseigneur. Je lus constamment la plume à la main, comme il faut lire les livres de ce genre et de ce mérite. Un grand siècle après, un ami me dit : *A propos, il m'est arrivé une caisse de livres qui en contient un pour vous. Il y a longtemps qu'il me fut remis à Paris par une personne dont il ne me souvient plus du tout.* Je reçois le livre : c'était le vôtre, Monseigneur, mais sans aucun signe visible (du moins pour moi) qui pût m'apprendre d'où me venait ce beau présent. Je savais l'ouvrage par cœur ; je ne le parcourus donc plus que très-légèrement, et je le plaçai dans ma bibliothèque, où il ne disait mot, quoiqu'il parle fort bien. Un autre ami étant chez moi, je lui dis : *Voilà deux exemplaires d'un excellent livre ; voudriez-vous en accepter un?* Il ne se fait pas prier; sa main tombe au hasard sur le nouvel exemplaire, et le voilà perdu pour moi, selon toutes les apparences.

Un autre siècle après, c'est-à-dire avant hier, j'étais chez une dame qui me dit : *Je lis un livre qui vous appartient; mais c'est une contrebande, car je ne le tiens pas de vous.* Elle nomme le livre. J'assure qu'il n'est plus à moi depuis longtemps. *Cependant*, me dit-elle, *vous le tenez de l'auteur même, qui vous l'a adressé.* Je nie de nouveau, et la voilà qui cherche et retrouve l'inscription que vous aviez eu la bonté d'écrire de votre main sur la dix-neuvième page du premier volume : cependant, elle ne la retrouva pas tout de suite, car je ne sais quelle disposition ou adhérence de feuillets refuse pendant quelque temps ces lignes, même au doigt qui les cherche. Il n'est pas étonnant qu'elles aient échappé à l'homme qui ne se doutait de rien. Il m'est impossible, Monseigneur, de vous peindre mon étonnement et mon regret en lisant ces deux lignes si précieuses pour l'un des plus justes appréciateurs de vos talents. Qu'aurez-vous donc pensé de moi? Cette idée m'afflige : je voudrais pouvoir confier cette lettre à une hirondelle, pour arracher incessamment de votre esprit toutes mauvaises pensées sur mon compte.

On ne saurait être plus sensible que je ne le suis, Monseigneur, au témoignage d'estime que vous avez bien voulu me donner en m'adressant votre excellent livre. J'ai retrouvé dans l'*Histoire de Bossuet* le même talent, la même élégance, la même candeur qui m'avaient enchanté dans celle de Fénelon. C'est dommage qu'il y ait dans cette *Histoire de Bossuet* certains endroits qui attristent : mais ce n'est pas votre faute, Monseigneur. J'ai marché, au reste, constamment à vos côtés tout le long de votre attachante narration, sans vous abandonner d'un pas jusqu'à l'année

1682. Là, il a bien fallu nous séparer ; mais vous n'aviez nul besoin de moi, Monseigneur, pour achever votre voyage. Vos lumières, d'ailleurs, m'assurent de votre indulgence ; et si j'avais un jour le bonheur de vous entretenir, je ne désespérerais point de me faire pardonner mes petites hérésies.

Vous m'avez fait contracter une grande dette, Monseigneur : je voudrais bien m'acquitter ; mais comment faire ? J'avais cependant préparé une œuvre considérable, qui eût mérité peut-être d'être appuyée dans le monde par une grande influence française, puisque l'ouvrage était destiné à vous rendre un sceptre important que la France a si follement cédé dans le siècle dernier ; mais les Français ont bien d'autres choses en tête dans ce moment, il ne faut pas les interrompre.

Agréez, Monseigneur, l'assurance des sentiments les plus sincères de reconnaissance et de vénération avec lesquels je suis, etc., etc.

---

128. — **A S. E. M. l'amiral Tchitchagoff, à Florence.**

Saint-Pétersbourg, 30 (18) novembre 1816.

Mon très-cher amiral,

Dites-moi comment il est possible qu'en songeant continuellement à vous, je ne vous aie pas écrit depuis si longtemps. Encore une fois, digne ami, si vous le savez, dites-le-moi ; car, pour moi, je n'en sais rien. Je suis tombé dans une espèce d'apathie qui n'a point de nom. Je suis devenu à peu près solitaire. J'ai rompu une foule de liaisons et presque toutes mes correspondances. Seul avec ma famille et mes livres, je vois couler les heures avec cette rapidité accélérée dont l'image se trouve dans le mouvement physique. Quand j'ai appris cependant que mes frères vous avaient vu face à face, que l'un d'eux vous avait vu à *Caramagne*, et vous avait proposé d'acheter cette campagne, je ne puis vous dire ce que j'ai éprouvé, combien j'ai envié à mon cher abbé le plaisir qu'il a eu de vous voir et de vous parler. Comment avez-vous trouvé ce prélat ruiné, triste reste de la Saint-Barthélemy sacerdotale, mais à qui, cependant, on n'a pu ôter ni sa tête ni son cœur ? Et que dire encore de cet étrange coup du sort qui vous amène à Turin, précisément dans l'auberge où mon autre frère venait d'arriver ? En vérité, tout cela tient du roman. Combien vous aurez parlé du chef de la famille, pour qui vous êtes si bon! Ils vous auront sans doute beaucoup entretenu de la tempête qui a soufflé ici sur moi; mais ils n'auront pu vous présenter que de faux aperçus. Si votre auguste maître a pu croire pendant quelque temps que j'en voulais à son Église, il a pu se convaincre aisément, et dans très-peu de temps, que je n'avais rien entrepris contre elle. On s'est expliqué à cet égard, et je puis vous assurer, Monsieur l'amiral, que si j'avais été garçon, j'aurais fini mes jours ici; mais je suis père de famille, et j'ai vu clairement que je devais à mes enfants de les ramener chez eux. J'ai donc demandé mon rappel, et Sa Majesté a bien voulu me rappeler d'abord au mois de septembre, et ensuite, à cause du voyage de l'empereur, au mois de mai prochain. Quoiqu'il ne soit pas *absolument impossible* de trouver quelques abus en Russie et certaines choses pénibles, cependant je m'étais attaché à ce pays. Je tiens à mes livres, à ma table, à mon fauteuil, à mille objets qui n'ont point de nom. Je n'aime pas déménager, et dire à tout ce que je vois tous les jours depuis quinze ans : *Adieu, pour toujours!*

Il m'arrivera, au reste, pour en revenir encore à la physique, ce qui arriverait à un corps qui, d'une planète, serait lancé dans une autre : d'abord il y *monterait*, ensuite il y *tomberait*. Il n'y aura de véritablement douloureux pour moi que le moment du *détachement;* bientôt l'attraction contraire exercera sa puissance suivant la loi commune des carrés. — Mais combien cette force serait augmentée, très-cher ami, si mon retour devait me procurer le plaisir de vous voir encore ! J'ignore vos projets ; mais si nous sommes l'un et l'autre synchroniquement en Italie, d'une manière ou d'une autre, il faut que je vous saute au cou. Il faut que nous rappelions ensemble ces soirées du grand quai, ces promenades de Péterhoff, tant d'heures délicieuses, tant de souvenirs lugubres. En revenant sur ce temps passé pour toujours, il me semble que mon cœur est serré entre deux planches, et qu'il est près d'éclater. Ces idées noires, et cependant douces, me ramènent à votre dernière lettre, qui m'est aussi présente que si je l'avais reçue hier. Vous ne sauriez croire de quel poids elle déchargea mon cœur. Je n'aimais pas cette relique que vous transportiez çà et là, ou plutôt je l'aimais trop pour ne pas souffrir de lui voir ainsi courir la poste; je ne savais pas vous expliquer à moi-même; votre lettre m'a tranquillisé, et même édifié : ce que vous avez fait est un chef-d'œuvre de délicatesse — UBI SE DEDIT, QUIESCIT. — C'est ce que j'aurais écrit sur le marbre, si j'avais été à vos côtés ; mais j'ai été fort content de ce que vous m'avez envoyé. Je vous dirai le reste lorsque je vous verrai ; aussi bien je me sens oppressé, et je dois finir cette lettre. Je ne dois pourtant pas vous laisser ignorer que le roi a bien voulu me nommer *premier président dans ses cours suprêmes.* Mais je ne sais point encore où je siégerai, et je n'ignore pas moins si ce titre me prépare à quelque titre encore supérieur. Mon Rodolphe (qui est aussi le vôtre) est lieutenant-colonel dans l'état-major. A cet égard, je ne puis me plaindre. Il me charge de mille tendres et respectueux compliments pour vous, et n'est pas moins empressé que moi de vous rencontrer encore. Il emporte l'épée *pour la valeur* et la langue russe, dont vous pourrez vous servir pour dire du mal de moi et devant moi sans inconvénient ; car je ne sais, au bout de quinze ans, que le seul mot *khorocho*, indispensable à chaque instant pour louer tout ce qui se fait. — Adieu mille fois, Monsieur l'amiral ; je vous embrasse de tout mon cœur, avec je ne sais quelle délicieuse tristesse, que je ne sais pas définir autrement qu'en la nommant.

129. — A S. E. le cardinal Severoli.

Saint-Pétersbourg, 3 (15) décembre 1816.

Monseigneur,

Je me suis chargé de faire passer à Votre Eminence la lettre ci-jointe. Je profite, pour l'acheminer sûrement, d'un courrier napolitain dépêché par M. le duc de Serra-Capriola, ministre de Naples près cette cour, aucune occasion ne pouvant être plus sûre.

J'ai lu les pièces intéressantes annoncées par le billet de Votre Éminence, du 17 octobre. Sa Sainteté a fait bonne justice, rien n'étant plus inexcusable que le mandement de l'archevêque de Mohileff, et toute sa conduite dans l'affaire de la Société biblique. Au fond, c'est un protestant, et tout est dit. Jusqu'à présent, il n'a pas jugé à propos de dire un mot, et je doute fort qu'il s'exécute de bonne grâce. Ce n'est pas tout à fait un Fénelon sous aucun rapport. S'il venait à s'obstiner, et si le gouvernement le soutenait, les suites seraient inquiétantes. Je ne puis guère douter du projet arrêté de soustraire la Pologne à l'obédience du saint-siége par des moyens qui pourraient même échapper, dans le principe, à l'œil juste et attentif du souverain. Les plus terribles ennemis de la religion sont à la tête des choses dans ce malheureux pays ; jamais nous n'eûmes plus besoin de toute la sollicitude de Sa Sainteté.

Une société de juifs caraïtes vient d'envoyer ici à la Société biblique une Bible traduite en tartare, et écrite en caractères hébreux (rabbiniques). C'est un monument très-curieux. J'ai vu le manuscrit, qui est en quatre volumes in-octavo, et même je m'en suis procuré un *fac-simile*. Ces juifs disent qu'*ils possèdent cette traduction de temps immémorial, et qu'ils en ignorent l'auteur*. J'ignore, de mon côté, si elle est faite sur les Septante ou sur l'hébreu, et si cette traduction est connue à Rome.

Il paraît que la Société biblique enflamme les têtes mêmes qui lui sont étrangères ; du moins, j'entends dire que les libraires ne peuvent suffire à la quantité de Bibles qu'on leur demande. *Sacy* et *Carrière* sont les plus répandues, car il ne s'agit, en Russie, que de langue française. En attendant l'effet de tout ceci, c'est un spectacle assez curieux que celui de voir des sociniens, des déistes, des indifférents, ou des ennemis même de toute religion, séant dans la Société biblique. Un spectacle non moins curieux, mais d'un tout autre genre, c'est celui de l'embarras où se trouve aujourd'hui l'Église anglicane. Poussée à bout par la Société biblique, elle en est venue à soutenir qu'*un fidèle ne peut entendre la Bible autrement que son Église ;* sur quoi tous les dissidents en chœur lui crient : *Ah ! Madame, vous êtes donc catholique !* J'ai fait venir de Londres un livre tout à fait curieux, publié par un ecclésiastique anglais (M. Norris), *sur la tendance et les procédés de la Société biblique;* Londres, 1813. Ce livre m'a beaucoup intéressé par les faits qu'il révèle. Il n'y a pas de mal, au reste, que l'Église anglicane soit fouettée par ses enfants. C'est le meilleur moyen de la faire convenir qu'elle les a mal élevés.

Au mois de mai prochain, Monseigneur, je me rapprocherai de Votre Éminence. Sur mes instances réitérées, Sa Majesté a bien voulu me rappeler. S'il y a quelque moyen, lorsque je serai en Italie, de revoir la capitale de la chrétienté, je le saisirai avec empressement, car j'ai conservé un tendre souvenir de Rome.

Je serais infiniment obligé à Votre Éminence, si elle avait la bonté de mettre aux pieds du saint-père mon profond respect et mon dévouement filial. Que n'avons-nous pas vu depuis que j'eus l'honneur de lui être présenté à mon passage à Rome en 1803! A travers tant d'horreurs, il y a des points lumineux et de grandes espérances. Si Virgile était au monde, il pourrait nous refaire une quatrième églogue.

Daignez, Monseigneur, agréer les assurances de la respectueuse vénération, et, si elle veut bien me le permettre, du véritable attachement avec lequel je suis, etc.

---

130. — A M. le comte de Blacas.

Saint-Pétersbourg, 3 (15) décembre 1816.

Monsieur le comte,

Il me semble que je serais coupable si je vous laissais ignorer mon sort. Les intérêts les plus évidents de ma famille ne s'accordant plus avec mon séjour prolongé dans ce pays, le roi a bien voulu me rappeler, sur mes demandes réitérées. Je ne partirai cependant qu'au mois de mai prochain, Sa Majesté m'ayant refusé avec bonté la permission d'exposer trois dames sur les grandes routes dans cette saison et sous ce climat. Cependant, pour que mon état ne demeure pas douteux, le roi a daigné me créer *premier président dans ses cours suprêmes*. C'est une forme usitée chez lui, et qui ne décide nullement si je serai réellement placé à la tête d'un sénat, ou si mon titre ne me servira que de marchepied pour me placer ailleurs. Il en sera tout ce qui plaira à Dieu et au roi; mais, à vous dire la vérité, Monsieur le comte, quoique le poste qui m'est annoncé ou montré soit au rang des places qu'on appelle éminentes à Turin, cependant je ne me sens pas de goût pour l'occuper. Mes idées ont pris un cours étranger à l'administration pratique de la justice. Il y a dans tous les états un certain mécanisme qu'il n'est pas permis de suspendre pendant vingt ans, et j'ai peur qu'on n'écrive sous mon portrait :

Il prit, quitta, reprit la simarre et l'épée.

Quoi qu'il en soit de cette grande affaire, dont je ne doute pas que la Providence ne se tire fort bien, ce qu'il y a de très-sûr, c'est qu'au mois de juin prochain je serai très-près de vous, soit que vous résidiez encore à Rome, soit que vous ayez alors été rappelé dans votre capitale. Quand je compare ces deux distances à celle que je dois parcourir pour aller à Turin, je les vois disparaître, et il me semble que je vous toucherai.

J'ai été ravi, Monsieur le comte, de vous voir au poste où vous êtes. Par une foule de raisons inutiles à détailler, le *concordat*, et surtout la *concorde* entre la France et le saint-siége, étaient une œuvre laïque. J'espère que vous aurez attaché votre nom à un grand et glorieux résultat, qui marquera dans l'histoire, et dont l'Église et l'État s'applaudiront également. J'ai lu avec une joie que je ne saurais exprimer différents écrits français, et surtout ceux de M. Fiévée, où l'on vous rend bonne et pleine justice. J'ai toujours pensé et parlé comme ces livres.

Les papiers publics m'ont appris que madame la comtesse de Blacas vous avait fait présent d'un joli petit Romain, qui a été baptisé avec toute la magnificence pontificale. Il ne manquait que moi à cette fête, à laquelle j'ai pris une part infinie. Puisque la maman de cet aimable Romain a bien voulu me nommer une fois, il me semble que suis en droit de lui présenter mes hommages. Chargez-vous de l'offrande, Monsieur le comte ; elle sera bien reçue.

Mon très-cher comte, descendez, je vous prie, un instant de votre piédestal, afin que j'aie le plaisir de vous embrasser à mon aise avec une tendresse de 1807, et croyez bien qu'il m'est impossible de me surpasser à votre égard en attachement, en estime, et surtout dans le désir en permanence de tout ce qui peut vous apporter gloire et bonheur.

C'est avec tous ces sentiments réunis que je suis pour la vie, etc.

---

131. — A S. E. le cardinal Severoli.

Saint-Pétersbourg, 1816.

Monseigneur,

Par une phrase de la dernière lettre de Votre Éminence, je vois qu'elle n'a pas, à beaucoup près, une idée juste de l'état de la religion catholique dans ce vaste empire. C'est un point de la plus haute importance, que vous ne me saurez pas mauvais gré sans doute d'éclaircir parfaitement.

Votre Éminence aura lu, dans plusieurs pièces officielles publiées à l'occasion du renvoi de jésuites, que *la Russie s'était toujours distinguée par son esprit de tolérance*. Cela, sans doute, est fort bon à dire, et je vous dirai bien plus, Monseigneur : *je crois fermement* que Sa Majesté Impériale le *croit fermement*, car il n'y a pas de prince au monde qui respecte autant la conscience des hommes. Dans le fait néanmoins il n'en est rien, et l'on ne peut dire que la religion catholique soit tolérée en Russie, du moins si l'on veut parler exactement.

Votre Éminence voudra bien observer d'abord que, si l'on veut parler avec l'exactitude requise dans ces sortes de matières, la religion catholique n'est point du tout ici une religion *tolérée*, mais *religion de l'État;* privilége qu'elle partage avec la protestante, quoique ni l'une ni l'autre ne soient *dominantes*, ce qui est bien différent. On appelle *religion tolérée* celle qui s'introduit par violence ou par finesse, et qui ensuite force la main au gouvernement : c'était le cas des protestants en France, c'est celui des rascolniks en Russie. Mais lorsqu'un prince acquiert de nouveaux pays par cession ou conquête, et qu'il les acquiert, comme de raison, avec leur religion, il ne s'agit plus de *tolérance*, mais de justice. J'ai communiqué cette observation à plusieurs bons esprits de ce pays ; tous en ont été frappés, et je me rappelle même que, l'ayant fait lire, il y a trois ans, au prince Alexandre Gallitzin, *ministre des cultes*, auquel nous avons dans ce moment tant d'obligations, il me dit loyalement : *En effet, c'est vrai; je n'y avais pas pensé.*

Mais je veux encore admettre que la religion catholique

soit *tolérée* dans le sens ordinaire de ce mot, je dis que cette religion *tolérée* n'est point du tout *tolérée*.

Une religion n'est point tolérée lorsqu'elle ne l'est point suivant son esprit, ses dogmes et ses maximes. Sa Majesté, mon auguste souverain, ne croirait pas certainement *tolérer* les juifs dans ses États, s'il les forçait de manger du porc, ou de travailler le jour du sabbat; or, voilà ce qui nous arrive.

On peut dire, dans la synagogue, que *Jésus-Christ était fils d'un soldat;* on peut dire dans la mosquée : *Comment Dieu aurait-il un fils, puisqu'il n'a point de femme?* parce que ces deux blasphèmes se trouvent, le premier dans le Talmud, le second dans l'Alcoran. Personne ne s'en mêle ni ne se plaint. Mais si le prédicateur catholique prononce, Hors *de l'Église point de salut*, il est mandé par l'autorité civile, on lui ordonne de communiquer son sermon, il est grondé, etc. « Il manque de respect, dit-on, à la religion du pays. » — Comme si l'on ne lui manquait pas un peu plus en traitant notre Sauveur de *bâtard adultérin?* Si quelqu'un ne veut pas entendre dans une église *tolérée* quelque chose qui lui déplaise, il n'a qu'à n'y pas venir.

Sa Majesté Impériale ayant ordonné, dans le temps, que la mémoire du général Moreau serait honorée d'une oraison funèbre, le prêtre qui en fut chargé se vit obligé de comparaître devant le gouverneur militaire, et de lui lire sa pièce avant de la prononcer. Un sermon censuré par un militaire ou l'exercice commandé par un évêque serait pour nous la même chose; ici on n'en est point choqué, parce que l'on transporte, même sans y prendre garde, les maximes d'une Église dans l'autre.

Le dogme capital du catholicisme étant le souverain pontife, sans lui, dans notre manière de voir, point de véritable christianisme. Cette religion est une monarchie.

L'idée de la religion *universelle* (catholique), sans un chef unique, est tout aussi raisonnable pour nous que celle de l'empire de Russie sans empereur. Si l'on nous dit, *Les synodes suffisent,* nous répondrons : *Comme les sénats.* Nous ne pouvons supporter aucune idée qui altère d'aucune manière l'unité monarchique; je ne dis pas que nous ayons raison, ce n'est pas de quoi il s'agit ici : je dis seulement que nous pensons ainsi, et que nous ne serons jamais *tolérés* partout où ce dogme ne sera pas *toléré*.

Le chef de l'Église catholique dans ce pays, monseigneur l'archevêque de Mohilew, qui a été protestant et officier houssard avant d'être évêque, est assez publiquement ennemi de la suprématie papale, et ne demande qu'à la gêner. Un jour, en voyant passer S. M. Impériale à la cour, il dit à un groupe de personnes : *Voilà mon pape à moi.* Je le tiens d'un témoin russe qui en fut très scandalisé. Déjà, du temps des jésuites, il leur faisait tourner la tête sur des affaires de mariages, où il introduisait ou laissait introduire toute la licence polonaise. Maintenant, Dieu sait comment les choses iront! Pour notre Église c'est un point capital.

Je pourrais dire à Votre Éminence des choses extrêmement curieuses; mais il faut se borner dans une lettre aux idées générales. Défalquez, des trente-huit millions d'hommes qui peuplent ce vaste empire, onze millions de catholiques, deux millions et demi de protestants, les rascolniks qu'on n'ose plus compter, et toutes les peuplades non civilisées, on trouvera que la religion dominante ne l'emporte pas sur nous numériquement, ou ne l'emporte que très-peu. Cette masse énorme de onze millions d'hommes ne peut aborder le souverain (j'entends dans l'ordre religieux) que par l'organe d'un *ministre des cultes,* Russe de croyance, que j'honore infiniment comme gentilhomme, comme honnête homme, comme homme d'esprit, comme homme du monde, comme bon sujet de l'empereur ; mais qui en sait autant qu'un enfant de dix ans sur tout ce qu'il faudrait savoir pour nous comprendre, nous juger et nous conduire. Après ce qui s'est passé d'ailleurs, il n'a ni ne peut avoir notre confiance.

Ainsi donc, Monseigneur, lorsque Votre Éminence entendra parler, même avec une certaine pompe, de la tolérance dont on jouit en Russie, elle pourra se rappeler ce que j'ai l'honneur de lui dire ici. On tolère le protestantisme, le socinianisme, le rascolnisme, l'illuminisme, le judaïsme, le mahométisme, le lamaïsme, le paganisme, le *riénisme* même, si l'on veut; mais le catholicisme, c'est tout autre chose, comme Votre Éminence vient de le voir. Jamais nous ne serons tolérés comme nous devons l'être jusqu'à ce que nous ayons un organe de notre système auprès de l'empereur, et que Sa Sainteté, libre dans ses relations avec nous, puisse déployer librement son autorité sur les évêques, et les retenir dans l'ordre. C'est d'ailleurs le très-grand intérêt de l'empire.

Si Votre Éminence me fait l'honneur de me demander ce que je pense de la possibilité d'un meilleur ordre de choses, je lui répondrai, puisqu'il s'agit de religion, par une phrase de l'Évangile : « *Comment entendront-ils, si on ne leur parle pas ?* » Quel homme ici a le droit et la volonté de porter ces considérations au maître? Mais si Dieu et le temps amenaient dans l'esprit de Sa Majesté Impériale la bonne pensée de nous entendre par l'organe de quelques-uns de ces hommes que la voix publique désigne toujours au souverain, j'attendrais tout d'une pareille inspiration. Un nonce de confiance arrangerait bien des choses, et c'est encore un grand motif d'espoir; mais sur cela je ne puis rien savoir.

Daignez agréer, Monseigneur, etc.

132. — A M. le chevalier de Saint-Réal.

Saint-Pétersbourg, 22 décembre 1816 (3 janvier 1817).

Comment pourrais-je t'exprimer, mon très-cher ami, le plaisir que m'a fait ton aimable épître du 9 novembre dernier? Il y avait plus d'un siècle que je n'avais vu *les caractères*, grâce à ta despotique femme qui te refuse le papier mal et *méchamment*. Que je te sais gré, cher frère, d'avoir su t'emparer d'une belle feuille blanche que tu as noircie à mon profit ! Bientôt, mon cher ami, le commerce épistolaire cessera, ou du moins il deviendra si aisé que nous croirons nous parler. Je ne changerai point de place sans alarmes; mais il ne faudrait pas se tromper sur le motif. Je ne suis retenu que par la crainte de changer de carrière à mon âge, et d'aller affronter de nouvelles difficultés à l'époque où l'on ne demande que le repos. Les liens d'habitude et de reconnaissance que j'ai formés ici ne peuvent tenir contre le devoir, contre le sang, contre l'amitié qui me rappellent; cependant, si tu balances le tout bien exactement, tu verras que je ne puis partir sans crainte, ni même sans chagrin. Je n'ai rien à te dire sur ma destinée. Jusqu'à présent, tout se réduit à des titres; non-seulement je n'en suis pas fâché, mais tu ne saurais croire combien cette suspension me convient. Le roi ne me connaît que par mes lettres; c'est une très-mauvaise et imparfaite manière de connaître les gens. Je suis bien aise qu'il me voie, et qu'il me tâte, pour ainsi dire, avant de m'employer.

Je me suis fort amusé de notre controverse jésuitique; sur ce point, comme sur d'autres, je tâche, autant que je puis, de me tenir éloigné de toute espèce de fanatisme et d'idées exagérées. Je te répète en latin ce que j'ai dit en français à notre ami X... : *Tantum contende in republica, quantum probari tuis civibus possis.* Platon l'a dit, et Cicéron l'approuve. Je marche bien volontiers à leur suite ; et si j'étais ministre au milieu d'une nation qui ne voudrait pas des jésuites, je ne conseillerais point au souverain de les rappeler, malgré mon opinion qui leur est favorable. Mais qu'est-ce qu'*une nation*, mon cher ami ? C'est le souverain et l'aristocratie. Il faut peser les voix, et non les compter. Je ne sais combien tu as de domestiques ; mais quand tu en aurais cinquante, je prendrais la liberté d'estimer leurs voix réunies un peu moins que la tienne. Tu me dis un grand mot en me disant : *Je sais qu'ils ont des amis dans la haute classe;* mais c'est précisément dans les hautes classes que résident les principes conservateurs et les véritables maximes d'État. Cent boutiquiers de Gênes me feraient moins d'impression sur ce qui convient ou ne convient pas à leur patrie, que la seule maison Brignole. Je n'ai jamais dit que les jésuites sont nécessaires ; je crois seulement qu'ils seraient immensément utiles, politiquement et théologiquement. Si quelque autre ordre peut les égaler et les surpasser, je ne demande pas mieux ; mais il ne se présente à ma connaissance rien de comparable. *Tu voudrais*, me dis-tu, *une société simple dans ses mœurs, modeste dans ses desseins, nullement ambitieuse*, etc., etc. Y penses-tu, mon cher ami ? Tu demandes des anges. La première qualité d'une politique, c'est de savoir mépriser les inconvénients qui résultent de la nature des choses. Veux-tu un ordre qui fasse de grandes choses sans avoir l'ambition et même l'orgueil des grandes choses ? Tu veux et tu ne veux pas ; mais je t'accorde ta société angélique. Elle accaparerait à plus forte raison les consciences, et alors on crierait de nouveau : *Elle s'insinue, elle domine les consciences, elle entrave les gouvernements*, etc., etc. — Si des anges s'incarnaient et venaient ici, sous l'habit de jésuites, régir notre Église ; comme ils auraient une action divine sur les esprits, tout de suite ils seraient chassés comme ennemis de la religion nationale, et le gouvernement aurait raison *politiquement*. Alors, on écrirait dans les papiers étrangers : *Ces gens-là ne peuvent vivre nulle part, ils se sont fait chasser de Russie*, etc.

J'ai vu avec plaisir que tu es très-légèrement instruit de ce qui s'est passé dans les deux Indes, à la Chine, et surtout au Japon ; mais je ne fais point un livre, je touche seulement quelques articles principaux. Je ne te passe pas ce que tu me dis : *De grands hommes sortirent de leurs colléges, parce qu'ils étaient nés grands hommes.* Avec ce beau raisonnement, tu prouverais que l'éducation est inutile. Ce que tu me dis sur le mot *tout*, employé dans mon dernier ouvrage, me semble aussi tenir un peu de la chicane. Je te cite ces deux vers qui se trouvent dans ma plume :

> En vain contre le Cid un ministre se ligue,
> Tout Paris pour Chimène a les yeux de Rodrigue.

Que dirais-tu d'un critique qui eût dit : *La pensée est fausse, puisque, Richelieu et même l'Académie étant contre le Cid, il est impossible que tout Paris pense comme Rodrigue ?* Si tous les mots devaient être pris dans un sens rigoureux comme les noms de nombre, il deviendrait impossible d'écrire. Malgré ces raisons et tant d'autres, je te répète que je me crois parfaitement calme sur ce sujet. Le jugement de l'empereur de Russie contre les jésuites n'a eu, parmi les gens de mon parti, aucun appréciateur plus équitable que moi. Mais je ne cesserai de soutenir avec la même équité que, pour tout homme qui a le sens commun, et qui veut s'en servir, ce jugement doit paraître ce qu'il est en effet, la plus belle attestation que jamais aucun corps ait obtenue d'aucun souverain.

Tu me trouveras beaucoup moins disputeur, mon très-cher et bon frère, sur mes ouvrages. Le doyen m'avait déjà dit un mot sur certaines tournures épigrammatiques qui tiennent de la recherche. Je suis fâché de n'avoir point d'avertisseur à côté de moi, car je suis d'une extrême docilité pour les corrections. Si tu m'indiquais quelques-uns de ces *concetti*, je les condamnerais bien vite, car je ne les aime pas ; et si tu les as vus dans mes écrits, c'est que je ne les y ai pas vus moi-même. Au reste, mon cher ami, tu n'as vu de moi que des opuscules ; il me sera bien doux de te montrer des ouvrages qui sont tout prêts. Il n'y a pas d'approbation que je préfère à la tienne ; mais je trouve que tu me traites trop *fraternellement*. — Je m'entends.

J'ai ri de bon cœur en lisant dans ta lettre tout ce que tu aurais voulu faire de moi. Tu me parles d'un certain *père*, je t'expliquerai ce qu'a fait un certain fils. Sur cet article, je suis parfaitement philosophe ; je te répète que, sans mes enfants, nulle considération imaginable ne pourrait me déterminer à suivre les affaires. Voici l'âge où il faudrait se reposer, et penser à cette *lessive* dont tu me parles fort à propos. Je ne sais ce qu'est la vie d'un coquin, je ne l'ai jamais été ; mais celle d'un honnête homme est abominable. Qu'il y a peu d'hommes dont le passage sur cette sotte planète ait été marqué par des actes véritablement bons et utiles ! Je me prosterne devant celui dont on peut dire, *Pertransivit benefaciendo*; celui qui a pu instruire, consoler, soulager ses semblables ; celui qui a fait de grands sacrifices à la bienfaisance ; ces héros de la charité silencieuse, qui se cachent et n'attendent rien dans ce monde. — Mais qu'est-ce que le commun des hommes ? et combien y en a-t-il sur mille qui puissent se demander sans terreur : Qu'est-ce que j'ai fait dans ce monde ? *En quoi ai-je avancé l'œuvre générale*, et que reste-t-il de moi en bien et en mal? — Tu vois, mon cher Alexis, que je m'entends en *linge sale* tout aussi bien que toi. — Quant à la lessive, je ne sais lequel de nous deux est le plus savant; tout ce que je crois pouvoir affirmer sans impertinence, c'est que, dans ce genre, on ne saurait mieux faire que de s'éloigner des coutumes vulgaires, et de n'employer jamais les blanchisseuses.

Adieu, mon cher ami. Toute ma famille te saute au cou; j'embrasse tendrement toi, ta femme et ton Élisa. Adieu, et vive le mois de juin!

---

133. — Au T. R. P. général de la compagnie de Jésus, à Polotsk.

Saint-Pétersbourg, 22 janvier (3 février) 1817.

Mon très-révérend Père,

J'ai reçu, mais je ne puis ajouter *avec plaisir*, la lettre que vous m'avez fait l'honneur de m'écrire le 6 (18) janvier passé, puisque vous m'y donnez de mauvaises nouvelles de votre santé. Je savais déjà qu'elle était dérangée, ce qui m'avait beaucoup fâché, mais nullement surpris. Vous avez été mis à des épreuves qui passent de beaucoup les forces de la prudence humaine. Hélas! non, mon très-révérend Père, *nous ne nous reverrons plus dans ce monde*, comme vous le dites avec trop de vérité. J'ai beaucoup rêvé pour savoir s'il n'y aurait pas moyen de vous placer sur ma route lorsque je m'acheminerai vers l'Italie; mais il n'y a pas moyen. Je vais mettre huit cents lieues entre vous et moi. Il paraît qu'on veut vous retenir où vous êtes: à notre âge, pouvons-nous espérer raisonnablement de nous revoir? Laissons faire Celui qui fait tout. Qui m'eût dit, il y a vingt-cinq ans, que je devais faire connaissance avec vous, mon très-révérend Père, et même passer un mois à Polotsk? Cependant, ces événements si peu probables se sont réalisés. Tout est possible, surtout à l'époque des miracles.

Je sens bien vivement, mon très-révérend Père, les épines de votre situation; l'espèce de suspension où vous vivez est désespérante : cependant, si vous y regardez bien, vous verrez qu'elle a un côté consolant. La même loi mécanique a lieu dans le monde moral et dans le monde physique : *deux forces opposées produisent le repos.* L'état de suspension où vous êtes retenu est le résultat évident de deux forces qui se balancent : *le ressentiment et la justice.* A toute autre époque de cet empire, il n'y aurait point eu de balancement. . . . . Quant à moi, mon très-révérend Père, je n'ai pas dit un mot contraire au respect et à la prudence; mais jamais je ne désavouerai mes amis dans les moments difficiles. Il me paraît que je me suis fait une idée parfaitement nette de toutes ces choses : du moins, je les envisage avec un calme parfait, et je ne vois pas dans mon cœur une seule pensée que je craignisse de dévoiler à l'empereur de Russie, comme au pape.

Au reste, mon très-révérend Père, il faut se préparer à une grande révolution, dont celle qui vient de finir (à ce qu'on dit) n'était que la préface. Le monde fermente, et l'on verra d'étranges choses : le spectacle, à la vérité, ne sera ni pour vous ni pour moi; mais nous pourrons bien dire l'un et l'autre, en prenant congé de cette folle planète (si toutefois il est permis de se rappeler Horace dans ce moment) :

Spem bonam certamque domum reporto.

Puissions-nous, mon très-révérend Père, nous revoir dans cette *maison!* Pour vous, il n'y a pas de doute, n'en déplaise à votre humilité : vous avez passé une vie entière dans la retraite, dans l'abstinence, dans l'étude, dans l'exercice des vertus apostoliques. — Votre logement est prêt. Quant à nous, pauvres gens du monde, continuellement balancés entre le mal et le bien, nous n'avons d'autre espérance que dans Celui qui est, heureusement pour nous, *non æstimator meriti, sed veniæ largitor.*

Mille et mille grâces, mon très-révérend Père, pour vos vœux et vos prières. Recevez ici les compliments affectueux de toute ma famille, avec laquelle je fais souvent une douce commémoraison de vous et de vos compagnons les révérends pères Rozaven et Pietroboni, que nous chérissons particulièrement.

Je compte partir au mois de mai, et je ne partirai point sans prendre congé et sans vous demander votre bénédiction. Agréez en attendant, mon très-révérend Père, l'assurance la plus sincère de l'invariable et respectueux attachement, etc.

---

134. — A S. E. le cardinal Severoli, à Rome.

Saint-Pétersbourg, 11 (23) février 1817.

Monseigneur,

J'espère que Votre Éminence a reçu ma lettre du 8 (20) décembre dernier, et j'apprendrai avec plaisir que la précédente, du 10 (22) août, écrite en langue italienne et remise ici à M. le général de Saint......, est aussi parvenue à son adresse.

Excepté Votre Éminence, je ne saurais à qui adresser

des notions qui me paraissent de la plus haute importance. Notre admirable archevêque vient de présenter à Sa Majesté Impériale, en qualité de coadjuteurs des évêques de Polotsk et de Lusk, MM. Lipsky et Ladunsky, que je ne connais pas personnellement; mais, sur ce qui m'est assuré par une autorité de poids, j'ose dire à Votre Éminence qu'il est peu d'occasions où Sa Sainteté soit plus dans le cas de se tenir sur ses gardes. L'ukase porte formellement que la nomination est faite sur la présentation de M. Siestrentzewich. Je n'aime point à appuyer sur certains détails dans les choses qui ne me regardent pas directement; mais l'excellent évêque de Lusk ne manquera pas, j'espère, de faire parvenir les instructions nécessaires.

Le marquis B. me communiqua dans le temps les pièces que Votre Éminence lui avait remises, et que je lus avec beaucoup d'intérêt. Le *ministère des cultes,* comme on dit ici, niant formellement que l'archevêque de Mohileff ait reçu du saint-siége aucun bref désapprobateur, je me suis gardé d'en parler publiquement ou de le faire circuler. Cependant, il est connu dans le monde.

On m'assure que l'empereur a très-mal pris ce bref, et qu'il le regarde comme une atteinte à ses droits. Toujours il voudra transporter sa suprématie dans notre système, rien n'est plus naturel. Au reste, Monseigneur, comme les actes de la cour de Rome étaient et sont encore soumis, dans les pays catholiques, au *vidimus,* à l'*exequatur,* etc., en un mot à certaines formes préliminaires propres à calmer des autorités ombrageuses, je n'entre point dans la question de savoir ce qui peut ou doit être établi ici; c'est votre affaire à Rome. Je me borne à faire connaître à Votre Éminence ce qui se passe ici. Il est tacitement défendu de parler du bref, et l'archevêque n'en tient aucun compte, puisqu'il a paru depuis à la Société biblique.

Que Sa Sainteté daigne s'informer de la qualité de certains personnages qui, tant ici qu'à Varsovie, doivent beaucoup influer sur les affaires religieuses de Pologne et de Russie ; elle verra ce que nous avons à craindre.

Un chambellan de Sa Majesté Impériale, nommé M. Stourdza, est sur le point de publier un ouvrage des plus violents, à ce qu'on assure, en faveur de l'Église grecque, contre la nôtre (question nouvelle, comme voit Votre Éminence). Le but de l'ouvrage est de prouver que c'est nous qui sommes schismatiques, l'Église romaine s'étant séparée sans raison de l'Église grecque. C'est la thèse favorite des savants de Pétersbourg, qui savent lire couramment en français et un peu en russe.

M. Stourdza est un jeune homme de beaucoup d'esprit et d'instruction. Il appartient à une famille moldave qui s'est donnée à la Russie. Je ne sais s'il est né à Bucharest ou à Constantinople, c'est l'un des deux. Son ouvrage est écrit en français, et l'empereur lui donne vingt mille roubles pour l'impression, ce qui a paru très-significatif. Mais quel œil peut pénétrer dans le cœur de l'empereur et démêler ce qui s'y passe, distinguer ce qu'il accorde à la politique de ce qu'il fait pour la religion, prévoir enfin ce qu'il veut faire d'après ce qu'il fait? Il a dans ce moment un ministre à Rome, et sûrement les communications directes sont en plein mouvement. Cependant, je crois savoir sûrement que l'empereur est sur le point d'expédier un homme à Rome *extra ordinem*, pour y traiter les affaires catholiques ; c'est le jeune comte Léon Potosky, chambellan de Sa Majesté Impériale, fils du comte Séverin Potosky, sénateur que je connais particulièrement. Ce jeune homme, qui porte un des noms les plus distingués de Pologne, est plein de bonnes intentions ; mais il manque d'instruction sur le fond des plus grandes questions. Il me paraît heureusement impossible qu'il n'en reçoive pas de quelque côté. Si l'empereur a cru devoir choisir pour son organe auprès du saint-siége un catholique et un homme distingué sous tous les rapports, c'est un grand trait de délicatesse; mais tous les catholiques craignent beaucoup.

Le devoir de tout homme prudent dans ces circonstances (j'entends dans notre cercle) est de ne hasarder aucune démarche, ni aucun mot qui puisse même faire soupçonner qu'on veut se mêler de ces grandes affaires : ce serait le comble de l'imprudence, et il pourrait en résulter les plus grands inconvénients. C'est l'avis que je donne aux autres, et que je prends pour moi, sachant que toutes mes dépêches non chiffrées sont présentées à Sa Majesté Impériale. J'écris quelquefois de ces choses, *quæ ad pacem sunt Jerusalem*, en évitant soigneusement tout ce qui pourrait choquer.

Combien j'aurais encore de choses à dire à Votre Éminence! mais le temps me presse, et d'ailleurs il arrive souvent au zèle d'être indiscret. Je me borne donc à la simple narration des faits, qui est toujours utile, et ne saurait avoir d'inconvénients.

Votre Éminence apprendra peut-être avec quelque intérêt une circonstance bizarre. Pendant que M. Stourdza s'apprête à publier un ouvrage contre le pape, j'en achève un moi-même sur le même sujet, où j'ai réuni tout ce que je sais et tout ce que je puis. Le titre n'est pas long : *Du Pape*, avec cette épigraphe grecque tirée d'Homère : ΕΙΣ ΚΟΙΡΑΝΟΣ ΕΣΤΩ. Ce serait un singulier spectacle, Monseigneur, que celui qui montrerait deux athlètes laïques, l'un ministre et l'autre chambellan, l'un Moldave et l'autre Allobroge, luttant à la face de l'Europe, *en français*, sur cette grande question. Je ne puis dire si j'imprimerai; je suis mal placé, trop loin des grands foyers de lumières, nullement soutenu, etc., etc. Au mois de mai, je pars pour me rapprocher de Votre Éminence. Avant le solstice, je serai à Turin. Là, je verrai ce que me conseilleront ou m'ordonneront les circonstances.

Je me recommande de nouveau à la bienveillance de Votre Éminence, en la priant d'agréer la vénération et le respect sans bornes, etc.

---

135. — A M. le comte de Valaise.

Saint-Pétersbourg, 15 mars 1817.

Monsieur le comte,

Je n'ai point été surpris de toutes les chicanes que nous font nos bons voisins les Genevois : de tout temps ils nous ont impatientés. D'anciens droits et d'anciennes querelles ont perpétué une certaine antipathie qui n'a pas de remède, et qui est d'autant plus bizarre que nous ne pouvons nous passer les uns des autres ; car Genève est un coffre-fort ouvert à la Savoie, qui est à son tour un grenier ouvert à Genève. De là vient que les lois prohibitives n'ont jamais réussi entre Genève et nous. L'intérêt réciproque s'en jouera toujours.

Il n'y a pas, je crois, de ville au monde dont on ait dit autant de mal que de Genève : tous les partis se sont réunis pour en penser et en parler désavantageusement. Le célèbre duc de Choiseul disait très-plaisamment : *Si vous voyez un Genevois se jeter par la fenêtre, jetez-vous hardiment après lui, et soyez sûr qu'il y a quinze pour cent à gagner.*

Dans la *Décade philosophique* (1798, n° 22), on appelle Genève *un foyer de discordes civiles, une arène dans la-*

quelle ses propres habitants se dévorent les uns les autres.

Un révolutionnaire de 1795 lui reprochait l'*insatiable avidité de ses infatigables citoyens.* (*Courrier français* du 9 novembre 1795.)

Un magistrat français, aujourd'hui ministre, M. le comte Ferrand, l'appelle, avec une épouvantable énergie, *une pustule politique* (dans le livre *du Rétablissement de la monarchie*).

Mais rien n'égale la perspicacité d'un pape du seizième siècle, qui écrivait aux rois de France et d'Espagne : *Prenez garde à vous ! Genève est un foyer éternel de révolution ; si vous voulez être tranquilles, éteignez son gouvernement.* Une jalousie entre les deux monarques rendit le conseil inutile. Cette anecdote, dont ma mémoire ne peut me rappeler dans ce moment tous les détails, est contée dans l'*Histoire du concile de Trente* par le *digne* Sarpi.

Assurément, Monsieur le comte, ce pape y voyait loin. Toute la théorie de la révolution française est contenue dans la protestation des conseils de 1782. Les instruments les plus actifs de cette révolution, depuis Necker jusqu'à Marat, naquirent dans les murs de Genève. En 1796, au milieu des horreurs de cette révolution, et à côté des cadavres encore chauds de Fatio et de Naville, les auteurs genevois de la *Bibliothèque britannique* vantaient, dans le prospectus de cet ouvrage, la *période républicaine*, et tout ce qu'elle promettait au monde, etc., etc.

Genève est la métropole du système qui soutient la souveraineté du peuple et son droit de juger les rois : ceci n'a plus besoin de preuve ; on pourrait donc s'étonner à juste titre que cette ville ait trouvé tant de faveur de nos jours. Mais d'abord, soit qu'on juge des nations ou des particuliers, il faut être de sang froid ; les torts et les ridicules des Genevois n'empêchent pas qu'on ne doive leur reconnaître beaucoup de talent, de connaissances et d'humanité. J'ai dans leur ville des amis que j'estime autant que d'autres.

D'ailleurs, Monsieur le comte, il y a maintenant un grand secret européen à mettre dans tout son jour : c'est l'art avec lequel les novateurs ont su se servir de la souveraineté contre la souveraineté, présenter les choses sous le point de vue le plus décevant, mettre la gloire et l'honneur du côté des idées nouvelles, et le ridicule du côté des vieilles maximes. J'ai trop étudié la révolution, ses apôtres, ses livres, etc., pour que ses secrets ne me soient pas connus; mais une lettre n'est pas une dissertation. J'espère avoir une fois l'honneur d'exposer de vive voix le véritable état des choses.

Quoique l'Almanach de Genève me coûte un peu cher, je n'en remercie pas moins Votre Excellence ; il m'a fort amusé; on y voit l'esprit public de Genève, qui possède éminemment le plus éminent des ridicules, la morgue et la petitesse réunies.

J'ai eu connaissance d'une lettre de Suisse, dans laquelle on se plaignait beaucoup de la manière dont nous avons cédé Carouge; mais il me semble qu'un roi ne peut céder en riant des sujets qui pleurent. Il n'y a rien de si juste sans doute qu'une cession demandée par des traités qui ont d'ailleurs si fort favorisé Sa Majesté. Cependant, la tristesse des sujets cédés honore également le souverain et les sujets : il est assez naturel que le maître donne quelques signes extérieurs de la sienne. Puisque le commandant de Carouge avait fait un pas de trop, il a fort bien fait, si je ne me trompe, de se tirer d'affaire en disparaissant. Une gaucherie vaut mieux qu'une faute.

136. — † A M. le comte de Valaise.

Saint-Pétersbourg, avril 1817.

Monsieur le comte,

Je m'empresse de faire part à Votre Excellence d'un changement bien inattendu qui vient de se faire dans tous mes projets de départ. Sa Majesté Impériale envoie en France une escadre considérable de bâtiments de guerre pour en ramener les soldats russes dont elle a bien voulu débarrasser la France. Ces vaisseaux partent sur leur lest, et dans la plus belle saison de l'année pour la navigation (vers la fin de mai). L'empereur, toujours disposé à obliger tout le monde, a daigné permettre à un assez grand nombre de personnes de s'embarquer sur cette escadre. Je suis du nombre, avec toute ma famille. Je ne puis exprimer à Votre Excellence combien j'ai été sensible à cette faveur, qui m'ôte un poids énorme de dessus la poitrine; car ce voyage avec trois dames et tant d'équipages m'étouffait, au pied de la lettre. Je ne sais point encore si l'on prendra terre à Ostende, au Havre ou à Cherbourg. Tout cela m'est absolument indifférent. Dès que j'aurai le pied en France, je croirai être à Turin. Je m'arrêterai à Paris pour m'incliner devant le maître, et tout de suite je continuerai ma route. Si je puis être de quelque utilité là, Votre Excellence aura la bonté de m'en informer chez notre ambassadeur, auquel je me présenterai en descendant de voiture.

M. de Stourdza, gentilhomme de la chambre de Sa Majesté Impériale, attaché au département des affaires étrangères, vient de publier un livre qui me paraît faire une espèce d'époque. Il est intitulé *Considérations sur la doctrine et l'esprit de l'Église orthodoxe*. C'est un véritable phénomène, après tous nos in-folios, de voir un homme du monde descendre dans l'arène pour traiter une question que les plus grandes têtes ont épuisée depuis mille ans. M. Alexandre de Stourdza appartient à une maison distinguée de Moldavie; il est né à Bucharest, ou peut-être à Constantinople, d'une mère qui appartient elle-même aux familles grecques de cette capitale : et c'est là, je pense, ou du moins avec ses parents maternels, qu'il s'est pour ainsi dire imbibé de la haine grecque contre l'Église latine. Il n'a guère que vingt-six ou vingt-sept ans. Je vénère et j'aime beaucoup sa famille, où la vertu, l'esprit et les connaissances se donnent la main. M. de Stourdza sait le latin et le grec, qui est sa langue naturelle; il écrit également bien en français, en russe et en allemand; il fait même des vers dans ces trois langues. Votre Excellence serait surprise de la force et de la pureté de style qu'on trouve dans ce livre, qui est écrit en français; personne ne pourrait imaginer que c'est un Moldave qui tient la plume, et que ce Moldave n'a jamais mis le pied en France.

L'ouvrage contient 1° une exposition des principaux dogmes chrétiens d'après l'Écriture sainte, d'après les théorèmes métaphysiques, et d'après l'illuminisme moderne ou le *martinisme*, mot un peu vague, que je crois avoir suffisamment fait connaître à Sa Majesté;

2° Une apologie des dogmes et des rites de l'Église grecque, ou russe, ou orientale, ou orthodoxe, ou comme on voudra, car elle n'a plus de nom distinctif;

3° Une attaque des plus violentes contre la doctrine latine.

Dans toute la controverse qui nous regarde, on ne trouve point dans le livre de M. Stourdza cette aménité qui distingue ordinairement un homme du monde; c'est plutôt la colère d'un professeur irrité. La partie qui concerne le christianisme en général contient de fort belles pages. Le protestantisme, qui s'avance tous les jours, se fait aussi sentir dans les principes, moins cependant que l'illuminisme. En parlant du purgatoire, l'auteur nie l'éternité des peines, du moins dans le sens où on l'entend communément. Si le saint synode vient à comprendre le passage, qui est fort enveloppé, je suis fort curieux de savoir s'il ne fera point quelque chicane au gentilhomme de la chambre théologien. Par rapport à nous, il a tort sans doute sur le fond des choses, car il est impossible de dire la vérité contre la vérité : cependant rien n'empêche qu'à travers l'erreur on ne puisse apercevoir et louer le talent. Ici, M. de Stourdza a beau jeu, puisqu'on ne peut lui répondre ; mais si l'ouvrage tombe sous quelque plume française bien taillée et de mauvaise humeur, il sera traité rudement. J'ai pâmé de rire tout seul dans mon cabinet, lorsque je suis tombé sur l'endroit où l'auteur parle de *l'ignorance de l'Église latine*. Celui qui ferait une épigramme sur *la poltronnerie russe* me paraîtrait tout aussi sublime. On peut demander à propos de quoi cette attaque ? La conscience de l'auteur lui a fait la même question, et il répond, en commençant, *que c'est pour repousser une agression évidemment dirigée contre la religion de l'État*. Il veut parler de tout ce qui se passa il y a deux ans. Ici M. de Stourdza est totalement trompé par la passion, car jamais nous n'avons écrit une ligne contre la religion du pays, ni contre ses ministres. Si quelques personnes ont fait mine de venir à nous, c'est autre chose ; la véritable représaille serait de convertir un pareil nombre de catholiques, ce qui serait très-juste, et ne pourrait être blâmé que par les catholiques.

137. — Au R. P. Rozaven, de la compagnie de Jésus, à Polotsk.

Saint-Pétersbourg, 6 (18) avril 1817.

Mon très-révérend Père,

Après bien des recherches, je suis parvenu à me procurer une des brochures dont j'avais eu l'honneur de vous parler, et presque en même temps on m'assure que vous partez; de sorte que je ne sais pas trop s'il faut vous envoyer ce bel ouvrage. Il est intitulé *Du Pape et des Jésuites*. Vous ne sauriez croire, mon très-révérend Père, combien je suis fâché de voir arriver ces libelles ici, car messieurs les Russes, étant totalement étrangers à nos anciennes controverses, sont fort sujets à prendre pour évangile tout ce qu'ils lisent dans ces sortes d'ouvrages. Au reste, mon très-révérend Père, vous connaissez l'emblème de la vérité : un soleil derrière un nuage, avec la devise : *Nubila vincet*. Si vous êtes curieux de connaître cette œuvre de ténèbres, vous pouvez la faire demander chez moi par quelque correspondant; elle est à votre service. Rien n'est plus méprisable, comme vous verrez; mais on n'aura pas moins dit : *Il n'y a rien à répliquer*.

Le R. P. Pietroboni pourra-t-il me satisfaire sur la petite narration que je lui ai demandée? Je vous prie, mon révérend Père, de lui faire mille compliments de ma part. Je vous recommande de nouveau le livre anglais de Dallas, où vous trouverez quelque chose de curieux, si je ne me trompe, sur le prétendu édit de Henri IV. Ce n'est plus qu'un nuage dans ma tête. Vous y lirez aussi une fort belle réponse de ce grand prince au premier président de Harlay, dont je me repens fort de n'avoir pas retenu une notice, au moins quant aux sources. Cette pièce mériterait fort d'être imprimée à part, et répandue comme la lettre de Fénelon sur la lecture de l'Écriture sainte.

A travers les injures qu'on vous adresse dans cet aimable livre, vous y trouverez des choses qui vous feront grand plaisir : par exemple, *que le vent de la cour est pour vous; que tout le clergé de France, et nommément les évêques, vous appellent à grands cris; que l'esprit jésuitique souffle de toutes parts sur la France*, etc., etc. Vous voyez, mon révérend Père, que vous êtes des scélérats assez bien protégés. Si vous me demandez ce livre, je vous recommande les pages 90 et 91, où vous êtes formellement accusés de faire Dieu *beaucoup meilleur qu'il n'est*. Prenez garde, mon révérend Père ! il ne faut rien exagérer.

Mardi dernier, nous avons perdu notre bon abbé de Pindilli. Il était malade depuis quelques jours, mais sans apparence de danger. Le vendredi précédent, il avait encore prêché la passion. Lundi, jour de l'Annonciation, je quittai un moment l'église avant la messe, pour aller le voir. Il était au lit, mais on en parlait comme d'un homme *incommodé* : cependant je lui trouvai la *face hippocratique*, et, de retour à l'église, je dis à ma famille que j'étais fort peu content des apparences. Dans la nuit, il cessa de vivre. Qui n'envierait sa mort? Il n'a fait que du bien; il n'a cessé de faire le bien et de le conseiller jusqu'au dernier moment de sa vie, qui a terminé ses bonnes œuvres et commencé sa récompense. Je ne vois jamais mourir nos véritables prêtres sans être tenté de désespérer de la *canaille mondaine, et quorum pars magna fui*. Ainsi, mon révérend Père, je me recommande fortement à vos bonnes prières pour cette bienheureuse fin. Mais voilà que vous me dites : *Il n'y a qu'un seul moyen de bien mourir, c'est de bien vivre*. A cela, je n'ai rien à répondre; vous parlez comme un ange, quoique vous soyez jésuite.

Mille compliments respectueux à notre digne Père général. *Je vous ordonne de vous bien porter*, mon très-révérend Père (j'espère que ceci est bon latin). Recevez l'assurance la plus sincère de l'invariable et respectueux attachement avec lequel j'ai l'honneur d'être,

Mon très-révérend Père,

Votre très-humble, etc.

P. S. Ma femme et toute ma famille vous font mille compliments. Nous ne cesserons jamais de faire ensemble une honorable commémoraison de notre cher P. Rozaven.

---

138. — A M. le comte de Blacas.

Saint-Pétersbourg, 27 avril (8 mai) 1817.

Monsieur le comte,

Auriez-vous pu le croire? dans deux mois environ, je serai à Paris. Une flotte russe de sept à huit vaisseaux de ligne s'en va en France prendre et ramener les soldats, au nombre de cinq ou six mille (je crois), dont leur puissant maître veut bien vous débarrasser. Il a bien voulu aussi permettre que je monte un de ces vaisseaux de 74, avec toute ma famille. Nous prendrons terre au Havre ou à Cherbourg, et vous pensez bien, mon très-cher et excellent comte, que je ne reverrai point le beau pays *ch' Appennin parte e' l mar circonda et l'Alpi*, sans avoir vu la grande Lutèce. J'avais tout à fait renoncé à faire connaissance avec cette sage, folle, élégante, grossière, sublime, abominable cité; et voilà qu'un événement unique m'y conduit de la manière la plus naturelle. Vous avez le temps,

Monsieur le comte, de me recommander dans la grande capitale ; et si je trouve, en arrivant, un mot de vous, *poste restante*, j'avalerai votre prose comme une limonade. Nous ne mettrons guère à la voile que dans les premiers jours de juin. Dès que je serai à Paris, je me hâterai de vous écrire. C'est tout ce que je puis dire aujourd'hui, au milieu des visites, des emballages, des *impedimenti* et des *disturbamenti* qui me suffoquent.

Aimez-moi toujours un peu, Monsieur le comte, si vous avez le temps. Pour moi, je vous aime, comme disait madame de Sévigné, *à bride abattue*. Je suis pour la vie, Monsieur le comte, par terre et par eau, avec les profonds sentiments que vous connaissez, etc., etc.

Rodolphe veut que je vous le nomme, et il me querellera si je l'oublie. Mais je vous prie en grâce de me mettre aux pieds de madame la comtesse.

---

139. — A M. le marquis de la Maisonfort.

Saint-Pétersbourg, 27 avril (9 mai) 1817.

Votre charmante lettre du 14 février, mon très-cher et aimable marquis, m'a transporté de joie, quoiqu'elle m'ait donné quelques remords, en me rappelant ce que je me suis dit mille fois : *Mais, bourreau que tu es, pourquoi donc n'écris-tu pas au marquis de la Maisonfort ?* Sur mon honneur, je ne saurais pas répondre, ne pouvant comprendre moi-même comment on peut, pendant un siècle, ne pas faire ce qu'on a continuellement envie de faire. Enfin, votre douce épître est venue fort à propos flageller ma paresse et me remettre dans la bonne voie. Cependant, quoique chaque ligne de votre lettre m'ait fait grand plaisir, je n'y répondrai que très-légèrement, n'ayant, pour ainsi dire, pas le temps de m'asseoir. Après une longue résidence, qui m'avait à peu près naturalisé, je pars, je fais mes paquets : *j'enfile, tout pensif, le chemin de Mycène, et quitte le séjour de l'aimable Trézène.* Mais avant de m'en aller boire les ondes du Pô, ou, comme on le dirait en prose, l'eau des mauvais puits de Turin, je m'en vais faire un petit tour à Paris. — *Allons donc, vous me faites un conte!* — Doucement, Monsieur le marquis! ce n'est point ainsi qu'on répond à un homme comme il faut, qui affirme une chose dont il est sûr. Écoutez mes preuves, je vous en prie ; ensuite vous me direz ce que vous en pensez. S. M. l'empereur de toutes les Russies envoyant une flotte en France pour en remener le nombre d'inspecteurs dont elle vous a fait grâce, elle veut bien me *confier* un vaisseau de 74, que je mènerai parfaitement, avec les conseils du capitaine ; et voilà comment, Monsieur le marquis, Paris se trouvera pour moi sur la route de Turin ; et voilà encore qui vous apprendra à ne pas vous presser si fort de dire : *C'est impossible! à d'autres! Vous me faites des contes,* etc., etc., parce qu'encore une fois, cela ne se dit pas. Quand je pense au plaisir que j'aurai de sauter dans vos bras, il me semble que j'y suis déjà. J'aurai soin de ne pas toucher vos jambes, de crainte qu'elles vous fassent encore un peu mal ; mais si par hasard vous aviez mal aux flancs, aux épaules, et surtout aux joues, croyez-moi, demandez main-forte au moment où j'entrerai, car vous courrez grand risque.

Toute la famille, mon cher marquis, est en train de vous brutaliser aujourd'hui. Mon frère dit que *vous mentez par la gorge* en le traitant d'ingrat, et il jure *par la sienne* qu'il n'est point en arrière avec vous. Il me charge de mille tendresses pour vous, et vous prie de croire que jamais il ne pourra vous oublier. Je vous dis, de mon chef, que plus d'une fois sa distraction a été prise pour de l'indifférence. *Toutefois*, rien n'est plus différent. Ah! que vous m'avez diverti avec votre anecdote du lépreux. En vérité, il faut bien avoir ce que nous appelons à Turin *facia de tola*, pour se permettre de telles impudences ; mais votre question à l'aimable lecteur est délicieuse. A propos de *Voyage autour de ma chambre*, avez-vous lu la préface de la dernière édition ? Elle est de ma façon, et je serais curieux de savoir si vous trouvez cette bagatelle écrite en style *comme nous*. Puisque vous m'avez fait rire, mon cher marquis, je ne veux pas demeurer en reste avec vous. Sachez donc qu'un censeur de cette capitale, en examinant pour l'impression *le Lépreux de la cité d'Aoste*, dit, en jetant les yeux sur le titre : *Hein ! on a déjà beaucoup écrit sur cette maladie!* Ce qui signifiait que mon frère aurait bien pu se dispenser de se mettre sur les rangs. Cela ne vous paraît-il pas joli ? Malgré un avertissement aussi sage, je serais tenté d'écrire encore sur la lèpre, quand je pense à la France, qui est aussi lépreuse, et qui le sera jusqu'à ce qu'elle ait obéi à la loi. Il a été dit aux lépreux en général : *Allez, montrez-vous aux prêtres*. Il n'y a pas moyen de se tirer de là. Ce que vous me dites sur les *curés* est exquis ; mais je ne puis allonger mon discours, il faut faire des coffres et des visites.

Vos jambes sont dans ma tête ; jugez si elles me font mal ! J'en ai beaucoup parlé avec le comte de Modène, qui m'a donné tous les détails. Que je vous ai plaint ! On est moins malheureux quand on est malade par la tête : alors au moins on ne sait pas qu'on l'est, et c'est beaucoup. J'espère que votre pressentiment se réalisera, et que j'aurai le plaisir de vous embrasser debout. Mon fils (lieutenant-colonel dans l'état-major général) est bien sensible à votre souvenir et à celui de monsieur votre fils, auquel je vous prie de présenter les tendres compliments du père et du fils. Sans doute, mon cher marquis, ces enfants sont devenus des hommes, à mesure que nous devenions des vieillards. Ils nous poussent, et rien n'est plus juste, puisque nous avons culbuté nos pères. — *Ainsi, sur la plaine liquide,* — *les flots sont poussés par les flots.* — Sur cela, Monsieur le marquis, je prie Dieu qu'il vous ait en sa sainte et digne garde ; et, dans la douce attente de vous voir face à face vers les derniers jours de juin, je vous prie de croire, comme au Symbole des apôtres, aux sentiments éternels d'attachement et de haute considération avec lesquels je suis, Monsieur le marquis, etc., etc.

---

140. — A M. le vicomte de Bonald, à Paris.

Saint-Pétersbourg, 1ᵉʳ (13) mai 1817.

J'ai reçu, Monsieur le vicomte, votre dernière lettre, à laquelle je pardonne de s'être fait un peu attendre. Les lettres sont comme les dames : quand elles sont extrêmement aimables, on leur pardonne volontiers d'arriver un peu tard. Je dois répliquer à cette épître par un mot très-court et qui vous surprendra beaucoup : *A la fin de juin, je serai à Paris.* Vous me dites, Monsieur, que *vous irez rejoindre vos rochers.* Sera-ce avant cette époque ? J'en serais désolé. Quel chagrin pour moi de manquer cette occasion de nous connaître *face à face !* Si je dois avoir ce malheur, n'oubliez pas au moins de laisser votre adresse chez mon ambassadeur (le marquis Alfieri de Sostègne), afin que j'aie le plaisir au moins de vous écrire de Babylone, ville qui tire son nom de Babyl, comme l'observait très-bien le profond Voltaire. — A propos de Voltaire, je vous remercie de la brochure qui le concerne et des autres. Je vous y ai retrouvé tout entier, comme dans tout ce que vous écrivez (1). — Ah! que vous avez bien raison! Mais il faut finir. Au milieu des embarras immenses qui accompagnent mon déplacement, je n'ai que le temps d'insérer ce billet dans une lettre très-sûre, pour vous faire connaître ma destinée et l'extrême envie que j'aurais de vous exprimer de vive voix les profonds sentiments d'estime et de considération que vous m'avez inspirés pour la vie. Votre, etc.

---

141. — Au R. P. Rozaven, de la compagnie de Jésus.

Saint-Pétersbourg, 4 (16) mai 1817.

Mon très-révérend Père,

J'ai reçu votre lettre du 22 avril (4 mai) dernier et la précédente, qui est déjà enfouie dans le fond d'un portefeuille. Je vous remercie infiniment de l'une et de l'autre. Il me paraît impossible de rien ajouter à la démonstration négative dont vous m'avez envoyé le *supplément*, ou, pour mieux dire, le *complément*. Il faut cependant en convenir, c'est une bien atroce scélératesse que la supposition de cet édit! En vérité, mon révérend Père, la nature humaine fait peur; dès que la passion s'en mêle, la probité court grand risque : c'est pourquoi il est nécessaire de donner à celle-ci un tuteur de meilleure condition qu'elle.

Vous faites très-bien, mon très-révérend Père, d'écrire quelque chose pour vous défendre. *Cura de bono nomine*, c'est un précepte de saint Paul. Vous remplirez d'ailleurs

(1) Nous ignorons à quelle brochure de M. de Bonald fait allusion M. de Maistre.

ce devoir avec une modération qui ne permettra aucune critique sage. Si toutes mes paperasses n'étaient pas encaissées, clouées, liées, etc., j'aurais voulu vous envoyer ce qui m'aurait paru pouvoir vous être utile. Les chapitres xxxv et xxxvi de mon avant-dernier ouvrage (*Essai sur le principe générateur des institutions humaines*) sont assez chauds sur votre compte : le morceau de Plutarque surtout, tourné en inscription pour le buste de saint Ignace, a semblé heureux. Si vous pouvez tirer parti de quelques lignes, *per me licet*, et j'en serai très-aise. Je ne suis plus maître d'un morceau de papier, et cette lettre, mon cher et révérend Père, est la dernière que vous receviez de moi, datée de cette grande capitale. Je dois m'embarquer sur la flotte que Sa Majesté Impériale envoie en France. L'empereur a daigné m'arranger parfaitement bien avec toute ma famille. C'est *le Hambourg*, de 74, qui m'est destiné ; mais, ne voyant point encore paraître mon successeur, je commence à craindre que la fortune (comme on dit) ne s'apprête à me jouer quelque mauvais tour. Les probabilités cependant sont toutes pour le départ.

Vous m'avez fait grand plaisir de me faire connaître le fabricateur du libelle que j'ai eu l'honneur de vous adresser. J'aurais bien voulu atteindre les autres pamphlets dont je vous ai parlé ; mais il n'y a pas eu moyen : vous en avez les titres, c'est assez pour qu'enfin ils vous arrivent. J'aurais bien voulu aussi vous adresser le livre tant attendu de M. Stourdza ; mais la chose m'a été de même impossible, quoiqu'il y en ait quelques exemplaires dans la société de Pétersbourg ; cependant, on ne le vend point encore. L'animosité qui dure toujours, et d'autres circonstances encore, doivent donner beaucoup de vogue à ce livre. L'auteur s'y montre sous le triple aspect de chrétien, d'illuminé et de Grec. Sur le premier point, nous sommes d'accord ; sur le second, on n'en finirait pas. Le jeune homme soutient ouvertement le système d'Origène sur l'éternité des peines : je ne sais pas trop comment il s'accordera avec le saint synode; mais on m'assure, pendant que j'écris ceci, qu'après avoir un peu balancé, l'aréopage ecclésiastique avait permis l'impression à Saint-Pétersbourg, ce qui me paraît très-digne de remarque (la première édition n'a pu se faire qu'à Weimar). Par le côté de l'illuminisme ou du martinisme, M. Stourdza plaira beaucoup dans une ville où ce système gagne tous les jours; comme je l'ai jadis étudié à fond, je m'amuse beaucoup de tout ce qui s'y rapporte. La conscience de l'auteur, qui est certainement très-bonne, lui a dit assez que son livre n'avait été nullement provoqué; il prend donc ses précautions dans la préface, où il dit que *quelques hétérodoxes* (mille pardons, mon R. P.) *ayant outragé la religion de son pays, la défense était de droit naturel;* mais, avec sa permission, c'est un sophisme. Quelques personnes s'étaient présentées à la porte de l'église *hétérodoxe :* on l'ouvrit; c'était mal fait, à la bonne heure; mais cela ne s'appelle point *attaque.* Jamais on n'a manqué de respect ni d'égard envers les *orthodoxes ;* jamais on ne s'est permis de discours, ni, à plus forte raison, des écrits offensants; ainsi, il n'y a point de parité. Une vengeance juste et noble eût été de compter à peu près le nombre des orthodoxes pervertis il y a deux ans, et de convertir cette année un nombre égal de catholiques. Vous trouverez le style de l'ouvrage bon, ferme et pur, excepté dans les endroits où il est un peu déparé par le pathos mystique. Dans tout ce qui concerne nos querelles particulières, l'auteur est d'une ignorance ou d'une mauvaise foi sans égale, et prêterait le flanc à une critique terrible. Ce qui vous étonnera, mon révérend Père, lorsque vous lirez le livre, c'est le ton général, qui n'est point celui d'un homme du monde, mais plutôt celui d'un régent de mauvaise humeur. M. Stourdza est cependant un homme de beaucoup d'esprit et de talent ; et quand on pense qu'il est en état d'écrire en allemand et en russe aussi bien qu'en français, on doit convenir que bien peu de jeunes gens pourraient lui être comparés. Je suis fâché qu'il ait employé ses talents à cette diatribe, et qu'un livre de pure colère soit sorti d'une main que j'aime. Il parle dans un endroit de l'*ignorance de l'Église latine*, ce qui m'a fait dire que je voulais composer un livre sur la *poltronnerie de l'armée russe* : l'un vaudra bien l'autre, en vérité. Bel exemple, mon révérend Père, entre un million d'autres, que, lorsque la passion se montre, le bon sens disparaît.

Je sais bon gré à M. Stourdza de ne vous avoir pas nommés dans son écrit : à cet égard, il a retenu sa plume ; je ne sais pourquoi, mais il a bien et noblement fait.

Je ne saurais trop vous remercier du discours de Henri IV. Ne feriez-vous pas bien de l'imprimer à la suite de l'ouvrage que vous méditez ? Nous nous sommes parfaitement rencontrés dans le grand argument tiré *des amis et des ennemis*. Je l'ai beaucoup fait valoir moi-même ; et, dans ce genre, mes portefeuilles étaient riches. Dites, je vous prie, à mon cher père Pietroboni que, si j'avais encore besoin de sa relation, je lui aurais rappelé un discours d'Ovide que nous avons tous les deux récité au collége : — *Cum subit illius tristissima noctis imago,— Labitur ex oculis nunc quoque gutta meis.* Mais, en remuant mes papiers, j'ai trouvé la lettre qu'il avait écrite, qui me fut communiquée dans le temps, et que j'avais égarée ; je ne lui demande donc plus rien. Je lui envoie mille tendres compliments, espérant toujours que tôt ou tard il viendra nous voir en Italie. Mille hommages respectueux au T. R. P. général. J'espère que vos prières accompagneront la famille voyageuse. Il est douteux que je passe encore ici quinze jours ; si donc je puis vous être utile à

Paris, écrivez plutôt ici à quelque correspondant qu'à moi, afin qu'au moins il n'y ait pas de lettre perdue. Arrivé à Turin, je m'empresserai de vous donner de mes nouvelles. Ce que vous m'écrirez vous-même *poste restante* m'arrivera toujours.

Mon très-révérend Père, nous ne vous oublierons jamais, bien sûrs d'un retour parfait. Recevez en particulier l'assurance de l'inviolable attachement et de la haute considération avec laquelle *je demeure*, comme disaient nos aïeux, mon très-révérend Père,

Votre très-humble et très-obéissant serviteur.

142. — A mademoiselle Constance de Maistre.

Turin, 6 septembre 1817.

A la bonne heure ! quand ta lettre est dans la poche d'un ami, on peut bien passer à la tendresse d'une fille quelques bouffées de ressentiment contre les *petits-maîtres :* mais, par la voie ordinaire, je te renouvelle toutes mes défenses, et plus sévèrement encore que jamais. J'ai donc reçu hier la lettre que tu as remise au bon marquis, et je te réponds, quoique je n'ai pas le temps de te répondre. C'est pire qu'à Paris ; la tête me tourne. Hier matin, neuf lettres, bien comptées, tombèrent sur ma table, et toutes lettres à prétention qu'il n'est pas permis de négliger. Les visites, les devoirs de tout genre vont leur train. Je me tuerais, si je ne craignais de te fâcher.

Il n'y a rien de si beau, ma chère Constance, il n'y a rien de si tendre ni de mieux exprimé que tout ce que tu me dis ; mais, hélas ! tout cela est inutile : le dégoût, la défiance, le découragement sont rentrés dans mon cœur.

Une voix intérieure me dit une foule de choses que je ne veux pas écrire. Cependant je ne dis pas que je me refuse à rien de ce qui se présentera naturellement ; mais je suis sans passion, sans désir, sans inspiration, sans espérance. Je ne vois d'ailleurs, depuis que je suis ici, aucune éclaircie dans le lointain, aucun signe de faveur quelconque ; enfin, rien de ce qui peut encourager un grand cœur à se jeter dans le torrent des affaires. Je n'ai pas encore fait une seule demande ; et si j'en fais, elles seront d'un genre qui ne gênera personne. En réfléchissant sur mon inconcevable étoile, je crois toujours qu'il m'arrivera tout ce que je n'attends pas.

Tu ne me dis pas moins d'excellentes choses, toutes étrangères à cette étoile et à mon caractère. Le *capital* et l'établissement dont tu me parles sont des rêves de ton cœur ; je les vénère, à cause du pays dont ils partent ; néanmoins, ils sont ce qu'ils sont.

Je te répète ce que je t'ai dit si souvent sur ce grand chapitre : Je n'ai ni ne puis avoir aucune idée qui ne se rapporte exclusivement à vous, mes pauvres enfants !

Que m'importe à moi, qui ne suis plus qu'un *minutiste* (comme dit Homère)? et quand je verrais un siècle devant moi, que m'importerait encore ? Je n'aime pas *moi*, je ne crois pas *moi*, je me moque de *moi*. Il n'y a de vie, de jouissance, d'espérance que dans *toi*. Il y a longtemps que j'ai écrit dans mon livre de maximes : *L'unique antidote contre l'égoïsme, c'est le tuïsme.* — C'est toi surtout, ma chère Constance, qui me verses cet antidote à rasades ; j'en boirai donc de ta main et de celles d'un petit nombre d'autres *tois*, jusqu'à ce que je m'endorme sans avoir jamais pleinement vécu. Avec de certaines dispositions, un certain élan trompeur vers la renommée, et tout ce qui peut l'obtenir légitimement, un bras de fer invisible a toujours été sur moi comme un effroyable cauchemar qui m'empêche de courir et même de respirer. Regarde bien la masse qui est sur ma poitrine, et tu cesseras d'espérer. Je ne te cache pas cependant que nombre de personnes pensent bien autrement : nous verrons. En attendant, je m'en tiens à mon éternelle maxime de supposer toujours le mal, et de me laisser toujours étonner par le bien.

Adieu, petite follette; jamais je ne t'aurai assez dit combien je t'aime !

---

143. — A mademoiselle Constance de Maistre.

Turin, 16 septembre 1817.

Tiens, follette, voilà une lettre de Saint-Pétersbourg, que je crois de ton oncle. J'ai reçu la tienne du 10. Continue toujours à m'envoyer tes admonitions tendres et éloquentes : elles m'amusent infiniment, pas davantage, ma chère enfant, mais c'est beaucoup. J'aime ton esprit, lors même qu'il ne me persuade pas du tout. Je serais un grand sot si, à mon âge, je ne me connaissais pas du tout; ou, pour mieux dire, si je ne me connaissais pas parfaitement. Or, l'unique chose qui me distingue d'un sot, c'est de savoir en quoi je suis sot. Je sais bien servir les hommes, mais je ne sais pas m'en servir : l'action me manque. La troisième personne de la trinité humaine que je n'ai pas tant mal déchiffrée, ce me semble, est blessée dans moi. *Je voudrais vouloir*, mais je finis toujours par penser, et je m'en tiens là. Tout ce que tu pourrais dire, ma bonne Constance, est parfaitement inutile; tu ne me feras pas remuer! Comment pourrais-je agir sans vouloir? C'est cependant l'état où je suis, car je suis fort éloigné d'avoir une volonté déterminée! Un certain mouvement

me rappelle encore où tu es ; je m'y figure un état fantastique et patriarcal qui aurait ses douceurs : bientôt je me moque de moi-même, et. . . . .
. . . .
. . . .
. . . .

---

144. — A M. le vicomte de Bonald.

Turin, 15 novembre 1817.

Monsieur le vicomte,

Ce qu'on appelle un homme parfaitement *désappointé*, ce fut moi lorsque je ne vous trouvai point à Paris, au mois d'août dernier. Comme on croit toujours ce qu'on désire, je m'étais persuadé que je vous rencontrerais encore ; mais il était écrit que je n'aurais pas le plaisir de connaître personnellement l'homme du monde dont j'estime le plus la personne et les écrits. Pour me consoler, autant que la chose était possible, ma bonne fortune me présente deux de vos ouvrages : votre fils et vos pensées, rendues plus intéressantes encore, parce que le second ouvrage était présenté par le premier. Il m'eût été bien agréable, Monsieur le vicomte, de pouvoir jouir à mon aise de la société de M. l'abbé de Bonald; mais il m'est arrivé ce qui arrive à tous les étrangers : le tourbillon m'a saisi, et ne m'a abandonné que lorsque, tout étourdi et tout haletant, je suis monté dans ma voiture pour me rendre à Turin. La cour, la ville, les Tuileries, les Variétés, le Musée, les Montagnes, les ministres, les marchands, les choses et les hommes se sont si fort disputé ma pauvre personne, qu'il me semble aujourd'hui n'avoir rien fait et n'avoir rien vu, et que je ne suis pas même bien sûr d'avoir été à Paris. Je crois néanmoins, en y pensant mûrement, que réellement j'y ai été, et que j'ai pu même y faire quelques observations. J'ai bien senti, par exemple, *ce que je ne sais quoi* qui fait de Paris la capitale de l'Europe. Il est certain qu'il y a dans cette ville quelque chose qui n'est pas dans les autres; il n'en est pas, je crois, où l'étranger soit plus à son aise, *plus chez lui*, si je puis m'exprimer ainsi; sans doute je n'ai pu y séjourner assez pour... Mais je ne veux pas faire un *essai sur Paris*. Je cours à vos *pensées*, dont j'ai été enchanté : elles sont tour à tour jolies, belles, fines, consolantes, profondes, pointues, etc., etc., etc. Il en est aussi qui sont des *thèses*, des sujets de discours; mais, en choisissant celles qui appartiennent plus particulièrement à la classe des maximes ou qui s'en approchent, on en ferait encore un excellent volume qui vous mettrait à côté des plus excellents *pensiers* français. Après vous avoir exprimé ainsi mon jugement avec une parfaite franchise, je ne sais comment faire pour vous exprimer aussi le plaisir que m'a fait éprouver une coïncidence d'idées telle que peut-être il n'en a jamais existé : j'ai peur qu'il n'y ait de l'impertinence à faire cette observation. Mais, bon Dieu! je ne sais qu'y faire. La chose est ainsi; et si j'avais l'inexprimable plaisir de vous voir au milieu de tous mes papiers, je vous amuserais vous-même, Monsieur le vicomte, en vous montrant dans mes griffonnages ce que les théologiens appellent *loca parallela*. Dites-moi, je vous prie, si vous n'avez point senti que je vous sautais au cou après avoir lu ce que vous dites en deux ou trois endroits de ce détestable Condillac, l'idole fatale de la France, et l'instituteur de votre jeunesse. Vous faites aussi bonne justice de monsieur son frère, et même de Buffon. Mais Buffon me rappelle une anecdote que je veux vous conter. Je m'entretenais un jour (il y a bien longtemps que ce jour est passé) avec un terrible répétiteur piémontais, sans goût, ni grâce, ni linge blanc ; mais, du reste, profondément instruit. Buffon m'ayant passé dans la tête je ne sais comment, je dis à mon savantasse : *Abbate mio, cosa pensate del nostro gran Buffon?* Alors, avec un ricanement à faire peur, il me répondit, en haussant les épaules et jouant sur le mot : **Gran Buffone!**

Je vous ai trouvé excessivement Français dans quelques-unes de vos pensées. On vous en blâmera ; mais pour moi, je vous pardonne. *Je le suis bien, moi qui ne le suis pas.* Pourquoi n'auriez-vous pas le même droit? Buffon, dont nous parlions tout à l'heure, et qui était au moins un très-grand écrivain, a dit, dans son discours à l'Académie, que *le style est tout l'homme*. On pourrait dire aussi qu'*une nation n'est qu'une langue*. Voilà pourquoi la nature a naturalisé ma famille chez vous, en faisant entrer la langue française jusque dans la moelle de nos os. Savez-vous bien, Monsieur le vicomte, qu'en fait de préjugé sur ce point, je ne le céderais pas à vous-même. — Riez, si vous voulez ; mais il ne me vient pas seulement en tête qu'on puisse être éloquent dans une autre langue autant qu'en français. Si vous me chicanez à cet égard, je vous ferai à mon tour mauvais parti sur vos pensées françaises.

Je ne vous ai rien dit encore sur votre second volume ; mais c'est un ouvrage d'un autre ordre et déjà jugé. Qui n'a pas admiré les opinions que vous avez émises dans la Chambre? Je m'attends à vous admirer encore incessamment sur le même théâtre ; hâtez-vous, je vous prie, et surtout défendez bien le Concordat.

Il y a un temps infini, Monsieur le vicomte, que je voulais vous demander des nouvelles de ce fameux ouvrage posthume de Leibnitz, qu'une dame protestante, tournant au catholicisme, m'avait fait connaître déjà en 1796. Vous me fîtes l'honneur de m'écrire à Saint-Pétersbourg, il y a bien deux ans je crois, que *l'ouvrage s'imprimait*, et dès lors il ne m'a plus été possible d'en savoir davantage. Au nom de Dieu, Monsieur le vicomte, lorsque les *Chambres;* les cabinets, et tous les autres ennemis de votre loisir, vous accorderont trente ou quarante minutes disponibles, profitez-en **pour m'apprendre ce qu'il en est de ce livre**, et que Dieu **vous le rende!**

Je ne connais point **encore** les intentions du roi à mon égard. — Je suis fort bien traité à la cour, mais sans prévoir encore ce que tout cela signifie ; il est vrai que je n'y tâche pas. Je n'ai pas fait une demande ni une visite *intentionnelle*. Ma philosophie fait rire le roi, qui me dira son secret quand il voudra. En attendant, le public, dans sa bonté, me donne tous les jours un emploi auquel il ne manque que des *lettres patentes*. Voilà six lignes à prétention bien comptées, car j'ai celle de croire que je ne vous suis pas totalement indifférent.

Agréez, etc., etc.

---

145. — **A M. le comte de Stolberg, à Munster.**

Turin, décembre 1817.

Monsieur le comte,

Il s'est établi à Turin, depuis quelques années, sous le nom modeste d'*Amis catholiques*, une société dont le but principal est de propager la lecture des bons livres, en les tenant à un prix très-bas, et souvent même en les donnant, autant que ses moyens le lui permettent, afin de faire circuler la bonne doctrine jusque dans les dernières veines de l'État. Vous voyez, Monsieur le comte, que notre but est précisément la contre-partie de la funeste propagande du siècle dernier, et que nous sommes parfaitement sûrs de ne pas nous tromper en faisant précisément pour le bien ce qu'elle a fait pour le mal avec un si déplorable succès. Parmi les livres, nous choisissons surtout ce qu'il y a de plus court et de plus à la portée de tout le monde; mais nous tâchons de nous proportionner, autant qu'il est possible, aux âges, aux caractères et aux capacités différentes. Le genre polémique, l'historique et l'ascétique occupent alternativement notre pensée, et nous varions nos armes suivant les circonstances. Les petits traités qui nous occupent principalement n'écartent cependant pas nos yeux des ouvrages capitaux, et bientôt nous aurons le plaisir d'écrire dans la liste de nos livres une traduction italienne de votre précieuse *Histoire ecclésiastique*. Cette traduction part de la plume élégante de M. le chevalier de Rossi, et tout nous porte à croire qu'elle sera digne de l'original.

Notre correspondance s'étend déjà à Rome et dans les principales villes d'Italie, à Paris, à Vienne, à Genève, etc...

Nous avons pensé, Monsieur le comte, que vous associeriez volontiers votre respectable nom à ceux dont vous trouverez la liste ci-jointe. Car il faut bien que vous connaissiez, au moins de cette manière, les *amis* qui se présentent à vous. Je suis enchanté, Monsieur le comte, d'avoir été choisi par eux pour être auprès de vous l'organe de leur profonde estime : il faudrait ne pas habiter l'Europe pour ignorer votre caractère, vos travaux et vos saintes résolutions.

Je ne sais pourquoi, Monsieur le comte, je n'ai pas commencé par vous dire que nous avons mis notre société sous l'inspection et la présidence immédiate de l'archevêque de Turin. Ennemis mortels de *l'esprit particulier*, notre premier devoir était de le chasser absolument de chez nous.

Permettez-moi maintenant, Monsieur le comte, d'ajouter quelques lignes en mon nom. Pendant mon séjour à Pétersbourg, où j'ai résidé très-longtemps en qualité d'envoyé extraordinaire et ministre plénipotentiaire de S. M., je cédai au désir de vous adresser un opuscule qui venait de tomber de ma plume, et qui n'est plus sous ma main dans ce moment : je l'accompagnai d'une lettre du 10 (22) juillet 1814, et le tout fut remis à un homme qui prit auprès de moi l'engagement de vous faire parvenir mon paquet; j'ai eu dès lors, indépendamment même de votre silence, les plus fortes présomptions que mon paquet avait été supprimé, par la plus inexcusable curiosité : cependant il est possible que vous m'ayez fait l'honneur de me répondre, et que votre lettre se soit égarée; je ne voulus point, dans le temps, vous ennuyer de cette misère; mais, puisque je trouve l'heureuse occasion de vous écrire, je vous prie de me faire savoir si, en effet, ma lettre ne parvint pas. Elle ne contenait, au reste, que l'expression de mes sentiments pour votre personne, et par conséquent ce que tout homme pensant comme moi vous aurait écrit comme moi.

Agréez, Monsieur le comte, les assurances de la haute considération, etc.

146. — A M. Dumont, bachelier en droit, à Cluses, province de Faucigny, en Savoie.

Turin, 3 janvier 1818.

Monsieur,

Rien ne pouvait m'être plus agréable, sous tous les rapports, que votre lettre du 22 décembre. D'abord, j'ai été enchanté de n'être point tout à fait oublié de M. le chevalier de Maimieux, après vingt ans d'un silence ordonné par des circonstances déplorables qui se sont jetées entre lui et moi, et qui ont fait disparaître surtout le lien si respectable, du moins pour moi, de notre ancienne correspondance, l'excellente chanoinesse de Pollier. Quels efforts n'ai-je pas faits pour savoir si elle existait, et pour découvrir le lieu où elle s'était cachée ! Mais tous ces efforts ont été vains; et quand je vis que notre amie commune, la digne baronne de Pont, qui a disparu de cette malheureuse planète, n'avait pas été plus heureuse que moi, je pensai bien que je devais renoncer à tout espoir; et jamais, en effet, je n'ai pu découvrir aucune trace de cette excellente chanoinesse. Vous ne me dites pas, Monsieur, si elle existe encore. — Je n'ose pas vous faire une question.

Si je n'en croyais que les mouvements de mon cœur, je m'empresserais d'écrire à M. le chevalier de Maimieux; mais je crains d'ouvrir de nouvelles correspondances sans pouvoir y satisfaire, tant je suis oppressé et presque étouffé dans ce moment. Chargez-vous, Monsieur, je vous en prie, de lui faire passer les témoignages les plus sensibles de ma reconnaissance ; c'est un véritable bonheur pour moi d'avoir pu intéresser un personnage de ce mérite; et s'il a donné son approbation à quelques lignes tombées de ma plume, je veux qu'il sache qu'elle est pour moi au-dessus de mille autres.

Passant de l'inventeur à l'invention, je ne puis vous exprimer, Monsieur, l'immense intérêt que m'inspire cette *pasigraphie;* en admettant la certitude de cette méthode et son usage général, elle éclipse celle de l'imprimerie, de la boussole, des pendules, de la pompe à feu, en un mot tout ce qu'il y a de plus grand dans le domaine du génie. — Je dis, du fond de mon cœur : *Quod felix faustumque sit!*

Il y a vingt ans que je disais, au moins quant au sens général, dans un mémoire remis à la chanoinesse de Pollier : « Je désirerais savoir en quoi la pasigraphie diffère « de l'écriture chinoise ; car l'homme, de quelque ma- « nière qu'on s'y prenne, ne peut peindre que des idées « ou des sons. Dans le premier cas, il parle chinois ; car « tout le monde sait qu'un Chinois, un Japonais, un Co- « réen, un Cochinchinois (et d'autres peut-être) qui lisent « un livre chinois, lisent chacun dans sa langue sans se « comprendre nullement : ce qui constitue bien précisé- « ment une pasigraphie. »

Je demandais, en second lieu, « *si*, et *par quel moyen*, la pasigraphie peut éviter la synonymie? » Vous me pasigraphez, par exemple, cette phrase française : *Il est tombé dans le gouffre;* qui m'empêchera de lire : *Il a roulé dans l'abîme?*

La difficulté est la même à l'égard de la langue chinoise, lorsqu'il s'agit de traduire la langue écrite dans la langue parlée. Je la proposai donc à Saint-Pétersbourg aux interprètes de l'empereur ; mais, comme ils savaient très-mal le latin, unique langue commune entre nous, ils ne surent pas me satisfaire.

Je me rappelle que M. le chevalier de Maimieux, dans une lettre à la chanoinesse, lui disait en passant, et sans aucun détail, que *la pasigraphie n'était point une langue chinoise.*

Dans ce moment la foudre éclata : je partis; le tourbillon m'emporta en Piémont, à Venise, en Toscane, en Sardaigne, et enfin en Russie, d'où je rapporte la même ignorance et la même curiosité. Je ne pourrais, Monsieur, vous exposer mes idées sur ce point, sans sortir tout à fait des bornes d'une lettre. Je me borne donc à vous féliciter d'être devenu l'un des organes d'une invention qui doit les passer toutes dès qu'elle sera adoptée, et qui fait dès à présent le plus grand honneur à l'éminente sagacité de l'inventeur.

En vous choisissant, Monsieur, pour son disciple, son ami et son collaborateur, il a fait de vous un éloge qui vous recommande suffisamment à tous les amis des sciences. Recevez, Monsieur, l'assurance la plus sincère de toute ma reconnaissance, de ma profonde estime, et de la considération plus distinguée avec laquelle j'ai l'honneur d'être, etc.

---

147. — † A M. l'abbé Vuarin, curé de Genève.

Turin, 26 janvier 1818.

Monsieur l'abbé,

J'ai reçu votre lettre du 30 décembre, et toutes les pièces intéressantes que vous y avez jointes : je vous en remercie infiniment; rien n'est aussi amusant que de voir les combats de ces messieurs. Il nous a été dit : *Rogate quæ ad pacem sunt Jerusalem.* Or, rien n'établit la paix dans Jérusalem comme les divisions intestines de Moab et d'Amalec. Ainsi, il n'y a pas de mal d'attiser un peu la querelle. Je ne sais si je pourrai joindre à cette lettre l'esquisse d'une réponse à M. Célerier. Depuis plusieurs jours, je cherche, sans le trouver, le moment d'écrire cette feuille; et quand elle vous arrivera, Monsieur l'abbé, je crains qu'il ne soit plus temps. J'aurais cru jouir ici d'un peu de liberté ; mais point du tout, jamais je n'ai moins disposé de mon temps. Enfin, Monsieur l'abbé, on fait ce qu'on peut, et j'espère que vous me pardonnerez si je ne remplis pas toutes vos vues. Le temps approche où, suivant toutes les apparences, il faudra jeter ma plume philosophique et m'enfoncer de nouveau dans les affaires.—Je suis prêt à dire : *Quod Deus avertat!* mais j'ai peur que ce soit un péché.

J'ai de terribles notes sur Genève et sur Calvin. Mais tous mes papiers sont encore emballés. Trouveriez-vous à Genève les opuscules de Lessius (*Leonardi Lessii, e Soc. Jesu, opuscula;* Lyon, in-folio)? Dans ce volume, vous trouverez son traité *De vera capessenda religione*. Saint François de Sales disait : *C'est Dieu qui vous l'a dicté;* et véritablement c'est un ouvrage admirable. Vous y trouverez un chapitre *sucré* sur Calvin, et sur les honorables causes qui le firent chasser de Noyon, sa patrie. Voyez cela, et lisez aussi l'article *Lessius*, dans le Dictionnaire historique de Feller. — Dans les représentations du curé (p. 6), d'ailleurs excellentes, j'ai remarqué le passage « *Le second est un recueil des principaux passages*, etc. » Ici, peut-être, le curé est allé trop loin. Il est permis au théologien protestant de citer l'Écriture contre nous (bien ou mal), pourvu qu'il n'insulte pas. C'est ici un grand point, Monsieur l'abbé, et sur lequel il faut bien se garder de passer légèrement; vous verrez, j'espère, une note dans mon ouvrage relative à cette observation.

Quant à vous, *anti-picot*, prenez bien garde, je vous prie, à l'objection tirée de la science. L'article est délicat. Je n'ai pu lire encore ce qu'on a répondu à ce polisson de

Viller (apostat, comme vous savez) ; mais c'est un sujet que j'ai beaucoup médité. La science est une plante qu'il faut abandonner à sa croissance naturelle. Je regarde le protestantisme comme un engrais brûlant qui a forcé la végétation. Ce n'est pas le tout d'être savant ; il faut l'être comme il faut, et quand il faut, et autant qu'il faut. Le feu qui fait vivre l'homme, le feu qui le réchauffe quand il a froid, et le feu qui le brûle s'il y tombe, ne sont pas tout à fait la même chose quant au résultat ; c'est cependant toujours *le feu*. Il y a beaucoup à dire là-dessus, mais il n'y a, comme vous le savez probablement, que vingt-quatre heures dans le jour. Là-dessus, sommeil, repas, visites actives et *très-passives*, bavardages inévitables, correspondances terribles, affaires proprement dites, etc... Malheur à l'homme du monde ! Sans cette dame qui est là, à côté de moi, et qui vous fait ses compliments, je me ferais jésuite ; mais elle ne veut pas se faire religieuse, et je ne me sens nulle éloquence pour l'y déterminer. Ainsi, je barbouillerai quelques pages de moins dans ma vie.

Pour en revenir au sérieux, je ne saurais vous exprimer, Monsieur, à quel point le cœur me bat dans ce moment, où l'impression de mon ouvrage paraît décidée. Qui sait comment ma hardiesse sera jugée ? Mon duel avec Bossuet sera regardé comme un sacrilége. En tout cas, je l'ai attaqué en face après l'avoir averti ; ainsi, je suis en règle suivant toutes les lois de l'honneur. Vous trouverez peut-être que j'exagère, mais je pense que les maximes gallicanes et l'autorité gigantesque de Bossuet sont devenues un des grands maux de l'Église. Il faut absolument que le clergé apostolique de France me soutienne dans cette occasion, de sa plume même, s'il est nécessaire ; car ces nouvelles et grandes entreprises ont besoin d'un concert général de *tous les frères*.

Par ce courrier, ou par le suivant, j'aurai l'honneur de vous adresser encore quelques corrections pour mon ouvrage. Je sens bien que c'est une grande indiscrétion envers le pauvre correcteur ; mais si c'est un homme à vous, je suis persuadé qu'il s'y prêtera *pour l'amour de Dieu*. Recommandez donc encore cette petite affaire, je vous en prie.

J'oubliais de vous dire que, sur l'article de la science, il faudra marcher droit dans l'*anti-picot* pour n'être pas injuste. Spon, Senebier, Cramer, Saussure, Deluc, Rousseau, etc., etc., sont bien incontestablement Genevois, et ce ne sont pas des noms vulgaires.

J'ai profité d'un bal de cour dont je me suis dispensé, pour esquisser la réponse que vous m'avez demandée. Je l'ai écrite, *calamo scribæ velociter scribentis*, et pour ainsi dire sans respirer ; c'est ainsi que je l'écrirais, mais qui sait si c'est la manière qui vous convient? Tirez-vous de ce vilain brouillard comme vous pourrez, et si le projet ne vous plaît pas, livrez-le sans façon au dieu Vulcain. Ce que je vous demande, Monsieur l'abbé, très-explicitement et sur votre parole d'honneur, c'est que mon nom ne soit point prononcé, et que pour aucune raison mon écriture ne paraisse.

J'ai vu, à Paris, M. l'abbé de Trevern, qui est un homme d'un très-grand mérite. Je n'ai pu lire encore son ouvrage, faute de temps. Je sais cependant qu'il contient d'excellentes choses ; malheureusement l'ouvrage est gallican à l'excès, et j'ai eu lieu de me convaincre, par la conversation même de l'auteur, que, suivant lui, *les prétentions de la cour de Rome sont le véritable obstacle à la réunion des chrétiens*. Vous voyez que nous ne sommes pas tout à fait du même régiment. Croyez que les quatre articles font à l'Église autant de mal qu'une hérésie formelle.

Agréez, Monsieur l'abbé, l'assurance bien sincère de la haute estime et de la respectueuse considération avec laquelle j'ai l'honneur d'être.

---

148. — A M. Dumont, bachelier en droit, à Cluses, province de Faucigny, en Savoie.

Turin, 27 février 1818.

Monsieur,

Si je n'ai pas répliqué plus tôt à votre intéressante lettre du 16 janvier, c'est que je suis très-peu maître de mon temps, et que, d'ailleurs, je désirais connaître le sentiment de l'Académie des sciences, juge naturel de ces sortes de choses. Je vous le dis avec un véritable regret, Monsieur, mais je ne crois pas que vous obteniez ici aucune protection, et je doute surtout que l'Académie vous soit favorable. Vos lectures auront pu vous convaincre, Monsieur, qu'il y a une opinion générale contraire à la pasigraphie ; dernièrement encore, en feuilletant un ouvrage immense et singulier de M. Anquetil (*Oupnek'hat*, ou Philosophie indienne), j'ai rencontré un trait assez violent contre le nouvel *arcane*. Je suis en mon particulier, ainsi que j'ai eu l'honneur de vous le dire, au nombre des hommes les plus désireux d'être détrompés et instruits ; mais, en attendant, mes doutes subsistent de toute leur force, et j'en reviens toujours à l'écriture chinoise. Vous êtes surpris, Monsieur, que je compare une langue *qui compte quatre-vingt mille caractères*, avec la pasigraphie, qui n'en présente que douze ; mais je suis surpris, à mon tour, de votre manière de concevoir cette prodigieuse langue chinoise : « Elle « n'a que trois caractères (je cite un auteur sûr) : la

« ligne droite, la ligne courbe, et le point. Chacun d'eux
« est différemment placé et répété plus ou moins de fois,
« mais toujours sans faire aucune confusion à la vue. Les
« diverses combinaisons de ces trois sortes de traits for-
« ment les deux cent quatorze caractères radicaux, ou
« éléments de la langue chinoise. Chacun de ces éléments
« répond à une idée simple ou générale et plus commune ;
« et ces éléments combinés les uns avec les autres for-
« ment les soixante ou quatre-vingt mille caractères dont
« l'écriture chinoise est composée. On nomme ces deux
« cent quatorze caractères *clefs* ou *racines*, et ils forment
« dans les dictionnaires les deux cent quatorze classes ou
« genres différents, sous lesquels on range les caractères
« dont ils font la partie principale, etc., etc. »

Et que peuvent être vos *tableaux*, Monsieur, sinon les *classes* ou *genres* chinois? La langue de la Chine n'a que quinze cents mots, tous monosyllabes, de sorte que chacun de ces mots doit avoir de quarante à cinquante significations; mais celui qui en connaît quinze ou vingt peut déjà lire un très-grand nombre de livres.

Le Chinois veut-il exprimer un son et non une idée (par exemple, un nom propre)? il cherche dans sa langue les sons dont il a besoin, il trace à côté une ligne qui avertit de les prendre *comme sons*. Supposons, par exemple, que le monosyllabe *du*, dans sa langue, signifie *poudre*, et que l'autre monosyllabe *mont* signifie *canon;* s'il écrit $\begin{vmatrix} du \\ mont \end{vmatrix}$, on lira *Dumont*, et non point *poudre à canon*, et l'on sait qu'il s'agit d'un nom propre; que s'il ne trouve point dans ses quinze cents monosyllabes de sons propres à rendre ceux du nom qu'on lui propose, le Chinois ne peut plus l'écrire, ou il faut qu'il le défigure de la manière la plus étrange. C'est ainsi que mon nom, sous la plume des Chinois, est devenu MASSITELI.

J'ai sous les yeux, dans ce moment, une ode chinoise traduite en français par le P. Amiot, et en anglais par le chevalier Jones. Elles renferment des différences qui tiennent à la langue, parce que, dans toute langue qui représente les idées, l'exactitude est impossible. Vous me parlez de *langage humain oculaire :* je vous demande pardon, Monsieur, mais je ne puis vous comprendre. Si vos caractères ont des noms, et si ces noms réunis en forment d'autres, comme dans la langue chinoise, c'est autre chose. Je comprends, par exemple, que vous pouvez écrire *abîme*, et m'empêcher de lire *précipice;* différemment, la chose me paraît métaphysiquement impossible. Je ne vois, ni dans votre prospectus ni dans votre lettre, si vos caractères ont des noms. Les prononcez-vous, ou ne sont-ils faits que pour les yeux? Pouvez-vous dire, comme le Chinois, le signe *pi*, le signe *fo*, le signe... etc.? Une expérience décisive serait fort de mon goût : je voudrais dicter quarante ou cinquante mots à un pasigraphe, puis les mêmes à un autre, et *à part ;* ensuite je les prierais d'échanger les deux écritures pasigraphiées, et de m'en faire lecture l'un après l'autre, et *à part :* s'ils me lisent les mêmes mots, la question est décidée quant à la réalité de l'invention. — Mais prenez garde, Monsieur, qu'elle ne le serait point encore sous le rapport de l'utilité ; ce qu'il me serait aisé de prouver si je n'étais pas forcé de ménager le temps. — Toutes ces difficultés, au reste, partent d'un homme qui prend le plus vif intérêt à la chose, et qui voudrait de tout son cœur se tromper. Je fais le plus grand cas des lumières, de la sagacité de M. le chevalier de Maimieux et de l'intrépide persévérance (mère unique des grands succès) avec laquelle il s'est appliqué, depuis tant d'années, à la découverte et au perfectionnement de son grand œuvre. A tous les sentiments que m'inspirent ses talents, j'ajoute celui de la reconnaissance que je dois à l'intérêt qu'il veut bien accorder à quelques opuscules que j'ai lancés dans le monde.

Rien n'égale, Monsieur, l'intérêt que je prends à vos succès, et vous me trouverez toujours disposé à vous donner des preuves de l'estime particulière et de la considération la plus distinguée avec laquelle j'ai l'honneur d'être, votre très-humble, Le comte DE M.

P. S. Si vous écrivez à M. le chevalier de Maimieux, faites-lui sentir l'extrême importance d'une dissertation métaphysique qui fasse connaître l'essence de sa découverte. Je ne sais pas le chinois, et cependant je sais ce que c'est, comme je connais l'essence de l'algèbre, quoique je ne sois pas algébriste. Entendez-vous donc avec M. le chevalier de Maimieux, et mettez-moi en état de célébrer sa découverte : personne ne parlera plus haut que moi, dès que je saurai de quoi il s'agit.

---

149. — A M. de Tchitchagoff (1).

Turin, 4 mars 1818.

Monsieur,

Votre lettre du 11 février m'a fait tout le plaisir imaginable, en m'apprenant que vous êtes enfin sous notre beau ciel, et que vous étiez venu cueillir les premières violettes de l'Étrurie. Soyez donc le bien-arrivé, Monsieur. Je vous remercie de votre aimable épître, et du paquet qu'elle accompagnait. Que vous avez bien fait de venir joindre votre excellent frère ! *Il ne lui est pas bon d'être seul.* Plût à

(1) Frère de l'amiral.

Dieu que je fusse libre ! je courrais sur vos pas, et j'espère que vous me recevriez en tiers. Il me serait bien doux de me trouver encore à table avec vous sur les bords du Tibre, pour dire à l'amiral : *Ah ! le vilain petit ruisseau fangeux, en comparaison de la profonde et belle Néva!* Je serais curieux de voir comment il me prouverait le contraire ; malheureusement je ne puis me procurer ce plaisir. Toujours chargé de chaînes, il faut que je me contente du Pô, sans savoir encore sur quel autre bord j'irai végéter. Mon sort est toujours douteux, l'oracle n'a pas parlé ; il est probable cependant que je finirai par ce pays avec lequel M. l'amiral a fait connaissance, où il a été embrassé avec tant de plaisir par mon frère *le pope*, et où j'espère toujours le revoir, tôt ou tard. Priez-le de vous expliquer la partie d'échecs que nous jouons depuis plus d'une année, et qui est très-curieuse. Dans ma dernière lettre, je lui avais donné *échec au roi par la dame;* il a paré le coup, mais je médite une autre attaque *par les fous*, qui font tant de belles choses dans ce monde. Si les siens sont aussi instruits que les miens, je perds l'espérance de vaincre. La partie sera *pat*, et nous recommencerons. — Qu'il m'en croie cependant : tôt ou tard la reine fera une des siennes.

Il me paraît absolument ridicule que vous soyez en Italie, et que nous ne vivions pas ensemble. Embrassez bien ce cher amiral pour moi. Dites-lui bien qu'aucun temps, aucune distance, aucune affaire, ne peut le chasser ni l'éloigner de mon souvenir. Hélas ! tout passe, — excepté ce qui ne passe pas.

Comment s'est-il amusé dans la *Ville éternelle?* Comment a-t-il été frappé de tant de grands souvenirs et de tant d'oppositions brillantes? Qu'a-t-il dit de cette lutte, unique dans l'univers, du génie antique et du génie moderne, qui semblent s'être donné rendez-vous sur le Capitole, pour se *colleter* en face de l'univers? Que lui ont dit ces murs qui ont vu l'enlèvement des Sabines, le tribunal de Brutus, l'invasion des Gaulois, le camp d'Annibal, le triomphe de Scipion, la croix de saint Pierre, les bacchanales de Néron, le couronnement de Charlemagne, le trône de Grégoire VII et de Léon X, la république française, et le retour de Pie VII? — En vérité, il y a bien de quoi parler; — mais, pour terminer le chapitre des *antiquités*, je vous prie en grâce de parler quelquefois de moi ensemble, et d'être bien persuadé que je vous *entends*, puisque je vous *écoute*.

Je vous embrasse tendrement, Monsieur, en vous assurant des sentiments éternels d'estime et d'attachement avec lesquels je suis, plus que je ne puis vous l'exprimer,

Votre très-humble serviteur et bon ami.

Mon fils est à Novarre; bientôt il aura connaissance de votre souvenir obligeant. Ma femme et mes filles, qui se portent à merveille, me chargent de mille compliments pour vous. Le *frère pope*, qui est depuis quelque temps *évêque d'Aoste*, et qui est venu à Turin pour être sacré, a de grandes prétentions sur le souvenir de M. l'amiral. Il veut que je lui parle du nouvel évêque comme d'une vieille connaissance.

---

150. — A M. l'amiral Tchitchagoff.

27 mai 1818 (anniversaire de mon départ de Saint-Pétersbourg).

Excellent ami, j'ai pensé qu'aujourd'hui je vous devais une lettre. C'est le jour où j'ai quitté la Russie. Jugez de ma tristesse. Hélas! oui, Monsieur l'amiral, ce fut le 27 mai 1817, à onze heures du matin (je vous écris à la même heure), qu'un cutter du plus libéral des monarques m'emporta de ces bords que je ne devais plus revoir. J'espère que vous partagerez ma douleur, et que vous ne dédaignerez pas de m'en assurer.

Le 4 du mois de mars dernier, j'ai eu l'honneur d'adresser à votre excellent frère une lettre qui sans doute lui sera parvenue, car je l'avais mise très-exactement sous l'adresse que vous m'avez donnée. J'entendais bien que mon épître serait commune aux deux frères. Aujourd'hui il faut, s'il vous plaît, Monsieur l'amiral, que vous me donniez des nouvelles de Paul et de Basile, ces deux hommes chéris qui ne sortiront jamais de ma mémoire. Comment vous trouvez-vous à Rome l'un et l'autre? Je ne parle pas des choses qui ont dû nécessairement vous frapper; je voudrais savoir si vous êtes content des hommes, et s'ils ont été à votre égard hospitaliers et courtois comme on doit l'être? Que ne donnerais-je pas pour avoir parcouru Rome avec vous! J'espère que le spectacle principal qu'elle présente ne vous aura pas échappé : c'est celui du génie antique et du génie moderne qui se rencontrent dans cette ville unique, et qui se prennent pour ainsi dire *au collet*, sous l'œil de l'observateur. Rien ne m'a plus frappé, rien ne m'a plus intéressé que ce contraste. Le gouvernement, que vous aurez trouvé, j'espère, *libéral*, et même *libre*, est encore infiniment digne d'observation, parce qu'il est aussi unique dans l'univers. On n'a jamais vu, et l'on ne verra jamais dans l'univers (Rome exceptée), *une monarchie élective où le souverain, toujours vieux et toujours célibataire, est élu par des électeurs de même toujours célibataires, élus à leur tour par le souverain, sans distinction de patrie ni de condition*. Trouvez, si vous pouvez, quelque chose de semblable. Le monde antique vous était nécessairement absolument inconnu : il sera sorti de terre pour vous depuis que vous habitez l'Italie. *I take for granted* que vous avez fait une excursion à Naples, et que vous avez vu Herculanum et Pompéia. Voilà encore des lieux que je voudrais parcourir avec vous. — A propos ! n'avez-vous point vu trembler l'église de Saint-Pierre? Si elle n'a pas peur, cependant elle a bien tort, puisqu'elle est menacée du plus grand malheur : celui de n'être plus le premier temple du monde, et même d'être totalement effacée par une autre église devant laquelle le temple de Saint-Pierre ne sera plus qu'une chapelle de village. — Sur la *montagne des Moineaux* s'élève un temple construit par un jeune homme qui, à la vérité, n'est pas architecte et n'a jamais rien construit, mais qui a reçu en songe le plan de la nouvelle basilique par une révélation immédiate. — Riez, riez, Monsieur le rieur ; l'Église du *Sauveur* n'en sera pas moins bâtie, et je ne doute pas qu'un jour il ne soit plus aisé de l'admirer que de l'échauffer. — Mais parlons d'autre chose.

Mon frère l'abbé, qui a eu le bonheur de faire connaissance avec vous à Chambéry, a été fait évêque (de la val d'Aoste). Il est ici depuis quelque temps, en attendant le sacre et le rétablissement des revenus dilapidés ; et il me charge très-expressément de le rappeler à votre souvenir, et de vous assurer du sien dans les siècles des siècles. Hier, nous parlions de vous en famille, en présence d'un de nos bons amis, qui s'écria, après nous avoir entendus quelque temps : *Ah ! que je voudrais connaître cet amiral T...!* Nous eûmes beau l'assurer qu'il serait totalement *désappointé*, que cet amiral n'avait point d'esprit, etc.; jamais il n'en voulut démordre.

Toujours vous me manquez, Monsieur l'amiral, mais surtout lorsque je lis les gazettes. Hélas ! je n'ai pas eu le plaisir de lire avec vous le *Discours d'ouverture* et le *Discours de clôture*. Si vous aviez été là, mon digne ami, vous auriez pleuré d'admiration et d'attendrissement. Quelle grandeur ! quelle générosité ! quelle fermeté dans les principes, et quelle brillante perspective pour votre *patrie*, qui voit dans un avenir très-proche son affranchissement, et ses lois fondamentales établies sur la parole d'honneur d'un souverain ! Je ne doute ni de votre admiration, ni de votre reconnaissance; cependant je serais bien aise d'en être assuré par vous. De ce moment, Monsieur l'amiral, le sujet éternel de nos disputes disparaît pour toujours, puisqu'il est *certain* que, dans peu de temps, toute la Russie sera constituée, et plus libre que l'orgueilleuse Angleterre. — Mandez-moi, je vous en prie, si vous voulez être pair ou député, et si vous intriguez déjà pour l'une ou pour l'autre de ces deux places; car, du moment où la constitution pointera, je ne doute pas que vous n'accouriez prendre votre poste. — Et comme je puis me trouver sur le chemin de la constitution suivant la manière dont vous l'aborderez, je ne désespère point de vous voir encore.

En attendant, votre prophétie n'est point encore accomplie à mon égard. Je me promène toujours sur le pavé de Turin, sans savoir ce que je deviendrai; mais peut-être que je touche au moment qui changera *Monsieur de sans affaires* en *Monsieur de cent affaires*. Aux appointements près, le premier emploi vaut infiniment mieux que le second; et je suis bien fâché que la révolution ne *l*ait pas laissé le choix. Il arrivera donc tout ce qu'il plaira à Dieu et au roi de Sardaigne.

Pour aucune raison, Monsieur l'amiral, ne vous permettez pas de m'oublier; ce serait un crime qui crierait vengeance. Pour moi, je vous retrouve toujours peint en première ligne sur cette *toile légère* que mon frère a décrite dans le *Voyage autour de ma chambre,* et qu'on appelle *Mémoire*. Je pourrais vivre mille ans sans rencontrer jamais rien qui vaille nos soupers. La foudre les a frappés. — Ils n'en restent pas moins gravés au rang de ces souvenirs adorables qui nous déchirent, et qu'on chérit. — Heureusement le papier me manque. Mille tendresses à Basile Basiliévitch.

Votre éternel ami.

---

151. — A M. le vicomte de Bonald.

Turin, 10 juillet 1818.

Monsieur le vicomte,

Je l'ai lu avec délices votre excellent livre (1); mais, voyez le malheur! je suis peut-être le seul homme en Europe qui n'ait pas le droit de le louer. Est-il possible, Monsieur, que la nature se soit amusée à tendre deux cordes aussi parfaitement d'accord que votre esprit et le mien ! c'est l'unisson le plus rigoureux, c'est un phénomène unique. Si jamais on imprime certaines choses, vous retrouverez jusqu'aux expressions que vous avez employées, et certainement je n'y aurai rien changé !

Votre dernier livre, Monsieur le vicomte, est une belle démonstration d'une thèse que j'ai souvent soutenue, que *celui qui ne sait pas écrire n'est pas métaphysicien.* Vous avez réellement droit de parler du *verbe*, parce que vous savez *verber*. Je vous sais un gré infini d'avoir commencé une noble attaque contre les faux dieux de notre siècle. Il faudra bien qu'ils tombent; il faudra bien que nous revenions au spiritualisme, et que nous n'accordions pas tout à l'*organe sécréteur des pensées.*

Le plus coupable de tous les conjurés modernes, c'est Condillac. Vous en avez fait justice, cependant avec quel-

(1) Les *Recherches philosophiques.*

que bonté. Pour moi, je vous l'avoue, je ne serais pas si patient. Je ne puis penser à cet homme sans colère.

Sur Bacon, je vois que nous sommes à peu près d'accord. J'ai fait un ouvrage assez considérable, intitulé *Examen de la philosophie de Bacon*. Je suis persuadé qu'il vous intéresserait, et même qu'il vous étonnerait; car, à moins de s'être livré à une étude particulière et minutieuse de cette étrange philosophie, il est impossible de connaître tout le mal et tout le ridicule qu'elle renferme.

Dans tout ce que vous dites des philosophes anciens et modernes, je ne vois pas qu'il soit possible de vous chicaner, excepté peut-être sur Aristote, auquel il me semble que vous faites un peu tort en le rangeant parmi les *sensibilistes*. Il n'a point dit du tout que toutes nos idées nous viennent par les sens. Il a dit des choses admirables sur l'essence de l'âme : on a besoin d'un grand effort pour les comprendre, et d'un autre effort pour les traduire.

Vous parlez comme un ange, Monsieur le vicomte, sur les langues, qui sont à peu près toute la métaphysique. Il faut être possédé de quatre ou cinq diables pour croire à l'invention des langues. Il est dit, dans un vieux cantique que j'appris jadis de ma nourrice :

> Le diable, pour punition,
> Les prit en sa possession.

Or, c'est ce qui est arrivé, n'en doutez pas, aux idéologues de notre siècle. Tous furent *possédés*, ou bien ils demeurent inexplicables.

Je ne vous ai pas trouvé moins juste et moins disert sur l'écriture (*mansura vox*) que sur la parole. Vous êtes de l'avis de Pline l'Ancien : *Apparet æternum litterarum usum*. Jamais cet art n'a pu être inventé ! Bryant soutient qu'il est né sur le Sinaï; mais cette idée n'est pas soutenable.

Vous avez parfaitement bien attaqué, ou, pour mieux dire, réduit à sa juste valeur, ce terrain mouvant, nommé en général *philosophie*, et sur lequel jamais aucun pied humain n'a pu se tranquilliser.

Vous avez parfaitement exposé nos deux titres principaux de noblesse : l'empire sur les animaux, et l'usage exclusif du feu. L'orang-outang aime le feu comme nous, il s'assied comme nous devant le feu, il présente les mains comme nous; mais, dans les siècles des siècles, il n'avancera pas un tison. Le monde serait visiblement inhabitable pour l'homme, si l'animal pouvait disposer du feu. *C'est une heureuse chance pour nous*, diraient certains philosophes que j'admire de tout mon cœur, autant que j'admire cet homme d'esprit qui disait à Lyon : — *C'est cependant un grand bonheur que le Rhône et la Saône passent dans cette ville!*

Je passe sur une infinité de détails qui me conduiraient trop loin; mais je vous le dirai en général, et sans la moindre flatterie, vous avez fait un excellent livre qui ajoutera grandement à votre grande réputation; il est gravement, purement et éloquemment écrit. La profondeur n'y fait point tort à la clarté; — au contraire, elle en résulte. C'est un livre d'ailleurs pratique, et fait pour obtenir sur les esprits une influence préservatrice, rassainissante. *Le père en prescrira la lecture à son fils.* Vous l'avez dit : *Le plus grand crime qu'on puisse commettre, c'est la composition d'un mauvais livre, puisqu'on ne peut cesser de le commettre.* Vous avez parfaitement raison; mais la proposition inverse n'est pas moins incontestable, et je vous en félicite.

Il ne manque pour moi qu'une seule chose à votre livre : c'est votre nom écrit sur la première page. Si vous voulez y suppléer dans la première lettre que vous aurez la bonté de m'écrire, *je vous collerai* avec un très-grand plaisir.

Je ne suis pas consolé du tout, Monsieur le vicomte, de vous avoir manqué à Paris l'année dernière. Maintenant où êtes-vous, et que faites-vous? Une nouvelle élection vous a-t-elle reporté dans la représentation nationale? ou bien êtes-vous allé *planter vos choux*, après avoir *planté* tant de bonnes maximes?

Je ne vous donne aucune nouvelle de moi, Monsieur le vicomte, excepté le *bene valeo*, qui se soutient toujours. Mon courage pour toute entreprise littéraire et philosophique s'est extrêmement refroidi. Quelques ouvrages importants dorment dans mes portefeuilles; mais après les tours qu'on m'a joués à Paris, et dont vous avez été témoin, je tremble d'être imprimé *à distance*. Travaillez donc, Monsieur, vous qui êtes à l'aise, et qui disposez de cette grande tribune où l'on parle au monde! Comptez-moi toujours au nombre de vos auditeurs les plus attentifs et les plus justes. J'embrasse M. votre fils s'il est à côté de vous, et je lui souhaite toute sorte de succès dans sa noble, sainte et importante carrière. Mon frère, qui vient d'être fait évêque, appartient encore à l'Église gallicane. Il est évêque d'Aoste. Les jésuites viennent d'être rétablis à Novare et à Turin, où on leur a rendu l'enseignement. Mais l'ordre est-il rétabli? Pour répondre à cette question, un préliminaire indispensable serait de savoir s'il a été détruit.

Je suis pour la vie, Monsieur le vicomte, avec tous les sentiments que vous me connaissez, votre, etc.

152. — Au prince Kolowski.

Turin, 20 août 1818.

J'espère, mon cher prince, que vous n'attendez pas de moi un sentiment détaillé sur votre lettre à M. le comte de C., dans laquelle vous lui rendez compte de l'ouvrage de madame de Staël. Je serais conduit à vous parler, non pas de la lettre, mais de tous les sujets que vous effleurez dans cette pièce; c'est-à-dire que je vous ferais un livre sur un livre. Je n'ai plus assez de temps pour le dépenser ainsi. J'en serais empêché d'ailleurs par une foule d'occupations qui ne me permettent pas ces parties de plaisir. Voici donc, mon prince, tout ce que j'ai à vous dire d'une manière très-générale. Si vous croyez que l'ouvrage d'une impertinente femmelette, qui ne comprend pas une des questions qu'elle traite, mérite un rapport officiel, à la bonne heure; mais, dans ce cas, je pense que votre lettre est précisément une de vos conversations écrites, et qu'elle pèche par une abondance qui vous nuira. Quel que soit le mérite de cette dissertation, ni roi, ni ministres, ne la liront. Il faut absolument vous restreindre, diviser votre sujet dans votre pensée en certains points : par exemple, ce que dit madame de Staël sur son père, — sur la révolution en général, — sur tel ou tel homme marquant, etc. Traitez ces différents points d'une manière concise et *pointue* qui reste dans l'esprit, et vous réussirez même au département des affaires étrangères : si vous laissez votre dépêche telle qu'elle est, soyez sûr que vous ne serez pas lu, et que, si on vous lit, on ne vous rendra pas la justice que je vous rends, quoique je pense autrement que vous sur plusieurs points.

Vous êtes, par exemple, évidemment dans l'erreur,

lorsque vous croyez que la théorie de la non-résistance dépend du pays auquel on l'applique. Point du tout, mon cher prince : la question est la même dans tous les pays, ce que j'aurai le plaisir de vous démontrer, si vous le voulez, la première fois que j'aurai l'honneur de vous voir; le temps me manque pour verser de semblables dissertations sur le papier.

Je ne crois pas trop non plus à votre formule universelle du *devoir* : c'est une abstraction qui s'évapore dès qu'on en vient à l'application. Personne n'a jamais douté ni surtout soutenu qu'*il ne faille pas faire son devoir;* la question est de savoir *ce que c'est que le devoir*, dans telle ou telle occasion ? Et, dans ce cas, que signifie la règle universelle ?—Rien ;—c'était le cas de M. Necker. Ses amis vous diront et vous embarrasseront peut-être en vous prouvant, à leur manière, qu'il faisait *son devoir* lorsqu'il proposait la constitution anglaise à la France.

Le premier malheur de madame sa fille fut de n'être pas née catholique. Si cette loi réprimante eût pénétré son cœur, d'ailleurs assez bien fait, elle eût été adorable, au lieu d'être fameuse.

Le second malheur pour elle fut de naître dans un siècle assez léger et assez corrompu pour lui prodiguer une admiration qui acheva de la gâter. S'il lui avait plu d'accoucher en public dans la chapelle de Versailles, on aurait battu des mains. Un siècle plus sage aurait bien su la rendre estimable, en la menaçant du mépris.

Quant à ses ouvrages, on peut dire, sans faire un jeu de mots, que le meilleur est le plus mauvais : il n'y a rien de si médiocre que tout ce qu'elle a publié jusqu'à l'ouvrage sur l'Allemagne. Dans celui-ci elle s'est un peu élevée; mais nulle part elle n'a déployé un talent plus distingué que dans ses *Considérations sur la révolution française.* Par malheur, c'est le talent du mal.

Toutes les erreurs de la révolution y sont concentrées et sublimées. Tout homme qui peut lire cet ouvrage sans colère peut être né en France, mais il n'est pas Français.

Quant aux autres hommes, je n'ai rien à dire. Une de mes dernières conversations avec le frère que je ne cesserai de pleurer, roula sur le dernier ouvrage de madame de Staël. Il ne voyait rien de si contraire à nos principes, et certes il avait bien raison. Boive qui voudra l'élixir du protestantisme, du philosophisme, et de toute autre drogue en *isme*. Pour moi, je n'en veux point. Je le mettrai dans ma bouche cependant, car il faut tout connaître; mais je le rejetterai bientôt en disant, devant qui voudra l'entendre: *Je n'aime pas cela.*

Quand on méprisera ces sortes d'ouvrages autant qu'ils le méritent, la révolution sera finie.

Une femme protestante prenant publiquement un archevêque catholique à partie, et le réfutant sur l'origine divine de la souveraineté, peut amuser sans doute certains spectateurs; chacun a son goût: mais, pour moi, je préfère infiniment Polichinelle de la place Château; il est plus décent et non moins raisonnable.

Tout ceci, mon prince, ne déroge nullement au talent qui a rendu compte des *Considérations*; mais si vous jugez cette brillante guenille digne d'un rapport officiel, j'insiste pour que vous lui donniez une forme plus concise et plus pénétrante. J'aurais été moi-même moins concis, si j'avais pu garder le manuscrit plus longtemps; mais c'en est assez pour vous faire connaître ma manière de voir en général, et vous me pardonnerez sûrement ma franchise. Voulez-vous laisser partir votre lettre telle qu'elle est? je vous loue sur ce qu'elle est et ne pense plus à ce qu'elle pourrait être. Elle est pleine d'esprit et de traits raisonnables, qui étincellent sur le fond de la question.

Adieu mille fois, mon prince. Je vous prie d'agréer l'assurance des sentiments que vous connaissez, et qui ne finiront jamais.

---

153. — A mademoiselle de Virieu.

Turin, 2 septembre 1818.

Mademoiselle,

Si j'avais l'honneur d'être connu de madame la marquise de Murinais, et si j'étais à Marlieu, je me jetterais à ses genoux ; je lui dirais : « Madame, je vous en supplie, consentez à me prêter, pour très-peu de jours, le portrait de mon frère ; vous procurerez une consolation immense à toute une famille désolée : un artiste célèbre, prêt à attaquer le marbre pour représenter cette figure d'après le masque pris sur de tristes restes, demande à grands cris un portrait, s'il existe, et nous assure que l'ouvrage sera mille fois plus parfait. Que risquez-vous, Madame la marquise ? On emballe tout, et les choses même les plus fragiles, sans la moindre crainte de leur nuire. Vous avez ma parole d'honneur pour une prompte restitution, et pour toutes les précautions imaginables ; ne me refusez pas cette grâce, je vous en conjure. »

J'ajouterais beaucoup d'autres choses ; et qui sait même si je ne me mettrais pas à pleurer comme une petite fille ? — Mais, hélas ! je suis à soixante lieues de Marlieu, et je n'ai point du tout l'honneur d'être connu de madame la marquise : j'ai peur d'être éconduit, je ne veux point faire de fausse démarche ; c'est donc à vous, Mademoiselle, que j'adresse mes tristes supplications. Je vous prie, je vous supplie, je vous conjure de vouloir bien employer quelques instants de ce grand et facile talent que vous a donné la nature, pour nous procurer au moins un trait de ce bel ouvrage de madame de Murinais : allons, Mademoiselle, quand on est si riche, ce serait un grand crime d'être avare. — *S'il vous plaît, Mademoiselle! pour l'amour de Dieu!* Mais je n'ajouterai pas : *Que Dieu vous le rende!* Ah! n'ayez jamais de pareilles consolations à demander! jouissez de ce que vous possédez, et ne soyez jamais écrasée comme je viens de l'être. Jamais je ne me consolerai de cette perte : tout ce que le temps peut sur une telle douleur, c'est de la changer en mélancolie. Aucun mort ne m'a jamais été présent autant que ce cher *André :* à chaque minute je l'entends rire ou raisonner. Quel cas il faisait de vous, Mademoiselle, et quel prix il attachait à votre estime! J'espère qu'il ne pourra sortir de votre mémoire : il s'y trouvera en bonne compagnie avec tout ce qu'il y a de bon et de beau dans le monde.

Je suis, avec une profonde estime et un respectueux dévouement,

Mademoiselle,

DE MAISTRE.

---

154. — A M. le chevalier d'Oiry.

Turin, 3 mars 1819.

Mon très-cher chevalier,

Au diable les papiers publics qui donnent des nouvelles cornues! Jamais il n'a été question de moi pour le poste de ministre des affaires étrangères. Je suis *ministre d'État et régent de la grande chancellerie,* voilà mes titres, mon cher chevalier, en y ajoutant celui de *chevalier grand-*

croix de l'ordre de Saint-Maurice et de Saint-Lazare. J'ai augmenté de quelque chose les titres de mon père, c'est l'affaire de mon fils d'ajouter à ceux que je lui laisse. C'est pour lui que j'ai accepté l'immensité du fardeau qui pèse sur ma tête ; car s'il ne s'agissait que de moi, je l'avoue, au lieu de rentrer dans les affaires, je m'en retirerais. J'achèverais ma vie au milieu de ces occupations dont quelques résultats ont vu le grand jour, et que d'autres peut-être auraient suivies. Mais je suis père, il faut demeurer en place, et laisser au moins à mes enfants ces biens que les brigands ne peuvent confisquer : c'est tout ce qui reste à la caste malheureuse.

L'état présent de l'Europe fait horreur, et celui de la France en particulier est inconcevable. La peinture que vous me faites d'un seul département convient en plus ou en moins à tous les autres. *La révolution est debout* sans doute, et non-seulement elle est debout, mais elle marche, elle court, elle rue. — Rangez-vous, Messieurs et Mesdames. La seule différence que j'aperçois entre cette époque et celle du grand Robespierre, c'est qu'alors les têtes tombaient et qu'aujourd'hui elles tournent. D'ailleurs, il ne faut désespérer de rien et s'attendre à tout avec des esprits tels que nous les connaissons. J'ai peine à croire que l'état actuel ne finisse pas de quelque manière extraordinaire et peut-être sanglante. Quant au seigneur de Sainte-Hélène, il peut être désiré tant qu'il vous plaira ; mais qu'il vienne, c'est une autre affaire : je le croirai quand je le verrai. Cependant, *il ne faut pas perdre courage :* il y a moyen encore de faire beaucoup de mal sans lui. L'alliance de la *vertu* française et de la *vertu* allemande est une des jolies phases de cette époque : par votre position, vous semblez placé tout exprès pour l'observer. Le caractère de la folie germanique est tout différent de celui de sa sœur. On le sent mieux qu'on ne l'exprince. Ce que je puis vous assurer, c'est qu'aucun de vos illuminés ne peut proférer une syllabe, ou même la couler dans quelque écrit étranger, sans que je ne lui dise sur-le-champ : « Beau masque, je vous connais ! »

Il est infiniment probable que les Français nous donneront encore une tragédie ; mais que ce spectacle ait ou n'ait pas lieu, voici ce qui est certain, mon cher chevalier. L'esprit religieux, qui n'est pas du tout éteint en France, fera un effort proportionné à la compression qu'il éprouve, suivant la nature *de tous les fluides élastiques*. Il soulèvera des montagnes, il fera des miracles. Le souverain pontife et le sacerdoce français s'embrasseront, et, dans cet embrassement sacré, ils étoufferont les maximes gallicanes. Alors le clergé français commencera une nouvelle ère, et reconstruira la France, — et la France prêchera la religion à l'Europe, — et jamais on n'aura rien vu d'égal à cette propagande ; — et si l'émancipation des catholiques est prononcée en Angleterre, ce qui est possible et même probable, et que la religion catholique parle en Europe français et anglais, souvenez-vous bien de ce que je vous dis, mon très-cher auditeur; il n'y a rien que vous ne puissiez attendre. — Et si l'on vous disait que, dans le courant du siècle, on dira la messe à Saint-Pierre de Genève et à Sainte-Sophie de Constantinople, il faudrait dire : Pourquoi pas ?

> Cet oracle est plus sûr que celui de Calchas.

Vous croyez peut-être que je vais continuer, et vous griffonner encore quelques pages : hélas ! il n'en est rien. C'est à grand'peine que je trouve le temps de vous tracer ces lignes en petit nombre. Tout est dit : il n'y a plus de liberté ni de loisir pour moi : j'appartiens entièrement à Son Excellence monsieur le Public. Plus de visites, plus de correspondances; mais surtout (ai! ai! ai!) plus de livres et plus d'études philosophiques. Voyez, mon cher chevalier, si mon bonheur est malheureux! Écrivez-moi toujours, quand même je ne vous restituerais que des billets; il m'est extrêmement doux de savoir que vous pensez à moi.

---

155. — A M. le vicomte de Bonald, à Paris.

Turin, 22 mars 1819.

Je ne sais, Monsieur le vicomte, si votre dernière lettre m'a causé plus ou moins de chagrin que de plaisir. Certainement, une lettre de vous est toujours un événement agréable pour moi, et le présent qu'elle accompagnait me la rendait encore plus précieuse : mais, bon Dieu! quel accès d'impatience j'ai éprouvé, en voyant que ma dernière lettre du 10 juillet dernier ne vous était pas parvenue! Un négociant de Lyon, qui était ici pour affaires, s'en était chargé, *et en avait fait son affaire.* — *Di vestram fidem!* Je suis furieux, et d'autant plus qu'il ne m'est plus possible de remplacer cette lettre. Je vous faisais le rapport de votre livre, je vous en rendais un compte détaillé : aujourd'hui, me voilà obligé de vous dire bêtement que j'en ai été enchanté. — Quel homme de bon sens ne vous en dirait pas autant? J'ai écrit à Lyon avec de l'encre fulminante, pour me plaindre de ce péché mortel contre la confiance et la bonne foi. Autant en emporte le vent! Je n'ai pu encore obtenir une réponse. Aujourd'hui, que je n'écris plus que des billets, comment vous exprimer fidèlement tout ce que la lecture de votre livre m'a fait éprouver de plaisir et d'instruction? Soyez bien sûr,

Monsieur le vicomte, que vous avez écrit l'un des meilleurs livres de philosophie rationnelle qui existe dans notre langue. Courage, Monsieur le vicomte! ne vous laissez atteindre par aucune espèce de dégoût, et continuez toujours à défendre les grands et inébranlables principes. Il faut toujours jeter le bon grain même sur les terres les plus desséchées, sur la foi de *Jupiter pluvieux*.

Votre réfutation de madame de Staël (ou de son livre) est excellente, et surtout d'un ton exquis. Vous ne voulez pas même attrister les cendres d'une dame, et vous les touchez comme une relique. Je ne sais si j'aurais été aussi sage, car peu de livres m'impatientent autant que ceux de madame de Staël; et, parmi ses livres, peu m'impatientent autant que le dernier. Quel dommage que cette femme n'ait pas été sujette spirituelle de la souveraineté légitime! Je le disais un jour à l'un de vos plus grands personnages : *Ah! si madame de Staël avait été catholique, elle eût été adorable, au lieu d'être fameuse.*

Il serait inutile, Monsieur, de vous dire combien je prends d'intérêt à vos affaires publiques. Je suis sans contredit l'étranger le plus français et le plus attaché à la légitimité française. Je crois l'avoir bien prouvé! L'ange gardien de la France ne sommeille point; mais comment le phénix renaîtra-t-il, s'il ne commence par mourir?

Vous voulez bien sans doute que je vous dise un petit mot de moi. Ma place (de *régent de la grande chancellerie*) revient à peu près à *vice-chancelier*, et me met à la tête de la magistrature, au-dessus des premiers présidents. Quant au titre de *ministre d'État*, joint à la dignité de *régent*, il ne suppose pas des fonctions particulières, ni la direction d'un département. Il m'élève seulement assez considérablement dans la hiérarchie générale, et donne de plus à ma femme une fort belle attitude à la cour hors de la ligne générale. Voilà, Monsieur le vicomte, le résultat de mon *exaltation*; une demi-heure avant la décision de Sa Majesté, je ne m'en doutais pas plus que d'être fait mufti : mais telle est ma destinée! J'obtiens toujours ce que je n'attends pas, et jamais je n'obtiens ce que j'attends. Ayant parfaitement découvert et jugé cette sorte d'*étoile*, je me suis mis depuis longtemps à ne rien demander, et à ne plus me mêler de moi-même. Souvent mon apathie sur ce point a fait rire mes amis. Vous sentez bien, au reste, qu'à mon âge on ne change pas de système.

Je ne vous perds pas de vue un instant, Monsieur le vicomte, et je vous prie de vouloir bien lire dans ma lettre tout ce qu'elle ne contient pas; car mes grandes occupations ne me permettent pas de jaser; et à chaque ligne je rencontre la formule latine ; *Sed de his coram*.

Accordez-moi le réciproque, comme on dit en langage diplomatique. Il importe beaucoup à mon cœur de savoir que je ne puis être chassé de votre souvenir.

Adieu mille fois, Monsieur le vicomte. Je vous écris à bâtons rompus, au bon fin milieu de ma chancellerie. On me casse, on me brise la tête; je ne sais plus ce que je dis. Je me sens cependant en possession pleine et entière de ce vieil organe, lorsque je vous renouvelle l'assurance des sentiments d'attachement et de respect avec lesquels je suis, pour la vie, Monsieur le vicomte, etc.

P. S. Qui sait pourquoi vous avez constamment refusé de me répondre sur le livre posthume de Leibnitz?

[156. — **A madame la duchesse des Cars.**

Turin, 28 mai 1819.

Madame la duchesse,

C'est répondre un peu tard à votre charmante lettre du 22 avril; mais comme je n'écris pas à beaucoup près quand je veux, même les lettres que j'ai le plus envie d'écrire, je vous avoue, Madame la duchesse, que je suis tout à fait dégoûté de la poste, à moins qu'il ne s'agisse uniquement de dire, *J'ai reçu la vôtre*. J'attendais donc une occasion bénévole, qui se présente dans ce moment; je la saisis aux cheveux pour vous dire d'abord, Madame la duchesse, que j'ai bien peu profité de celle qui avait bien voulu se charger de votre lettre. M. le prince de Laval-Montmorency n'a fait que toucher barre ici, et je ne dois qu'à un simple bonheur le plaisir de l'avoir rencontré dans une maison où il ne fit même que passer. Je lui envie le bonheur de parcourir encore l'Italie. Jadis j'ai dit, comme tous les autres voyageurs : « J'y reviendrai. » Mais c'était un rêve de l'espérance; je n'y reviendrai plus. A Paris, encore, j'ai répété ce mot, « J'y reviendrai, » mais tout aussi inutilement. Ma carrière *mobile*, si vous voulez me passer cette expression, est finie. Désormais, je ne serai plus qu'un vieux prisonnier, qui a tout au plus la permission de regarder par la fenêtre. — Au moins, si je vous voyais passer! mais je n'aurai pas ce bonheur. Le reste de ma vie doit être fade; je m'y soumets, en vous confessant néanmoins que je croirais allonger ce reste, si je pouvais jouir encore de quelques-unes de ces soirées que vous m'accordiez aux Tuileries. Nulle part il n'y a plus *de vie* que chez vous, et je ne voudrais pas d'autre fontaine de Jouvence. Je ne puis parler de vous ici, Madame la duchesse, et tout à mon aise, qu'avec M. le marquis Alfieri ; je me donne de temps en temps ce plaisir. Il me comprend fort bien quand je lui parle de cette force aimable et de cette grâce entraînante qui ont fait tant d'impression sur mon jeune esprit. C'est dommage que vous me gâtiez beaucoup et beaucoup trop en me faisant l'honneur de me citer. Ceci me rappelle un certain dîner où je me trouvai un si joli nigaud lorsqu'il vous plut de réciter de mémoire, avec une délicieuse emphase, je ne sais quel passage que j'avais à peu près oublié moi-même. *Il me semble cependant*, disais-je dans le premier moment, et de la meilleure foi du monde, *que cela ne m'est pas nouveau*. Un gentil éclat de rire me remit dans la voie.

Je comprends et je partage de tout mon cœur, Madame la duchesse, vos angoisses sur ce malheureux 17 avril, et sur tout ce qui s'ensuit. Je sens comme vous tout ce que cette séance présente de révoltant. Laissez-les faire cependant, et gardez-vous de prendre pour des signes de vie les grimaces de l'agonie. Soyez bien sûre que le parti *satanique* succombe, qu'il touche à sa fin, et qu'il joue de son reste. L'impatience nous est bien naturelle, puisque nous souffrons ; cependant il faut avoir assez de philosophie pour dompter les premiers mouvements. Les minutes des empires sont des années de l'homme : nous donc, qui ne vivons tout au plus que quatre-vingts minutes, dont il faut donner encore dix à l'enfantillage et dix au radotage, dès qu'une grande calamité dure vingt minutes, par exemple, nous disons, *C'est fini !* Les esprits célestes, qui entendent ces belles exclamations, rient *comme des fous*. Or, vous, Madame, qui êtes aussi un esprit, malgré votre enveloppe grossière qui n'a jamais déplu à personne, vous permettrez bien, je pense, que je vous propose une petite expérience : Faites-vous prêter le volume du *Moniteur* où se trouve le discours de Robespierre prononcé par ce digne homme le jour où fut prononcée la renonciation au culte. Reportez-vous, par la pensée, dans ce moment et dans ce lieu où l'on croit entendre parler l'enfer, et supposez qu'un véritable esprit vienne vous dire à l'oreille : Ma cousine, sachez que, dans huit ou neuf minutes, un cardinal fera son entrée publique à Paris, comme nonce *a latere*. — Si vous ne lui aviez pas ri au nez, c'eût été uniquement par respect pour les anges ; et cependant, Madame la duchesse, rien n'était plus vrai. Un esprit qui viendrait vous dire aujourd'hui ce qui se passera dans vingt minutes, vous étonnerait encore davantage ; je ne le verrai pas, mais vous le verrez, et vous aurez la bonté de vous rappeler alors le prophète allobroge. Pour revenir à nos moutons, la France se rétablira parfaitement ; elle sera *refaite* comme elle a *été faite* par le clergé et par la noblesse ; il faut que les grands principes tombent sur le peuple de haut en bas, comme la pluie. Vos biens vous reviendront de plusieurs manières ; mais surtout parce que les nouveaux venus, par une tendance uniforme et invariable, n'oublieront rien pour vous donner leurs filles ; et vous ne serez, en les acceptant, pas plus répréhensibles que vos devanciers, qui tous, ou presque tous, avaient consenti d'épouser la richesse sans lui demander son nom. Un certain recrutement de votre ordre est devenu inévitable ; et jusqu'à un certain point, bien par votre faute, Messieurs et Mesdames (pardon, je vous en prie), le temps *fauchera* plusieurs difficultés, et le tout s'arrangera. Il est possible, Madame la duchesse, que vous connaissiez un jour mes pensées sur le clergé français : alors vous m'en direz votre avis. Vous m'avez fait penser en me disant : *Tous les talents passent au clergé*. Il n'en aura jamais assez pour les travaux immenses qu'il a sur les bras. Au surplus, l'intérêt de la France est que le talent habite chez elle ; mais peu lui importe qu'il soit habillé de noir ou de blanc : il y a même de l'économie à l'habiller de noir. Ainsi, que cette caste nous fasse présent de beaucoup de livres semblables à celui de M. l'abbé de Lamennais, nous n'en serons pas jaloux. Il ne tiendrait qu'à moi, après l'avoir lu avec transport, d'en tirer un peu de vanité, car il y a dans l'ouvrage plus d'une preuve que l'auteur m'a fait l'honneur de me lire très-attentivement.

Dites-moi donc de finir, Madame la duchesse ; il y a deux occasions où je n'ai pas ce talent : c'est quand je parle à vous, ou de vous. Cependant, madame de Sévigné ayant décidé expressément que *toute lettre doit finir*, je ne puis contredire une décision aussi respectable. Daignez, Madame la duchesse, m'apprendre de loin en loin que vous me conservez toujours les mêmes bontés. Je prie Monsieur le duc d'agréer mes hommages. Sait-il que je suis bien le maître d'aller dîner chez lui quand je voudrai? car il m'a formellement invité la veille de mon départ, lorsqu'il me rencontra chez... chez... en vérité, je ne sais plus chez qui !

Agréez, Madame la duchesse, l'assurance de mon éternel souvenir, et des sentiments les plus respectueux avec lesquels je suis, etc.

---

157. — A M. le vicomte de Bonald.

Turin, 29 mai 1819.

Monsieur le vicomte,

J'ai pâmé de rire en voyant la rare exactitude de ces négociants, qui n'oublient une lettre qu'une année au fond de leur portefeuille, avant de penser à la remettre. On voit bien qu'il n'y avait rien à gagner. C'est une caste que je n'ai jamais aimée. Savez-vous ou vous rappelez-vous ce qu'en dit Cicéron? *Si le commerce se fait en grand, il n'est pas tout à fait condamnable.* Mais, pour revenir à ma lettre *antique*, je suis ravi qu'elle vous soit enfin parvenue, et qu'elle vous ait porté ma profession de foi sur le bel ouvrage dont vous m'aviez fait présent. Vos ouvrages sont faits pour les lecteurs de mon espèce. On les ouvre où l'on veut; on les lit, on pense, on vous aime. Arrive un suppliant avec ses papiers, il faut bien l'écouter; mais il s'en va enfin. Où en étais-je donc? Ma foi, je n'en sais rien. Ouvrons ailleurs : on lit, on pense, et on vous aime. Vous êtes bien aimable, Monsieur le vicomte, de vouloir être *tout entier* dans mon cabinet; vous y êtes placé avec toute sorte de révérence et d'attachement. Combien je sais gré à cet *excellent Savoyard* qui s'est employé avec zèle pour vous faire arriver chez moi dans toute votre intégrité! Vous ne me dites pas son nom, et je m'étonne de ne l'avoir pas vu à Paris chez madame la comtesse de Vitry, où j'allais cependant quelquefois. Je suis très-content de ma Savoie; elle présente de grandes espérances dans tous les genres, et surtout une *volée* de jeunes gens parfaits en principes et en talents : ils se font remarquer ici dans les colléges, à l'Académie, à l'Université, partout enfin. Plusieurs relations m'apprennent qu'il en est de même chez vous. Certainement, Monsieur le vicomte, le mauvais principe fait bien ce qu'il peut pour nous étrangler; il n'oublie rien, *il est en règle*. Cependant son divin antagoniste l'emportera. Il nous faudra du temps et des combats. Mais enfin nous vaincrons, suivant toutes les apparences; je ne le verrai pas, mais je dirai en mourant : *Spem bonam certamque domum reporto*. Je vois que vous êtes assez de mon avis sur ce point. Je m'en réjouis : vous savez, je l'espère, et depuis longtemps, combien cette consonnance me plaît. Que vous dirai-je sur votre état actuel? Vous avez raison, *il est unique dans l'histoire.*

J'observe cependant que, parmi les innombrables folies du moment et de tous les moments, il y en a une qui est la mère de toutes : c'est ce qu'on appelait dans l'école le *protopseudos*, le sophisme primitif, capital, originaire, et surtout original : c'est de croire que la liberté est quelque chose d'absolu et de circonscrit qu'on a ou qu'on n'a pas, et qui n'est susceptible ni de plus ni de moins. A cette belle extravagance vos *légisfaiseurs* (comme disait cette dame) en ont ajouté une autre qui est fille de la première, savoir, que cette liberté imaginaire appartient à toutes les nations, et ne peut exister que par le gouvernement anglais, de manière que tout l'univers est obligé en conscience de se laisser gouverner comme les Anglais : jamais on n'a rien vu d'aussi fou. Vous ne m'avez jamais dit, Monsieur le vicomte, si vous croyez à la charte : pour moi, je n'y crois pas plus qu'à l'hippogriffe et au poisson rémora. Non-seulement elle ne durera pas, mais elle n'existera jamais, car il n'est pas vrai qu'elle existe. Dieu n'y est pour rien d'abord; c'est le grand anathème. D'ailleurs, elle est fondée uniquement sur la plus grande des spoliations. Les brigands vous ont pris vos biens; ils ont fait leur métier : mais de quel droit le gouvernement qui se pare avec tant de raison du titre de *légitime*, croit-il pouvoir vous enlever avec vos biens (puisqu'il approuve) vos distinctions personnelles même et celles du clergé? Ce bien vous appartenait comme vos terres. Voilà donc la noblesse et le sacerdoce réduits à l'état de simple bourgeoisie; il n'y a plus que des pairs, qui seront bientôt résignés à cette grande injustice, et les *citizens*, dont les titres deviendront bientôt ridicules, étant séparés de la pairie ! Êtes-vous résignés, Messieurs? Vous croyez peut-être l'être ; mais le temps aura bientôt prouvé que cet état de choses ne peut durer. On dit : «Il n'y a plus moyen de rétablir l'ancien ordre de choses; les éléments même n'existent plus. »

Mais les éléments de toutes les constitutions sont les hommes; et n'y aurait-il point d'hommes en France par hasard? Pour moi, si je n'ai pas la berlue, j'en ai vu beaucoup en traversant ce pays de sapience. Je veux même me prêter aux idées du moment : qui me prouvera que votre liberté doit être celle des autres, et que vous ne pouvez pas asseoir celle qui vous convient sur des bases françaises? On n'a pas encore, ce me semble, assez fait honte aux Français. Les voilà donc réduits au rôle de singes ridicules, de mendiants abjects qui vont gueuser une constitution, comme s'ils n'avaient rien chez eux! Pour moi, Monsieur le comte, si j'étais Français, je veux que le diable m'emporte et me croque tout en vie, si jamais je pouvais me résoudre à prononcer le mot de *budget*. Est-ce que Sully et Colbert ne savaient pas dresser leurs comptes sans parler anglais? Mais que dire à des gens qui effacent sur leur monnaie *Christus regnat, vincit, imperat*, pour y substituer *Cinq francs?* Le goût, le tact, les talents manquent avec la vertu. Tout reviendra ensemble. Je suis tout à fait *libéral*, comme vous venez de le voir. Il est inutile de parler du roi; il est avant tout, il est à la tête de tout; rien sans lui, *a Jove principium*. Si l'état actuel pouvait durer, je ne voudrais point me battre contre ce qui existe. Mais je n'en crois pas le mot, et c'est ce qui occupe toute ma pensée. Feu Démosthène disait : « Il
« n'y a rien de si aisé que de montrer les vices du gouver-
« nement; mais savoir indiquer ce qu'il faut faire, voilà
« la science de l'homme d'État. » C'est précisément sur ce point que je voudrais jaser avec vous, Monsieur le vicomte; mais il n'y a pas moyen. Il faut finir, et c'est même par une espèce de miracle que je puis parler aujourd'hui

à cœur ouvert; ceci s'éloigne déjà trop du billet. — Je veux vous parler encore de tout le chagrin que m'a fait votre détail sur la manière dont vous avez été traité; j'en suis pénétré. Si j'étais à Paris, j'irais souvent vous voir, non pour lire Sénèque, *de Consolatione,* mais pour vous parler de l'intérêt que vous m'inspirez, et tâcher d'émousser, d'épointer quelques-unes de ces épines qui semblent vous chercher.

Je vous remercie de ce que vous me dites de l'abominable affaire *Fualdès ;* elle me rappelle une de mes grandes maximes : *L'univers est rempli de supplices très-justes, dont les exécuteurs sont très-coupables.* Du reste, je suis parfaitement d'accord avec vous sur la franc-maçonnerie. Voilà encore un beau chapitre! Mais Dieu me préserve de commencer! Je vous remercie du mot que vous dites sur mon excellent frère. Il a emporté avec lui la moitié de ma vie. Cette plaie est incurable. Il faut encore se taire. Rappelez-moi, je vous prie, au souvenir de votre jeune apôtre; je le vis un moment sans vous, mais ce fut un éclair. Je le prie d'agréer mes compliments. Il faut cependant terminer ce billet; d'autres vous arriveront de loin en loin. Traitez-moi de même, vous serez toujours reçu avec un tendre empressement, dussiez-vous encore *avoir l'honneur d'être avec,* etc. Vous croyez peut-être que je vais me venger; point du tout, Monsieur le vicomte (quand même il me resterait assez de papier) : je vous serre dans mes bras comme un vieil ami.

158. A M. le comte de Blacas, à Rome.

Turin, 29 mai 1819.

Comment pourrais-je vous exprimer, rare et excellent homme, inestimable ami, ce que m'a fait éprouver la lecture de votre lettre du 26 septembre? Elle est venue se placer sur mon pauvre cœur oppressé et froissé, comme une espèce de fomentation qui l'a tout à fait ranimé. Lorsqu'au milieu de la triste indifférence, de l'égoïsme glacé, et de quelque chose de pire encore, on vient à rencontrer une âme comme la vôtre, on respire, on se console; on est comme le voyageur qui traverse les déserts de l'Arabie, et qui trouve tout à coup un bosquet et une fontaine : il s'assied à l'ombre, et il boit. Ce qu'il sent alors, c'est à peu près ce que j'ai senti en lisant votre lettre. Croyez bien qu'il ne manque rien à cette comparaison, qui tombe d'elle-même sur ce papier. Sûrement, Monsieur le comte, vous n'aurez pas de peine à me croire sur le *désert;* croyez-moi de même sur la *fontaine :* c'est l'amitié la plus pure, c'est la plus tendre reconnaissance qui vous en assure. — Vous me dites, *Finissez donc;* d'accord, puisque vous le voulez; jugez si je voudrais contredire un ami tel que vous ! Venons donc au fait. Si je devais tout à coup faire face à une dépense imprévue, s'il s'agissait d'un voyage nécessaire, d'une fille à marier, d'une terre à acheter, et que la somme que vous m'offrez avec tant de grâce me manquât dans le moment, en vérité, mon très-cher comte, je m'en prévaudrais sans compliment, bien sûr que, dans certaines occasions et avec certains hommes, *on ne peut remercier dignement qu'en acceptant* (ceci est une maxime). Mais, dans la position où je me trouve, que ferais-je de votre argent? Vous ne pensez pas sans doute que je veuille l'éparpiller en petites dépenses d'agrément et de commodité; la somme passerait donc sans fruit de votre cassette dans la mienne. J'aime bien mieux qu'elle demeure dans la vôtre, car si jamais j'en ai besoin, elle sera toujours à ma disposition; et si vous ne pouviez pas me la prêter alors, ce serait une preuve que j'aurais mal fait de l'accepter aujourd'hui.

Vous avez la bonté de me gronder sur ce que je n'ai pas fait le voyage de Rome avec le marquis d'A. Soyez bien persuadé que j'en avais une envie mortelle. Mais je n'en ferai pas plus la petite bouche avec vous qu'avec lui. Je n'ai pas droit, dans l'état où je suis réduit, d'ôter à mes enfants le prix d'un voyage de plaisir; voilà tout le mystère. Je ne dois plus me faire illusion : il n'y a plus d'espérance pour moi; la Fortune est femme, elle n'aime que les jeunes gens. Pendant longtemps j'ai pu me flatter de deux influences qui m'auraient sauvé : par des raisons bien différentes, l'une et l'autre m'ont manqué. Seul et sans appui, je ne peux vaincre l'opposition sourde qui redoute mes opinions, et qui est bien plus forte que le roi. Sa main vient enfin de signer notre spoliation définitive en Savoie et à Nice; le parti qui désirait cette signature avec une ardeur toute-puissante l'a obtenue enfin sous le voile d'une indemnisation partielle, et que je crois tout à fait illusoire : le père commun a cru bien faire, c'en est assez pour justifier ses intentions. Après lui avoir sacrifié nos biens et nos personnes, notre devoir est de lui sacrifier encore les révoltes du cœur, et de le servir avec un redoublement de zèle digne de nous, car le roi trompé n'est pas moins notre roi. Ce grand procès perdu me rend cependant ma chère patrie insupportable; je resterai donc ici si je le puis. Heureux père et heureux époux, je suis toujours bien chez moi, et c'est un grand article; ajoutez les livres, vous trouverez que c'est assez pour m'acheminer tout doucement *vers le diocèse de mon pauvre frère*. En vivant comme vous l'avez vu, c'est-à-dire en capucin bien élevé, j'ai fait quelques économies : je compte m'en servir pour acheter un jardin avec une maison au milieu, où je puisse enfin vivre et mourir même, si je veux, sous un toit qui m'appartienne ; voilà toute mon ambition, mon très-cher comte, et j'espère que vous ne la trouverez pas monstrueuse.

Dans la seconde page de votre précieuse lettre vous me dites : « *Je voudrais bien savoir si ce sera en deçà ou au delà*, etc. » Vous supposez donc ne savoir rien du tout ; et cependant, quelques lignes plus bas, vous ajoutez : « J'en prévois cependant un, etc. » Bon Dieu ! qu'est-ce que vous voulez dire ? Je ne craindrais rien davantage ; mais, en y regardant de bien près, j'ai cru voir que vous étiez trompé par un personnage trompé ; car l'idée que vous m'indiquez a bien quatre ou cinq mois d'antiquité, et ce fut, je crois, une idée passagère qui ne tint pas devant les premières réflexions ; je vois ici combien le personnage en question est retardé dans ses notions. Si vous voulez dire autre chose que ce que j'imagine, tant pis pour moi ; mais j'ose me rassurer. Je décachetai ma dernière lettre du 25 août, pour y insérer un billet destiné à vous apprendre une chose que je croyais certaine. Aujourd'hui, le contraire me paraît certain. Que faire donc ? Se croiser les bras, et attendre paisiblement la décision.

Je suis bien aise que vous ayez acquis le voisin que vous me nommez. C'est un véritablement digne homme, chez qui j'ai trouvé ce que je n'ai rencontré dans nulle autre maison de ce pays : il connaît assez ma situation ; ainsi j'espère qu'il vous aura mis au fait de tout. A mon tour, j'ai profité de lui pour vous faire connaître certains détails. Je conçois de reste que vous n'y pouvez répondre que par votre silence; mais je serais bien sourd si je n'entendais pas votre silence.

Puisque vous voulez que *je tire sur vous*, voici ma prétention, Monsieur le comte. Vous rappelez-vous qu'en partant de Saint-P., vous me laissâtes un *Virgile* Baskerville? J'avais écrit sur ce livre : *Souvenir de M. le comte de Blacas.* On me l'a inhumainement volé ; envoyez-moi, je vous prie, un autre volume latin, français, italien ou anglais, sur lequel vous écrirez votre nom. Je mets à ce don deux conditions : je ne veux qu'un volume; il ne vaudra pas plus d'un louis. Si Votre Excellence passe les conditions, elle ne se courroucera point si je prends la liberté de lui renvoyer brutalement la pacotille. Agréez, je vous prie, cette proposition, qui me tenait au cœur depuis longtemps.

J'envoie ma vieille bénédiction au nouveau-né; car, suivant ce que vous me dites, il sera dans son berceau lorsque cette lettre arrivera. Je mets mes vœux et mes hommages aux pieds de Madame l'ambassadrice. Je croyais avoir l'honneur de la connaître; mais, sur ce point comme sur tant d'autres, le ciel m'a dit : Non. Je me jette au cou de monsieur son époux ; je le remercie de nouveau d'une lettre qui m'a comblé de joie autant que de reconnaissance ; car rien ne me réjouit, dans cette *vallée de larmes*, comme de trouver une nouvelle occasion d'estimer la nature humaine.

159. — A M. de Karaouloff, officier de la marine russe.

Turin, 20 juillet 1819.

Monsieur,

Je ne sais par quelle étrange fatalité votre lettre du 29 janvier (10 février) ne m'est parvenue que vers le milieu de ce mois. Où donc a-t-elle séjourné? Je n'en sais rien; mais enfin je la tiens, et je ne puis vous exprimer, Monsieur, toute la joie qu'elle m'a causée.

Nous sommes, hélas! suivant les apparences, destinés à ne jamais nous revoir; mais il n'y a point de distance pour les esprits; et, depuis notre charmante navigation, ils ne cessent de se faire visite. Croyez bien, Monsieur, que cette navigation sera pour moi, et pour toujours, une des plus douces époques de ma vie. Je ne cesserai de me rappeler votre politesse de cœur, vos soins recherchés, et votre constante obligeance envers nous. J'assiste encore à votre étonnement lorsque je vous communiquais mes longues observations sur un certain grand peuple, et que vous me disiez: *Ah! que vous le connaissez bien!* Si nous avions pu continuer notre liaison et la transporter à terre, nous aurions encore dit beaucoup de bonnes choses; mais la Providence ne nous réunit pendant quelques jours que pour nous séparer à jamais. Ce que je puis vous assurer, Monsieur, c'est que vous ne sortirez jamais de ma mémoire et de mon cœur. Souvent, et très-souvent, vous avez été le sujet de nos conversations de famille. Nous aimons à raconter à nos amis notre joli ménage maritime, et nous ne cessons de leur vanter la courtoisie des marins russes. J'ai été bien souvent tenté de vous écrire, car il m'en coûtait réellement de ne pas savoir ce que vous faisiez; mais comment et où écrire à un officier de marine? Il est peut-être à la Jamaïque et peut-être au Japon. Votre lettre m'a réjoui et m'a consolé, car j'étais en peine de vous. Mais maintenant que vous avez ouvert cette correspondance, je vous prie très-instamment de la continuer de loin en loin, sans vous fatiguer, et de ne point laisser passer des années sans m'apprendre où vous êtes et ce que vous faites. Je n'ai pas été peu intéressé par tout ce que vous m'apprenez de vos projets. Il faut que vous sachiez, Monsieur, que je n'ai jamais pu souffrir d'entendre parler contre les croisades. Ce sont des propos de vilains ; nos pères avaient raison. Si ces grandes entreprises se renouvelaient, votre épée, mon cher Argonaute, en vaudrait bien une autre ; mais il est vrai aussi que le temps n'est pas encore arrivé, et que pendant que le monde sera plein, comme il l'est dans ce moment, de misérables sans foi et sans loi, le petit nombre d'hommes qui pensent comme vous et moi n'y peut rien absolument. Ainsi, croyez-moi, modérez-vous sur les idées extraordinaires dont l'exécution ne dépend pas de nous. Je ne saurais trop vous remercier de vos bonnes prières : je prierai de mon côté notre Dieu *très-grand* et *très-bon,* pour qu'il daigne vous éclairer dans les voies ténébreuses de la pauvre humanité aveugle et fourvoyée, afin que nous arrivions tous ensemble au port, et que nous puissions nous embrasser dans l'unité. De toutes vos prières pour le temporel, aucune ne m'est plus agréable que celle que vous faites pour nous revoir. Venez, Monsieur, venez! vous serez reçu à bras ouverts. Quand je pense aux chances de votre état, je suis tenté de rétracter les sinistres présages que j'exprimais tout à l'heure : pourquoi ne verriez-vous pas la Méditerranée et l'Italie, comme tant d'autres marins russes? Dans ce cas, j'espérerais beaucoup qu'avec le mépris des distances qui appartient à votre nation, vous viendriez nous voir, ce qui serait une fête pour toute ma maison.

Ma femme, ma fille cadette et mon fils sont en Savoie dans ce moment. Je suis seul, mais pour peu de temps, avec ma fille aînée, qui me charge de mille compliments pour vous.

Demain j'enverrai votre lettre à ma femme, qui sera enchantée, ainsi que Constance, de recevoir de vos nouvelles; car elles partagent bien sincèrement mes sentiments pour vous.

Adieu mille fois, cher et très-cher Karaouloff! Soyez bien sûr que jamais vous ne serez oublié chez moi, et recevez l'assurance la plus sincère de l'invariable attachement et de la haute considération avec laquelle j'ai l'honneur d'être, etc.

P. S. Ne dites point de mal de votre français, je vous en prie. Nous en sommes très-contents, nous l'entendons à merveille; et, pour mon compte, je voudrais fort écrire le russe aussi bien. — A propos, voilà Biribi (1) qui entre dans ma chambre en criant, et se plaint de ce que je ne vous ai pas fait ses compliments. Il a l'honneur de vous lécher les mains.

---

160. — A M. le comte de Marcellus.

9 août 1819.

Monsieur le comte,

On ne saurait être plus sensible que je ne l'ai été au présent que vous m'avez fait. Défenseur de tous les bons principes, en donnant ce que vous avez dit, vous réjouissez la pensée et vous ranimez l'espérance. Les hommes

(1) Petit chien favori, compagnon de voyage.

ressemblent aux lames de l'aimant artificiel : c'est de l'union que résulte la force ; brisez le lien, ils ne s'attirent ni n'attirent. Mais je ne sais comment, Monsieur le comte, nous n'avons pas pour l'agrégation le même talent que les brigands : ils sont toujours ensemble, et nous, toujours disséminés. Cependant, après la *communion des saints*, je ne vois rien de meilleur que la *communion des bons*. Toutes les fois donc qu'il vous arrivera de soutenir quelque grande thèse publique, faites-moi l'honneur de penser que je suis *en communion avec vous*, et que je bats des mains.

Je suis désolé, Monsieur le comte, de ne pouvoir vous offrir les faibles opuscules qui sont tombés de ma plume à différentes époques. Le croirez-vous? mais rien n'est plus vrai, je ne les ai plus moi-même ; c'est-à-dire cependant que j'en ai *un* exemplaire (ce n'est pas trop), que je garde pour mes enfants *ad futuram rei memoriam*. On me demande bien une préface pour une seconde édition des *Considérations sur la France;* mais jusqu'à présent je n'en ai pas trouvé le temps ; je suis accablé, et, de plus, dégoûté de la vie. Depuis que j'ai perdu l'évêque d'Aoste, mon frère, qui me parlait souvent de vous, Monsieur le comte, car il avait eu l'honneur de vous connaître lorsqu'il n'était encore qu'un pigeon fuyard, je ne vis plus qu'à demi. D'autres épines encore s'enfoncent dans mon cœur, mon esprit s'en ressent : de petit, il est devenu nul : *hic jacet;* mais je meurs avec l'Europe, je suis en bonne compagnie.

Est-il vrai, Monsieur le comte, que vous me faites l'honneur de conserver ma première lettre? Dans ce cas, il est bon que vous sachiez qu'elle contient un faux (ce n'est pas bagatelle, comme vous voyez) : en vous citant une très-jolie devise anglo-latine, j'écrivis *maneat*, au lieu de *lateat*. Le sens est le même, le vers est régulier ; mais quelle différence de finesse et d'élégance! Vous voyez ici, Monsieur le comte, une grande bizarrerie de mémoire : j'écris un mot pour l'autre, je le relis vingt fois sans m'en apercevoir; longtemps après, et la nuit surtout, je vois tout à coup la faute comme si elle était sous mes yeux.

Je n'oublierai jamais, Monsieur le comte, que vous êtes le premier Français qui m'ait fait l'honneur de me citer publiquement. D'autres, bien moins généreux, m'ont copié en silence. Il peut se faire que bientôt je me présente encore dans le monde : permettez, dans ce cas, que je vous choisisse pour mon patron :

Tu Marcellus eris!

Pour cette fois au moins, je vous promets que vous ne me demanderez pas le nom de mon libraire.

Je suis, etc.

---

161. — A madame la duchesse des Cars.

Turin, 18 août 1819.

Madame la duchesse,

Vous me gâtez tout à fait. Quand je reçois une lettre de vous, je suis joyeux comme un écolier qui a gagné le premier prix. J'ai donc eu le bonheur, Madame la duchesse, de parler encore dans votre cabinet! Auriez-vous, par hasard, la bonté de vous rappeler le dernier mot : *Un ange ou une dame?* Vous ne sauriez croire combien cette finale me rappelle votre excellente personne : vous seriez faite, Madame la duchesse, pour une ambassade de cette espèce, si d'ailleurs vous connaissiez l'homme un peu de longue main. Ah! quel homme! quelle tête! quelle réunion terrible de principes discordants! et, par malheur aussi, quelle puissance! Quand je songe au bien qu'*il* aurait pu nous faire et au beau résultat que nous voyons, bien parce qu'il l'a voulu, je ne sais vous exprimer ce que j'éprouve. Mais c'est bien ici le cas de dire en style évangélique : *Comment entendra-t-il, si on ne lui parle pas?* — Et qui lui parlera? Malheur à qui le contredit! J'en reviens donc toujours à ces deux chefs-d'œuvre de la création, l'*ange* ou la *dame;* mais je ne crois pas qu'il y ait moyen de lui faire supporter ce que vous avez entendu, du moins il faudrait de grands préliminaires que je ne vois pas : ce ne sera donc qu'une pièce historique, bonne pour apprendre tout le mal qu'il nous a fait. Je voudrais bien qu'il trouvât cette pièce sur son chemin, bien écrite par quelque habile calligraphe! Je suis bien fâché, au reste, Madame la duchesse, que nous ayons à nous reprocher ses préjugés contre nous. Ce qu'il a vu, surtout à Vienne, l'a entièrement tourné contre nous.

J'espère que notre vénérable curé de Genève vous aura beaucoup plu, Madame la duchesse. C'est un inconcevable personnage en activité, en zèle, en persévérance. Quand je le vois agir, il me donne l'idée des succès apostoliques; mais le nombre de ces hommes diminue tous les jours, et ce sont mes héros. A quoi servent tous nos beaux discours, qui se réduisent à oui et non? A quoi sert le *beau parlage?* comme quelqu'un disait chez vous : parlez-moi des hommes qui opèrent et qui persuadent. Il en paraîtra sûrement d'un genre que nous n'attendons pas; mais où? mais quand? C'est ce qu'il n'est pas possible de deviner. Ce qu'il y a de sûr, c'est que le monde ne saurait demeurer où il en est. — Nous marchons à grands pas vers... Ah! mon Dieu! quel trou! la tête me tourne. Je ne saurais trop vous remercier, Madame la duchesse, de votre aimable invitation, qui est bien séduisante. — *Mais à revoir Paris je ne dois plus prétendre.* Il ne tiendrait qu'à moi de rimer, si je voulais écrire des choses de mauvais augure : le fait est que Paris est la ville des jeunes gens : je n'y reporterai plus mes cheveux blancs.

S'il m'arrive de griffonner encore quelque chose, mes chiffons ne feront qu'un saut chez vous, Madame la duchesse ; soyez, je vous prie, leur protectrice. Je voudrais bien aussi obéir à la sommation de madame la marquise de Prié à l'égard d'une certaine préface. Sans doute, il y aurait dans ce moment de fort jolies choses à dire sur votre situation ; mais voilà encore le danger qui se présente : d'ailleurs, j'ai trop d'affaires sur les bras. Mes dernières années s'éteignent dans le papier timbré. J'ai bien là quelques guenilles en magasin : ce qui est fait est fait. Du reste, qui sait si tout cela vaut quelque chose ? L'*homme se pipe*, disait Montaigne ; je tâche de me tenir en garde autant que je puis, du moins contre moi ; mais si vous veniez à conter fleurette à monsieur mon orgueil, alors, Madame la duchesse, c'est vous qui *me piperiez :* je le mettrais sur votre conscience.

M. le marquis Alfieri est extrêmement sensible à votre souvenir, Madame la duchesse, et à la manière dont vous l'exprimez. Je crois bien qu'il pense à vous dire deux mots, et qu'à la fin vous le reverrez dans la ville de Lutèce, dont tout le monde dit du mal, et où tout le monde court. — *Siete pur curiosi !* Je m'en fie à madame la marquise de Prié, dont je baise très-humblement les deux mains, pour vous expliquer cet italien, qui est très-difficile.

Je prie instamment M. le duc des Cars de vouloir bien agréer mes hommages. Je fais mille vœux et pour lui et pour vous, Madame la duchesse. Tout n'ira pas parfaitement mal, tant que vous serez bien tranquilles dans votre *hôtel*, et que vous y recevrez vos amis. Vous m'avez appris, Madame la duchesse, à ne jamais l'oublier. Je vous prie de me regarder comme un homme qui vous est particulièrement dévoué.

Je suis, avec respect, etc.

FIN DU PREMIER VOLUME.

TABLE

DU PREMIER VOLUME.

	Pages.
Notice biographique de M. le comte Joseph de Maistre......	1

LETTRES DE M. LE COMTE JOSEPH DE MAISTRE.

1. — A M. le baron Vignet des Étoles..................	25
2. — A M. le baron Vignet des Étoles..................	27
3. — A M. le baron Vignet des Étoles..................	31
4. — † A mademoiselle Adèle de Maistre................	33
5. — † A mademoiselle Adèle de Maistre................	35
6. — † A mademoiselle Adèle de Maistre................	36
7. — A mademoiselle Constance de Maistre.............	37
8. — † A mademoiselle Adèle de Maistre................	39
9. — † A mademoiselle Adèle de Maistre................	41
10. — † A mademoiselle Adèle de Maistre................	43
11. — A madame la baronne de Pont...................	45
12. — † A mademoiselle Adèle de Maistre................	51
13. — † A mademoiselle Adèle de Maistre................	54
14. — † A mademoiselle Adèle de Maistre................	56
15. — A M. le comte d'Avaray, à Riga.................	58
16. — A M. le comte d'Avaray, à Riga.................	60
17. — A M. le chevalier de Maistre.............	62
18. — A madame la marquise de Priero.................	67
19. — A monseigneur l'évêque de Nancy, à Vienne........	69
20. — A madame la baronne de Pont, à Vienne..........	71
21. — A madame la comtesse Trissino, née Ghillino.......	75
22. — A madame la comtesse de Goltz..................	79
23. — Au très-honorable sir John Borlare Waren, vice-amiral d'Angleterre, etc., etc........................	81

		Pages.
24.	— A madame la baronne de Pont, à Vienne...........	85
25.	— A madame la marquise de Priero.................	88
26.	— A madame la marquise de Priero.................	89
27.	— A madame la baronne de Pont....................	92
28.	— A madame la comtesse Trissino de Salvi, à Vicence..	94
29.	— A M. le comte de Front, ministre de S. M. S., à Londres.	97
30.	— A M. le chevalier de	100
31.	— A madame Huber-Alléon, à Genève...............	103
32.	— A M. le marquis de la Pierre, à Londres...........	105
33.	— A M. le baron de Pauliani, à Nice................	107
34.	— A madame de Saint-Réal.........................	109
35.	— A madame Huber-Alléon, à Genève...............	112
36.	— † A mademoiselle Adèle de Maistre................	118
37.	— A madame la comtesse de la Chavanne............	120
38.	— † A mademoiselle Adèle de Maistre................	122
39.	— A M. le comte Deodati, à Genève.................	125
40.	— † Au comte Rodolphe............................	127
41.	— † Au comte Rodolphe............................	129
42.	— † A mademoiselle Adèle de Maistre................	130
43.	— † Au comte de Blacas, à Mittau...................	132
44.	— A M. le comte Théodore Golowkin, à Moscou.......	134
45.	— A M. le chevalier Ganières, chargé d'affaires de S. M., à Vienne.	135
46.	— A madame de Saint-Réal........................	136
47.	— A M. le comte d'Avaray.........................	138
48.	— A M. le comte Deodati, à Genève.................	147
49.	— A M. le comte d'Avaray, à Mittau................	151
50.	— A M. le chevalier de	154
51.	— A M. le comte de Vargas, à Cagliari...............	157
52.	— A M. de Launay, ancien conseiller au parlement.....	164
53.	— † A mademoiselle Adèle de Maistre................	167
54.	— † A mademoiselle Adèle de Maistre................	169
55.	— † A mademoiselle Adèle de Maistre................	171
56.	— A M. le chevalier de Maistre	173
57.	— A M. le général Pardo, ministre d'Espagne..........	176
58.	— A M. le chevalier de	179
59.	— A mademoiselle Constance de Maistre..............	189
60.	— † Au comte Rodolphe............................	191
61.	— A mademoiselle Constance de Maistre..............	193

	Pages.
62. — A M. le comte de ...	197
63. — † A mademoiselle Adèle de Maistre.	201
64. — A mademoiselle Constance de Maistre.	204
65. — A M. le comte de ...	208
66. — † A la reine Marie-Thérèse d'Este, reine de Sardaigne.	216
67. — Au roi.	218
68. — † A mademoiselle Adèle de Maistre.	235
69. — † A M. le comte de Schullembourg.	238
70. — Au roi.	241
71. — A M. le comte de ...	242
72. — A mademoiselle Constance de Maistre.	246
73. — A M. le chevalier de Maistre.	248
74. — Au chevalier de ...	253
75. — Au roi.	257
76. — A M. le chevalier de ...	260
77. — † A M. le comte de Schullembourg.	268
78. — † Au comte Rodolphe.	271
79. — A M. le vicomte de Bonald, à Paris.	272
80. — † Au comte Rodolphe.	273
81. — A M. le comte Rodolphe.	275
82. — A M. le comte Rodolphe.	277
83. — † Au comte Rodolphe.	279
84. — † Au comte Rodolphe.	281
85. — A M. le comte Rodolphe.	282
86. — † Au comte Rodolphe.	285
87. — A mademoiselle Constance de Maistre.	288
88. — A M. Sontag, surintendant de l'Église de Livonie, à Riga.	290
89. — A S. E. M. le comte Jean Potocky, à Chmielnick, gouvernement de Podolie.	291
90. — A M. le marquis de Saint-Marsan, à Vienne.	296
91. — A M. le vicomte de Bonald, à Paris.	299
92. — A M. le comte de Bray, à Dorpat.	308
93. — A madame la princesse de Galitzin.	312
94. — A M. l'amiral Tchitchagoff, à Londres.	313
95. — A M. le comte de Blacas.	316
96. — A M. le comte de Bray, en Livonie.	319
97. — A M. le chevalier de ...	323
98. — A madame la comtesse de Laval.	332

		Pages.
99. —	Au T. R. P. d'Ervelange-Vitry, de la C. de J., à Odessa.	335
100. —	A madame de Swetchin, à Strelna..............	338
101. —	A madame de S...	340
102. —	A M. le comte de	346
103. —	A M. le comte de	351
104. —	A S. E. M. le marquis de Saint-Marsan, ministre de la guerre..	354
105. —	A M. le marquis Clermont Mont-Saint-Jean, à Hermé-Château, près Paris............................	355
106. —	A M. le comte de	360
107. —	Au prince Koslowski, ministre de S. M. l'empereur de Russie, à Turin..........................	364
108. —	A S. E. monsieur le comte de	369
109. —	A M. le comte de Noailles......................	372
110. —	A M. le comte de	374
111. —	A S. E. monseigneur l'archevêque de Raguse......	378
112. —	A M. le comte de	386
113. —	Au R. P. général de la compagnie de Jésus, à Polotsk..	388
114. —	A M. le comte de	391
115. —	A madame la comtesse de P., à Vienne............	396
116. —	A M. le comte de Blacas, à Naples................	400
117. —	Au prince Koslowski.....................	403
118. —	A M. le marquis Henri de Costa..................	407
119. —	A M. le vicomte de Bonald, de l'Académie française, membre de la chambre des députés, à Paris......	410
120. —	A M. le duc de Doudeauville, pair de France, à Paris.	413
121. —	A mademoiselle de Tortonval...................	416
122. —	A S. E. monseigneur l'archevêque de Raguse.......	417
123. —	Au R. P. Brzozowski, général des Jésuites, à Polotsk	423
124. —	A M. le marquis Henri de Costa..................	425
125. —	A madame de Swetchin........................	428
126. —	A M. de R..., à Gênes........................	431
127. —	A monseigneur de Bausset, ancien évêque d'Alais..	433
128. —	A S. E. M. l'amiral Tchitchagoff, à Florence.......	435
129. —	A S. E. le cardinal Severoli.....................	438
130. —	A M. le comte de Blacas........................	440
131. —	A S. E. le cardinal Severoli.....................	442
132. —	A M. le chevalier de Saint-Réal.................	447

		Pages
133.	— Au T. R. P. général de la compagnie de Jésus, à Polotsk.	451
134.	— A S. E. le cardinal Severoli, à Rome.	453
135.	— A M. le comte de Valaise.	457
136.	— A M. le comte de Valaise.	460
137.	— Au R. P. Rozaven, de la compagnie de Jésus, à Polotsk.	463
138.	— A M. le comte de Blacas.	465
139.	— A M. le marquis de la Maisonfort.	466
140.	— A M. le vicomte de Bonald, à Paris.	469
141.	— Au R. P. Rozaven, de la compagnie de Jésus.	470
142.	— A mademoiselle Constance de Maistre.	474
143.	— A mademoiselle Constance de Maistre.	476
144.	— A M. le vicomte de Bonald.	477
145.	— A M. le comte de Stolberg, à Munster.	480
146.	— A M. Dumont, bachelier en droit, à Cluses, province de Faucigny, en Savoie.	483
147.	— † A M. l'abbé Vuarin, curé de Genève.	485
148.	— A M. Dumont, bachelier en droit, à Cluses, province de Faucigny, en Savoie.	489
149.	— A M. de Tchitchagoff.	492
150.	— A M. l'amiral Tchitchagoff.	494
151.	— A M. le vicomte de Bonald.	498
152.	— Au prince Kolowski.	502
153.	— A mademoiselle de Virieu.	505
154.	— † A M. le chevalier d'Olry.	506
155.	— A M. le vicomte de Bonald, à Paris.	509
156.	— A madame la duchesse des Cars.	512
157.	— A M. le vicomte de Bonald.	515
158.	— A M. le comte de Blacas, à Rome.	520
159.	— A M. de Karaouloff, officier de la marine russe.	524
160.	— A M. le comte de Marcellus.	526
161.	— A madame la duchesse des Cars.	528

FIN DE LA TABLE DU PREMIER VOLUME.

www.ingramcontent.com/pod-product-compliance
Lightning Source LLC
Chambersburg PA
CBHW071418230426
43669CB00010B/1586